障害の重い子どもの授業づくり Part 2

ボディイメージの形成からアイデンティティの確立へ

飯野　順子
授業づくり研究会 I&M 編

BODY IMAGE  IDENTITY

ジアース教育新社

まえがき

学校は、“学び”と“育ち”の場です。子どもたちにとって、学校時代は、人生の生命の糧を培うかけがえのない“時”です。その“時”を、「今が大切、今がその時、子どもたちの今が、失われないように！」との姿勢で、充実した“場”とすることは、教師の使命です。

今、特別支援教育の推進の時に当たって、質の高い専門性の構築と特別な教育的ニーズに対応する授業改善が求められています。このような状況を踏まえて、「授業づくり研究会Ｉ＆Ｍ」では、２年間にわたって、「ボディイメージの形成から、アイデンティティの確立へ」をテーマに、感覚・知覚の発達に関する理論を学び、実践報告を重ねてきました。本書は、その研究会の集大成の意味も込めて、感覚－運動期の発達段階の子どもを対象にした授業づくりの実践について発信することを目的に、発刊いたしました。

「ボディイメージ」は、広義に使われたり、狭義に解釈されたりしています。本書では、それぞれの立場で「ボディイメージ」に関することについて書いて下さっています。じっくり読んでいただければ、「ボディイメージ」は、発達過程上、自分を知り、他者を知り、世界を知る基盤であることが分かります。「ボディイメージ」の形成を丁寧に行うことによって、一人一人の「アイデンティティ」が確立されていきます。「アイデンティティ」は、その子らしさ、個性、自己実現、とでも言いましょうか。その定義も多様です。

本書を執筆して下さった方々は、子どもの立場に立ち、子どもの内面に寄り添い、子どもの内面形成をしていくことの重要性を、それぞれの立場で読者に届けています。それは、障害の重い子どもの授業づくりのキーワードは、「“内面”である」との声です。このことを、念頭において読んでいただければ、幸いです。

本書の発行に当たって、研究会での講義や報告を始めとして、執筆も快諾して下さった方々に、この上ない感謝を申し上げたいと思います。また、ジアース教育新社の方々のご尽力とご協力によって上梓できましたことに、感謝申し上げます。

本書が子どもたちの授業に生かされることを、願ってやみません。

平成20年８月末日

飯野　順子

目次

障害の重い子どもの授業づくり Part 2 ボディイメージの形成からアイデンティティの確立へ

I 章

授業づくりの基礎・基本

Ⅰ章－1

障害の重い子どもの授業づくりのために

専門性に基づく質の高い授業の創出を目指して

飯野　順子

1　はじめに　～生命の輝く教育をめざして～

障害の重い子どもの教育の合言葉は、“生命の輝く教育”です。生命とは、「人間に与えられた時間でもあること、その生命をどう使うかが大切であること、どんな生命もかけがえがないこと、だからどんな生命も粗末に扱ってはいけないこと」と、日野原重明先生（2006）は生命の授業で子どもたちに教えるそうです。日野原先生の言葉を借りれば、“生命の輝く教育”とは、①生命の重さは時間の重さであること、②生きるとは時間を紡ぐこと、③子どもたちの「時間」のその一瞬一瞬を意欲・喜び・期待・感動などで包み込むこと、によって「生命が輝く」と考えられます。子どもたちの時間の多くは、授業の中にあります。授業は、子どもにとっての生命です。

教師は、授業に生命を吹き込むプロフェッショナルです。「授業づくりのプロ」として、子どもたちにとっての最善を目指しつつ、実践の積み重ねによる実践の知を構築することを使命としています。

今、授業改善の必要性が言われています。本稿では、授業改善のために、専門性に基づく質の高い授業の創出について考えてみたいと思います。

2　授業を、第三者の目で見ると

授業を見させてもらう機会があります。その際、第三者の目で見ると、授業者には見えない部分が見えてきます。例えば、次のようにです。

①指導案を見ると、目標に“〇〇を楽しむ”が多すぎるのでは？　それは、子どもの目標としては良いが、果たして、楽しいだけで子どもにとっては良いのか？

②肢体不自由校では、子どもの反応がほとんどないので、授業は教師が盛り上げるものだと指導されてきた。にぎやかな授業も、子どもにとっては、楽しいことであるのも事実だが…？

③「相手に気落ちが伝わった喜びを感じる」を目標にあげているが、先生の声が子

どもの声を消していて、伝わらないのでは？

④笑顔を引き出すというけれど、快の状態の指標は、笑顔だけとは限らないのでは？

⑤「主体性を育む」「主体性を尊重する」と目標に掲げているが、「子どもが起きる」のではなく、無言のままに「子どもを起こしている」のでは？　介助の基本を身に付けているの？
障害が重くても、声かけによって、子どもの起きようとする気持ちを引き出すことは、大切なのでは？

⑥「主体性を育む」と目標にあるが、子ども自身が主体的に自己確認し、成就感を味わう時間のゆとりがないままに、次の展開に入っているのでは？　子どもの行動を教員が先取りしているのでは？

⑦授業の中で、子どもの学びを明確にしているの？　子どもの学びが実現しているか、ビデオによる検証などの授業研究が大切なのでは？

⑧教材の意図は何か？　次につながる目的を、どのように設定しているのか？
授業の終わりは、次の授業の始まり。伏線を張りつつ、授業を展開している？

⑨子どもが分かるような配慮は？　授業を見学している人にも、意図が分かるとよいのでは？

⑩働きかけにメリハリをつけた方がよいのでは？　授業が大人のペースになってしまっているのでは？

⑪反応のある元気な子どもに目がいって、忘れ去られている子どもがいるのでは？
ＳＴ（サブ・ティーチャー）は、何をしているの？

⑫「障害が重いからこそ、認知発達の焦点化が大切」（本稿　田中美成先生）ではないか！
認知発達の基礎であるボディイメージの形成から、一人一人の個性であるアイデンティティの確立を視点にすると、子どもにつけたい力が、さらに明確になるのでは？

上記の課題は、多少の修正で済むことが多いと思っています。しかし、抜本的に改善した方がよいと思われることもあります。その判断は、授業者が行いますので、本稿では、判断の材料を提供したいと思います。

今、求められている授業改善のために、課題を次の二つの視点で整理することが必要であると考えています。ご参照ください。

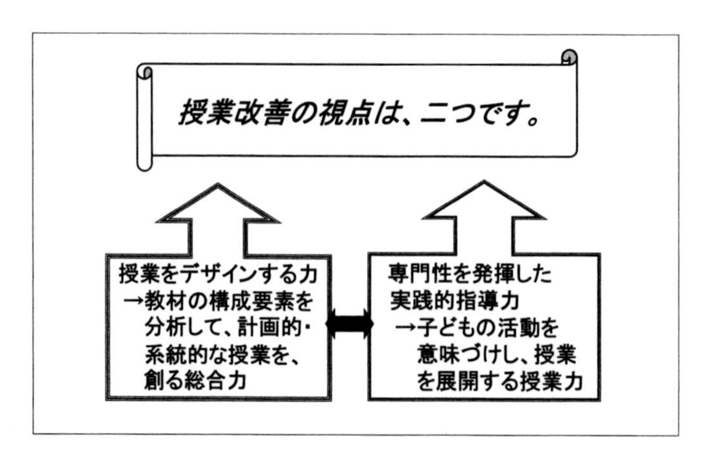

I　授業をデザインする力

「授業をデザインする力」とは、教材の構成要素を分析して、計画的・系統的な授業を創る総合力です。このことに関することを、3点あげてみます。

【その1】学習特性を原点として

授業改善に当たって、肢体不自由児の学習特性を把握することから始めたいと思っています。この視点は、大学時代に学んだものですが、授業づくりの基盤となることと考えています。肢体不自由ということは、肢体が不自由であることによって生じる生活上や行動上の種々の困難や制約があるという状態像を指しています。専門的な指導に当たっては、障害の状態像に即して、学習特性を明確にし、指導計画を立て、特に指導法に創意工夫が必要です。

⑴　生活経験の不足を補う工夫

上肢・下肢または体幹の運動・動作の障害による日常生活動作や行動上の困難や制限があるために、間接的な経験が多く、直接的な体験や社会生活の経験が不足しがちになります。学習上は、生活経験の不足を補うような内容や指導法を取り上げ、生活の拡大を図ることを意図的、系統的に計画する必要があります。

⑵　表出・表現の困難への対応

上肢の障害のために、書字動作や教材・教具の操作に困難が伴う場合が多くあります。入力装置の開発・工夫を行うことによって、主体的な学習を可能とする応答的な学習環境を整えます。また、脳性まひ児の多くは、言語障害を随伴しています。そのため、言語表出・表現の代替手段等の活用によって、コミュニケーション行動を円滑にする工夫をします。

障害の重い子どもの場合には、身体の動きの中に表出の手がかりを見出して、定着を図ります。

(3) 学習レディネスの形成の観点

運動・動作に制限のある肢体不自由児、特に脳性まひ児の場合、発達過程上、緊張や反射によって身体からの諸情報のフィードバックが困難になります。そのため、誤学習や未学習が生じ、空間の位置や空間関係等の認知の基礎となるボディイメージの形成などにつまずきが見られることになります。このことは、学習レディネス（読む・書くなどの基礎的・基本的能力）や概念形成の面にも影響を及ぼします。授業づくりの中では、適切なプログラム等の手立てを講じて、丁寧に取り組む必要があります。

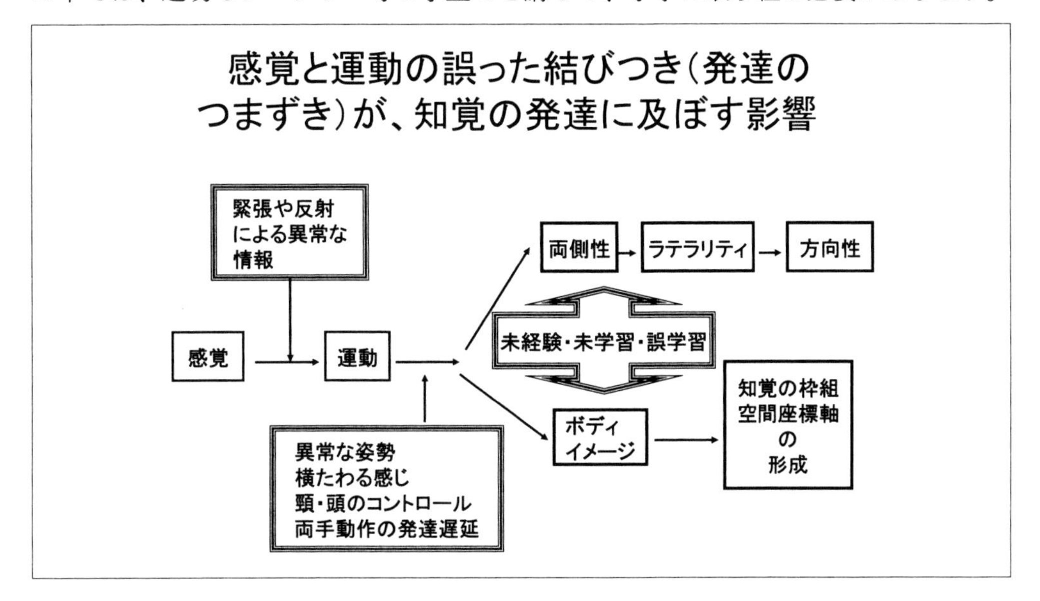

(4) 感覚・知覚の発達への取組

「感覚統合療法の最終的な目標は、やりたいことがあり、それができる存在となり、環境の要請に対して満足感をもって反応し、自己を意味ある存在に導くようにすることである」(Ayres 1972) と言われています。この視点で、感覚・知覚の課題には、取り組むべきことと考えています。具体的には、視知覚については、目と手の協応・図と地の知覚・空間の認知・空間関係等に学習上の困難が見られることに留意する必要があります。見えにくいことへの対応は、不要な刺激を抑制するために学習環境を整え、見せる位置や高さなどへの配慮とともに五感を生かした教材・教具の創意工夫も必要です。視機能のアセスメントによって、視機能の特性を把握し、子どもが学習しやすいようにすることは大切です。

⑸ 姿勢づくり（ポジショニング）も指導の一環

学習に対する意欲や興味を引き出し、活動力を高め、集中力を発揮して授業に参加できるようにするために、姿勢づくりに積極的に取り組む必要があります。

このことに関しては、自立活動の担当者等と協力して、一人一人に即して、活動に応じて設定していくことが大切です。

⑹ 呼吸機能、摂食機能、排泄機能の障害および体温調節中枢の働きの障害等の医療的なニーズに関する課題

重度・重複障害の子どもは、生命活動が脆弱であると言われています。そのため、毎日健康観察を行い、生活リズムを整えることなどの健康管理が必要です。教室環境の整備として、温度や湿度の管理、感染症予防の配慮等も安全管理も欠かせないことです。

健康で安全な学校生活を送れるように、医療との密接な連携を図り、医療情報や医学的な基礎知識の有効活用が必要です。また、医療的ケアに関する課題は、多岐にわたっています。その課題に精通していることが必要です。

⑺ 肯定的な自己像を形成できるようにすること

肢体不自由教育の中で最も大切なことは、障害の受容→自己理解→自己肯定→自己管理等の心理的プロセスを経て、自分なりの価値観や生き方を築けるようにすることです。言い換えれば、肯定的な自己像を、自らの力で形成できるように援助することです。このことは、障害の重い子どもにとっても当てはまることです。例えば、子どもが外界に働きかけたと思われる場合、そのことをありのままに受け止め、子どもに共感的に返していくことによって、肯定的な自己像を結べるようにすることが必要です。

これらの事項は、すべて自立活動の５区分22項目（平成11年度改訂）に盛り込まれています。今後、学習指導要領の改訂に伴って６区分となりますが、自立活動の内容は、肢体不自由教育の専門性そのものであると言っても過言ではありません。肢体不自由教育では、指導計画の目標設定に当たっては、自立活動のどの項目を指導しているのかを明確に位置づける必要があると考えています。

【その２】２軸による学習構造の試み

授業への期待感は、保護者にもあります。その一方で、期待が高いだけに授業への

不満や不信感を持ちやすいという側面もあり、納得ゆく説明を求める声も多くなってきました。不信感は、「小学部でも高等部でも同じような教材で、同じ事の繰り返し」「子どもが待たされるばかりの授業」「家でもできるようなことをやっている」など、授業の目標や教材・教具は、何をよりどころにしているのか、その理論的根拠が見えないことによります。このような意見を持つ保護者に対して、授業づくりにあたって、改善が問われていることは、目標の設定と評価に関することです。目標設定から出発したP（Plan）→D（Do）→C（Check）→A（Action）サイクルによる授業づくりです。目標を設定するに当たっては**〈表1〉**のように、二軸による観点の導入が望ましいと考えています。

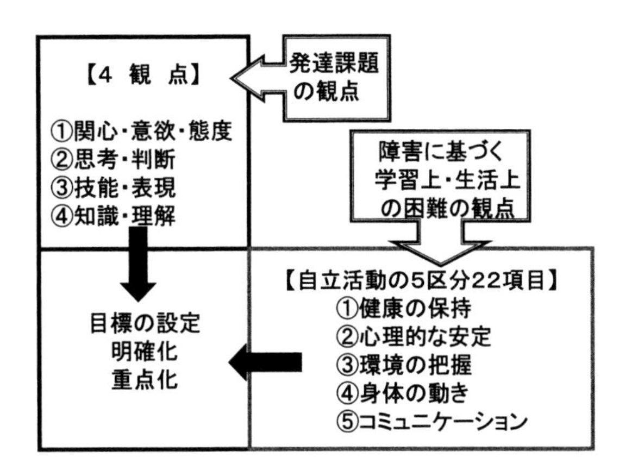

〈表1〉L字型の学習構造

このL字型の学習構造は、「○○を楽しむ」などの一面的な目標設定が多いことを、総合的に改善する必要性から考えてみました。この場合の二軸とは、①発達課題に基づく系統性・発展性のある目標（教科等の「四観点」)、②障害に基づく学習上、生活上の困難を改善・克服する目標（「自立活動」の内容）です。このような構造化によって、掲げる目標が、バランスを欠くことのないようにします。年間指導計画→単元指導計画→学習指導案→本時の授業の一連の流れを計画的・系統的に進行し、さらに個別の指導計画を連動させて、全体的な指導計画とします。そして、保護者の説明に当たっては、「今」はこの部分を指導していると、ピンポイントでその根拠を説明できる資料とします。「個別の指導計画」には、このピンポイントの部分を載せることになります。「一覧できる指導計画」による改善によって、将来を展望した指導の系統性や発展性、「今」を尊重した適時性や継続性が高まると考えています。

【その3】授業の自己点検表を作成してみよう！

授業づくりに当たっては、教師の成就感や達成感が最も大切であると考えています。次の**〈表2〉**は、第三者による評価ではなく、教師による教師自身のための自己点検表です。これは参考例です。このような点検は、授業の達成度を測るために行うのですから、できていないとのマイナスの視点ではなく、どの程度できているかのプラスを測る姿勢が大切です。このように、教師としての活動を点検し、評価してみると、予想以上に教師としての目標が達成していることが分かります。

なお、本点検表は、「Ⅰ　専門性を発揮した実践的指導力」と「Ⅱ　授業をデザインする力」に分けています。

〈表2〉授業の評価の観点～障害の重い子どもの授業の改善のために

Ⅰ　専門性を発揮した実践的指導力

⑴　働きかけの評価

①声かけ　・声のトーン　・声の大きさ　・声の明瞭度
　・本気の声かけ　・子どもの心に届く声かけ

②触れ方　・何気なくではなく、子どもからの応え方を探りながら触れているか

③動かし方　・子どもにとって適切で適度な刺激になっているか

④間の取り方　・取り組みが生かされるような「間」になっているか

⑤指示の内容　・子どもに分かる具体的な内容　・シンプルであるか

⑥位置　・大人のうながしに気がつき、応えてくれるような位置か

⑦ことば　・動作、視覚的な手がかりの多いことば
　・選び抜かれたことば　・共感的なことば

⑧フィードバック　・子どもの反応をどんな方法でフィードバックしたか

⑵　支援の方法（介助の基礎・基本）

①子どもが安心できる介助　・快適な介助　・密着した介助
　・介助姿勢が安定した介助
　・最終的な姿勢を予測した介助

②子どもが協力しやすい介助　・協力を得るための説明や声かけ
　・手伝い過ぎない介助
　・正常運動の動きや関節可動域にそった介助

③人として尊重された介助

④子どもの動きを感じる介助　　花井丈夫『障害児の療育ハンドブック』

⑶　教材・教具の使い方

①提示の仕方、見せ方　・子どもが分かる提示の仕方をしているか

②提示の時間　・急ぎすぎていないか

③提示上の配慮　・見やすい背景や視覚に配慮しているか

⑷　子どもの主体性を尊重している授業

①自己選択・自己決定・自己確認の場面があるか

②子どもの反応を待つことへ教師同士が共通理解をしているか

③子どもの人権を尊重した言葉遣い・声かけ・働きかけをしているか

(5) チームアプローチ

①授業のリーダー（メイン・ティーチャー）とサブ・ティーチャーの連携はとれているか

②場面に応じたチームアプローチであるか

③事前の打ち合わせを生かすことができたか

Ⅱ 授業をデザインする力

(1) 目標の設定

①４観点と自立活動への位置づけは、適切か

②目標は、具体的に設定しているか

③目標は、子どもをアセスメントした上で、設定しているか

④目標の修正を適切に行ったか

(2) 仮説の設定と検証

①仮説を設定しているか

②仮説を検証し、適宜修正しているか

(3) 指導の方法

①目標に対応する手立てを明確にしているか

②目標に対応する手立ては、子どもにとって有効であったか

③指導の方法は、認知発達を促す視点を取り入れているか

④マルチモーダルな働きかけができるようになっているか

(4) 指導形態

①指導形態は、半円型、円型、スクール形式等、場面に応じて工夫しているか

②関係性構築のための距離として、対人的空間の設定を考慮しているか

(5) 授業の流れの組み立て方

①子どもの体調・興味・関心への配慮をしているか

②静と動の場面構成などの適切な場面設定と課題設定をしているか

③仮説は、子どもの状態を反映させていたか

(6) 個別の指導計画との接続

①課題は、個別の指導計画と連動し、反映させているか

(7) 授業の構造の分析

①年間指導計画→単元指導計画→学習指導案等が一覧できるようになっているか

②本時の授業の位置づけは適切か

③子どもの学びが実現できるようになっているか

④子どもにとって、バランスのとれた学びの要素となっているか

Ⅱ　専門性を発揮した実践的指導力を培うために

【その１】障害の重い子どもにとって、質の高い授業とはどんな授業か

目指すべき質の高い授業とは、子どもの主体性を引き出し、子どもが分かる授業、子どもが変わる授業と考えています。このような授業には、次のような要素を備えている必要があると考えています。

⑴　指導内容に関すること

①授業の始まりと終わり（始点と終点）を子ども自身が分かり、授業を通して、子ども自身が「授業の中で何を経験しているか、何を学んだか」が分かる授業であること
②指導内容や目標等の指導課題が、個別的、具体的で分かりやすいこと
③授業の中に、自己選択・自己決定・自己確認の場面を設定し、主体的な活動を通して、自己実現が図れること
④自分が動くと、環境や自分自身に好ましい変化を生じさせうる、という見通しや自信を持てる応答的環境を設定していること
⑤個々の学習特性やその子どもに必要なアセスメントなどに基づいて、個別の指導計画が作成され、活用されていること
⑥健康や体力の維持・増進に留意した課題があること
⑦分かる基盤としての感覚・知覚の発達を促す課題があること
⑧子どもの発達段階に即していること
⑨次の授業への手がかりになるような伏線を張っておくこと、次の授業への芽だしをすること

⑵　教材・教具の質に関すること

①教材の質を分析し、検討し、吟味するプロセスを経て、教材を選択していること
②教材の有効性や安全性に関する評価が検証されていること
③障害の重い子どもの場合には、子どもの能力を多面的に引き出せるように、マルチモーダルな働きかけができる教材を工夫すること
④子どもが楽しめる要素を多様に備えていること
⑤子どもの認知発達を促す手だてを備えていること

⑶ 指導者の働きかけに関すること

①目標等の優先性や重点化が図られ、教師がそのことを明確に意識し、共通理解されていること
②子どもの心の動きを受け止め､内面化やイメージ化が図れる間とゆとりがあること
③子どもの内面を読み取るために、その背景の意味づけをすること。その教師の気づきを、言葉、動作、まなざし等による働きかけで、フィードバックすること
④授業は、人と人とのコミュニケーション。子どもの持っている能力を引き出せるような信頼関係のある雰囲気づくりができる環境があること
⑤シンプルで選び抜かれたことばとことばかけを大切にしていること
⑥立ち位置や目線の位置などの姿勢や子どもへのサインの出し方などの動きを、教師同士が確認し、共通理解していること

【その２】なぜ、今、ボディイメージなのか

授業を見ていると、子どもの学習活動の中に、成長・発達を促す要素があるにもかかわらず、授業者が気づいていないと思われる場面に出会うことがあります。例えば〈図１〉にあるような運動―知覚（感覚）期の課題などについてです。子どもの活動をより広く見て、深い意味づけができるように、運動―知覚（感覚）期の学びと育ちについては、本章並びにⅡ章の実践報告に、具体的に取り上げられていますので、ご参照ください。

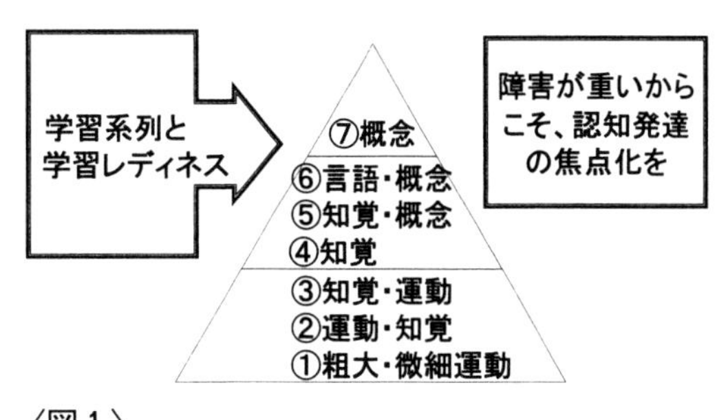

〈図１〉

⑴ 知覚の枠組みは、自分の身体を基軸にしてつくられる

子どもの知覚の枠組み（フレーム）は、自分の身体を基軸にしてつくられると言われています。

赤ちゃんは始終手足や頭を動かしたり、寝返りなどの筋運動感覚的経験をすることによって、身体は、左右両側であること（両側性）などの自分の身体についての無意識の概念を育てていきます。やがて、脳の成熟によって、利き手などの利き側の優位性（ラテラリティ）も生まれてきます。これは、身体の位置やバランス、四肢の位置や姿勢、身体の動きや移動等に関係している固有受容感覚の働きによるといわれています。このようにして養われた正しい動作感覚やボディイメージを基礎として、自分

の身体を基軸にして空間座標軸が形成されます。
やがて、自分を取り巻く環境から自分自身を切り離し（自己への気づき・環境への気づき）、物の形、大きさ、距離など自分の身体と関係づけながら学習し、さらに前後・上下・左右などの方向性の認知や空間の位置など、自分と環境についての正しい概念をつくりあげていきます。
このことは、単に認知の発達だけではなく、情意面の発達を促すことにも着目する必要があります。ローエンフェルドは『美術における人間形成』で次のように言っています。
「自分を環境の一部分として経験することは、他人と協力したり、物と物との間の秩序を知覚したりするための最も重要な前提の一つであるから、子どもが空間中にある物体相互間の関係を正しく把握できないということは、社会的に他人とまだ協力できないということを示すばかりでなく、また、文字をつづったり、それを読んだりしようという気もないということをはっきり表している。」

⑵ 運動動作や身体の動きを通して、学習する

このように、子どもは環境を探索する道具として、自分自身の身体を用います。このことは言い換えれば、空間の位置などは運動動作や身体の動きを通して学習する、ということです。
この身体を通して学ぶことに着目して、運動と感覚の結びつきをより一層高めるために、丁寧な働きかけを意図的、継続的に行いたいものです。

⑶ 分かるということとは

「分かる」ということは、「分ける」いうこと、「区別するということ」と言われています。
『「わかる」とは、どういうことか』（山鳥　2002）の中で、分かるということに知覚の働きが関与していることを、次のように書いています。断片的ですが、引用してみます。
「知覚の最も重要な働きは、対象を区別することです。」「『違いが分かる』という能力が、知覚の基本です。」「そもそも、わかるとは、『分かつ』と書きます。『わかる』の基礎は、区別なのです。区別して、同定します。」「心の働きの土台は、知覚です。五感を介して、さまざまな対象を知覚するわけです。」
例えば、好きか・嫌いかを聞いたときに、子どもは返事を、視覚・聴覚・嗅覚・触覚等の五感をフルに動員して決めています。授業の中に、認知発達をどのように取り入れるかは、教師の専門的力量です。

⑷ 子どもの認知の特性の理解を

子どもの認知の特性を知っておくことも、質の高い授業の創出に欠かせないことです。子どもの持つイメージの性質について、ブルーナーは次のように述べています。その一部を抜粋します。

①行動と密接に結びついていること。例えば三角形であることを学習するには、指で辺をたどったり、視線で追いながら「3回曲がる」という動作に翻訳し直す場合が多い。

②自己中心的であること。常に知覚の場を統一する関係系の基点が自分にあるため、例えば自分のいる場所以外の点からその場を見た情景を描き出すことは難しい。

③注意が不安定であって、感覚的な鮮明さや新奇性などに左右されやすい。

④彼らの知覚が、自分の興味が引かれやすいごく少数の手がかりによって、体制化されやすい。

（ブルーナー『認識能力の成長』）

子どもの認知の特性として、動作に翻訳し直すこと、自分の興味が優先されること、などを手がかりに授業をすることが大切であるということです。

⑸ 授業の実際

それでは、実際の授業場面を例にあげて、話を進めたいと思います。授業は、『グリとグラ』です。まず、読み聞かせをした後に掃除をする場面を劇遊び仕立てにした授業です。後半の掃除の場面設定は、5m程度の木枠をつくり、そこにボールを敷きつめます。その上をスライディングすることによって、“掃除をする”という活動を子どもに体験させて、イメージさせます。〈**図2**〉のように一人一人順番に行います。子どもたちは、動く楽しさを満喫していました。用意した教材も授業の進め方も配慮に溢れていましたが、授業を見ている第三者としては、この授業で子どもたちが学んでいることはたくさんあるので、目標が、“楽しむ”“期待感を高める”等の情意面だけでは、「もったいない！」と思いました。学習の要素としては、認知発達の基礎としてのボディイメージの形成や方向性の認知などの観点も入れてほしいと思いました。

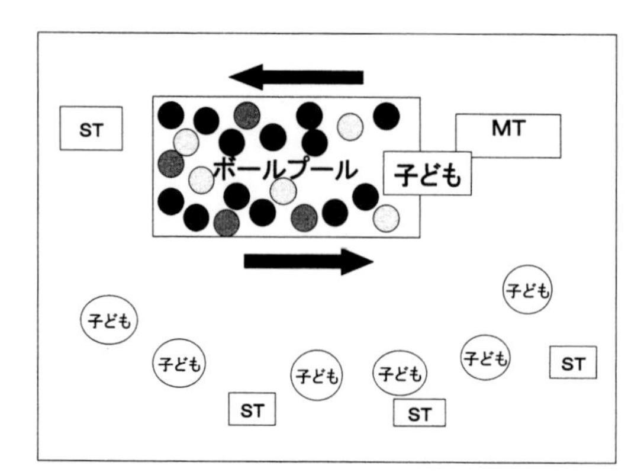

MT：メイン・ティーチャー
ST：サブ・ティーチャー

〈図２〉グリとグラの配置図（お掃除の場面）

そこで、授業の目標に、①身体の動きを通して、方向性に気づく、を追加し、音の変化（移動の際に出る音の変化）、“こっちですよ！”という教師の声の方向などに気づかせます。この目標を達成するために、**〈図３〉**のように子どもの位置などの指導形態を変えてはどうかと思いました。

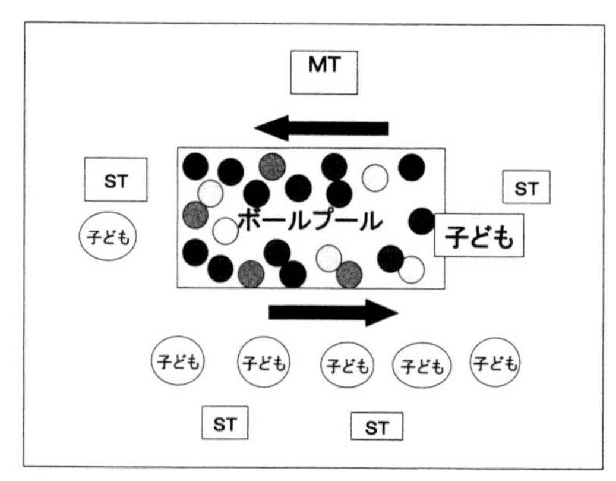

〈図３〉

この場合、次の番に当たる子どもは、動いている子どものスピードや近づいてくる臨場感をつかむために、反対側で待つようにします。メイン・ティーチャーは、待っている子どもの様子を把握する役割をします。こうすると、メイン・ティーチャーは全体を把握できるようになります。

必要なのは、ちょっとした工夫です。

授業の目標を達成するためには、指導形態も考慮する必要があります。半円型は、メイン・ティーチャーとすべての子どもとの関係を等距離にすることが特長です。そのことによって、中心部に集中しやすくなります。円型の指導形態は、子ども同士の関係をつくる状況を誘発しやすくなります。授業の場面構成に当たっては、関係性構築のための指導形態として、空間的距離と心理的距離（ラポートのとれる距離）の対人的空間を考慮する必要があると考えています。

その距離（単位は㎝）は、①密接距離（０～45）、②個体距離（45～120）、③社会距離（120～360）、④公衆距離（360～750以上）（エドワード・ホール『近接学』）と幾層かになるそうです。グループの授業の場合には、密接距離か近接距離（上記で言えば個体距離）の二層を状況によって、いかに変化させるかがキーポイントであると思っています。子どもとの関係性は、密接距離ばかりでない状況づくりも、その子なりの自立にとっては必要なことと思います。

【その３】発達課題等に基づき、目標を明確にした、テーマのある授業づくりを　～「物の永続性」をテーマにした授業づくり～

都立小平特別支援学校の公開研究会で見た授業「プレゼント、なーに！」は、次のようなものでした。まず、簡単に紹介します。

◆本時のねらい

①音や光、小びとに気づき、追視したり、聞こうとしたりする。

②隠れた人や物に興味を持ち続け、出てくるのを期待したり、探そうとしたりする。

◆授業の展開

導　入　○みる・きく・きづく→星（イルミネーション：左・右・上）、風の音（ホースを回す）に気づき、興味を持って見たり聞いたりする

展　開　○小びとからのプレゼント→小びとが降らせた雪をほうきで舞上げる様子、ついたてから隠れたり出てきたりする場面に注目する（いろいろな方向への気づきを促す）。

○布の下や箱の中に隠したプレゼントを受け取る。

○個々の隠し遊びの時は、他の音がないようにする。

まとめ　○ついたての後ろから音を出し、音の違いに気づき、集中して聞く。始めは一つのグロッケン、次に二重奏を行い、音の違いを感じられるようにする。

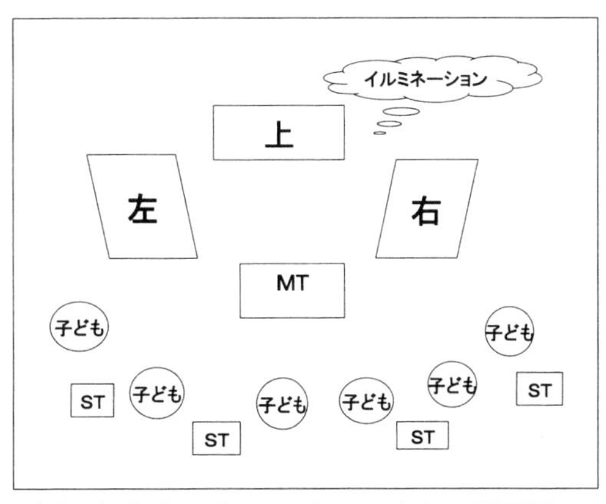

〈図４〉「プレゼント、なーに！」の配置図

物（対象）の永続性（object permanence)とは、物は視界から消えても存在し続けるということを理解することです。ピアジェは「物の永続性」を、感覚―運動期に獲得される重要な認知発達として位置づけています。もしも、子どもに物の永続性の概念が育っていないとすると、その子どもは「『瞬間、瞬間、その場所その場所でのとぎれとぎれな世界』に生きなければならない」（ウーシャ・ゴスワミ：2003）と言われるほどです。

授業のねらいである「②隠れた人や物に興味を持ち続け、出てくるのを期待したり、探そうとしたりする」活動は、「物の永続性」がテーマです。

この授業では、子どもが①興味を持ち続けること、②出てくるのを期待すること、③探そうとすること等の子どもの行動を具体的に示しています。さらに、この活動の中には、次のような子どもの内面の育ちも喚起しています。

①見ることによって、その物をイメージ化し、記憶すること

②大切な物がなくなってしまった、見えなくなってしまったと、不安や困惑した感情を呼び起こされること、見つけた喜びは大きくなることなど

このように、子どもの心が動いているその内面をしっかり受け止めて、子どもの適切な活動を促すことは、子どもに安心感と信頼感を育てることにつながります。また、この『プレゼント、なーに！』の授業では、イルミネーションのついたてを右・左・上に色を変えて順次提示し、さらに、そのついたての後ろから音を出して音色を当てさせています。光による方向性と音の聞き分けの学習についても課題にしています。特に頭上にある美しい赤色を見ようと一生懸命顔を上げ、目を上げている様子は印象的でした。

「物の永続性」をテーマにした授業は、他のグループでも、発達段階に応じて多様な取り組みを行っています。このことについては、本書の田中美成先生の授業研究を読んでいただきたいと思います。

「物の永続性」という発達課題をテーマにしていることには、学ぶべきことがたくさんあります。発達段階のある時期にテーマを絞って授業づくりすることは、学びの本質に迫る授業となると考えるからです。このことを樹木に例えれば、テーマとしての「物の永続性」は木の幹の部分であり、そこを根幹としていろいろな枝葉をつけることができるということです。枝葉しか見えない授業ではなく、木の幹が見えて、しっかりした根に支えられていることが分かる授業、こんな授業づくりができたら、最高です。

【参考文献】
1）日野原重明『十歳のきみへ』冨山房インターナショナル、2006年
2）エアーズ『子どもの発達と感覚統合』協同医書出版社、1982年
3）ブルーナー『認識能力の成長』明治図書、1976年
4）ローエンフエルド『美術における人間形成』黎明書房、1963年
5）エドワード・ホール『かくれた次元』みすず書房、1970年
6）山鳥重『「わかる」とはどういうことか―認識の脳科学』ちくま書房、2002年
7）ウーシャ・ゴスワミ『子どもの認知発達』新曜社、2003年

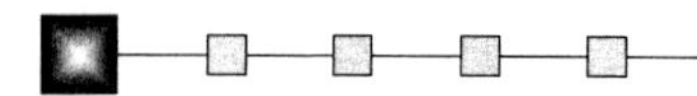

Ⅰ章－2

障害の重い子どもの授業づくりのために

親が望む授業とは…

安部井　聖子

一生の宝物をもらった学校時代

私の娘は、いわゆる重症心身障害者で、全介助で座位がとれません。体調によっては医療的ケアを必要とする障害の重い子どもです。知的にも最重度ですが、姉と弟がいることもあり、生活年齢的には相応の成長をしていると感じることがままあります。

学校時代は、私の子どもにとって、21年間の人生の中で最も輝かしい時であり、かけがえのない一生の宝物を培っていただいた12年間であったと感謝しています。このことは、学校在籍中に気づくことはできませんでしたが、卒業してから鮮明になってきたことです。「可能性を伸ばす教育」と言いますが、卒業後も成長し続けられるのは、その下地づくりを学校教育がしてくださったためと思っています。その学校時代の授業について、親の立場で思い出すままに書いてみたいと思います。

花が咲くが如く、風船がふくらむが如くに、可能性を求めて

小学部一年の時の担任の先生から、「きわちゃんの中には、目に見えない芽がたくさんあって、花が咲くように少しずつ成長すると思いますよ。きわちゃんの中の今は小さい風船がふくらんでいって、ぱちんと割れたときに、一段レベルアップするのよ」と言われたことが印象に残っています。こんなに障害が重いのに、どんな成長があるのだろうかと思っていた私にとって、この先生の話にどれだけ救われたことでしょうか。先生の娘に対しての思いを知り、親も次のレベルにいけるように、学校の授業でやったことの一部でもよいから、復習のように家庭でも取り入れて、育てていきたいと思いました。学校でやっていることをさらに家庭でもやれば、子どもの認知度が深まると思いました。それには、授業の目的が分からないとやってみることはできません。親なりに勉強をしていくうちに、わらべうたを繰り返し行う意味や、シーツブランコには感覚統合の目的があることが分かってきました。学校ではただ“揺らされている”という感覚しかなかったと思いますが、家では授業につなげる気持ちで抱っこ

をして揺らし、“学校と違ってお母さんの抱っこも楽しいでしょう！”と声をかけながら、その楽しさを実感させたりしました。その際には、楽しいという快の感情を引き出せるように話しかけていました。

一コマ、一コマが大切！

覚醒レベルの低い娘が、授業の一コマで起きているのは５～10分です。そのため、覚醒して活動に参加できる５～10分を大事にした授業を求めていました。今でも、通所先に「この子は一瞬の子なんです。支援内容の目的に沿って、その目的が達成されるよう支援してください」と伝え、職員の方が、今ここだと思った瞬間を見極めて、集中してやって下さいとお願いしています。授業は流す授業ではないようにしてほしいと思っていました。

あるベテランの先生の「見る・聞く」の授業を参観すると、とても上手です。何が上手かというと、子ども一人一人に順番に働きかけていきますが、この子は今ここで覚醒していると判断すると、集中してその子に時間をかけます。その見極めが子どもに即していて、タイミングが良いのです。今でも、“健常の人と同じように時間を過ごせない、ひょっとしたら短命かもしれない子どもの大切な時間を、コマつぶしのような支援をしないでください”とお願いしています。ましてや受けられる学校教育は、12年間という限られた時間です。だからこそ一コマ一コマが大切なのです。私の娘で言えば、それは45分間のうちのたった10分にすぎないのですが、その時に主体的に授業に参加していると、本人が実感できることが大切なのです。

先生のための授業ではなく、子どもに合った教育を

障害の重い子どもにとって、授業は、いつもの時間に、いつもの場所で、この前の授業の続きを、落ち着いて取り組むことが最も大切なことですが、主体的にということは、子どもにとってその授業内容が把握でき、それが発達の可能性へつながることではないかと思っています。しかし、何のために、この授業をやっているのか分からないことが時々ありました。

例えば、「お話の時間」と「見る・聞くの時間」が、まったく同じ内容の授業のことがありました。この二つの授業の違いはどこにあって、何の目的で行っているのか、説明していただきたいと思いました。この授業では、子どもにとって何が有効で、何が成長の糧になるのかを説明する責任が学校にあるのではないでしょうか。学校からのおたよりなどでその目的が説明されていたとしても、実際の授業でその展開が見ら

れなかったら、親はがっかりするものです。

また、こんな授業もありました。グループの何人かは見えにくい子どもなのですが、展開された授業は、健常児の幼稚園の子どもにやるようなペープサートを教材として準備しており、きれいで立派なものだったのですが、教材を判別することはできず、授業の流れも難解すぎました。思い入れだけの授業は先生のための授業であって、子どものための授業にはなりません。子どもたちに合った教材を望みました。親も専門的な指導を受けられる所に行き、親同士で情報交換をし、互いに高めあい、子どもにとって必要な働きかけはどうあればよいかなど、常に授業に対して真摯に向き合っています。私も親の会などで、子どもの可能性を伸ばすための情報を得るために学習会を開催してきました。目の肥えた親がいることは、先生たちにとってマイナスではありません。一緒に手を取り合い、車の両輪のごとく成長を促せる関係づくりも必要だと思っています。

こんな先生が、素晴らしい！

これまでに、たくさんの先生と出会い、たくさんのことを教えていただきました。その中で、親から見て、素晴らしいと思った先生は、次のような方々でした。

まず、教材教具が専門性のもとに使いやすいように工夫され、子どもたちの能力に見合ったものが用意された授業を行っていました。その授業も最新の情報を得ると同時に再構成され、展開されていました。そして、ちょっとしたおもちゃを、授業で子どもに提示している様子を見ると、なるほど、これはこういう風に使えばいいんだと分かりました。なるほど・なるほどの連続でした。ただのおもちゃが教材に変わったりするのです。親も今はどんな授業になっているのかと関心を寄せ、授業参観以外にも学校に行く機会には、そっと教室をのぞかせていただきました。親も期待できる授業に出会えたことは幸せでした。先生の持つ専門性から、親の見落としている点にアドバイスをいただき、専門機関を紹介してくださり、娘の生活そのものを向上させていただいたこともあります。研修に参加し、常に最新の情報を入手できる環境にあり、実践の場にいる先生方だからこそできることではないでしょうか。

また、授業の中で、始まりと終わりのけじめを教えてくださいました。教材を持たせて、離すことによって終わりを具体的に子どもに教えていました。それまでは「おしまい」という言葉だけだったのですが、目の前から教材がなくなることで、終わりを教えてくださいました。このことで、娘は、一つ一つの物事には終わりがあることを学びました。そして、単に始まりを意識させるだけでなく、学校を卒業して何年たってもその先生を思い出せる手がかりとなるよう、先生方一人一人が違った歌を毎日、授業の始まりに歌っていました。歌以外に、シュークリームが好きな先生は、シュークリームといったら○○先生というように、分かりやすい物でその先生の手かがりを与えてくださいました。何年も積み重ねたものは消えることなく、娘の中に残っています。卒業して何年たってもその先生が一瞬にして思い出せます。なんて素敵なことでしょう。

自ら体を動かせない、視覚にも問題がある場合、予期・予測できるような働きかけの工夫も随所にしてくださいました。このことにより、次の展開を理解し、授業に臨めたことで、発達の速度が速まったように感じました。

親は子どもに固定観念を持って接してしまいます。いろんな先生と出会うことにより、その先生の個性や教員としての経験から、私が気づかなかった側面を見いだしていただきました。人間としてのふくらみを持たせていただくことができ、授業以外の生活面でも成長の手助けをしていただきました。親はいくつになっても、子ども扱いしていますが、中・高等部になると、呼び名もちゃんづけからさんづけへと変わり、家庭でも生活年齢に沿ったかかわり方にするよう気づかされました。子どもの成長を見守り、適宜アドバイスしてくださる先生に出会えたことに感謝しています。

自己選択、自己決定によって、自分らしく、誇らしげに青春の謳歌を！

どんなに障害が重くても自立した人生を送ってもらいたいとの願いに応えるように、彼女なりの発達をしてきました。娘の能力でできる簡単な方法で、いつでも、どこでも、どんな人にでもYES、NOが伝えられるようにと、二人の間で10年以上かけて、その方法を確立しました。娘の手のひらに私の人差し指を入れ、YESなら握り返す、NOなら何もしないという方法です。全く握力のない子どもでしたが、成長と共に少しずつその意味も分かるようになり、今では、YES、NOを表現し介助を受けられるようになりました。自己選択・自己決定の機会があり、介助されることが彼女にとっての自立の一つである思っています。娘に寄り添い、親子で掲げてきた課題を一つ一つクリアしてきましたが、もう一段レベルアップして、遠慮せず積極的に自分を表現できるようになってほしいと願っています。学校教育で培っていただいた下地があったからこそ、学校卒業後も親子でさらなる成長に挑戦できるのです。

通所先でマニキュアやお化粧をしてもらって帰宅した時の喜々とした誇らしげな表情に、成長の一端を感じています。もちろん、お化粧グッズも娘自身が選んで買ったものです。姉からの誕生日プレゼントも同じ二十歳代同士ならではで、親では考えつかない物です。きょうだいのかかわり、通所先での利用者や職員とのかかわりを大切にし、青春を謳歌してもらいたいと願い、後ろからそっと支えていきたいと思っています。

Ⅰ章－3

体への気づき、そして、有能感

重い障害のある人たちに生かせる感覚統合的な視点

佐々木　清子

1　はじめに

子どもは環境を探索し、見たこと、聞いたこと、自分が動いて、触って感じたこと、それらを結びつけ環境について学習していきます。このように、環境との多様な感覚運動経験により、自分の身体に気づき、身体イメージが作られていきます。そして、さらに環境について多くのことを学び、自己概念を作っていきます。

しかし、心身に障害のある子どもたちは、自発的に手足を動かすことが難しいし、特定の姿勢に固定されるため、豊かな感覚運動経験が制限されやすい状況にあります。

また、環境に注意を向けにくいとか、かかわりを拒否するとか、刺激に過敏になってしまうなど感覚の処理機能に問題があることで、環境とかかわりにくい子どもたちもいます。そのため、身体面だけでなく周囲からの感覚刺激に細かく配慮して、援助していく必要があります。特に、呼吸や摂食などの基本的生命維持機能の問題があるような、重度な障害のある子どもたちに対しては、子どもの細かな表情を把握し、提供する感覚刺激の種類や量について検討していくことが重要です。

私は、作業療法士として、さまざまな理論等を学びながら、心身に障害のある子どもたちの発達を援助してきました。ここでは、重い障害のある子どもが自分の身体に気づき、自己イメージを作り、その後の健やかな発達を支援していくために、どのような手助けができるかを、感覚統合の発達という観点を中心に、今までの経験を織り交ぜながら、具体的な子どもとの支援を提案していきます。

2　感覚の種類と感覚受容器

環境への適応反応は、すべて何らかの身体運動を通して行われますが、その身体運動は基本的に感覚の入力に依存しています。**〈表1〉**に感覚の種類を示します。

視覚

目は明るさの変化を感じるだけでなく、光源の方向を知る方向視、形を認知する形態視、動きを見定める運動視、眼球による距離視という高度な感覚情報を処理のための器官です。

体性感覚

皮膚および深部組織内に存在する各種の機械受容器により生ずる感覚です。多様な受容器がありますが、それぞれの受容器は、触圧感覚、位置感覚、温度、痛覚に関与しています。パチニ小体は振動覚、筋紡錘や腱・筋膜などの受容器は皮膚感覚と一緒に運動感覚を生じます。

前庭感覚

耳慣れない言葉ですが、この感覚受容系は、三半規管と耳石器（卵形嚢、球形嚢）からなり、三半規管は主に回転に関する動き（でんぐりがえしやバレリーナのように回ること）や、耳石器は水平や垂直の直線的な動き（バスの急停車、赤ちゃんの高い高い、頭の位置や傾き）などを感知します。

特殊感覚		1）視覚	2）聴覚	3）味覚	4）嗅覚	5）前庭感覚
体性感覚	皮膚感覚	1）触覚	2）圧覚	3）温覚	4）冷覚	5）痛覚
	深部感覚	1）運動感覚	2）位置感覚	3）深部感覚		
内臓感覚		1）臓器感覚	2）内臓感覚			

〈表１〉感覚の種類（医学生理学的分類）

感覚刺激の種類	抑制効果	興奮効果
触　覚	口腔周辺の触圧刺激 腹部への触圧刺激 手少、足底への持続的圧刺激 背部への軽摩擦 35℃から37℃	口腔周辺の動き触刺激 皮膚知覚体節Ｔ10への動き触刺激 ブラッシング 氷
前庭刺激	逆さ位をとらせる 前後運動 左右運動 対角線運動（ゆっくり、均一、リズムカルに揺らす） 直線加速度 回転加速度（一定の速度で、ゆっくりと）	逆さ位をとらせる 前後運動 左右運動 対角線運動（速く、不規則に、時々止めたりしながら揺らす） 直線加速度 回転加速度（速く、不規則な速度）
嗅　覚	おいしそうな香り	酢やアンモニア
視　覚	単色、冷たい感じの色彩	暗い部屋でのフラッシュライト
聴　覚	リズムカルナ単調音 反復リズム	音の高さ、音色、大きさの急激な変化

〈表２〉感覚刺激の興奮、抑制効果（Farber, 1982）

3　身体図式とその後の発達への影響

体への気づきのためには、身体図式ができることや、自分はどのようなことができるかを認識することが重要であると思います。ここではまず、身体図式がどのように作られ、その後の発達にどのように影響を与えていくのかを述べていきます。

身体図式は運動企画の基礎

身体図式とは、身体の各部分とそれらの関係についての地図です。空間における位置関係を把握する上で重要であり、身体図式が阻害されると、空間関係ばかりか運動行動にも影響します。人間が目的を持って行動するときに、身体の各部をどのように動かすか、どのくらいの力で動かせるか、どのような順序で行うかなどを計画してその情報を各部に伝えます。その結果、効率の良い行動ができます。これが運動企画とよばれる機能で、身体図式が基礎になっています。

身体図式は、身体全体や各部の位置だけでなく、各部の働きや相互関係の情報も含まれており、その情報を元に運動企画が営まれているのです。運動企画は、新しい動作を学習するときに必要とされ、それは過去に蓄積された経験を利用しながら効率よく行われます。そのため、より正確な身体図式であるほど、不慣れな運動を行うことができます。逆に身体図式が十分に発達していないと子どもは、環境に適応していくことが困難になります。

変化に富んだ運動で、より正確な身体図式ができる

Ayres（エアーズ）は、身体図式は感覚間統合の産物であり、前庭、触覚、固有感覚という基本的な感覚が統合していく過程で、身体図式が作られていくと説明しています。また、視覚情報と体験したことを統合することで、身体と空間との関連性を発達させていきます。したがって、子どもが環境に働きかけることで、運動が新しい感覚刺激となり、脳にフィードバックされ身体図式をさらに発達せていきます。子どもが動き回ることで、多量の感覚情報を蓄えることができるため、身体の動きが変化に富んでいるほど、より正確な身体の地図ができていきます。

能動的な運動が重要

運動によってもたらされる身体感覚の変化が記憶となり、それに続く動作を誘導します。その際、能動的な運動から得られる前庭感覚と固有感覚は、身体図式と複雑な運動の企画を助けます。固有感覚は、運動（速度、頻度、順序、タイミング）と関節の位置の感覚を持ち、外部環境と身体についての明確な地図を作るのに役立っています。しかし、受動的な運動はそれと同じレベルの固有感覚入力はもたらさない（Evarts 1985；Ghez et aI 1990）といわれています。

運動機能の障害がある子どもの身体図式

運動機能に障害がある子どもは、不適切な姿勢調整や異常な運動パターン、身体の非対称性が、筋や関節からの固有感覚のフィードバックに影響し、運動の実行や身体図式の発達を阻害することがあります。さらに、それが身体認知、空間認知、身体の両側性の発達に影響していくといわれています。また、運動経験の不足もさまざまな感覚経験を制限し身体図式に影響します。

4　感覚調整が難しい子どもたちとその対応

感覚統合療法は、学習障害児といわれる、歩行などの運動機能には問題はないのに読み書きが難しい子どもたちの支援のために長年の研究から導き出されたものです。その理論の中に感覚調整障害という言葉が出てきます。調整障害とは、自分の行動を中枢神経系が上手く調節できない状態を表しています。

感覚入力の調整は、日常の作業に携わる上で私たちに不可欠の能力です。感覚を選別しそれに注意を向けること、覚醒を最適な水準に保つことや課題に対して注意を維持するためには、すべての感覚を調整する必要があります。

いくつかの様相があり、ここでは、触覚防衛反応、重力不安反応、動きに対する嫌悪反応、低反応について説明します。感覚調整障害があると、覚醒と注意、動機づけ、行動の組織化、運動企画に影響を与えていきます。脳性まひやそのほかの身体的な障害を持つ子どもたちの中にも、これと同じ症状を示す子どもたちがいます。

(1)　触覚防衛反応

触覚系の役割

触覚系は二つの機能に大別されます。一つは、生存にかかわる原始系（防衛的な触覚）で、触刺激を受けると身を引くというような反応（熱い物に触れて手を引くなど）で、二つ目は、物の手触りや形、大きさを触って確かめるために使われるものです（識別的反応）。

触覚系は、外的な環境を探索するのに必要です。いつまでも防衛的な状態が続くと識別的な触覚機能が発達しにくい状態になります。触覚識別は身体図式の基礎であり、運動企画、情緒の安定、覚醒レベルの調整、注意、手の操作性に影響し、遊びが限定されることになります。

また、触覚は人間の情緒の発達と深い関係があるといわれています。1960年代のハーローの実験では、タオルでつくられた親猿と冷たい金属で作った親猿のあるところで実際の小猿を育てたところ、タオルの親猿に寄り添い、金属の親猿には、授乳以外には近づかなかったという結果が出ています。ハーローは、心地よい触覚は子どもに安心感を与え、情緒の安定に貢献すると述べています。私たちにおいても、防衛反応が強いと、情緒や対人関係に悪影響します。例えば、抱っこが未経験になりやすいため、泣くなど不機嫌なときに落ち着くことが難しくなりますし、人と近づくことが苦手になってしまいます。

①過剰な反応

・子どもが他者から身体を操作された際、身体的に、言語的に不快を示します。例えば、専門家によるハンドリングに適応できず、ずっとぐずったり、泣いている傾向があります。時に、交感神経の活動にも影響します。
・口腔の刺激（下顎のコントロールをされたとき）に不快を示したり、すりつぶした食物を食べたがらなかったり、手で食物を触ろうとしなかったりします。
・物の素材の違いに反応し、ウールや固い紙のような素材や、砂、粘土など特定の素材を避けます。
・手の操作では、物を長く持たず、少し触れて物をはじくような動きが見られ、物を入れるなどの操作性の発達が遅れます。
・運動発達面では、手や足で床や台に触れることを嫌がるので支持性の遅れが見られます。
・日常生活動作の面では、手づかみ食べができなかったり、道具も使おうとせず、介助してもらうことが多くなります。食事以外に洗面、入浴、洗髪、爪きり、耳かきに過剰に反応します。

◇過剰反応への対応

・介助の際は、しっかりと子どもに触れるようにし、たびたび介助の手の位置を変えないようにします。触れられたときと手を離されたときに触覚刺激を強く感じる傾向があります。また、そっと触れるより、軽く圧を加えるように触れたほうが強く感じません。
・また、直接的に手で子どもの体に触れるのではなく、例えば食事指導の場面では、下顎の介助をするとき、直接手で触れられることを嫌がる子どもに対しては、タオルを介して操作するようにします。
・姿勢を変えるときに、バスタオルや厚めのシーツでくるんだまま行うこともあります。
・遊びでは、子どもが受け入れやすい遊びから始め、遊びを段階づけるようにし、なるべく子どもが自ら触れるように誘導していきます。このとき、感覚入力を調整しやすいように、固有感覚と触感覚を組み合わせていくことや、好きな感覚と組み合わせるのも一つの方法です。例えば、体を手で支える経験を行った後に、いろいろな素材を触るとか、押す、引く、叩くと音が出るおもちゃや遊びを行います。

・また、布や綿などの柔らかい感触、プラスティックなど固い素材など受け入れやすい素材から始め、セロハンのようなカサカサした素材へと変化させていきます。

・聴覚遊びが好きな子どもに対しては音の出るおもちゃで触れる経験を促します。各種キーボード、押すと「ピー」と鳴るおもちゃなどがあります。

・また、接触支持面に対する過敏さが見られることがあります。体の厚みがなく、痛みを起こしやすい傾向があります。そのため、座面や背もたれのクッションを厚めにするなどの工夫が必要です。

以上のように、子どもたちはさまざまな刺激の中で過ごし、時には不快な状況にさらされています。子どもが不快な表情を示したときには、子どもの感覚面の状態に配慮し、原因となるもことを取り除くなど、子どもの反応を細かく観察していくことが大切です。

②低反応性とは

低反応性を示す子どもは、さまざまな触覚入力を探索し、求める傾向があり、環境の変化に気づかないかもしれません。筋緊張が低下した子どもによく見られます。触覚や他感覚に対する高い閾値を持っていて、閾値に達するためには、多くの刺激を必要とします。圧迫や固有感覚刺激を強く受けた後によく反応します。低反応性は、身体図式や運動企画に影響します。

◇低反応性への対応

軽い触覚や体重支持で覚醒を高めるとよいです。また、タンバリン、木琴、ギロ、太鼓など叩くような触圧刺激、振動刺激が加わるとよいときもあります。また、柔らかい素材よりも、固い紙を扱う方が触れたことを感じやすいときがあります。例えば、人形を作るときに、綿や紙やパラフィン紙、花紙など違った素材を用意してちぎる場面を設定すると、綿では全く指に

〈写真１〉感触の違う素材を使って製作した人形

力を入れなかったのに、紙になると、触れた感触から強く握りはじめた子もいます。このようにいろいろな素材の工夫が必要です（**写真１、２、３**）。

〈写真２〉感触の違う素材

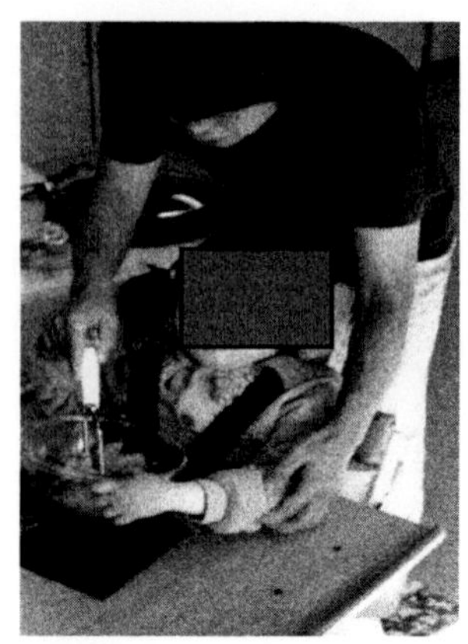

〈写真３〉バイブレーターと調理活動で覚醒を高める

③識別障害とは

脳性まひの41〜73％に触覚識別障害があるともいわれています。

触られたところを定位することが難しいことや、不十分な立体感覚、二点識別の低下、皮膚に描かれた文字の認識の低下などが含まれます。子どもたちが物や環境との相互作用の中で適切な感覚フィードバックを受けなかった結果、触覚識別の障害を深刻にしています。

◇識別障害への対応

目隠しして容器の中から捜し物を当てる、触る心地が一致した物を当てるなどがあります。

⑵ 前庭感覚、固有感覚の調整の難しさ

前庭系の役割

とても強力な感覚であると同時に他の感覚との間に連絡を保っています。

覚醒の調整

脳幹にある「網様体」という組織とつながりを持っており、ここを介して大脳皮質全体の覚醒状態をコントロールしています。赤ちゃんをゆっくりしたリズムで揺すってあげるとすやすや眠るのは、前庭から覚醒を下げるように指令が届いているからで

す。また、視床下部とも連絡があり、不規則で強い揺れが続くと、吐き気などの自律神経系に影響を与えます。

姿勢調整

姿勢を保つ基礎として空間での頭の位置、体の位置を調整しています（立ち直り反応)。そして、頭と眼の動きの補正によって、安定した視野を維持する役割も持っています。

①重力不安

重力不安のある子どもたちは、日常のゆっくりとした、もしくは素早い運動経験を怖がり、特に頭部が垂直位から外れる運動を嫌がります。小さな動きにもかかわらず、それを大きな動きとして知覚しているといわれています。体や頭を新たな位置に置くことを必要とされる活動、特に足を床に着くことができない活動を、避けることがあります。重力不安は、情緒面、行動面の発達にも影響するといわれています。

②運動に対する嫌悪反応

三半規管を活性化する回転刺激の後に、不快、吐き気などの強い感覚を感じたり、重力に対して不安定であることや、姿勢コントロールが不十分であることから嫌がる反応として、運動に対する嫌悪反応が表れるかもしれません。また、全身を支えられているときに、空間で体が動くことを嫌がる子どもたちは、動く遊具に対する耐性がないか、車に酔いやすいのかもしれません。運動に対する嫌悪反応は、数時間後に不快反応を見せる場合もあり、注意が必要です。こういった感覚調整の問題があると、幼児では環境探索や粗大運動活動を行う機会が少なくなり、学齢児ではキャンプやスポーツなどの機会は減り、社会的経験が不足してしまいます。

◇重力不安と運動に対する嫌悪反応への対応

- 重力不安に対しては、固有感覚入力と直線的な前庭覚入力（回転ではなく）を組み合わせた運動経験を子どもに提供していきます。
- 無理に押しつけないようにし、前庭入力に対し子どもが対処できるように、姿勢を変えるときや移動するときには、ゆっくりと始める必要があります。また、床にしっかり足をつけて行うとか、体の前が開かれた空間に不安を持ちやすい子どもの場合では、机を置くとか前方支持タイプの歩行器にするなどして配慮します。後方座位で介助することで子どもの体はしっかり支えられます。

・ブランコでも、釣りフックを1つにするか、2つにするかで、揺れの方向（前後か回転）が変わります。また、包み込むようなタイプのブランコは姿勢が安定して受け入れやすい物です。はじめはブランコのように床に足がつかない遊具ではなく、箱車やシーツに乗って動く遊びから始めると受け入れられます。

③前庭、固有感覚入力への低反応

ブランコやトランポリンなどの揺れる遊具に乗っても表情の変化がなく、大きく揺らすなど刺激を多くすることで、表情の変化が見られる子どもがいます。また、固有感覚入力を得ようとするように、意図的に叩いたり、音を立てたり、ぶつけたりする特徴的な行動によって表されます。

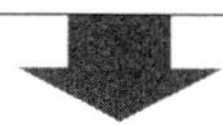

◇対応

子どもの表情を細かく観察しながら、いろいろな遊具で、前庭、固有感覚を受けられる経験を積むことで表情の変化が表れてきます。体重支持の機会、運動に対し抵抗を与えてくれる活動を使っていきます。例えば、机の上に肘で支持することや、ゴムを使ったおもちゃを手に握らせて繰り返し引く遊び、振動するおもちゃ（バイブレーター、ミキサー）の利用があります。また、釣りロープを握りながらブランコに乗るなどです。

前庭系遊具の紹介

運動障害のある子どもたちが遊具に乗るときには、姿勢に配慮することで、段階づけて姿勢のコントロールを学ぶ機会を作ることができます。また、遊具を変えることで、受ける刺激の種類が変わり、豊かな活動を提供できます。例えば、同じブランコでも、後方から介助した座位と、椅子座位、うつぶせ、仰向けでは感覚刺激や必要な身体機能も変わります。時には、上肢での支持、頭部、体の伸展を促せますし、呼吸にもよい影響を与えられるときもあります（**写真4、イラスト1**）。

〈写真4〉ロッキングチェアー

〈イラスト１〉前庭系の遊び

5　覚醒状態の調整の難しさ

私たちは、周りがどんなことをしているかに注意を向け、じっと見続けることができます。そして、それを理解して、自ら行動に移せます。注意を向けられるかは、脳の目覚めの状態に関連し、覚醒が適切であると注意も持続できます。低すぎると気づきにくくなり、高すぎると注意散漫、逃避行動になります。

目覚めは覚醒ともいい、覚醒とは「環境と自分自身の気づきであり、それは人間が自らの内部および外部環境を知覚することができ、運動機能に問題がなければ刺激に対して適切な方法で反応できるための状態、注意の怠りのない状態を意味します」(Benarroch,1999)。

感覚調整と覚醒は関連し、感覚もしくは皮質からの入力により活性化するので、活動を提供するときは、環境設定や活動の感覚的特徴に配慮し、子どもの興味ある活動を提供することが重要です。29頁の〈表２〉は、各感覚刺激と覚醒との関係について示しています。

覚醒・注意の維持が難しく、抗重力姿勢、体への接触を嫌がるＡちゃん

状態像

Ａさんは、覚醒が低く、目覚めていても、抱っこの仕方の違いや、触られること、姿勢変換、仰向けとクッション椅子以外の抗重力姿勢を嫌がり、泣いていました。また、手に物を触れさせると手を引き、握ろうとしたり触ろうとする動きはなく、触覚刺激に過敏な状態でした。

母親とともにいろいろな遊びを試す中で、タオルブランコ、シーツに仰向けに乗って動かすことなど前庭系、固有系の遊びに興味を見せていました（**写真５、６**）。当初、音、視覚刺激への明確な表情の変化はありませんでしたが、電子電話やバイオリンの音に大きな目を開け、注目する様子がありました。また、蛍光色の布を動かすとその動きの変化を感じているようでした。

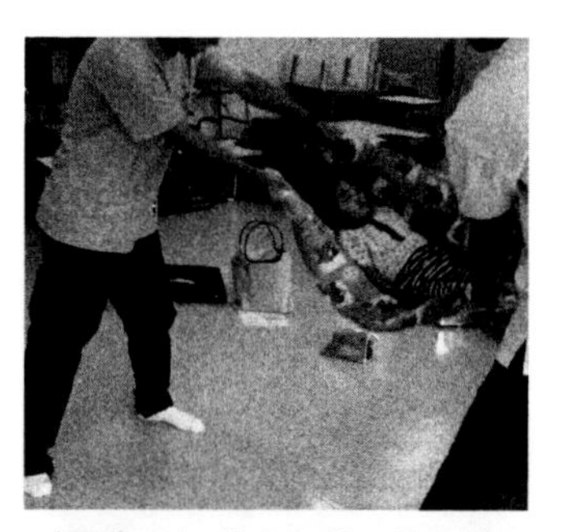

〈写真５〉前庭刺激に快表情を示していた

〈写真６〉シーツに乗って床を動くと振動が伝わり覚醒が高くなる

対応

過敏性があり、速く姿勢を変えることや触る部分を変えると嫌がることが多かったので、姿勢はゆっくりと、接触面を変えないように注意深く介

助を行いました。時にはシーツに乗ったまま姿勢変換を行いました。左右に体を動かして好きな前庭系の刺激を入れることや、聴覚刺激を取り入れることで、座位への不快感が減ってきました（**写真 7**）。途中嫌がったときには、再びシーツに乗って床を動くなど好きな活動を取り入れていきました。また、興味を向ける音の鳴る玩具も試していきました。また、腹臥位や側臥位を嫌がっていましたが、呼吸、摂食嚥下障害があったＡさんにとって健康維持に必要でしたので、好きな遊びを導入しながら慣れるように進めておきました（**写真 8**）。

〈写真 7〉ゆっくりとした姿勢変換を行い、座位姿勢に誘導した。下顎を支え楽な姿勢での遊びを誘導した

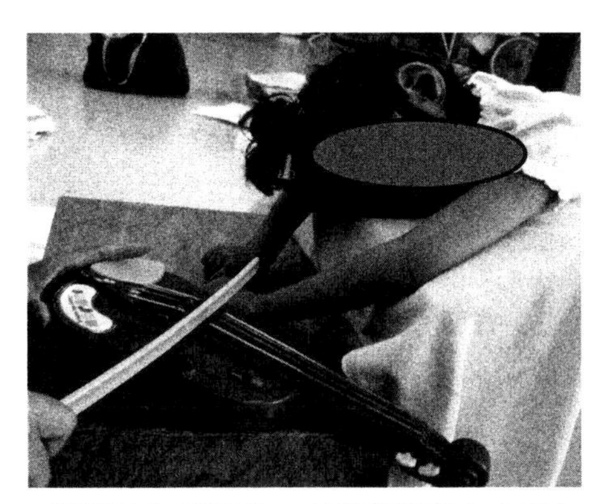

〈写真 8〉腹臥位へは前傾座位から慣れさせながら、好きな前庭刺激を加えながら進めたことで受け入れられるようになった

経過

徐々にマラカスの音、耳元でささやく音でも笑うようになりました。また、泣くことなく座位を長く保持できるようになっていきました。指導の積み重ねの中で受け入れられる姿勢、遊びが多くなりました。家庭用のうつぶせマットを作製し、それを使う中で、床上で腹臥位もできるようになりました。その年は、肺炎で入院することがなくなりました。また、毎年の遠足で泣いていて乗れなかったメリーゴーランドに乗ることができ、笑顔が見られるようになったことを、母親はとても喜んでいました（**写真 9**）。

〈写真 9〉いろいろな刺激に慣れ、遊園地での参加でも笑顔が見られるようになった

6　視覚系の役割、視覚と身体図式、運動・手の運動との関連

視覚の３つの大きな目的は、

①対象物について知ること（物体視：何）

②姿勢を維持すること

③空間視（自己と物、物と物の位置関係や方向）

です。

視覚は他の感覚と統合されて、周囲に対する正しい情報を脳に送ります。外界を眺めるときには、絶えず目を動かしています。目を一点に固定しているときに見える範囲は、視野のごく一部（部分視）であり、目を四方に動かすことによって全体を見ることができるのです（全体視）。

視覚の立ち直り反応は、頭部の立ち直り反応を強化し、頭部を垂直な方向に修正していきます。これに前庭系が作用し、さまざまな頭部の位置に対して空間での垂直を維持しようとします。絶えず変化する頭部の位置は他の感覚系と統合され、多様な視覚情報を与えます。そのため、頸部は物の安定したイメージが持てるようになることや目の運動のための頭部の安定性を与えています。

(1)　知っておきたい眼球運動とその発達

人の眼球を動かすのは、６つの外眼筋です。これらの筋肉が協調して働くことで、水平、垂直、回旋運動ができます。

定位

触れることができる物に手が接近するのと同様に、両眼は指標まで到達し、接触します。動いている標的は、静止しているものより見つけやすいです。

注視

注意を集中して両眼を物体に向けて固定することです。焦点注視は、１カ月で始まり、背景から明確に区別できる物を見つめ、かすかな動きや親の顔は注視を促します。単眼視から両眼視へと発達します。頭部の肢位の安定性が獲得されたときに注視能力は高められます。

追視

眼球の追視運動によって水平、円、対角線上に動く指標を見続けられる能力です。最初の追視運動は、ぎくしゃくしていて滑らかな動きではありません。生後３～５カ月で滑らかな動きが見られます。初めは、生まれたばかりの乳児は、周辺の位置から正中へ動く標的を、非常に狭い範囲であれば眼と頭部を動かして追い、また側方に戻

ることができます。徐々に正中へ向かう動きができ、正中線を越えて追視ができてきます。

輻輳・解散

注視点を近くに動かすと、視軸は１点に集まる動きが見られます。これを輻輳、注視点を遠くに動かすと、両眼の視軸が離れて平行になることを解散運動といいます。

サッケード

視野において注視点を離れた点に素早く移すときに使用されます。視線と眼球との位置のずれを補正する役割を持ちます。これは一般的には、視覚刺激に基づく随意運動ですが、周辺視野に突然刺激が現れたときや、睡眠にも見られることから、反射的、不随運動的要素も含まれていると考えられています。はじめの未発達な注視点移行は、同じ焦点距離の標的間で起き、いきすぎたり不正確であったり、まばたきを伴うことがあります。

視性眼振：眼球は、連続的に動く物体を追視するときは、眼球の動きの限度まで動くと素早く眼球は元に戻り、再び運動を繰り返します。これを視性眼振と呼びます。電車に乗っているときに素早く動く窓の景色を見ているときに見られます。

前庭動眼システム：頭部の運動の際、眼球運動によってその動きを補正することで視点を安定させ、固定保持を容易にする働きを持ちます。前庭動眼反射は首を一側に向かせると眼球は反対側に残り、その後、眼球は首を向けた方に動きます。

⑵　運動障害のある子どもの視覚の問題と対応

眼球運動は、頚筋の固有入力に影響を受けます。筋緊張の異常により、片側に頭を向けた姿勢に固定されている子どもでは、眼球も一方向の運動になりやすい傾向があります。そのため、頭部の対称的な運動を促しながら、いろいろな方向にある物に注視、追視できるようにします。このとき、子どもの視野内に物体を置き、注目させてから物を動かすようにすると、子どもの眼球の運動を誘導することができます。

注視、追視ができないが、環境全体の変化なら気づくことができる子もいます。注視、追視を促すには、おもちゃの車やボールを使った遊びを利用します。また、環境への気づきを促すには、光学的な機器やトンネルくぐりによる明暗の変化、金銀、赤などの目立つ色の大きな布や紙などの動きを利用するとよいです。

眼球運動の速度が遅い子どもの場合、追視を促す際、ゆっくりとした対象物の移動が必要となります。速い身体の動きに、眼球の動きがついていけず、首と反対に眼球が残りやすい子どもに対しては、ゆっくりとした姿勢変換が必要となります。

また、大脳辺縁系と関連し、注意集中、疲労、興味、おそれ、無関心などの感情によっても眼球運動は影響を受けますので、適切な活動の選択が必要です。

(3) 視覚と運動

運動を誘導するときの視覚の役割について検討するとき、身体図式の概念を考慮しなければなりません。歩いたり、頭を左右に動かしたりすると視覚配列は変化します。そして、視覚配列が身体図式と統合されると、私たちの動きとその周囲が知覚され、どのように対処したらよいか分かり、空間内での動きは正確なものとなります。例えば、隙間を通るときには、頭と眼球の位置、身体と頭部の位置、四肢の位置が中枢に登録され、見えている内容と統合されます。これにより、どうしたら通れるかといった判断を下すことができるのです。これに関与する４つのシステムは、光学的流動、空間の恒常性、運動視差、光学的拡張です。

運動障害のある子どもたちの支援を考えるとき、物を子どもに近づけるだけでなく、子ども自身に空間を動く経験を持たせることが大切です。そうすれば、周囲の景色や物の視覚的変化と運動を結び付けられ、より正確に環境について学ぶことができます。正常発達の中で、子どもたちは、移動することで探索する場所や物が飛躍的に増し、空間知覚を発達させます。そして、腹臥位や四這いで環境を探索したときの単純な目のコントロールが、母指と示指でつまむときの正確な目の動きに必要となってきます。また、移動は子どもに独立した存在としての自己概念を与えることにも役立っています。

関与する４つのシステム

①光学的流動

身体の動きに伴い網膜上の視覚情報のパターンは網膜上を流れるように動き変化します。自己と対象物の動き、距離、奥行き知覚に重要です。

②空間の恒常性

私たちの目が動いていても、周囲は安定した状態として映し出されます。引き起こされる網膜像の変化と眼球と頭部の動きが協調することで成立しています。

③運動視差

頭部を前後に動かすと近くの物は遠くの物よりの急速に動いているように見えます。

④光学的拡張

近くの対象物は遠くの対象物よりの広い視野を占めます。対象物の動きの判断に重要です。

(4) 視覚と手の運動

私たちは、①物に手を伸ばす前に、あらかじめ視覚的に物の特性（大きさ、形、手触り、向き）を把握し、その後の手の運動をコントロールします。

そして、②目的の場所に手を動かすには、対象物の方向や距離の情報が必要で、物に手を伸ばすことによって距離や方向が情報化されます。

物に手を伸ばす際、はじめは加速し接触前に減速し調整します。手先は絶えず中心視野に置かれ、目標物に正確に接触できるように最終的な視覚調整が行われます。目標に向かう最初の動きは、あらかじめ計画されたものですが、運動が始まった後は、視覚情報がなくとも運動はできます。しかし、運動の終点では視覚が必要とされます。生後２～３カ月の頃は、手を伸ばすことは正確にできませんが、徐々に見ている物と身体の感覚を統合し、どのようにしたら正確にできるかを学んでいきます。

そして、③手が対象物に接触すると同時に、触覚入力によってもたらされる物の硬さや手触りのような質の情報に応じて手の力が調整されます。

◇運動障害のある子どもへの対応

運動障害のある子どもたちは、手の動きが制限され、さらに姿勢の問題から、手元を視覚的に把握することの難しさがあります。子ども自身の手を動かし、触れてみる経験は、物の特性の理解や目と手の協調性を発達させることになります。

姿勢への配慮

手での操作を促すには、姿勢に配慮し、できるだけ自発的に運動を促すような工夫が必要です。姿勢が楽にとれることで、筋緊張は適切に保たれます。側臥位など重力の影響を受けにくい姿勢から始めることで、手の操作が楽にできることがあります（表３）。

	特徴	工夫 頭・体の前後・膝の間にクッションを置く
側臥位	・両手を前に出しやすく、操作しやすい。　・手元を確認しやすい。 ・非対称になりやすいためマットによる工夫が必要である。 ・呼吸が楽。　・逆流に有効な時もある。	
仰向け	・両手が後方に引かれやすく、手元を確認しにくい。腕の後にクッションを置けば手は前に出しやすい。 ・下顎が引かれる。　・自発的な口腔の動きをあまり必要としない。 ・下顎が下がり呼吸が苦しい。 ・足が傾くと片方に倒れるので膝下にクッションが必要となる。	頭・膝下・体の脇マット
腹臥位	・両手動作が前に出しやすく手元を見やすい。しかし、支持として使うことが多くなり、操作として手を使う場合は、頭の保持を軽減する必要がある。 ・対称的な姿勢を促しやすい。 ・下顎が前に出る。 ・呼吸が楽。 ・耐久力が必要なため、時には頭を支えるクッションが必要となる。股関節の可動性を見ながら体を支えるマットなど工夫が必要となる。	前方をやや上げて傾斜をつけると保持が楽になる 顎の下にクッションを置く

姿勢の特徴　**首の動きが制限**　**見える範囲が制限**　**手元、聞こえる物の確認が困難**
呼吸状態が影響　**リラックスできる姿勢の導入**
覚醒状態の調達：姿勢変換、遊びの種類が影響（手で触る、振動、圧迫、運動の導入など）
運動が制限されている。
少ない動き→変形・拘縮の進行

〈表３〉

手の介助方法

手の動きを援助するためには、体や肩など、大きな関節の動きを介助する。そうして、子どもに手の動きをしてもらい、やれたという実感を子どもが持てるようにします。また、巧緻動作は、姿勢の保持ができ、体が安定することで発達します。座位ができない子どもが支えなしで手を使おうとすると、とても不安定になり、筋緊張が亢進してしまい、動作をうまく行えません。安定した姿勢を保障するために、頭部や体を支え、手を動かしやすい姿勢に配慮します。また、手掌の接触経験が少ない子どもが多いので、なるべく手を開いて物に接触できるようにします。手首を掌屈方向に動かし、親指からゆっくり開くようにすると手は開きやすくなります（イラスト2）。

頭部のコントロール

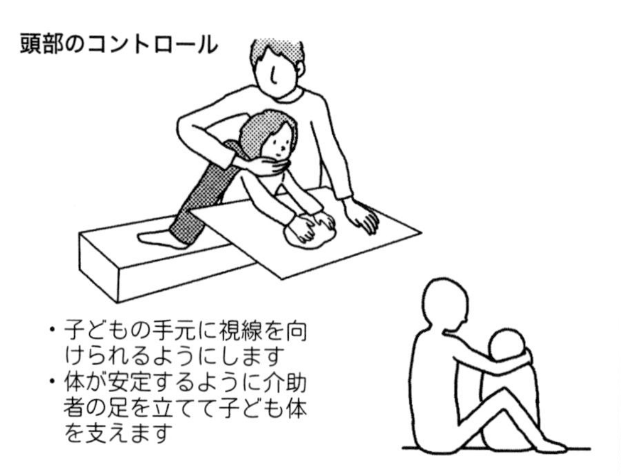

・子どもの手元に視線を向けられるようにします
・体が安定するように介助者の足を立てて子ども体を支えます

後方から見たところ

手の介助の一例

・肩～肘を支え、やや外旋方向に動かすと、手はリラックスして使えるようになる

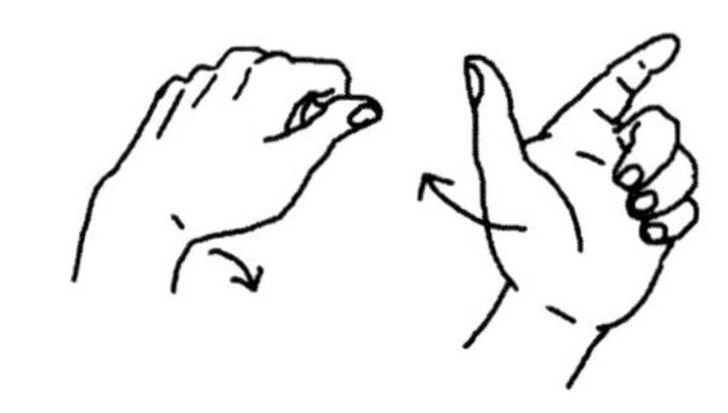

・握ってる手は掌屈方向に動かし、親指から開くようにすると手指が伸びやすい

〈イラスト２〉

7　運動の障害のある子どもたちの感覚統合の発達過程

運動障害のある子どもでは、感覚統合は、感覚処理の障害を鑑別し、それを治療するものとして、そして、覚醒や動機付け・運動反応に影響するものとして活用されるかもしれません。

運動障害のある子どもたちの感覚処理の問題は、１次的２次的要因が考えられます。一つは、運動障害の原因となる、皮質や皮質下の損傷が感覚処理過程の領域に対して影響を及ぼしているかもしれないということです。もう一つは、２次的感覚処理の問題で、正常な感覚経験が奪われて運動が不足した結果として見られるものです。運動経験が少ないということは、環境から意味ある情報を得ることの障害になります。運動発達に遅れがあり、座ること、立つこと、手を伸ばすことができなくとも、他の機能に２次的な発達の遅れが出ないよう、それぞれの年齢に合った遊びを提供していくことが大切です（**図１**）。

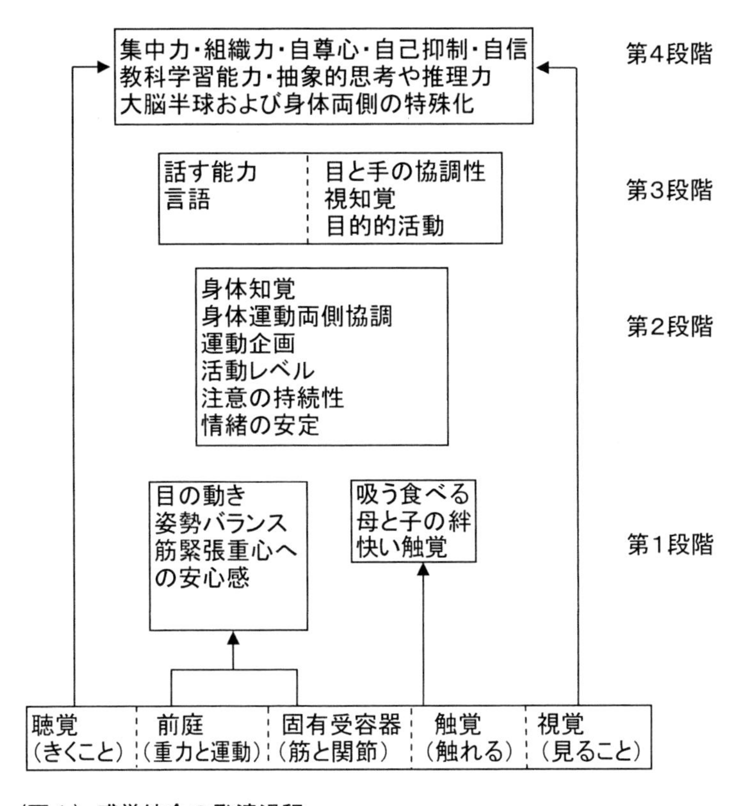

〈図１〉感覚統合の発達過程

8　豊かな感覚運動経験の提供

医療ケアを必要としている子どもたちは、医療的な処置のために費やす時間が多くなり、遊びのための時間が不足しがちとなります。無理のない範囲で豊かな感覚運動経験を提供していくことは、環境への適応能力や精神機能を維持する上でも重要です。人や物、活動との接触の制限は、刺激に対する過敏性を引き起こすかもしれません。人が近づくことが刺激となり、ストレスとなってしまう人もいます。

〈図２、３〉は当センターの施設に入所している方の活動、姿勢の状況を示しています。日常的には音楽をかけ、時々は楽器の音色を楽しんでいました。まれに療育活動と散歩、マッサージがあり、ブランコや揺れる活動や光を使った視覚活動がかなり少ない状況でした。しかし、現在は、生活が単調にならないように、病棟と協力して簡単にできる視覚的な活動を行っています。

活動を提供するに当たり、介助者の人数と対象者のニーズを合わせて考えます。刺激を与えればよいのではなく、人によりどのような活動をどのくらい行うかは異なります。ある人にとっては、急な変化はかなりのストレスになるので、今までの生活経験を把握した上で、個々に合わせた活動を提供する必要があります。そのためには、活動を感覚運動面から分類し、各感覚系の活動がどのような効果を与えることができるかを考える必要があります（図４）。

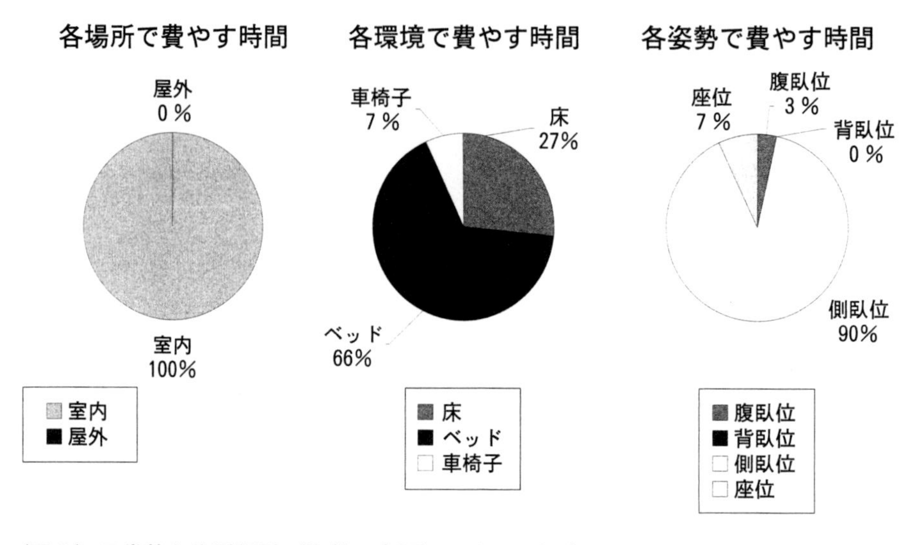

〈図２〉日常的な生活経験（姿勢・空間）Ｔさんの場合

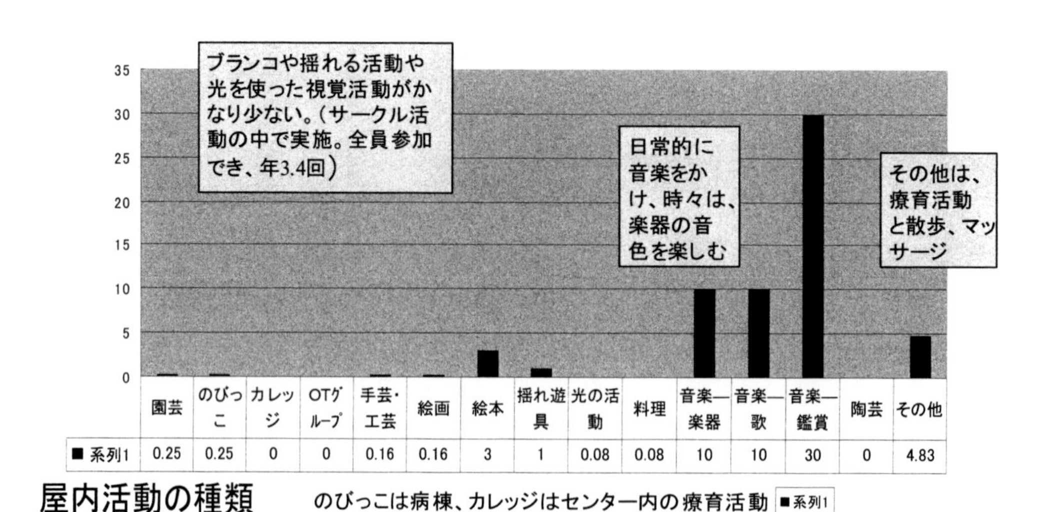

	園芸	のびっこ	カレッジ	OTグループ	手芸・工芸	絵画	絵本	揺れ遊具	光の活動	料理	音楽—楽器	音楽—歌	音楽—鑑賞	陶芸	その他
■系列1	0.25	0.25	0	0	0.16	0.16	3	1	0.08	0.08	10	10	30	0	4.83

〈図３〉Ｔさんが参加している屋内活動とその頻度回数（月）

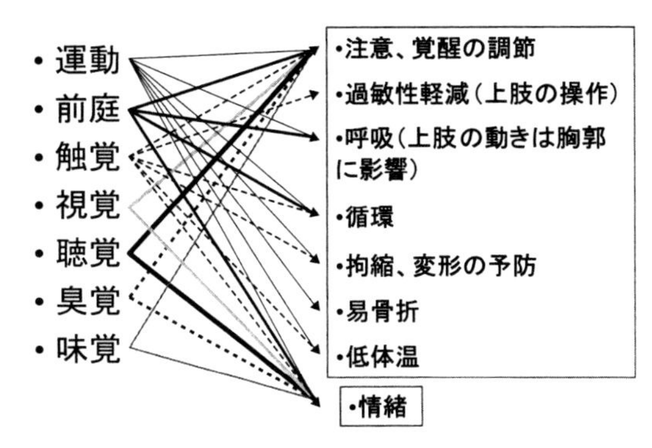

〈図４〉感覚運動活動の効果

9　随意運動が難しい子どもたちへの達成感、有能感をどう育てるか

有能であるということは、ある状況あるいは課題の要求に対して適切であることを意味します。有能性は、探索経験の上に成り立ち、物事を行うことで遂行に関するフィードバックを受けます。それによって物事を行う能力を改善し形成していき、さらに技能を適切なレベルに引き上げていきます。有能性は、障害に対応する人の努力の中にも反映されます。運動障害のある子どもたちが、できたという体験を積み重ねられるようにどのような援助ができるかを考えてみました。

⑴　成功体験の積み重ね

子どもは物に手を伸ばすとき、重心と自分の体の動きを感じ取り、重心の移動に合わせバランスを保ちます。そして、うまくつかめるように、物と手の位置関係を知るために体と重力を視覚的に統合していきます。物が動いていれば、さらに正確な適応反応が必要になります。しかし、自分の体と重力の関係を感じとれなければ、椅子から落ちてしまうし、いつまでもできなければ、物に手を伸ばすことをやめてしまいます。成功体験を積み重ねることで、成功する喜びや挑戦する意欲や楽しさを得ることができ、自信を持ち、自己概念を発達させることになります。運動の障害のある子どもへの支援には、成功できるように介助方法や道具の工夫が必要になります。

①自発運動を引き出しやすい介助方法と道具、環境設定

簡単に結果が得られる遊び（例えば倒すといった遊び、スイッチで動くおもちゃの使用など）の提供をします。姿勢を保持し動きを助ける道具は、能動的な動きを引き出すのに必要です。はさみ（押せば切れるもの、握るだけで切れるものなど）、ペンホルダー、絵画活動に使うスタンプの工夫（持ちやすい柄のスポンジの各種）、手首を支える自助具、指の拘縮予防のための自助具、各種マット、U字や胸当てクッション、移動器具があります。移動できることは、空間を探索する機会を提供してくれます（**写真10〜14**）。

介助方法は、子どもの姿勢、筋緊張の特徴に合わせて援助することが大切です。

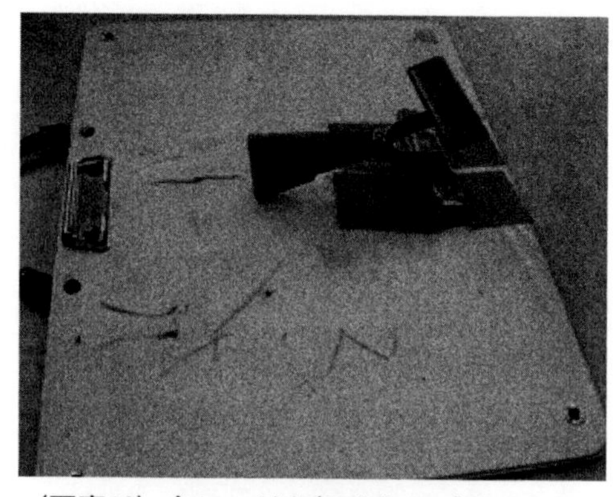

〈写真10〉台につけた押すタイプのはさみ

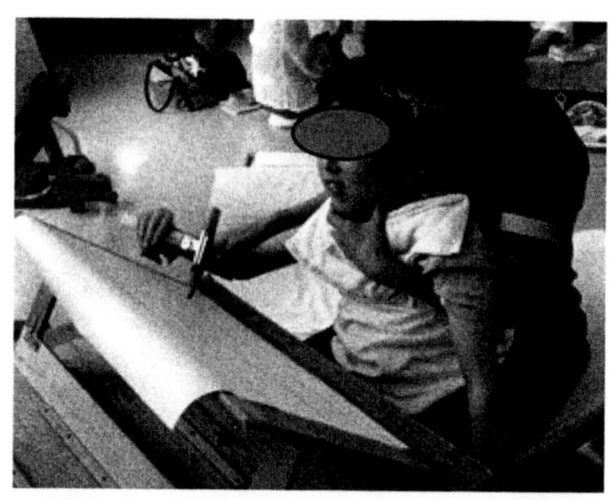

〈写真11〉工夫したペンホルダーと斜面台を使い、目で手元が確認しやすいように介助している

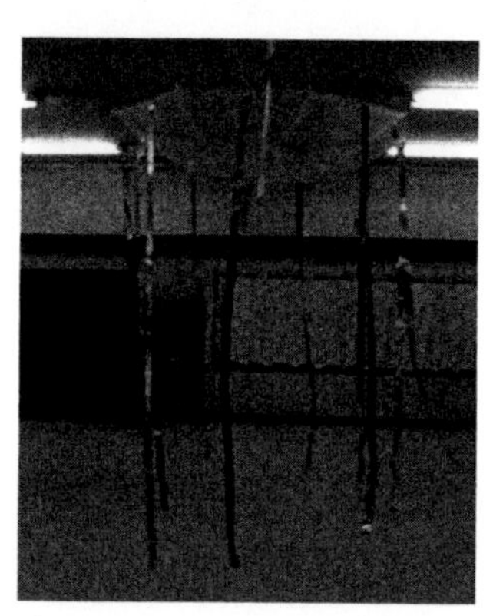

〈写真12〉ミラーテープは気づきやすいし感触も楽しめる

〈写真13〉歩行器、三輪車

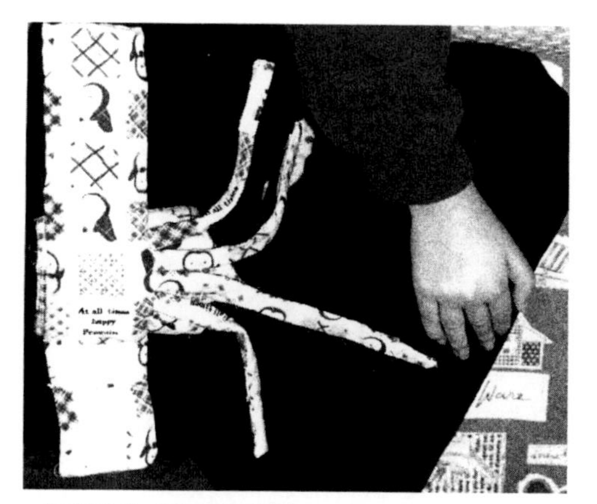

〈写真14〉手の自助具

<Bさんの例>

四肢まひで筋緊張が常に亢進している状態です。感情の高まりで反り返ることがあり、右の体幹を短縮させ、頸部は右向きとなり、下肢は伸展し座位が難しくなります。追視はできますが、右方向が中心です、体を左右に動かすような前庭系の遊び、四肢

の小刻みな運動や体の側屈運動で笑顔が見られます。手の随意的な動きはありませんでした。

目標は、体の動きを引き出し、四肢をリラックスさせ、関節の拘縮を防ぐこと、目と手の動きを引き出すことです。

プログラムは、左右差を軽減するために、左を意識した視覚遊びと姿勢介助を一緒に行い、手で触れた物へ注目を促すようにします。頭部の動きに合わせて体の回旋運動を入れると左に注目しやすくなり、肩周辺の運動性を出し伸ばしやすい状況をつくると、手が前に出しやすくなります。また、四肢の可動域を広げる運動だけでは、嫌がって緊張を高めやすかったので、前庭系の運動を取り入れリラックスさせます。また、押すとボールが出る、簡単に操作できるおもちゃを使い、一緒に手で操作する経験を積み重ねていきました。

次第に、手で操作した結果、音や様子にも笑顔が見られるようになっていきました（写真15、16）。

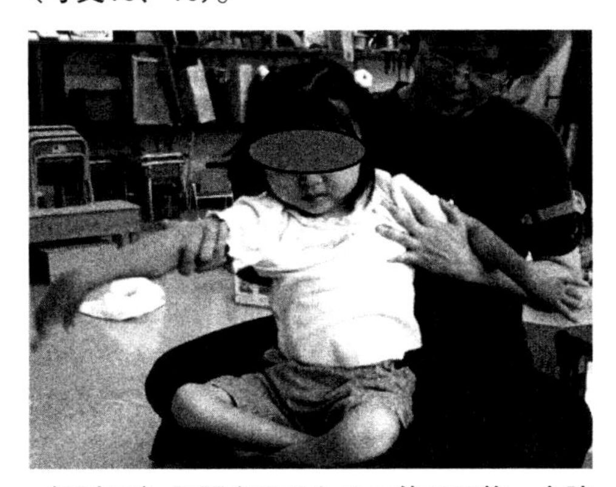

〈写真15〉緊張を取るために体の回旋、上肢の運動を行っている

〈写真16〉肩を支え、肩の外旋、前腕の回外運動を誘導しながら、手のひらでおもちゃに接触できるように介助している

②介助されながらの運動経験

四肢の筋緊張が強い子どもでは、自発運動が難しいですが、一緒に介助しながら遊びを行うことで、動きや触経験などを学習できます。介助されることで物に触れ、見たイメージと感覚を統合することができます。

⑵　子どもが楽しめる遊びの提供

感覚入力を一方的に与えるのではなく、子どもがやりたいと思える活動を提供し、子どもに合わせて変化させることが大切です。子どもに合った活動とは、適度な覚醒を維持でき、注意を向けやすい活動で、難しくもなく、簡単でもなく、適切な機能レベルであり、子どもが求めている感覚系の活動です。

⑶ 子どもの要求していることは何かを理解すること

子どもの興味を知るには、子どもの表情を注意深く読み取り、関心を示しているのかを治療者が把握する必要があります。重い障害のある子どもたちに対しては、目を大きく開ける、表情が緩むなど細かな変化を観察します。

⑷ 課題―志向性、内容―関連性の活動の提供

事前に計画された活動を子どもに押しつけることではなく、子どもが主役となり、子どもがやろうとしていることを行うようにします。楽しい遊びをするために手や足を動かすといった課題―志向性、内容―関連性を持った活動の中で行うことは動機づけを高めます。

⑸ 励ましてくれる友達と大人

私たちは、行動を起こしたとき、内的と外的フィードバックを受け、自己の行動の結果を認識し、これからの行動への動機を高めていきます。内的フィードバックはある活動を行ったときに「楽しんでやっている」とか「つまらない」といった反省的な経験であり、外的フィードバックは、他者からの評価です。周囲からの適切な励ましによって、子どもは意欲的に取り組めます。

10 おわりに

私は、子どもの発達にかかわる多くの技術を学んできました。その中で感覚統合療法を知りました。感覚統合療法は本来、運動障害を対象にはしていませんでした。しかし、多くの運動障害のある子どもの支援をするときには、この理論が大変役立ちました。感覚統合療法を知ったことで、子どもの問題を分析し解決方法を考えるとき、多面的に考えられるようになりました。子どもの身体的な問題だけでなく、子どもの意欲を引き出す方法、活動の分析、適切な活動の選択などを行うことができるようになり、子どもとの楽しい交流を持ちながら、作業療法を進めていくことの重要性を実感できました。まだまだ、分からないことが多いのですが、脳の機能も含めてさらに学んでいく必要を感じています。今後も現場の子どもの問題に合わせて、この優しく、あたたかい治療理論を深めていきたいと思います。

【参考文献】
1）日本感覚統合障害研究会編集『感覚統合研究　第１集』協同医書出版社、1983年
2）日本感覚統合障害研究会編集『感覚統合研究　第４集』協同医書出版社、1985年
3）日本感覚統合障害研究会編集『感覚統合研究　第５集』協同医書出版社、1986年
4）佐藤剛、土田玲子、小野昭男編集『みんなの感覚統合、その理論と実践』パシフィックサプラ株式会社、1996年
5）Anita C.Bundy,Shelly J.Lane,Elizabeth A.Murray著、土田玲子、小西紀一監訳『感覚統合とその実践　第２版』、協同医書出版社、2006年
6）岩崎清隆著『感覚統合障害研究』Vol4,No1、日本感覚統合障害研究会、1993年
7）今川忠男著『発達障害児の新しい領育、子どもと家族とその未来のために』、三輪書店、2004年
8）Erna I.Blanche,Tina M.Botticelli,Mary K.Hallway著、高橋智宏著『神経発達学的治療と感覚統合理論』協同医書出版社、2001年
9）R.P.Erhadt,紀伊克昌監訳、井上柴他訳『視覚機能の発達障害、その評価と援助』医師薬出版
10）Gary Kielhofner編著、山田孝監訳『人間作業モデル　理論と応用』協同医書出版社、1997年
11）Mary Reilly著、山田孝監訳『遊びと探索学習』協同医書出版社、1982年
12）佐藤剛監修、永井洋一・浜田昌義編集『感覚統合Ｑ＆Ａ』協同医書出版社、2001年

Ⅰ章－4

認知の発達の基礎となる身体意識（自己意識）の指導

當島　茂登

1　はじめに

認知発達における感覚運動の重要性を指摘した主な研究者には、発達理論の立場からピアジェ（Piaget, J）、発達における運動の主導性の原則を主張したゲゼル（Gesell,A）、知覚運動理論で有名なケファート（Kephart, N. C.）、視覚運動理論のゲットマン（Getman, G. N.）、運動発生理論のバーシュ（Barsch, R. H.）などがあげられます。

ゲゼルは早期の子どもの運動発達は、健全な子どもの発達に重要なしかも有効な指針であると強調しています。また、ピアジェは認知発達論の中で、感覚運動経験が認知発達の基礎をつくると主張しています。知覚活動と運動との有効で密接な関係についても認めています。特に感覚運動期に発達する4つの能力として、「環境についての意識」「環境から分離している自己についての意識（身体意識）」「空間で移動する能力」「対象を操作する能力」をあげています。とりわけ身体意識は重要で認知発達の基礎として位置づけられます。さらにフロスティッグ（Frostig, M）は「身体意識は心理的身体的な正常発達のために、基本的なものである」また「身体意識がなければ子どもは自分が『私』として幼いときには『ぼく』として、周囲の世界から分離した独立の存在であることに気づかない」と述べ、身体意識の発達におけるその重要性を認めています。

外部の情報を取り入れる主体としての「自己意識」、すなわち身体意識の発達は障害のあるなしにかかわらず、どの子にも必要なものであり、それを育てる必要があります。

2　認知発達の基礎としての感覚・知覚

認知（cognition）は、自分のことや自分を取り巻く外界（環境）について知り、それらに関する知識を獲得していく過程であるといえます。ここでは心理学的な狭義の認知としてとらえるのではなく、認知を注意、記憶、問題解決、意思決定、自己選択、動作のパフォーマンスなどを含む広い概念としてとらえます。つまり、認知及び認知機能とは、子どもたちが日常生活を円滑に進めたり、学習を積み重ねたり、社会生活を豊かに営むために、外界から必要な情報を得たりする中で、その情報を通して概念を形成していく過程としてとらえることができます。

認知は、感覚や知覚の発達を基に発達するといわれています。実際には感覚と知覚を分けて考えることは難しいことですが、障害のある子どもの教育で、きめ細かな指導を展開していく上では、認知発達を支える重要な基礎的要素として、感覚と知覚を分けて取り扱うところに重要な意味があります。

まず、認知発達の基礎となる感覚と知覚については、次のように整理できます。子どもが外界を知る最初の段階では、感覚受容器によって外部からの情報を受容します。物に触れてザラザラしているとか、ツルツルしていると感じたり（触覚）、赤い色の物を見たり（視覚）、大きな音を聞いたり（聴覚）することで外界を知る段階です。特に、手で物に触れる段階では、感覚と運動が同時に働いていることを知る必要があります。このように直接感覚刺激からの情報を基に外界を知る段階を感覚（sensory）といいます。また、自分および外界について知る過程では、具体的に触った物を判断したり（触知覚）、見分けたり（視知覚）、聞き分けたり（聴知覚）できるようになります。これは感覚器官からの情報を、これまでの経験などと照合することによって、その相違など外界を知る段階です。この段階を知覚（perception）の段階といいます。つまり、知覚は、感覚器官からの情報に対して、見分けたり、聞き分けたりするなど感覚の段階に比べ、やや高度な働きを用いて外界を知る段階です。

3　感覚運動スキルと子どもの発達

ピアジェは、子どもの発達の最初の段階を感覚運動期と呼んでます。生まれてから2年間は、感覚と運動を同時に用いて、自己の身体やその周囲の世界を探索する時期といわれています。この2年間のうち感覚運動の機能は、1歳半から2歳の間に最も発達するといわれ、子どもは視覚や触覚によって身近にいる母親の存在を認めるようになります。

また、衣服を両手で引っ張ったり、それをしゃぶったり、蹴ったりといったことを同時に行って遊びます。子どもがおもちゃで遊ぶときは、それに触ったり、投げたり、なめたり、そして隠したり出したり、押したり引っぱったり、振ったりします。またそれを辺りにぶつけたときに出る音を聞き、同時におもちゃがどうなったかを見ます。このように外界にあるさまざまな環境とかかわりながら、子どもは外界を少しずつ認識するようになり、複数の感覚と運動的手段により、外界への認識を深めていきます。

この感覚運動段階においては、次の４つのスキルが発達するといわれています。すなわち、

①子どもは感覚や運動を用いて、外界のさまざまな特性を認識するようになります（外界への意識）。

②子どもは自分自身のことを、外界とは異なる自分として気づき始めます（身体意識）。

③子どもは自分の身体の姿勢の変換（臥位から座位へ）や移動（這うから歩くなど）ができるようになります（空間での移動）。

④子どもは意図的に周囲の物をつかんだり、握ったり、はなしたり、手で操作したりするようになります（操作）。

この４つの感覚運動スキルを獲得することによって、子どもは外界に働きかけることだけでなく、外界からの要求に応えることができるようになります。

このように、感覚運動スキルの獲得は、子どもの初期の教育において最も重要な意味を持っています。子どもにとって、これらの能力のいずれか１つにでも困難があると、外界からの情報を受け取ったり、外界とうまくかかわることが難しくなったり、子どもの全体的な発達にも遅れが見られるようになったりします。したがって、子どもにとっては、感覚運動のスキルを形成することが、大変重要であるといえます。

4　感覚運動のスキルの活用

感覚運動のスキルは、日常生活や学習に生かされることに意味があります。私たちが身体を上手にコントロールしながら、特に問題もなく日常生活に必要な活動を遂行できるのは、感覚と運動が相互に機能しているからです。感覚と運動がうまく機能しないと、目の前にあるジュースの入ったコップを手で持って飲んだり、お菓子を手でつまんで口に運んで食べたりすることが難しくなります。また、他人の動作の模倣ができなかったり、はさみがうまく使えなかったり、ある目的を持った動作をするとき、身体をうまくコントロールできなかったりします。

私たちは日常生活においてあまり意識して考えずに、飲んだり、食べたり、遊んだりすることができます。しかしもし、コップに入ったジュースを飲むことが難しい状態になったら、私たちは「なぜ、それができなくなったのか」、その原因を考え始めます。

この例のように、私たちは日常的に行っているコップのジュースを飲む一連の動作の中に、さまざまな要素が含まれていることに気づかない場合が多いと思われます。

私たちはジュースを飲む前に、のどが渇いたので水分を補給しようと考えます（思

考)。水にするかジュースにするか考え(思考)、甘いジュースを飲むことに決めます。ジュースを口元に運び、飲み干す一連の運動をイメージします(思考)。そして、ジュースをコップに注ぎ、コップに入っているジュースに手を伸ばし、コップを落とさないように握り、コップを口元に運び、飲み干します。

これらの一連の動作の中に、コップにジュースを注ぐ音を聞く耳(感覚)、漂う香りに気づく鼻(感覚)、手(運動)をコントロールしている目(感覚)、また一連の動作の正しさを知らせ、運動を継続するために筋肉運動の感覚が機能しているのです。

日常生活における動作をあらためて分析的に考察すると、運動や動作が孤立して存在するものではなく、運動や動作に感覚や知覚的な経験が伴っていることが理解できます。運動は知覚によって起こされますが、常に感覚刺激や筋肉運動の刺激によってコントロールされています。また前述の通り、思考は運動や動作を引き出すことができます。私たちは、運動を起こしたり、コントロールしたりする際の感覚の役割よりも、思考の役割に着目しがちですが、日常的な活動における運動と感覚のスキルの重要性こそ、注目する必要があります。

すべての子どもにとっては、感覚運動のスキルを形成することが必要です。障害のある子どもの中には、この感覚運動のスキルを獲得していない子どもが数多く見られます。このような子どもに対しては、感覚運動スキルに関するプログラムを重点的・集中的に行う必要があります。ムーブメント教育・療法では、感覚運動スキルの促進のために、特別支援学校等でさまざまな取り組みをしてきています。特別支援学校等でムーブメント教育・療法を展開するために必要な、アセスメント方法(ＭＥＰＡ－Ｒ、ＭＥＰＡ－Ⅱなど)やムーブメントプログラム(ムーブメント教育・療法による発達支援ステップガイドなど)が用意されています。

5　身体意識とムーブメント教育・療法

(1)　ムーブメント教育・療法とは

ムーブメント教育・療法のゴールは、感覚運動スキルや自己意識(身体意識を含む)を発達させ、対象者の健康と幸福感の達成を目指すことにあります。どのような子どもにとっても身体は重要な所有物であり、それは感情や動きを最も直接的に表現できるものととらえています。

ムーブメント教育・療法は、子どもの発達にとって必要な身体運動的経験が目的的にプログラムされている支援方法です。ムーブメント教育・療法とは自己の身体を動かすことによって、さまざまな行動を適切に行うために必要な感覚運動スキルの習得と身体意識の形成を図りながら心理的諸機能を高め、究極的には子どもの「健康と幸福感」を目指すことをねらいとした教育的方法論です。

⑵ ムーブメント教育・療法の内容

特別な教育的支援を必要としている子どもは、健常児に比べ身体運動の経験が少なかったり、限定されたりしている場合があります。このような状況は、人間の発達に必要な感覚や知覚のスキル、自己の身体の動きや表現、概念形成、社会性などの発達に大きな影響を及ぼすと考えられます。ムーブメント教育・療法では、このような状態にある子どものために、自分自身が身体を動かすことにより、また運動に制限のある子どもにあっては、他動的な運動を教師とともに経験することにより、身体運動の能力だけでなく、他の諸機能（感覚、知覚、認知、ことばなど）を育てることもねらいとしています。

①動くことを学習する
（Learn to move）
・基礎的な運動など
②動きを通して学習する
(Learn through movement)
・身体意識、周囲の探索
・知覚運動、概念形成
・情緒、仲間関係、社会性

〈図１〉ムーブメント教育・療法の活動内容

ムーブメント教育・療法では、主な活動内容は〈図１〉の通りです。

⑶ ムーブメント教育・療法の達成課題と身体意識能力

ムーブメント教育・療法には、〈図２〉の通り発達段階に応じて４つの達成課題があります。

ムーブメント教育療法の達成課題①②③④の中で最も基本的なものとして、身体意識能力があります。ムーブメント教育・療法では、この身体意識能力を、人間の正常発達に不可欠なものとして位置づけています。

この身体意識能力について、アメリカでムーブメント教育の理論を構築したフロスティッグは、「自分自身を環境から独立した人として意識することであり、また環境と相互作用を持ちながら、それを支配する個人として意識することである」と定義しています。

① 感覚・運動機能の向上
（感覚を育てる、基本的な動きを育てる）
② 身体意識の形成
（身体像、身体図式、身体概念）
③時間・空間、その因果関係の意識の形成
（前教科的な概念、知覚能力）
④ 心理的諸機能の形成
（高次認知機能、創造性、社会性）

〈図２〉ムーブメント教育・療法の４つの課題

またこの身体意識能力には、身体に関するあらゆる感覚（身体像）や姿勢や運動のために必要な骨や筋肉を自動的に調整すること（身体図式）、身体についての実際の知識（身体概念）、の３つの機能が含まれています。

この身体意識能力の３つの機能は、ムーブメント教育を通して形成することが可能です。この能力が獲得されると、目的的に運動したり、環境と調和した動きができるようになります。そして、この身体意識能力を通して、自己意識（自我）が形成され、それが他者意識、さらには空間意識へと発展し、知的な能力の基礎として発揮されるようになります。

フロスティッグは身体意識について、３つの概念から構成されるとしています（**図3**）。それぞれの項目について説明をします。

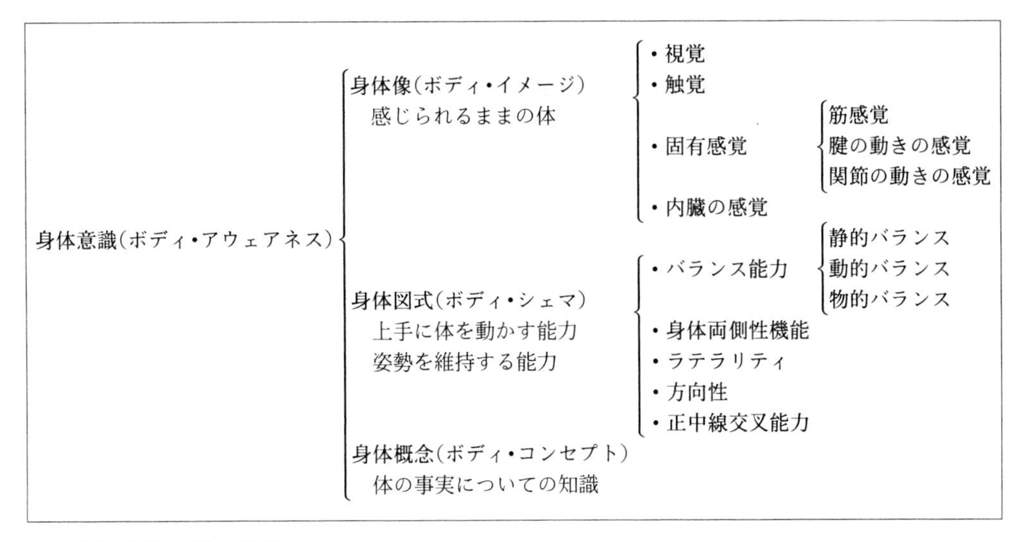

〈図３〉身体意識の構造

１）身体像について

身体像について、「自分の身体についての感じや、その感じ方」あるいは「感じられるままの身体」のことです。また、「人間が環境内の事象に対して、目的的に行動を調整する際、そのつど認知する自分の身体、その変化のイメージ」であるといわれています。この身体像は、いろいろな感覚によって支えられています。中でも重要なのが視覚、身体表面の触感覚、身体内部の固有感覚と内臓の感覚です。これらの刺激が統合されて、身体像が形成されていきます。

身体表面からの刺激（触刺激）や皮膚からの刺激には、触覚の他に、痛覚、圧覚、温度覚などがあります。発達の最も初期である乳児期には、寒暖の感覚、授乳時の身体接触からくる快・不快の感覚などとして受け取られ、身体像発達のベースとなります。

その後の発達においても、この触刺激は特に重要で、身体像の形成に重要な役割を果たします。身体内部からの刺激として、固有感覚刺激と空腹・満腹などの内臓からの刺激があります。固有感覚刺激というのは、骨格筋や腱、関節などからくる刺激のことです。筋肉の中には、その筋がどれくらい伸びた状態にあるのかを受容する筋紡錘という組織が含まれており、運動に伴って刺激が脳へ伝わります。同じように関節などにも動きを知る組織が含まれており、運動に伴うこれらの刺激により身体像の形成が促されます。

また身体像は、環境からのあらゆる刺激に影響を受けます。例えば、ある子どもが否定的な雰囲気の中に置かれた場合、その子どもは普通以上に自分を小さく感じてしまうというようなことも起きます。

2）身体図式について

身体図式は、「身体を上手に動かしたり姿勢を維持する能力のこと」です。また、「骨格のいろいろな部分を自動的に適切に調整することであり、また姿勢を維持するために、筋肉を緊張させたり、弛緩させたりすることや、転ばずに移動すること、対象物を効果的に動かすことをさす」と定義されています。身体図式の構成要素としては、バランス能力、身体両側性の運動、ラテラリティ、方向性、正中線交叉能力などがあげられます。

中でもバランス能力は身体図式の発達と密接に関係しており、その発達をみることによって、身体図式の発達段階を評価することができます。バランス能力には、一定の姿勢をバランスよく保持する静的バランスと、バランスよく身体を動かす動的バランス、物をバランスよく上手に操作する物的バランスの能力があります。

3）身体概念について

身体概念とは、身体の事実に関する知識のことです。例えば、目はどこか、足はどこか、鼻はどこについているのかなどの身体の部位についての知識です。身体概念の発達は、自己認識や創造的運動の拡大につながります。この身体意識能力が、心身の正常発達においてたいへん重要であることは広く認められています。

この身体意識能力が発達しないと、子どもは、自分自身が周囲の世界から独立した存在であることに気がつかず、周囲に対する積極的な働きかけも希薄になってきます。つまり、身体意識能力は生後間もないころから始まり、感覚運動機能の向上や心理的な諸機能の発達と関連しながら形成されるといえます。この身体意識能力が形成されることにより、その延長として自己意識や他者意識が発達します。

身体意識能力の発達をみるための１つの方法として、従来から人物画を描かせる方法があります。子どもは、年齢が進むに従って少しずつ、頭・胴体・手・足などがバランスのとれた人物を描けるようになります。その変化が身体意識能力の発達状況を示しているといえます。また、3～4歳ごろの子どもの集団場面での活動を観察していると、物や人にぶつからないで歩いたり、狭いところをくぐり抜けることができるようになっています。

このように、自分自身の身体の部位を意識し、その能力が統合され、体を巧みに操作することによって、よりよい動きができるようになります。環境との相互作用の中で、子どもの動きが統合されたとき、身体意識能力が形成されてきたとみることができます。

言い換えれば身体像は、身体についての感じられるままの総体ということができます。それは目的的に行動する際の自己の基礎をなす、きわめて大切な要素の一つです。寒暖の感覚や、空腹や満腹の感覚、授乳時の触感覚刺激などの、生後間もないころの初期の経験を通して得られる求心性の感覚刺激が、身体像の形成に大きく影響しています。このように身体像は、人間の発達の初期から獲得され、次第に高度の身体像を形成していきます。

身体を動かすことによる身体内部からの感覚刺激、身体外部からの触覚刺激、筋肉の収縮からくる筋感覚刺激などが身体の動きと統合されて身体像が形成されてくると、自己の身体を空間における基点として認識できるようになります。

⑷ 身体意識能力の形成と発達段階

生まれたばかりの赤ちゃんは、空腹を感じたら泣いて訴えることで、すぐに授乳してもらえます。またそのときに、母親との皮膚の接触によって快い刺激を感じながら、情緒的な安定を獲得します。

この内部や外部からの感覚刺激によって、子どもは自らの身体の境界を意識するようになります。すなわち、これが身体意識能力の初期の段階ということができます。身体の感覚や運動の機能の高まりによって、やがて子どもは外界へ働きかけ、自己を環境から独立した存在として意識するようになります。ここから次第に、子どもは自分を中心として、外界への働きかけを活発にしていきます。それは知的活動の主体として自己意識が確立されたことを意味しています。この活動を援助するのがムーブメント教育の指導プログラムです。

① 0歳レベルから1～2歳レベル

0歳レベルから1～2歳レベルまでの子どもは、感覚運動機能を発達させるような周囲からの働きかけが必要であり、また自己を中心とした環境（近接空間）への探索活動の援助も大切です。そのために、子どもの動きを通して、いろいろな快い感覚運動刺激を、楽しみながら経験させることが必要です。

すなわち、その感覚運動刺激とは、
○手を振る、手で触って遊ぶ。
○いろいろな物に触れる。
○ブラッシング、タッピングをする。
○全身をマットで転がる。
○触覚板に触わる。
○トンネルをくぐる。
○座位、立位、歩行などの獲得と姿勢変換をする。
○トランポリンで揺れる。
○水の中で活動する。

これらの経験を通して、感覚と運動が調和的に統合されることによって、身体意識能力が形成されます。このように、身体意識能力は０歳レベルから獲得されていくことが分かります。最初は低いレベルから徐々に高いレベルへと発達してきます。すべての感覚入力は、身体意識の形成を促します。その感覚入力と運動制御のメカニズムを分かりやすく示したものが**〈図４〉**です。

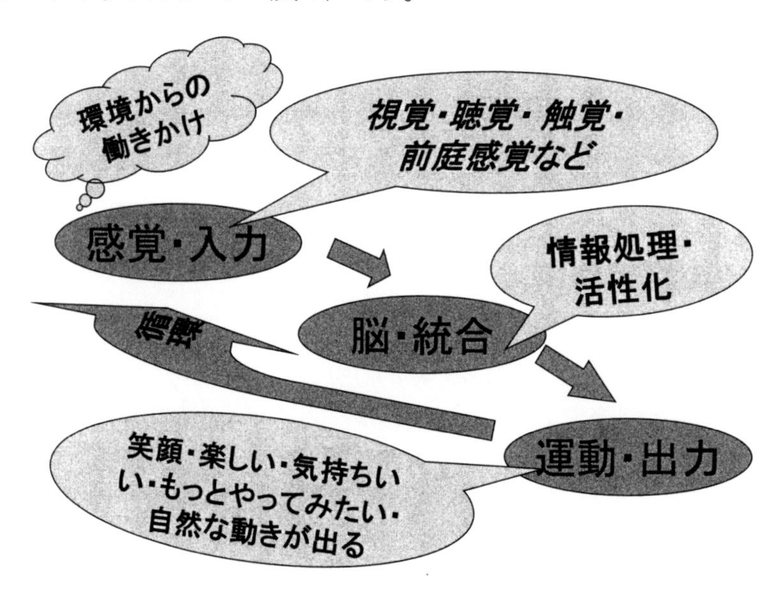

〈図４〉感覚・入力と運動・出力の関連図

②３～４歳レベル

３～４歳レベルになると、子どもは机の下をくぐったりするときに、頭をぶつけないで上手にくぐり抜けられるようになったり、また転び方が上手にできるようになったりします。このことは、身体の背面の身体意識能力の形成が、ある程度できてきたことを示しています。

また、子どもの身体意識能力を評価するために、子どもに人物画を描かせる方法があります。描かれた絵によって、身体意識の発達のレベルを知ることができます。

子どもの身体部位の認識は、だいたい2～3歳ころより、ことばによる身体部位の確認ができるようになります。意識される身体部位は、身体の上方から下方、前方から後方へと移っていく傾向にあります。

(5) 身体意識の形成のための指導

①身体像を育てるためのムーブメントプログラム

○等尺性の運動は特定の筋肉群を強化し、筋の緊張を高めるために用います。手・首・腹筋・背筋などの筋肉群を極限まで緊張させ、数秒間（3～5秒間）その緊張を維持した後、弛緩させます。

○筋肉を弛緩させるための運動としては、全身の力を弛緩させ、人形が倒れるまねなどをさせます。

○反動を利用した触覚刺激のための運動は、マットや柔らかく心地のよい布の上で横転などをさせることで全身を圧迫し、身体各部位の触覚を刺激し、触感覚を目覚めさせます。

○弾力のある抵抗力を用いた触覚刺激は、2人で背中合わせに腕を組み、1人が前進して相手を引っ張って歩きます。

○身体的受身による触覚刺激は1人が床の上に横になり、他方は指示により身体の部位に棒などを使って触れ、横になった人は、相手に触れられた身体部位を答えます。

○触覚刺激と筋肉運動知覚を組み合わせた運動は、トンネルや机の下などをはって通り抜けさせます。またマットや床の上を横転させます。手や足に重りになる腕輪をつけて、負荷をかけるのもよいでしょう。

○衝突回避の運動は障害物の間をいろいろな姿勢で通過させたり、限られた範囲の中で衝突しないようにいろいろな方向に走らせます。ドッジボールのゲーム形式を取り入れ、ボールが身体に当たらないようにかわします。

○器具を用いた運動は、トランポリン、肋木、ラダー、ブランコ、すべり台、スクーターボードなどの遊具を単独、あるいはいろいろに組み合わせて、活動にバリエーションをつけます。

以上のような、ムーブメント活動の例を参考にしながら、子どもの能力、興味・関心に応じて、指導プログラムを展開していきます。

子どもは、このような運動プログラムによって、いろいろな感覚と運動を統合させ、自分の体を意識し、環境の中でまとまりのある行動がとれるようになっていきます。

②身体図式を育てるためのムーブメントプログラム

身体図式は、骨格のいろいろな部分を自動的に適切に調整したり、姿勢を維持したりするために、筋肉を緊張させたり弛緩させたりすること、転ばないで移動すること、物体を効果的に移動させること、などに関連して機能します。

この身体図式のカテゴリーの中には、方向性やラテラリティも含まれており、特に両側性運動や正中線交叉運動などの能力の基礎となっています。

身体図式は子どもが意識的に姿勢を維持することを学ぶにつれて、次第に発達します。立ち直り反応、平衡反応は、身体図式が形成されたものとしてとらえることができます。姿勢を変化させたり移動したりするときにバランスをとって動くことができ、両側性運動が巧みにできるようになれば、身体図式が形成されたとみることができます。

身体図式は、動く、はう、立ち上がる、歩行するなどの姿勢の変化や移動によって、バランスを失ったり倒れたりしないよう、自動的、連続的に骨格の諸部分を適切に調整することを学ぶときに発達します。

身体図式を育てるための運動プログラムを次に例示します。

○動的バランスは垂直性、水平性、回転性の動きによるバランスとして、トランポリン、ブランコ、スクーターボード、バランスボードなどを使った運動があります。

○静的バランスは指導者の介助により、片足で立つ、坂上や台上に立つ、４点支持から３点支持によるバランスなどがあります。

○物的バランスは身体で物を巧みに操作する能力にかかわる刺激です。物を頭、肩などの上にのせて落とさないようにバランスをとります。

○ラテラリティを育てる運動には、両上肢、両下肢の交叉性の交互運動があります。

○方向性を育てる運動には、空間における、身体や物を中心とした左右を区別させるような運動をします。

③身体概念を育てるためのムーブメントプログラム

身体概念は、人間の身体の事実（人の身体には頭、胴体、手と足が２本ずつあるなど）についての知識および身体の各器官の構造や機能についての知識です。

身体概念を育てるためのプログラムを次に例示します。

○身体部位を当てさせる活動は、臥位、座位、立位などの姿勢で、指示により身体各部に触れさせ、身体部位を発見させます。

○子どもを臥位にして身体の輪郭をなぞり、身体部位の位置や大きさなどの身体の学習をします。

○床に人の身体を描き、食べ物の通る道（口、食道、胃、腸、肛門など）をロープで示し各器官の位置・構造機能について学習します。

6　ムーブメント教育・療法による指導

(1)　重度重複障害のある子どもに対する指導（座位の安定を目指したかかわり）

Ｔさんは小学部３年生の女子です。自発的な動きが少なく、一人で座位がとれないために常に仰臥位や椅子座位で過ごしていました。Ｔさんは介助で座位にすると背中をまるめ前傾姿勢になり、平衡反応が未発達なために、横に傾くとそのまま転倒してしまいそうになります。しかし、座位にすると臥位の状態よりも頭部を左右に振って周囲を見る（視覚）動きがあり、外部に対する関心を示すような様子が見られました（認知）。

Ｔさんにとって座位姿勢の保持や安定は、これからの学習の展開や生活場面において重要な課題であるととらえ、安定座位の獲得を図りながら、自己及び外界に対する認知活動を促進するための指導に取り組みました。

(2)　実態把握の方法

１）日常場面での観察

Ｔさんは座位が不安定のため、家庭や学校では仰臥位や椅子座位で過ごしています。移動面では自発的な動きが少なく、時々下肢で床を蹴って移動できます。保護者からの情報によると、家庭では時々寝返りを繰り返し、移動することもあるということです。教室で椅子座位にすると周囲を見たり、時々追視している様子が観察されました（視覚）。また外からの音刺激に対して、時々声を出して反応している様子が見られました（聴覚）。手は身体を支持したり、物を落としたりすることが少しずつ芽生えてきています（手の操作性）。ことばによるコミュニケーションは難しい状態です。

２）アセスメントからの情報

Ｔさんの指導に必要な情報を得るために、ＭＥＰＡ－Ⅱ（ムーブメント教育プログラムアセスメントーツー）を用いました。その結果は〈**表１**〉の通りです。プロフィール表からも分かるように、運動感覚分野の姿勢（Ｐ）領域は第３ステップ、移動（Ｌｏ）は第２ステップ、操作（Ｍ）は第１ステップ、コミュニケーションの分野（Ｃ）では第１ステップで、全体的に見て発達の初期の段階に位置していることが分かりました。

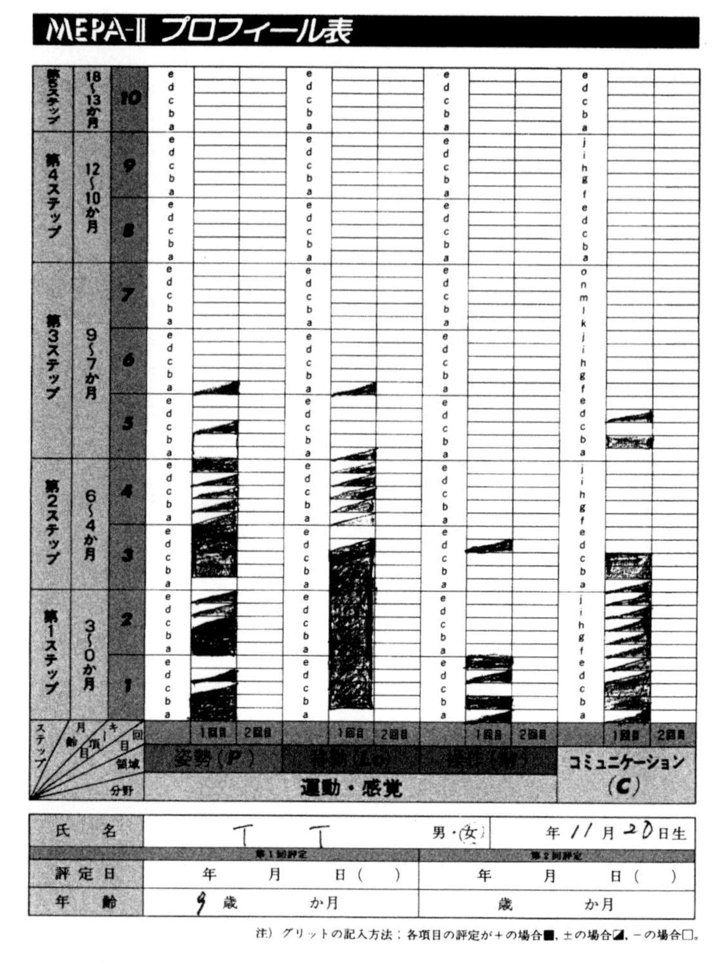

〈表１〉Ｔさんの指導前アセスメントの結果

３）指導の目標の設定

これらの情報をもとに「座位の安定」を主課題として「個別の教育計画」を作成しました。主たる目標は「座位の安定」ですが、さらに動きの面だけでなく、感覚の活用に関する面、コミュニケーションの側面などの視点から実態把握を行い、それらを相互に関連させながら指導内容を構成する必要がありました。それらの実態把握に基づいて、Ｔさんの長期および短期の指導目標や具体的な指導内容を構成しました。

○短期目標

・１人で座位姿勢を保持できる。

・運動遊具を使って姿勢保持ができる。

○長期目標

・安定した座位ができる。

・座位から臥位への姿勢変換ができる。

・つかまり立ちができる。

(3) 指導の実際

指導を展開する場合、Tさんの興味・関心のあるもの（遊具）を教材として指導に用いたり、その能力が十分発揮できるところから始めたりすることを原則としました（最近接領域）。

○優しい揺れから座位でのやりとりへ

Tさんは運動やコミュニケーションのレベルでは発達的には6カ月レベルで、自ら動くことが難しい状態でした。そこでハンモックやユランコ（ムーブメント遊具）を使って、優しい揺れを経験することから始めました（身体図式）。揺れはバランスと関連した活動であり、揺れが始まると、Tさんに笑顔が見られました。Tさんに対しては、この揺れの活動の後に座位姿勢での活動を展開しました。これは本指導を「他動的な運動」から子どもの「主体的な活動」へと、発展を意図した活動として位置づけたからです。

○いろいろな座位での活動

Tさんはカーテンを開閉するときのレールの音が大好きで、この音に発声が誘発されます（聴覚）。Tさんが気に入っているレールの音と、座位姿勢（周囲への関心が高まる様子が観察された）を結びつけた活動を軸に、座位安定への指導を試みました。まず椅子座位の状態から始め、徐々に介助座位にし、「1人座位」へと指導を展開しました。指導の過程で本児の好きな音や音楽を用いて活動が高まるように、楽しい雰囲気の中での指導を心掛けました。

○方向性を意識した座位での活動

「座位の安定」を指導目標に据えたとき、指導者は静的な活動を考えたり、姿勢保持のために子どもに我慢を強いるような指導になりがちです。しかしムーブメント教育・療法では、子どもの喜ぶ動的な活動を取り入れながら、バランスの学習を含めた座位姿勢の保持のための指導を考えていきます。Tさんの指導でもその考え方を取り入れました。

指導者がTさんを後方から抱えるようにして、左右や前後の優しい揺れの活動から始めました。活動場面ではできるだけTさんが期待感や動きの方向を予測できるように、「右」「左」「前」「後ろ」など方向性を示すことばかけを行うようにしました。

例えば「Tさん、右に倒れますよ」と言って、右の方にゆっくりと傾けます。次は左にゆっくりと傾けます。Tさんの反応を見ながら、左右の立ち直り反応を引き出すような状況をつくります。さらに左右のバランスに加え、前後のバランスが経験できるような場面を工夫していきます。バランス活動は、発達において大切な粗大運動となりますが、つい機械的な繰り返しになってしまいますので、歌やことばかけを多くして楽しい雰囲気の中でその活動が行えるように工夫しました。

〇トランポリンでの活動

トランポリンはバランスの学習に欠かせない遊具の一つです。まず初めにTさんが、トランポリンの揺れに慣れるまで、抱っこして揺らします。揺れに慣れてきたら、1人で仰臥位にして揺らします。トランポリンの上に音の出る楽器やボールを置き、揺れると音がするようにします。トランポリンの揺れが止まると、手や足をバタバタと自分で動かして、揺れを催促するような場面を設定します。Tさんは揺れ刺激の中で規則的な揺れに比べて、不規則な揺れを好むようになってきました。次第に揺れの変化を、少しずつ受け入れるようになりました。また動的な環境の中で、1人で長座位で座れるようにもなってきました。しばらく活動を続けていくうちに、揺らすと後方に倒れることを自ら発見し、その活動を繰り返すようになりました。これはトランポリンの上では、転んでも痛くないということをTさんが理解（認知）したことを意味し、ムーブメント教育・療法の視点からは、Tさんが身体を意識した行動（身体意識）として説明することができます。

〇ムーブメントロープを使って

Tさんを含む子どもたちと指導者がロープを持って円形に座り、ロープを上に上げたり、左右に引いたりしながら活動をして座位でのバランスを経験します。円形にすることで、お互いの活動を見て学ぶ環境ができます。

〇バランスボードを使って

バランスボードの上にTさんを長座位に座らせて、左右にゆっくり揺らしながら、立ち直り反応やパラシュート反応を引き出します。Tさんは、揺れに対応して立ち直り反応が見られました。座位が不安定な子どもにバランスボードを使うときには、指導者が子どもを後方から支え、もう一人の指導者がバランスボードを揺らします。指導者が子どもを介助する方と揺らす方に分かれて行うと、子どもが安心して活動に取り組めるようになります。

〇大型すべり台での活動

Tさんは、斜面にマットを敷き、段ボールに乗って一気に斜面を滑るときの音が気に入り、滑った後もバランスを保持しながら、声を出すようになりました。滑った後で左手を上下に振り催促するような動きが見られてきました。活動を繰り返すと、友達が滑るときの音にも反応するようになりました。

⑷ 事例から学ぶ

障害の重い子どもの指導においては、対象となる子どもの「今できていること」から指導を開始し、子どもが意欲を持って活動できるような環境を設定していくことが大切です。子どもの自発性的な行動を引き出すためには、子どもの興味や関心の高いものを教材として活用することが、指導の鉄則であるといえます。また、適切な指導や適切な支援を行うためには、行動の観察やアセスメントの結果から指導の手がかりを得る必要があります。Tさんの事例でも、MEPA－IIはアセスメントの結果と関連した感覚運動指導プログラムを参考に指導を展開しました。その結果、指導目標が得やすく、具体的な指導に生かすことができました。

Tさんに対しては、「座位の安定」を主な目標として指導しました。Tさんは、運動遊具などを用いた活動の中で、骨格のいろいろな部分を自動的に調整し、姿勢を保持するために筋肉の緊張や弛緩ができるようになってきました（身体図式：静的バランス）。Tさんにとって座位の安定は、視野の拡大、手の機能拡大（支持機能から操作機能へ）へと、発達の可能性が期待されます。

感覚運動機能と認知機能を含む心理発達の間には、切り離せない関係があると多くの人が認めています。重度重複障害のある子どもとのかかわり中で、ムーブメント教育・療法による感覚運動の要素を持った指導は、自己の身体に対する意識（自己意識を含む）、他者意識（コミュニケーション）、環境の認識（認知）などの全面発達の基礎になると考えられます。

7　まとめ

私たち人間は、人と人との関係の中で、あるいは物との関係の中で生きています。私たちが生きていくためには、自分のことを知り、より上手に身体を動かしていくことが必要です。それには、自分の身体をほかのものと区別できなければなりません。

自分の身体をほかのものから区別することによって、自分の存在を意識することができるようになります。これは自我形成の土台ともなります。また自分を取り巻く環境との相互関係の中で、自己を発見し、自分で環境を操作する能力を身につけます。つまり「行為する人」としての自分自身を知ること、これがすなわち身体意識能力の形成です。

身体意識が形成されるに従って、自己意識、他者意識、空間意識が形成されてきます。また食べる、排せつする、眠るという、人間の最も基本的な営みさえも、身体意識の形成がなければ滞ってしまいます。このように身体意識能力の形成は、人間の身体的発育の土台となるばかりでなく、情緒や社会性といった心理的諸機能の発達、さらには人格形成など、人間のあらゆる面での成長の礎となります。

【参考文献】
1）M．フロスティッグ　小林芳文訳『フロスティッグのムーブメント教育・療法　理論と実際』日本文化科学社、2007年
2）小林芳文編『ムーブメント教育・療法による発達支援ステップガイドＭＥＰＡ－Ｒ実践プログラム』日本文化科学社、2006年
3）小林芳文・當島茂登編著『認知発達を育てる自立活動』明治図書、2001年
4）小林芳文・當島茂登他編『幼児のためのムーブメント教育実践プログラム２　身体意識ムーブメント』コレール社、1988年
5）小林芳文他編著『ＭＥＰＡ－Ⅱ乳幼児と障害児の感覚運動発達アセスメント』コレール社、1992年
6）小林芳文他編著『重度重複障害児（者）の感覚運動指導①②③』コレール社、1992年

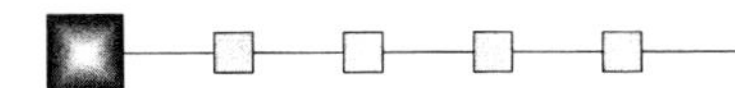

Ｉ章－5

障害の重い子どもの教材教具の開発と工夫

吉瀬　正則

1　障害の重い子どもの教材づくりの原則

(1)　学習は自発がなければ成立しない

学習は、本人が自ら学び、習得するものです。

生後間もない乳児は、自発的な行動に満ち溢れています。首がすわらなくとも動くものを目で追い、自分の手の動きですら興味深く不思議そうに眺めます。やがて、首がすわり体幹が安定し、上肢が自由に使えるようになると、身の回りの物に自発的に手を伸ばし、手に持って興味深く見つめます。また、つかんだ物を口や舌で触覚的にも確かめたりするようになります。

さらに、１歳を少し過ぎるころにもなれば、歩くことができるようになり、空間的にも行動範囲が拡大し、知的な好奇心に溢れます。例えば、複数の積み木を与えると、自発的に何個かを積んで遊ぶようになります。（注：積み木を積むという知的な行動は、ヒト以外の生物では、チンパンジー、ボノボ、ゴリラ、オランウータンという「大型霊長類」と呼ばれる４種だけにしか見られません。）

年齢がさらに進めば、今度は、積み木を横に並べて電車や自動車に見立ててテーブルの上を滑らせるようになります。ここで注目すべきことは、この積み木をつかんで、始点から終点まで一定の空間を一定の方向へ一定のスピードで押しながら滑らせるという行動は、後々のクレヨンや鉛筆を持って絵や文字をかく学習の可能性を示唆していることです。

しかし、障害が重い場合には、上述したような発達の支えとなる外界への自発が起こりにくく、感覚を使って積極的に外界に働きかけていく行動の発現が乏しくなりがちです。外界からの働きかけにも反応が弱く、反応したとしても微細で瞬間的な反応であったり、発展が期待できない特定の刺激へのパターン化された行動に陥ったりしがちです。また、周りとのコミュニケーション（意思の伝達）のきっかけがつかめず、ともすると自己刺激的な行動に陥り、学習も初期のレベルに滞りがちです。

このような子どもとの学習を成立させ、展開していくためには、ヒトの発達の初期に見られる目と手の感覚操作に着目した教材の開発と工夫が不可欠です。そして、教材そのものを外界へのコミュニケーションの道具として、系統的に学習を組み立てていく必要があります。

(2) 教材は言語の代わりとなるコミュニケーションの道具である

障害が重くなるほど、外界への働きかけが制限され、周囲とのコミュニケーションも困難になります。梅津八三（元東京大学文学部名誉教授、重度重複研究所初代所長）は、このことを「相互障害状況」という用語で、次のように述べています。

「障害がある子どもがそこにいて、指導にいきづまっているということをもっと丁寧に考えると、多くの場合、その子と通じ合えないということが、そもそもの発端になっている。お互いに通じ合えないという障害を分かち持っている訳で、子どもの責任だけではないのではないか。」「こちらがやり方を変えれば、そのことで子どもと通じ合えるようになるかもしれない。」

つまり、文字や言語による指導は困難であっても、発想を変えて、教材に指導したい内容のメッセージを埋め込み、それを道具として使用しながら子どもとやり取りをすることで、非言語的ではあるが、相互障害状況が改善され、コミュニケーションが成立するという考え方です。

〈図１〉は、玉入れの教材を使った具体的な指導場面の例です。

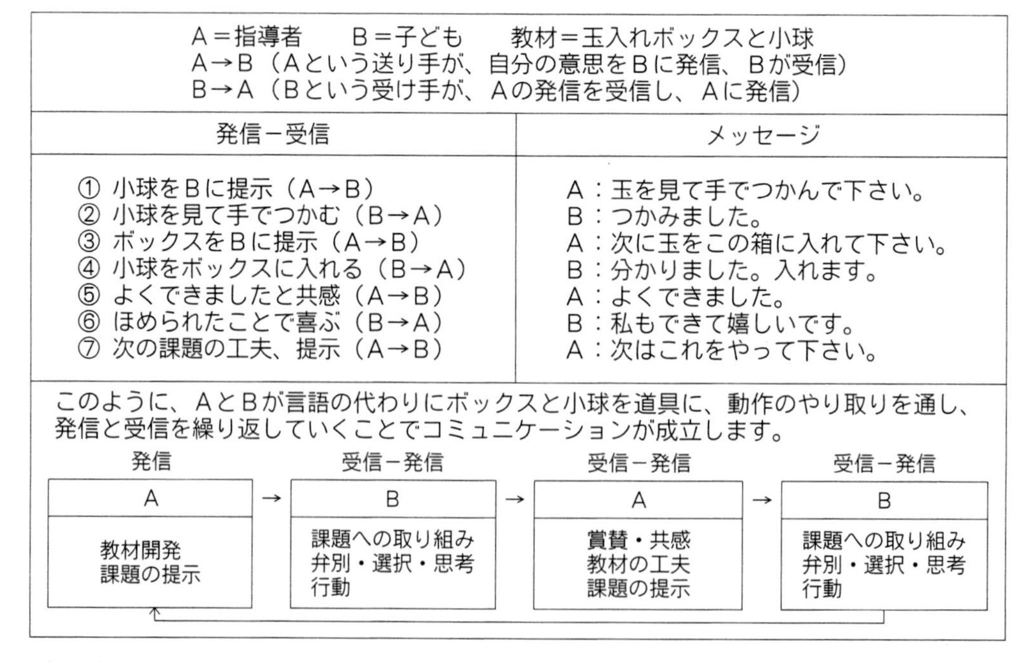

〈図１〉

⑶ 道具としての教材に埋め込むメッセージのポイント

障害の重い子どものための教材の開発と工夫をライフワークとして指導実践した水口浚（障害児基礎教育研究所長）は、その著『障害児教育の基礎』の中で教材を開発する際の基本的な考え方として、手を伸ばす、触れる、叩く、ひっかく、つかむ、はなす、滑らせるなど、まずヒトの行動の基礎となる感覚・運動を引き起こすことが大切であると述べています。次に、位置、方向、順序性をつけながら、大小、長短、色、形などについて、分類から選択などの弁別へと学習を進め、概念形成の基礎へとつなげていく道具としての教材の意義を述べています。

水口先生から教材の開発と工夫について長年に渡り指導を受けた立場である筆者なりの実践を振り返り、教材を研究し、開発や工夫をする際に心掛けたいポイントをあげると次のようになります。

道具としての教材のポイント

○教材そのものに自発を誘発する工夫が埋め込まれていること

子どもの障害の実態に合わせた大きさ、手触り、形状、材質、配色、できばえ（完成度）など教材に興味や関心を誘発する工夫が埋め込まれている。

○コミュニケーションの手段が埋め込まれた道具であること

提示された教材（指導者からの発信）に取り組む過程が、子どもにとって分かりやすい受信と発信の手段となっている。

（ 玉入れ・棒抜き・リング抜きなど）

○目と手の運動を調整させるための道具であること

手を伸ばし、つかむ、はなす、置く、滑らせるなどの初期学習のレディネスに配慮されている。

（リングさし・玉ひも・スライディングチャイムなど）

○応答性が埋め込まれた道具であることなど

課題の始まりや課題ができたことが明確で、子ども自身の視覚、触覚、聴覚などでフィードバックできる。

（スイッチ教材・各種はめ板・チャイム玉入れ・各種棒さしなど）

○次への学習のステップが埋め込まれた道具であること

やさしい課題から難しい課題へと段階的、系統的に学習が展開できるような工夫がされている。

（玉入れ・棒さし・リベットさし教材・具体物の分割はめ板など）

○位置、方向、順序の概念形成の基礎が埋め込まれた道具であること

感覚と運動を通し分類や弁別などの課題が分かりやすく示されている。

（リベットさし教材・玉さし教材・位置の学習板・輪郭はめ板など）

⑷ 障害の重い子どもにとっての初期学習のポイント

「障害が重い」と言っても、その原因や損傷を受けた脳の部位などにより障害の程度は一人一人違います。教材を開発、工夫するに当たっては、一人一人の障害の実態に合わせて作ることが大切ですが、障害の重い子どもの多くは、運動機能と知的な発達面に重度の障害を併せ有しています。

そして、彼らに共通して見られる学習上の最も重要な課題として、目と手の調整による協応運動があります。これを学習課題に沿って発達の順に見ていくと、目では、「探す」→「注視する」→「追視する」→「見比べる」内容へと展開するための教材の開発が必要になります。

一方、手の使い方では、上述した目の使い方との協応を図りながら、「物に手を伸ばす」→「つかむ」→「はなす」→「つまむ」→「置く」→「滑らせる」→「比較する」学習へと系統的に展開していく教材の工夫が必要です。特に「対象を見て、つかんではなす」行動は、私たちが外界に上手に適応していくための基礎基本となる最も重要な学習上の課題と言えます。

これは、日常の私たちの何気ない行動を分析するとよく分かります。例えば、コップで水を飲む行動は、コップをつかむ（始まり）→水を飲む（目的）→コップをはなす（終わり）という一連のまとまった目的行動です。見方を変えれば、「つかめ」なければ始まりがなく、「はなせ」なければ終わりがないということにもなります。また、目的行動としてまとまらないために、自分が起こした行動をフィードバックできず、記憶して積み上げていくことが困難であるともいえます。

このように、提示された物をつかむ（始まり）ということと、定位する場所にはなす（終わり）ということが、一連のまとまりのある目的行動として成立させるために、とても重要な役割を担っていることが分かります。

初期学習では、「玉入れ教材」で紹介したように、提示した教材（玉）への「運動の始まり（玉をつかむ）」と定位する教材（ボックス）への「運動の終わり（玉を入れる）」を明確にすることで、運動操作を通して物と物との関係（入れる物と入れられる物）を理解させることが第一のポイントになります。そして、このような物と物との関係性や機能性、属性に着目し、教材の開発と工夫を重ねることにより、運動操作を通して比較や弁別などの学習へ発展させていくことが大切です。

次のポイントとしては、「つかむ・はなす」という行動について、その発現から成熟までを発達という視点から見ていく必要があります。ここでは、A・ゲゼル著の「発達診断学」から、初期学習の教材開発のポイントとなるところを探していきたいと思います。

A・ゲゼルは、「つかむ・はなす」という発達過程を、ヒトの外界への「適応行動」という視点からその成熟の様子を詳細に観察、記録しています。「つかむ、はなす」に絞って整理すると〈**表1**〉のようになります。

時　期	「つかむ、はなす」適　応　行　動
4週〜12週	ガラガラを手に持たせるとすぐに落としてしまう。8週では、ちょっとの間持っている。12週では、持ってチラリと見る。
16週 首がすわる	積み木を机上に1つ置くと、注意が手からその延長線の積み木（外界）に移る。手の運動が活発になり、積み木に触れることもある。これは視野の中の2つの物体（手、積み木）がバラバラにあるのではなく、手と積み木（外界）を関係づける最初の段階である。もっと後には、積み木を見て直接手をあてがい、「つかむ」ようになる。
28週 座位が安定	さらに、手が自由に使えるようになる。積み木を見るや否やつかみ、手で表面や端を感じ、口に持っていく、そして口で改めてその質感を感じ取る。口からはなし、見ながら回しては、また口に持っていく。持ちかえて叩く、一方の手で触れる、落とす、拾う、また口に持っていく。
32週	容れ物と中身との関係が分かるには長い時間がかかる。机上にコップと積み木を置くと積み木に注意を向ける。1つの積み木を持って次にコップを眺める。発達上から見れば、コップと積み木を目で結びつけることの始まりである。
40週	コップに積み木を入れて渡すと、入れた積み木に触れて、つかみ出すことができるようになる。これは、コップと積み木の関係を、手を使うことにより感覚的に理解する始まりである。また、物を分析的に扱えるようになり、入れる物と入れられる物、上と下、一側と他側という2つのものをぼんやりと見る。
12カ月	やっと自分で積み木をコップの中にはなし、中に落とすことができるようになる。しかし、1つの積み木の上にもう1つを重ねることはできない。小球をつまんで、瓶の中に落とすことができるのは、15カ月頃である。

〈表1〉「つかむ、はなす」適応行動の発達

〈**表1**〉に示した「つかむ、はなす」行動が成熟するまでの過程から、ポイントとして、次の二つのことが考えられます。

一つは、「つかむ」という行動は、生後すぐに反射として発現しますが、定位された物を見て手を伸ばして、つかむようになるには、5～6カ月の成熟の期間が必要であるということです。さらに、目で手の運動を調整して、あるところではなす（定位する）ことができるようになるには、約1年間の成熟が必要で、つまんではなすには、15カ月を待たなければならないということです。

初期学習では、次の4つの視点から実態把握し、「見る」→「手を伸ばし、つかむ」→「はなす」学習に取り組むことが大切です。

① 教材を提示する際、どの場所に、どの程度の距離と角度で提示したら、見やすいのか。
② 利き手が伸びる方向や目と手の作業空間は、どの程度の広さなのか。
③「つかむ」成熟の度合いは、どの程度の発達段階にあるのか。
④「はなす」成熟の度合いは、どの程度の発達段階にあるのか。

①～④までの実態把握に基づいて「つかむ」学習ができるようになると、次のステップとして、つかんだ物をあるところに「はなす」学習（定位する学習）へ進みます。いよいよ初期学習の基礎基本の「つかむ－はなす」学習になります。

ここで大切なことは、「つかむ」ことはできても、「はなす」ことができるまでには、**〈表1〉**で示したように1年間の成熟を待たなければならないということです。子どもによっては、つかむことは簡単にできても、定位する場所に上手にはなせないために、落としたり、放り投げたりしてしまう場面をよく見かけます。失敗した場合も、それを子どもの発信と謙虚に受け止め、子どもの反応から失敗の原因を明らかにし、失敗させないような新たな教材の開発と工夫に取り組む姿勢が大切です。

二つめは、学習に臨む場合の姿勢の問題です。手の運動が活発になる16週頃は、首がすわって、頭を自由に動かせるようになる時期です。また、両手を使って積み木を持ちかえたり、なめて確かめたりするようになる28週頃は、首が安定し、支えなしに座位が取れるようになる時期です。さらに、物と物との関係や面と面、上と下など、物が分析的に扱えるようになる40週頃は、体幹が安定し、つかまり立ちができるようになる時期です。

このような体幹四肢の発達の傾向から、知的な発達を支える目と手の協応による微細な感覚と運動の成熟は、体幹の粗大な運動発達と綿密に関係していることが示唆されます。

障害が重い子どもの場合、運動発達の面でも重度の障害を有しています。子どもにとってどのような姿勢を保持してやれば首のコントロールが容易であるか、体幹や机の角度はどの程度であれば自発的に手が伸びて操作しやすいかなど、目と手の運動のバックボーンとなる姿勢の保持と調整にも十分配慮する必要があります。

2　障害の重い子どもの初期学習教材

(1)　提示用ボード（提示ボードとカラー発砲スチロール玉：写真１）

規　格：Ｂ４～Ａ４サイズ
<材料>
工作用シナベニヤ（厚さ４～5.5㎜）
ステンレスシート（粘着加工）
ヒノキ角材（３㎜×９㎜）
壁紙用カラーフェルト（粘着加工、黒・紺・グレーなど）
合成ゴム系・溶剤系接着剤

〈写真１〉

【製作の手順】（規格Ｂ４サイズ）

①工作用シナベニヤをカッターでＢ４サイズに切る（切断面に定規を固定し、少しずつ切り口を深くすることで厚さ5.5㎜まではカッターで切れます）。
②ステンレスシートをＢ４サイズに切る。
③壁紙用カラーフェルトをＢ４サイズに切る。
＊②、③ともホームセンター等で購入できます。
④ボードの枠用にヒノキ角材をＢ４の縦、横の長さにカッターで切る。
⑤シナベニヤにステンレスシート、続いてカラーフェルトの順に貼る。
⑥枠用のヒノキ角材を四隅に接着剤で固定する。
⑦枠をポスターカラーなどの塗料で着色する。

【製作上の留意点】

①提示用ボードは定位する教材の背景になるので、フェルトの色は教材が目立つように考慮する。複数枚（黒色系統・白色系統）用意しておくことが望ましい。
②枠を接着剤で固定する際には、素材がフェルトと木材であるため溶剤系の接着剤を使用し、接着面をクランプ等の固定器具で圧縮、接着する。
③原材料の購入や製作が困難な場合には、身近にある煎餅やクッキー等の缶の蓋にフェルトを貼るなど工夫する。

⑵　スライディングチャイム（取っ手を手前に引き鳴らす：写真２）

〈写真２〉

規格：横90mm×縦300mm
<材料>
ドアチャイム（市販名ピコット）
工作用シナベニヤ（厚さ３mm）
桂丸棒（直径50mm）
ヒノキ角材（９mm×９mm）
ガイド用ヒノキ角材（５mm×５mm）
ガイド用ヒノキ角材（３mm×９mm）
合成ゴム系・溶剤系接着剤

【製作の手順】

①シナベニヤを縦90mm×横300mmサイズに切る。

②ヒノキ角材（５mm×５mm）を300mmの長さに２本切る。次にヒノキ角材（３mm×９mm）を同じように300mmに２本切り、①に接着する（**図１**）。

③シナベニヤを縦80mm、横80mmサイズに１枚、次に縦70mm、横80mmサイズに１枚切り、２枚を接着する。桂丸棒（取っ手）を25mmの長さに切り、中央に接着する（**図２**）。

④ヒノキ角材（９mm×９mm)を70mmの長さに切り、外枠として（チャイム側）に接着する（**図３**）。

⑤チャイム、ドアチャイムスイッチ（磁石）を接着する（**図３**）。

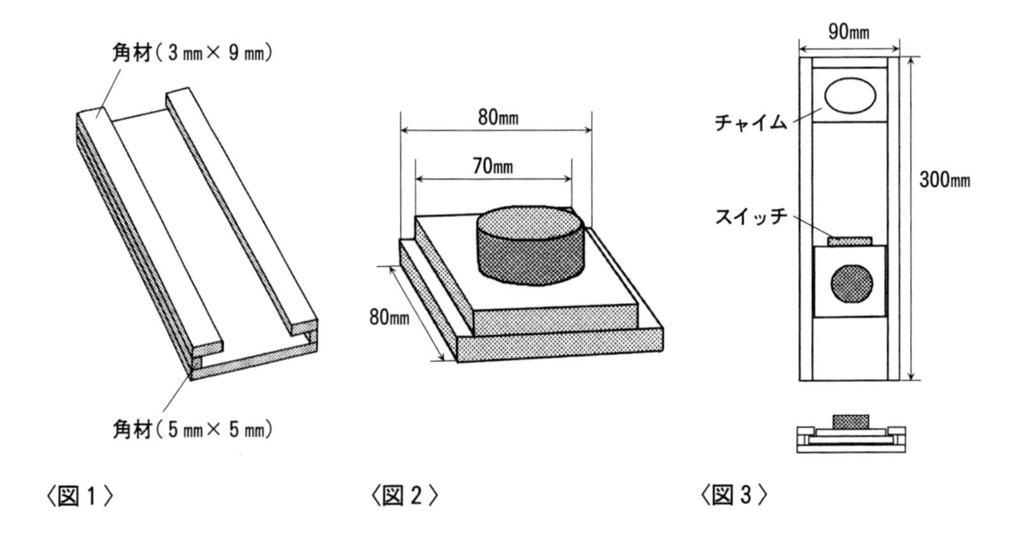

〈図１〉　〈図２〉　〈図３〉

【製作上の留意点】

①スライド板の滑りは、サンドペーパーをかけたり、ロウを塗ったりすることで調整する。

②取っ手（桂丸棒）の素材と形状は、紐やゴムなど子どもの実態に合わせて工夫する。

(3) 小球（マグネットを埋め込んだ発泡スチロール小球：写真３）

〈写真３〉

規　格：直径50㎜

<材料>

発泡スチロールのカラー小球

強力マグネット（直径15㎜、厚さ６㎜）

合成ゴム系・溶剤系接着剤

【製作の手順】

①ボール盤に木工用の直径15㎜のドリルをセットする。

②発砲スチロール小球を平バイス（固定器具）で固定する。

③小球の中心に深さ６㎜の穴を開ける。

④穴の縁に接着剤を塗り、磁石を接着固定する。

【製作上の留意点】

①小球は提示用ボードにセットし、子どもが手を伸ばしやすいいろいろな位置や角度で提示するので、小球の材質によってはマグネットの強度を工夫する。

②小球は、色や大きさ、重さ、光沢の異なるいろいろな素材のものがインテリア用などに市販されているので、子どもの実態によって工夫する（**写真４、５**）。

〈写真４〉透明アクリルの小球

〈写真５〉木製小球

⑷ ボックス・容器（口元に容器を提示：写真６）

〈写真６〉

規　格（直径120㎜・深さ180㎜）
<材料>
ポリエチレン容器
カラーシート（粘着加工）

【製作の手順】

①市販されているポリエチレン容器の蓋をガムテープなどで固定する。
②蓋を円カッターで適当な穴の大きさに切り取る。
③穴が目立つようにカラーシートをドーナツ型に切り、穴の輪郭に縁取りする。

【製作上の留意点】

①容器の大きさや、穴の直径は子どもの実態に合わせるが、提示用ボード上で、２つの物の比較や分類へと発展させていくことも考慮し徐々に小型化する。
②容器は、応答性を高めるため、ミルクやお茶、紅茶の缶など、入れた時に音がする金属性のもの工夫するとよい（**写真７～10**）。

〈写真７〉お茶缶キャップ無し

〈写真８〉紅茶缶（凸型）

〈写真９〉お茶缶キャップ付き

〈写真10〉紅茶缶（凹型）

⑸　ポールボード（ポールボードと筒型小球：写真11）

〈写真11〉

規　格（ボード：100㎜×100㎜×18㎜、ポール：直径10㎜×高さ120㎜）
<材料>
工作用品ベニヤ（厚さ９ミリ）
デザインカラーワイヤー（直径10㎜）
ワイヤーキャップ
木工用ボンド

【製作の手順】

①９㎜のシナベニヤを100㎜×100㎜の正方形に２枚切り、木工ボンドで貼り合わせる。
②ワイヤーを金工ノコギリで120㎜の長さに切る。一方の端にキャップをかぶせる(ワイヤーの中心の素材はアルミなので簡単に切断できる)
③直径9㎜のドリルで①の中心に深さ15㎜の穴を開ける。
④③の穴に②を差し込む。

【作製上の留意事項】

①穴へのさし込みがきつい場合には、ワイヤーの先をサンドペーパーで削る。
②ポールの長さと素材は、木材、ステンレス、カラーアクリルなど、子どもの実態に合わせて工夫する。
③ポールボードの中心に薄い鉄板を貼り、抜き取る方の円筒底に筒型の磁石を貼ったもの（次ページ）を使用すると、下から上方向に抜き取る以外に、上から下、

左右などろいろな方向への学習が工夫できる（**写真12、13**）。

〈写真12〉金属板を貼ったポールと磁石付きの円筒

〈写真13〉円筒を上に提示し、下方向に抜き取る学習

⑹ 円筒（写真14）

〈写真14〉

規　格：木製円筒丸棒（外径30㎜・内径17㎜×長さ40㎜～）

＜材料＞

桂丸棒（筒型）

蛍光シート（粘着加工）

ドーナツ型マグネット（直径30㎜）

合成ゴム系・溶剤系接着剤

【製作の手順】

①丸棒を50㎜の長さにノコギリで切り、円筒の内側と切断面をサンドペーパーで磨く。切断面は水平にする。

②円筒の底に溶剤系接着剤を塗り、マグネットを接着する（提示用ボードとセットで使うことで角度などの工夫ができる）。

③蛍光シート（赤・青・黄・緑など）を円筒に貼る。

【製作上の留意点】

①円筒の大きさや素材は、木材以外にアクリルや塩化ビニル、ウレタンなどが販売されているので、子どもの実態により工夫する。

②円筒の長さは、短くしたり、小球に穴を開けたものなども工夫し、徐々に「にぎる」から「つまむ」操作を引き出せるよう工夫する（**写真15、16**）。

③円筒の中に報酬（お菓子など）を入れ、宝探し（位置の学習）へ発展させることもある。

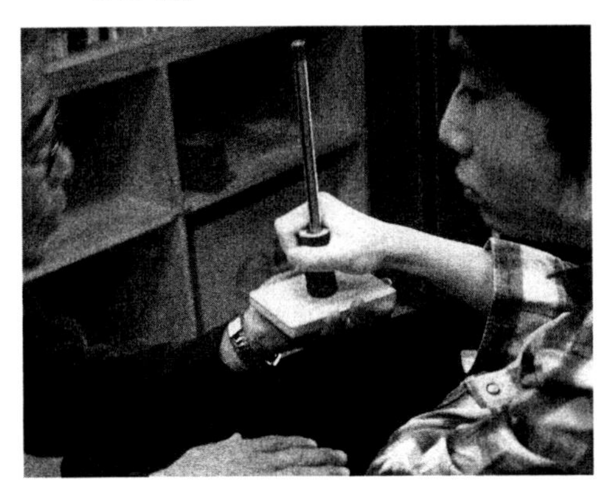
〈写真15〉円筒をにぎる

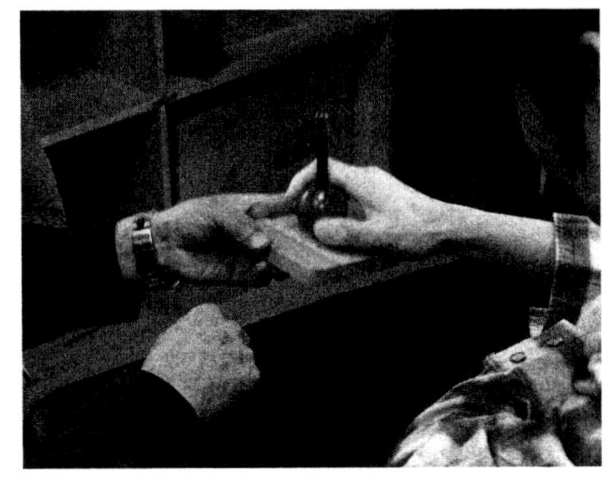
〈写真16〉玉をつまむ

3　初期教材を使った指導の実際

筆者は、保護者が主宰する学習クラブ活動に2002年からかかわりを持ち、教材を道具に障害のあるお子さんを指導しています。そこで出会ったＡさん（現在24歳）との実践（2005年10月～2008年４月の間）を通し、初期学習の指導の実際を紹介します。

(1)　指導開始時のＡさんのプロフィール

- 年　　齢：21歳、肢体不自由特別支援学校高等部卒
- 障　　害：中枢性運動機能障害（脳性まひ）、知的障害、てんかん
- 日常生活：全面介助。食事は、パンなどであれば利き手（右）でつかんで食べることができる。
- 姿　　勢：首は安定しているが、座位は困難、学習時は車いす。
- コミュニケーション：瞬間的であるが視線が合う。喜怒哀楽を表情、行動で表現できる。嬉しいときは右手で左の手の甲を数回叩く。不快な時は後頭部を激しくを叩く。
- 物の操作：利き手（右）で車いすのベルトを握って噛んだり、棒や小球であれば、つかんで前歯に数回リズミカルに軽くあて、材質の感触を確かめたりすることができる。意図的にはなす（置く）ことはできない。放り投げてしまう。

⑵ 指導の実際（指導回数：月当たり１回、60分）

■ ステージⅠ　つかむ－はなす

ステージⅠ　課題１

スライディングチャイムの取っ手を見て、手を伸ばし、取っ手をつかんで引いて、チャイムを聞く

【教材】

スライディングチャイム（**写真２参照**）

【実態把握の観点】

①目と手の作業範囲
②意図的な手の運動方向
③取っ手を引くことでチャイムが鳴るという、物と物の関係性の理解

【指導の実際】

①肘がまっすぐ伸びる位置に取っ手を提示し、手前（または上→下）に引かせる。チャイムが鳴ることで、手の運動が止まったら、指導者は速やかに本体（チャイム）を耳元に近づけて音を聞かせる。「取っ手を引いてチャイムが鳴ることで課題が終わる」いう理解を促すため、手の運動が止まったら、タイミングよく本体を見えないところ（耳元）へ移す。
②チャイムが鳴り終わったら、「もう一回やります」と言ってメリハリをつけて、新たに提示する。Ａさんの反応を見ながら、左→右、右→左、下→上などの方向へ手の運動を試みる。

【結果の考察】

①利き手（右）の作業範囲：
正中線から左右45度の範囲であれば、提示した物をつかむことができる。肘を真っ直ぐ伸ばして、ちょうどつかめる距離（手先）に提示したときと、肘を曲げなければつかめない距離（手前）に提示したときでは、前者の方が反応が速い。
②取っ手に対する手の運動：
自分の身体に引き寄せる方向は、自発的に運動できる。肘の角度を一定に保ったまま横方向へ動かすことや肘を伸ばす方向への運動にはガイドが必要である。
③飽きないで繰り返してやることから、取っ手とチャイムの関係は理解できていると思われる。

ステージⅠ　課題２

小球を見て、手を伸ばし、つかむ

【実態把握の観点】

①目と手の作業範囲

②見えやすい提示の位置、角度

③小球に対する興味や好みの感触

④「つかむ」「はなす」際の手首と指の運動

【教材】（写真３参照）

①提示用ボード

②発泡スチロール小球（直径50㎜）、透明アクリル小球（直径50㎜）、スーパーボール（直径50㎜・30㎜）、白木小球（直径40㎜・30㎜）アルミ小球（直径40㎜）、ステンレス小球（直径40㎜）、ガラス玉（直径25㎜）

【指導の実際】

①提示用ボードに小球を置き、Aさんの顔の正面で垂直～水平など角度を変えて提示し、小球をつかませる（**写真４参照**）。

②提示用ボードに小球を置き、車いすのテーブル上に水平に提示して小球をつかませる（**写真５参照**）。

③つかんだ小球を口に持っていった時点で課題の終了とする。箱を提示して小球を放り投げてしまう場合は、投げる方向で玉を受け止める。新たに小球を提示する。

【結果の考察】

①目と手の作業範囲：

スライディングチャイムと同様で、正面の肘が伸びきる位置に提示すると一番反応がよい。

②見やすい角度：

正面であれば、垂直～水平で反応の差異は見られない。

③小球の感触：

小球には明らかに好みが見られる。光沢のあるステンレスやアルミ小球、白木小球、ガラス玉は、手に保持して前歯に打ちあてて、しばらく感覚を確かめる行動が見られた。発泡スチロール球やスーパーボールはすぐに放り投げた。また、ステンレスの重量感のある玉では、感触を確かめた後、指導者がタイミングを見計らってAさんの口元に容器を近づけ、Aさんの手首に容器の縁を軽くあてながら「ここに入れて」と促すと落とすこともあった（**写真６参照**）。小球の大きさによる、反応の差異は見られなかった。

④つかむ、はなす：

つかむことは、親指と人差し指、中指を使って確実にできる。はなすことはできるが、提示されたところを見て意図的にはなすことはできない。

ステージⅠ　課題３

垂直なポールにさした筒を見て、手を伸ばし、つかみ、上下左右の方向に抜く

【実態把握の観点】

①目と手の作業空間

②ポールの終点を予測、筒をつかんで抜く運動

③「つかむ」「はなす」運動

【教材】

①ステンレスポール（直径12㎜、長さ200㎜）（**写真12参照**）

　ワイヤーポール（直径10㎜、長さ100㎜）（**写真11参照**）

②木製円筒（直径30㎜、長さ30㎜、40㎜、50㎜各種）（**写真14参照**）

　球筒（直径40㎜の小球の中心に直径18㎜の穴を開けたもの）（**写真11参照**）

【指導の実際】

①提示用ボードにポールボードを載せ、次に筒をさして「どうぞ」と言ってAさんの正面に提示する。

②筒をつかんだら、「抜いて」と言ってポールの方向に沿って筒を抜かせる。

③下から上、右から左、上から下などいろいろな方向を試みる（**写真13参照**）。

【結果の考察】

①作業範囲：

課題１、２と同様であった。

②終点を予測した抜く運動：

長さ200㎜のポールでは、終点を予測して手の運動を調整することは困難であった。つかんで自分の身体の方へ引き寄せる運動が優位で、指導者が抜きやすい方向にポールを傾けるなどの配慮を必要とした。長さ100㎜のポールも、指導者がポールボードが動かないように固定してあげると、何とか抜くことができた。

③「つかむ、はなす」運動：

「つかむ」については、課題２と違ってつかむ対象がポールと筒の２つになるため、はじめは刺激が強いポールをつかんだ。手を伸ばす際に、指導者がガイドして筒の方へ修正する必要があった。球筒の場合は、間違えずにつかむことができた。また、長さ30～40㎜の短い筒では、親指と人差し指、中指でつまんで抜く行動が見られた。

「はなす」については、課題２と同様、Ａさんの口元に容器を示し、手首に触れて「ここにいれて」と促すと、容器の縁に触れ、はなすこともあった。

ステージⅠの学習から見えてきたこと

①作業空間　Ａさんの一番見やすい空間は、正面の視線と平行な空間であるが、今後の学習の展開を考慮すると、車いすテーブル上部に提示用ボードを置き、自発的な目と手運動を促す必要がある。

②「つかむ」ことについては、小球をつまむこともでき、問題はない。

③「はなす」ことについては、当初は投げてしまうことが多いが、ステンレス小球などの重量感、質感がある物については、投げずに口元に持っていくことが見られた。そこで、Ａさんの口元に容器を提示し、触覚的に入れることを促すと、投げるのを止めて入れることが多かった。Ａさんなりに小球の素材を感じ取り、選択している行動と受け止め、Ａさんが好む質感のある小球で「はなして入れる」学習を強化、定着させていく必要がある（**写真６参照**）。

④「筒抜き」については、つかんだ物を引き寄せてしまう運動が優位で、腕を調節しながら終点を予測して滑らかに上方向に抜くことは困難である。「つかんで抜く運動」を調整できるような教材を工夫し、筒抜きと並行して指導していく必要がある。

⑤「つまむ」行動が見られたので、④の課題と関連させた教材の工夫が必要である。

■ステージⅡ<テーブル上に定位する>

ステージⅡ　課題1

テーブル上に水平に置いた提示用ボード上の小球をつかみ、口元に提示された容器に入れる

【実態把握の観点】

①提示用ボード上のいろいろな位置に置いたステンレス小球を「探す」目の運動
②容器の提示位置を口元から徐々に遠ざけ、テーブルの面に近づけていった場合の距離の変化に対する目と手（肘）の運動

【教材】

ステージⅠ　課題2と同様の教材

【指導の実際】

①一番見えやすい利き手側の右上に置き「どうぞ」と言ってつかませることから始め、中央、左上、右下など提示位置を変えていき、目と手の作業の範囲を広げる。
②目で探して、つかんだら、「ここに入れて」と言いながら口元に提示した容器の縁を手首に触れ、触覚的な手がかりで入れさせる。口元に提示された容器に安定して入れることができるようになったら、容器を口元から徐々に遠ざけ、目で容器の位置を見て、手（肘）を伸ばして入れることを促す。

【結果の考察】

①水平に置いた提示用ボードへの反応：
提示用ボード上の中央から利き手側の右側に提示した場合は、反応が速く、左側および左下側に提示した場合は、反応が悪かった。小球とAさんの身体との距離が近い場合、提示用ボード全体をスキャンするような自発的な目の使い方が未熟なことがうかがわれた。この場合、小球を少し転がすなどして注意を喚起すると、小球に気がつき、見てつかんだ。
②容器の位置：
学習の始めの数回は、小球をつかむとステージⅠで顕著だった歯に当てる行動が見られたが、その後はつかむと手元を見て容器に安定して入れるようになった。また、徐々に容器を遠ざけ、テーブル上に置いた場合にも、容器の位置を見て手を伸ばし、容器の縁に手を触れ、入れるようになった。Aさんにとっては、物と物とを関係づける画期的な行動だった。

ステージⅡ　課題２

穴にさした棒をつまんで抜いたあと、また、穴に戻して（入れて）定位する

【教材】（写真17）

①アルミ丸棒（直径24㎜、18㎜、15㎜、12㎜、9㎜、6㎜、長さ各50㎜）

②スタンド板（40㎜×40㎜×40㎜）（穴の深さ30㎜）

〈写真17〉アルミ棒さし

【実態把握の観点】

①アルミ棒の突起した上部見て、つまんで垂直方向に抜く運動

②アルミ棒の大きさの違いによる運動の変化

③提示されたスタンド板の穴を見て、抜いたアルミ棒をさす運動

【指導の実際】

①提示用ボード上でスタンド板にアルミ棒をさすところを見せ、「どうぞ」と言って提示する（**写真18**）。

②指導者はスタンド板を動かないように固定し、つまんで垂直に抜かせる。

③前歯でアルミ棒の感触を確かめさせた後、小球同様の手順で、スタンド板を口の近くに提示し、穴に入れて定位する（**写真19**）。

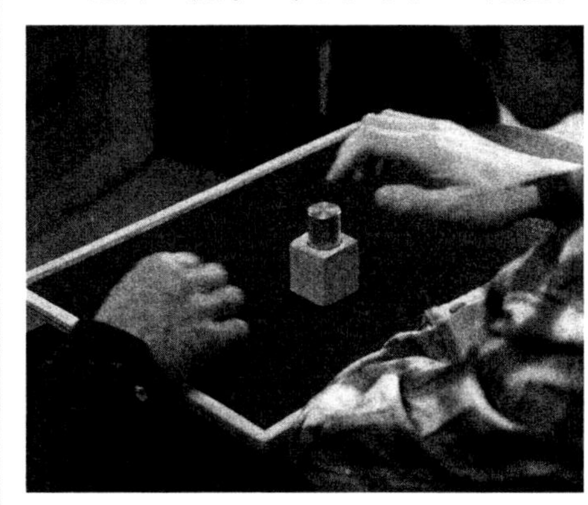

〈写真18〉

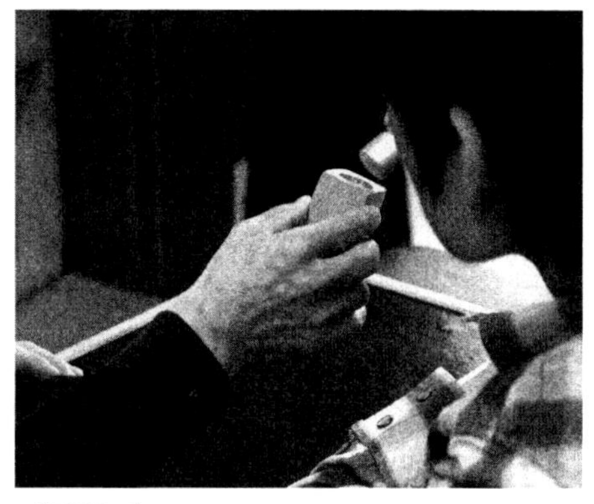

〈写真19〉

④口元に提示されたスタンド板への定位が安定してきたら、提示用ボード上（テーブル上）でもできるように工夫する。

【結果の考察】

①垂直方向に抜く運動：

開始当初は、上に抜く方向より、つかんで引き寄せる力が優位で、抜く方向にスタンド板を少し傾斜させる援助が必要であった。回を重ねるに従い、運動を調整し、ゆっくり抜けるようになった。

②アルミ棒の太さと抜く運動：

抜くことに関しては、各サイズとも親指、人差し指、中指で確実につまみ、抜くことができた。棒の太さによる差異は見られなかった。さす運動では、24㎜、18㎜、15㎜の太いアルミ棒の方が、穴を見て押し込んで入れようとする行動が顕著に見られた。9㎜以下の細い棒では、指導者が穴までカイドする必要があった。

③スタンド板にさす運動：

テーブル上に提示したスタンド板に棒を定位することはまだ困難であるが、スタンド板を徐々に口元から遠ざけていくと、目で位置を確かめ、手を伸ばして穴に入れようとする行動が見られた。

ステージⅡ　課題３

棒にささっている筒をつまんで抜いたあと、また棒に戻して（さして）定位する

【教材】

①ポールボード

②円筒、球筒

【実態把握の観点】

①ポールにさした筒を見て、つまんで垂直方向に抜く運動

②提示されたポールの先を見て、筒をポールにさす運動

【指導の実態】

①提示用ボード上でポールボードに筒をさして、「どうぞ」と言って提示し、ボードが動かないように固定し、筒をつまんで垂直に抜かせる（**写真20**）。

②抜いた筒を前歯で感触を確かめさせた後、小球同様の手順で、ポールボードを口の周辺に提示し、ポールにさして定位させる（**写真21**）。

③口元に提示されたポールへの定位が安定してきたら、提示用ボード上（テーブル上）でもできるように距離を工夫する。

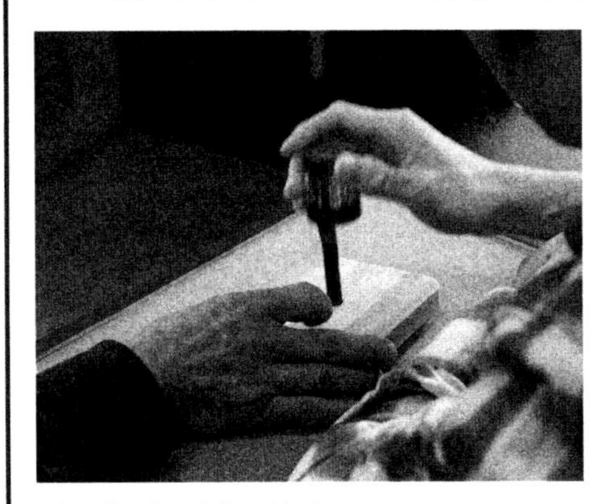

〈写真20〉垂直に抜く

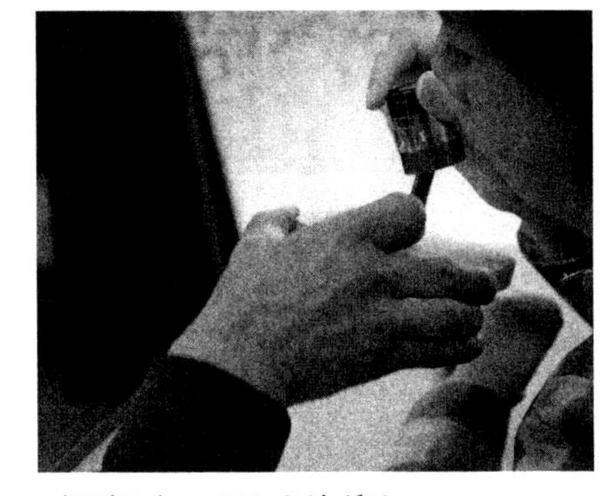

〈写真21〉口元から遠ざけて

【結果の考察】

①筒を抜く運動：

ポールと筒の関係ではポールにさした「球筒」を抜く学習を強化した結果、ポールと筒の関係の理解が進んだ。抜くことについては、手前に引く運動が起きるが、引いて抜けない場合、100㎜の長さの棒であれば、上方向へ運動を修正して、筒を抜くことが安定してできるようになった。

②ポールにさす運動：

テーブル上のポールボードに筒を定位することは困難であるが、ポールを徐々に口元から遠ざけていくと、ポールの位置を目で確かめ、手を伸ばしてポールの先端に注目し、筒をさそうとする行動が見られた。垂直方向にさすことは困難であるが、角度を工夫するとさそうとする行動が確実に見られた。

ステージⅡの学習から見えてきたこと

①小球をつかんで容器に入れ定位することについては、ステンレスやアクリルなど素材が質量感のある物から軽い木製の小球まで、また、大きさも直径25㎜くらいまで安定して容器に入れることが可能になった（**写真22**）。

②回数を重ねる度に、容器の提示位置を口元から徐々にテーブルの面に近づけていった結果、テーブル上に置いた場合でも、入れて定位することができるようになった。小球に対して容器という、物と物の機能的な関係の理解が進んだことの表れと考えられる。①、②の結果から、今後は、小球と容器の穴の大きさを徐々に小さくして、テーブル上での物と物の分類学習へと発展させていく必要がある。

③ポールから筒を抜くことについては、つかんだ物を身体の方へ引き寄せる運動が起きるためスムーズさに欠けるが、アルミの棒抜きの学習の効果で、つまんで引くという運動を調整して自発的に上に抜く運動が見られるようになった。さらにポールの先端を予測して抜く学習に継続して取り組んでいく必要がある。

④テーブル上に垂直に提示されたポールボードには筒をさすことはできないが、テーブルからほんの少し離してボードを斜めに提示すると、ポールの先端に手を伸ばし、筒をさそうとする行動が確実に見られるようになった（**写真23**）。小球と容器の関係同様、ポールに対しても筒という関係が理解できたと思われる。

⑤上記の①～④の行動から、いくつかの課題はあるが、分類学習を成立させるための条件が整ったと考えることができる。

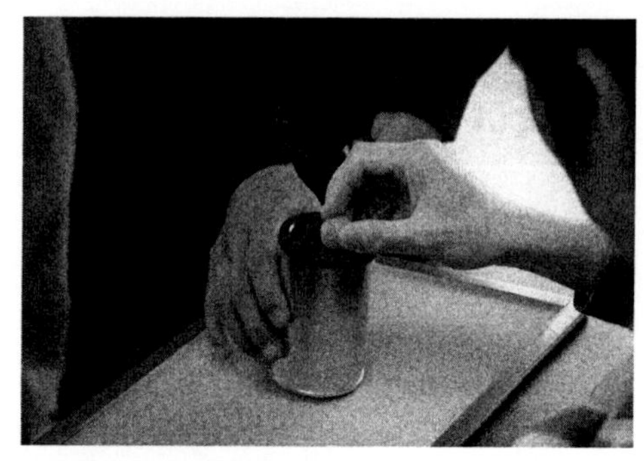

〈写真22〉円筒をにぎる

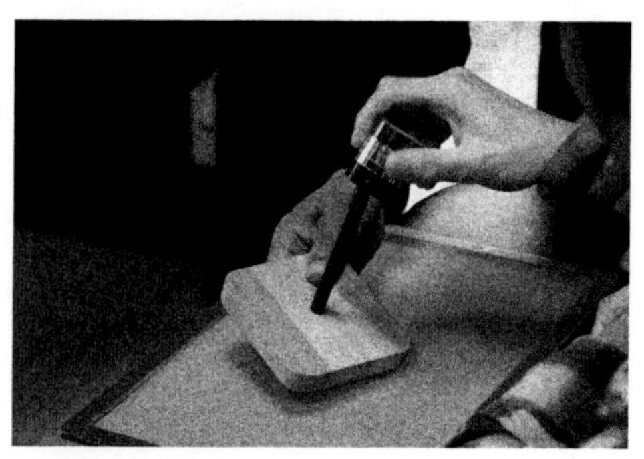

〈写真23〉玉をつまむ

■ステージⅢ＜分類課題状況＞

ステージⅢ　課題
分類課題状況（選択項と見本項の関係）を理解し、見本に小球が提示された場合は、容器（缶）を選択して入れ、同じく筒が見本の場合は、ポールにさして分類する

【教材】

①木製小球（直径25mm）、クッキー缶（容器）

②筒（直径30mm・直径17mm）、ポールボード（ポール直径10mm×長さ100mm）

③提示用ボード

【実態把握の観点】

①分類課題状況を理解

②見本（小球又は筒）を見てつまみ、見本に対応する選択項（缶またはポール）を見比べる目の運動

【指導の実際】

①提示用ボードの利き手側に缶、隣にポールボードを置く。次に小球を「どうぞ」と言って提示する（**写真24**）。小球（筒）を対応する缶（ポール）に入れて（さして）分類させる（**写真25**）。

②提示用ボードの利き手側にポールボード、隣に缶を置く（選択項の位置を左右入れ替える）。次に小球を「どうぞ」と言って提示する。見本の位置に関係なく、見比べて分類させる（**写真26**）。

②筒についても同様な流れで分類させるが、小球はポールにさせないが、筒の場合、缶の大きさによっては、筒が缶に入ってしまうので提示する際の缶の大きさに配慮する（**写真27**）。

〈写真24〉

〈写真25〉

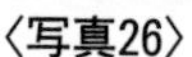
〈写真26〉

〈写真27〉

【結果の考察】

①分類課題状況の理解：

Ａさんは、対象が缶、ポールボード、小球の３つとなる。これまで経験したことのない複雑な状況（**写真24**）であるが、小球を選び、次に、缶に入れることができた（**写真25**）。また、缶の位置を利き手側（右）から反対（左）に置いた場合も、缶を見て入れることができた（**写真26**）。

一方、筒に対するポールの選択は不安定であった。まず、筒をつかむと缶を見て缶の方に入れようとした。缶の穴が小さくて筒が入らないので混乱が見られた。指導者が「ここにさして」と言って、ポールボードの方に注目させ、修正を促す必要があった。前の「小球対缶」の学習効果が強く残っていたことも考えられるので、教材の提示方法の工夫が必要である。

②見比べる間の運動：

「ステージⅢ」の学習は２回目であるが、小球に比べ筒の場合は提示の位置に関係なく、ポールの選択が不安であった。

今後、見比べて、「入る、入らない」などの物の大小の関係に気づかせるさせるための新たな教材の開発が必要である。

4　終わりに

以上、障害の重い子どもの授業づくりを進めるに当たっての教材教具の基本的な考え方と初期学習教材を使った指導の実際を紹介してきました。Aさんは、学習開始時、物に対し、つかんで、歯で確かめ、放り投げるという行動パターンで、外界のとらえ方が点から点の直線でした。教材を道具にあれこれ仮説を立て、指導を継続するに従い、自発的に目と手を調整させて、課題に取り組む姿が見られるようになり、現在は、テーブル上での分類学習まで進めることができました。Aさんの外界のとらえ方が、点から面へと広がってきていることがうかがえます。また、このような広がりが見られるようになると同時に、手に持った教材を歯で確かめようとする行動パターンが少なくなりました。興味の対象が口元への触覚的な刺激以外に、視覚的な物と物との関係性への広がりを見せていることの現れと考えることができます。

今後は、分類から選択課題学習へとを発展させ、Aさんとの実践を通し障害の重い子どもの教材、教具の在り方について明らかにしていきたいと思います。

【参考文献】

1）中島昭美『人間行動の成り立ち』研究紀要第１巻第２号重複障害教育研究所、1977年
2）水口浚著『障害児教育の基礎』ジェムコ出版、1995年
3）A・ゲゼル、新井清三郎訳『新発達診断学』日本小児医事出版社、1983年

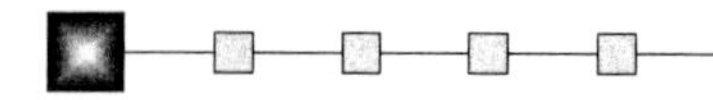

Ⅰ章－⑥

スヌーズレンを取り入れた自立活動

自己肯定感を育む授業

川眞田　喜代子

1　スヌーズレンについて

「スヌーズレン」とは、重度の知的障害のある人々とのかかわりの理念として、およそ1970年代に、オランダのハルテンベルグセンターという施設で生まれ、発展してきました。重い障害のある人々が受け入れやすい刺激や環境を提供し、そこでは障害のある人自身が自分の選択で自分自身の時間を持ちます。援助者は同じ人間として刺激を楽しみ、互いの感じ方や喜びを共有します。

「スヌーズレン」という言葉は、オランダ語のスヌッフレン（クンクン匂いを嗅ぐ）とドゥーズレン（うとうとする）という二つの日常的な単語から出てきた造語で、オランダの辞書にも載る一般的な用語になっています。ドゥーズレンはスヌーズレンの安らぎの部分を表しており、スヌッフレンはより行動的な部分を指しています。

スヌーズレンの指し示す状態を例えてみましょう。砂浜を素足で歩いていると、さわやかな潮風が頬をなで、両手を広げて大きく息を吸うと、海の香りを体いっぱいに感じます。緑の美しい森の中を歩けば、あちらこちらから鳥のさえずりが聞こえ、木の葉は風にそよぎ、川のせせらぎも聞こえてきます。さわやかな草の香のする高原に寝転び、日光やそよ風を楽しみます。

このようななんともいえぬ心地よさ、澄み切った気持ち、くつろいだ状態をいいます。

【スヌーズレンとは】

①障害のある人が感じ取りやすく、楽しみやすいように、光り、音や音楽、いろいろな素材の触れるもの、香りなどの刺激を揃えた環境を作り、提供します。

（物理的環境の整備）

②障害のある人との活動で、障害のある人自身のペースや、人や物への対応の仕方をありのまま受け入れ、障害のない人もその場を楽しみます。

（人的環境の整備）

③人が人と出会い、互いの感じ方や喜びを共有し、関係を深めます。

（関係性の深まり）

以上は、1998年イギリス大使館での、ジョー・キューイン氏の講演内容と、2000年のスヌーズレン協会での鈴木清子氏の講演内容から抜粋しました。

鈴木清子氏は島田療育医療センターで、スヌーズレンを長年実施している中で、このように言っています。

「何かをさせなければならない、何かを成し遂げなければならない、という今までのやり方を離れると、障害のある人自身のペースで活動することで、その力を見せてもらうことができるし、スヌーズレンを定期的に行うと、その他の場面での関係や、行動が変化している人もいます。そして、スヌーズレンの効果を評価することは難しいが、活動を積み重ねる中で、その人たちは指しゃぶりをやめ、ボールプールの中でうっとりしたり、緊張が強い人が発せられた光や映像を追って必死に目や頭を動かそうとしています。」

2　自立活動とスヌーズレン

「自立活動」の目指すところは、児童生徒が自分の障害の状態に応じて、主体的に自己の力を十分に発揮して、よりよく生きていこうとすること、そして、地域社会や文化・経済活動等のさまざまな分野に参加して、活動できる資質を養うことにあります。

このことは、障害のある人もない人も含めたさまざまなタイプで構成されている地域で、人と共に地域の一員として当たり前に生きていくノーマライゼーションの風潮を受け止め、児童生徒は在校中に培った資質を生かして、地域の中で自己実現して生活していくことを前提としてのことでしょう。

したがって、障害のある子どもたちは、自分の障害についての理解や改善・克服もさることながら、いろいろな人と共に生きていく社会生活力や、違った環境や他の人たちへの適応力や、働きかける力、未知への挑戦力を高めることが必要になってきています。

それらの力をつけていく上で必要なことは、「私にもできる！」という自信と、「人は人、自分は自分」といったアイデンティティ、そして自己肯定感だと思います。

とりわけ障害があるというだけで、子どもたちは受身的存在であり、よりよく生きてきた経験者の大人たちから擁護されることが当たり前になって、自然と障害者の役割を果たす存在にもなっているようです。その背景には、幼い頃から障害があるがゆえに、たくさんの指示、過干渉、アドバイスを受けて成長してきた過程があると思います。特に障害の程度が重度・重複だとしたらなおのこと、その割合は強いでしょう。このような成長過程においては、ストレスはたまり、適切な自己肯定感は持ちにくくなります。

また、周囲の善意に囲まれて、一人の時間も持ちにくく精神的閉塞状態に陥り、自我の回復も望みにくくなっていることは大いに予想されます。

特定の環境設定をしたスヌーズレンは、このような状態にある子どもたちに心理的安定をもたらし、自己の今ある状態を顧みたり、自我の回復を図ったり等が自ら行えるのです。そして、自分の情緒や感情をコントロールできるのです。しかも、先生たちが入れない心の奥の深い営みを自分から行うのです。設定した教育環境ともいえるスヌーズレン環境を受け止め、適応し自分に合ったものを選択し、心の中に取り入れて自己の精神をコントロールしていき、自我の回復を図り、自己肯定感につなげていきます。

これらのことは、自立活動の内容の2つ目の区分である「心理的安定」や、3つ目の区分である「環境の把握」の意図するところに当たるといえます。また、精神面での「健康の保持」でもあるでしょう。

何よりも子どもたちの精神活動を活発にして生き抜く力の根底に、必要な自己を見つめ、自己肯定感をつくるプラスエネルギーがわく等の効果が期待できると思われます。このような視点からも、スヌーズレンは自立活動の目的達成のための教育活動なのです。

3　教育活動として評価する

スヌーズレン活動は、「子どもたちにとって、誰にも干渉されない人生の大事な時間だから、ありのままにしておくことが大事である」と言われています。また、スヌーズレンは、「治療法でも、教育法でもありません。どんな人でも、ありのままの自分が受け止められ、自分で選び、自分のペースで楽しむための、人生の大切な時間です。…介助者は障害のある人の自発性と、ペースを大切に体験を共有しています」(SNOEZELEN JAPAN機関誌第20号）と、その理念に唱われています。

この場合の意図は、「他者からの一方的な治療的、教育的抑圧から、対象者を解放して、その状況の中で周りの人と共に楽しむ」ことにあると思われます。

つまり、「障害の改善・克服のために、教師主導型で一方的によかれと思うことを子どもたちに指示し、活動を求めるアプローチの方法とは違うのですよ」ということを主張しているのです。だとすれば、子どもたちの主体的な活動を期待し、求めたいと願う教師の意図とスヌーズレンの意図するところは、そう大きくは変わらないはずです。でも、なかなか教育活動として位置付けられないのは、ありのままでよいという理念が先行して、スヌーズレンルームにいる子どもたちをただ見守るにとどめているからではないでしょうか。

スヌーズレンに取り組んでいる子どもたちの様子は、私たち教師をわくわくさせるほどに活気と心の変化を見せつけてくれます。表情一つからでも、内面に生じているさまざまな感情の変化や、自己コントロールしていく様子、穏やかな表情、常同行動の抑制、奇声の停止等、たくさんの変容が見えてきます。

したがって、子どもたちの特性をよく把握して、個々のねらいを明確にして（個別の指導計画を立てる）、その変化を見つめ続けて評価していく必要があります。そうすることで、的確に子どもたちの変化や変容、思いがけない感動場面やエピソードが明らかになってくるのです。これらのことを記録して、評価しないというのは、もったいない話です。

4　評価の視点

子どもたち一人一人の評価の視点は次のようにします。例えば以下のような様子を把握します。

(1)　心理的な側面から

- 無表情な面があり、余り感情表現が得意ではない子
- 環境にこだわる子
- 奇声を発する子
- さまざまな常同行動をする子
- 自傷、他傷をする子
- 場面変換が苦手な子
- 情緒不安定な子
- 暗い場面が苦手な子
- 友達と一緒が苦手な子
- 自分の心を深く掘り下げて見つめる経験が不足している子
- 集中することが苦手な子
- 自分はスヌーズレンを楽しむときに、どういう状態にしてほしいかを人に伝えることができない子
- 共感・共鳴しにくい子

⑵　身体的な側面から

- 環境や刺激の影響を受けると筋緊張が高まってしまう子
- 自発的な動きがなかなか出にくい子
- 常に動いていないといられない子
- 見ることや注視することが苦手な子
- リラックス姿勢がとれない子
- 深い呼吸がとりにくい子
- 血中酸素飽和度が上がりにくい子

このような視点で一人一人を見ていくと、その子の課題にすべきことがたくさんあります。その課題と思われることを決めたら、それがどのように変化をしていくか時間を追って観察していきます。

⑶　経過観察と評価の具体的な方法

経過観察は以下のように行います。

①観察方法

- ビデオ撮影

毎回、固定式で全体の様子を見るためのものと、子どもたち一人一人にスポットを当てるもので２方面から撮影します。

- 質問紙

毎回、教師は担当の子どもの状態を見守りながら、課題となっている視点からの様子を観察して、スヌーズレン活動終了直後に速やかに質問紙に回答します。教師が担当の子どもに集中して見ている直後の印象は、比較的明確で、的確、しかも細やかな変化を見逃さないで覚えています。記憶が鮮明なうちに書くとよいと思われます。

②定期的に話し合いを設け、ビデオの分析を複数で行う。

- 担当者全員での話し合いを定期的に持ちます。その際、ビデオを全員で観て、客観的に変化をみつけ、共通理解を図ります。そうすることで、子どもたちの変化が教師の思いこみや情動的な評価になることが避けられます。
- 質問紙の内容を検討し、ビデオの変化と照らし合わせ、さらに、子どもの変化を見ます。このとき、記入されている内容から、想定外の変化やエピソードも明らかにされます。

このように、子どもたちの変化を客観的に捉え、その子の課題である事柄の改善・克服、軽減、誘発、伸長の程度を評価します。この作業を全員で実施しないかぎり、スヌーズレンの活動は授業のやりっぱなしにすぎなくなってしまいます。どの授業にも言えるところの、PLAN－DO－SEE→（PLAN）のSEEが大切です。そして、子どもたちに変化の兆しが見えなければ、PLANの部分にあたるスヌーズレンの環境設定を変え、子どものポジショニングも工夫しなおす等、再検討します。

この部分をきちんと行わないと、スヌーズレンは子どもたちを部屋の中に入れて、ただ楽しませているだけで、授業としての活動にはなりません。

5　スヌーズレンを実施するに当たって

⑴　毎回の工夫

スヌーズレン活動を行う際に、たくさんの種類の道具がなければできないと思わないで下さい。最低限の機器を十分に使いこなし、不足部分は手作りや入手しやすい身近な照明器具等を工夫すればよいのです。大事なのは、子どもたち全体の雰囲気を感じ取って流す曲目を決め、映像を選択し照明を工夫して、毎回環境設定を考えることです。子どもたちのほとんどが、何らかの心の安定と感動と沈静を求めています。また、毎回、興味関心を高め、その環境に浸ることを楽しみにしていますから、その期待に応えるべき小さな工夫は大切なのです。

⑵　個に応じて

スヌーズレン活動を行う際に、配慮しなければならないことがあります。それは、集団全体の雰囲気を感じ取ることもそうですが、全体の個々の子どもたちへの配慮です。個に応じて、照明・映像・匂い等の強弱や動きや流れを工夫し、スポットを当てます。つまり、意図的な仕掛けを間接的に行うようにします。そうすることで、子どもたちの個々の変化が誘発されるのです。

⑶　教師の役割

スヌーズレン活動を行う際に、教師の役割分担を明確にする必要があります。それは、「スヌーズレンという舞台」に上がった主役たちが、その力を十分に発揮できるようにするためです。まず、全体に指揮をとる監督が必要です。次に、照明係、音響係です。そして、映像係もいるでしょう。これらの係が監督の下に、「あ・うん」の呼吸でもって、照明をつけたり消したり、映像は移す場所をあちこち工夫し、音響はその強弱を照明や映像に合わせる等をして、一つの舞台装置を完成するようにします。

あとは、記録係です。スヌーズレンルーム全体を撮影し、その日の環境設定と、子どもたちの反応が分かるように、また子どもたちの個々の様子も観察します。大変な係ですが、おもしろい役割です。そして、子どもの反応を見守り観察する係です。舞台に上がった主役たちを見守り、その様子を観察して、その日の演技の状態を把握し、舞台装置係にその様子を伝え、次回の工夫に役立てるようにします。

このように教師が役割を担って、常に少ない機器の中でも工夫して、最高の感動を生むようにすることが大事です。そうすることで、教師も一つの舞台の演技を、子どもたちと共に成し遂げた達成感と、主役たちの笑顔と思いがけない感動場面に遭遇します。ですから、スヌーズレンは子どもたちも教師も楽しみにする授業になるのです。

⑷ 運動との組み合わせ　～動と静～

スヌーズレン活動に入る前に、思いっきり身体を動かすと、心理面・身体面の変化がより効果的になります。私たちも十分に身体を使って動く、例えば山登りや坂道を登りきったときの爽快感は、例えようもないくらい気持ちよく、スッキリした気分になりますが、それと同じです。

したがって、全員で取り組めて、「やったー！」「がんばった！」と思える運動を行います。その運動は、人間が生まれてから立って歩くまでの一連の運動を、子どもたちがやりやすいように作り上げます。規律活動の区分にある「身体の動き」の内容を意識して作ります。もちろん「コミュニケーション」とも組み合わせます。他の人を意識し、自分が独自の存在であることに気づき、自己の内面に目が向けられる中学生の時期は、自分の変化（心と身体）と環境の変化を調整しながら適応することが求められます。したがって、身体的にも成長期を迎え、身体に変形・拘縮、歪みが生じやすい中学生のこの時期には、とても適切な教育活動となります。

以上、スヌーズレンと教育活動について述べましたが、実際にどのような取り組みがあるのか紹介致します。

6　スヌーズレンを取り入れた自立活動の実際
～特別支援学校・肢体不自由部門・中学部での実践例～

⑴ 対　象

① 中学部２年生・３年生　22名　（全員一斉授業）

② 生徒の実態

ア）障害名

脳性まひ３名・脳性まひと重度知的障害を伴う11名

その他（水頭症、レット症候群、脳白質ジストロフィ等）８名

イ）運動能力

自発的運動能力はほとんど見られない生徒７名

寝返りや四這い移動が可能11名、膝立ち可３名、独歩可能２名

⑵　授業の構成（40分授業）

「動の時間」として、基礎運動を実施する時間20分と、「静の時間」として、スヌーズレンを実施する時間20分を合わせて40分の授業。月曜日の午後に中学部２年生・３年生合同の自立活動として設定しました。

①「動」としての基礎運動の視点

基礎運動を行う際には、次のようなことに視点を当てて実施しました。

- 全身の運動になるようにする。
- 身体の歪み（車いす姿勢からくる屈曲傾向、側彎、骨盤の捻れ）を整える。
- 呼吸を意識しての運動。
- 動くこと、できることを楽しめる内容にし、自信を持って取り組める。
- ゲームの要素を組み入れ、気分転換や次の動作に期待感がわくようにする。
- 運動し終えた後に、気持ちよさと充足感が感じられるようにする。

②「静」としてのスヌーズレンの視点

- 前の週の行事、クラス活動などから推察した心理状態を把握して、音曲や映像を選択し、光りの当て方を工夫する。
- 生徒の表情、しぐさ、目線、動き等から、何に共感し、興味・関心を持ったかを素早く判断して、映像や光りの当て方を工夫する。
- 気持ちがぐっとその世界に浸れるような展開を、その日の生徒の様子から判断して工夫する。

このように、「動＝身体」、「静＝心」として組み合わせて、一生懸命に山に登り、頂上にたどり着いて（動）、そこでほっとして得られる爽快感（静）を想定しました。

すると、授業にメリハリが出て、集中して身体を動かし、その後はスヌーズレンタイム（生徒はこう呼んでいました）を、どのように過ごそうかといったポジティブな反応が生徒一人一人に出て、充足感のある自立活動の授業になりました。

⑶ 授業のねらい

① 運　動

- 集団の中で身体を動かすことで、友達を意識し、競い合い、共に運動する楽しさを知り味わう。
- 号令（一斉指示）を聞いて、「基礎運動」の流れを理解しながら、自分から動く力をつける。

② スヌーズレン

- 周囲の環境を受け入れて、心身のリラクゼーションを図り、雰囲気を楽しむ。
- 自分自身で、自分の心をコントロールしていく力をつける。

⑷ 基礎運動について

生徒の動きを十分に引き出す手段として、「基礎運動」を取り入れていました。基礎運動とは、順天堂大学名誉教授・故楢林博太郎博士の研究所に来日したボバース夫妻の高弟M・サイボルト女史と、当時、国立リハビリテーションセンターの中村隆一Dr.らが、脳性まひをはじめ中枢神経疾患の人たちへの療法として、理論と具体的手段をまとめた中の一つです。

⑸ 「動」の実際　～基礎運動をベースにした身体運動～

① 運動開始の姿勢。

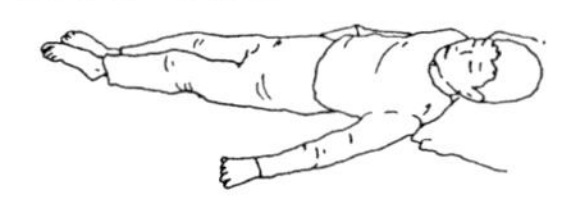

② 運動前の身体を観察する。

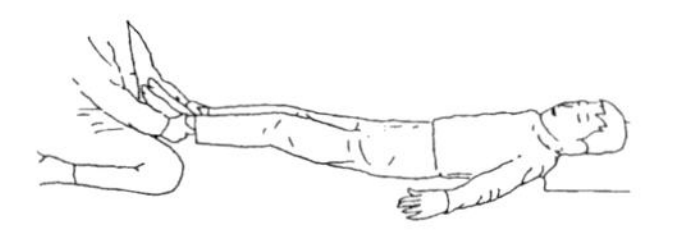

③ 両腕の上げ下げをする。

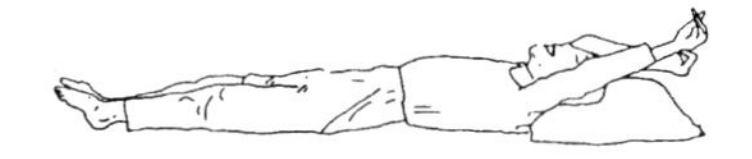

☆ ここでゲーム

〈１トン・２トン運動〉

・腕を上げて（１）下げて（トン）、
腕を上げて（２）下げて（トン）

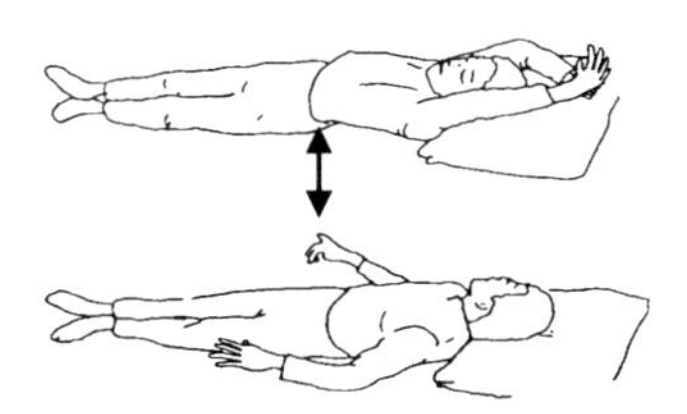

④ 肩のぶん回し運動

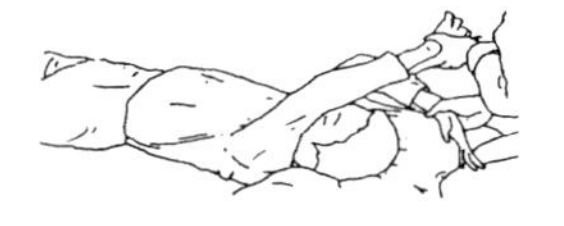

☆ ここでゲーム

〈腕を空中に上げたままグッパーをする〉

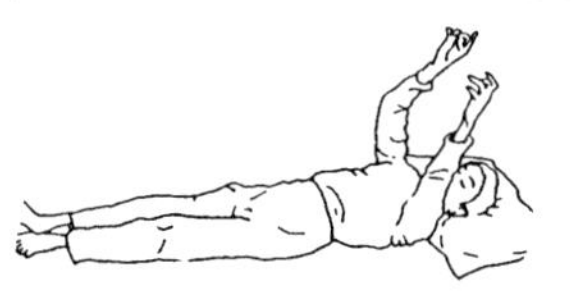

☆ ここでゲーム

〈あっち向いてホイ！〉

⑤ 股関節の曲げ伸ばしをする。

a

b

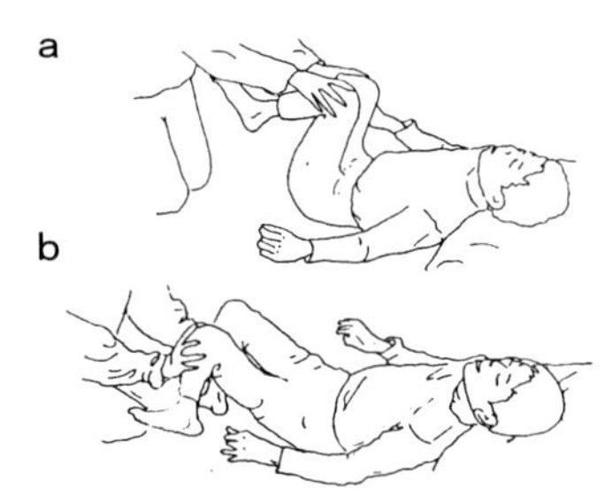

⑥ 両足の交互運動

a

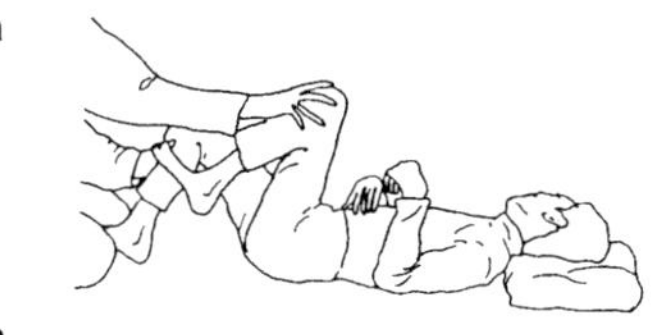

b

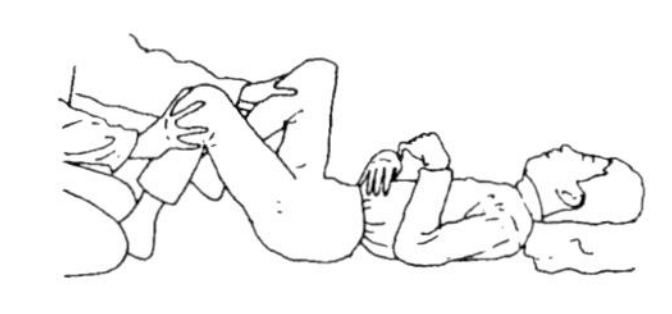

⑦ 膝抱え運動

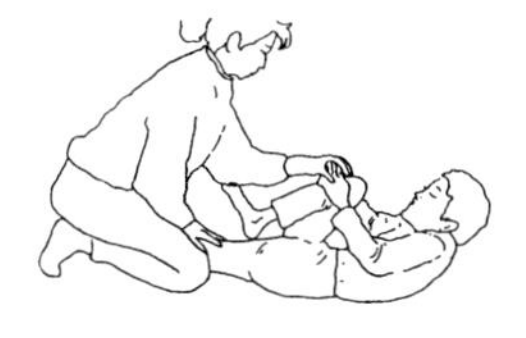

☆　ここでゲーム

〈だんごむし、ゴーロゴロ〉

⑧　ブリッヂ

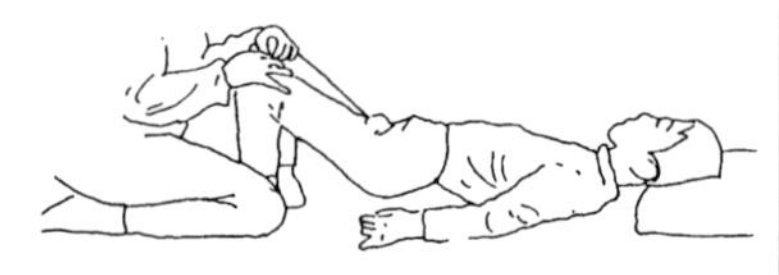

⑨　腰を左右に動かす。

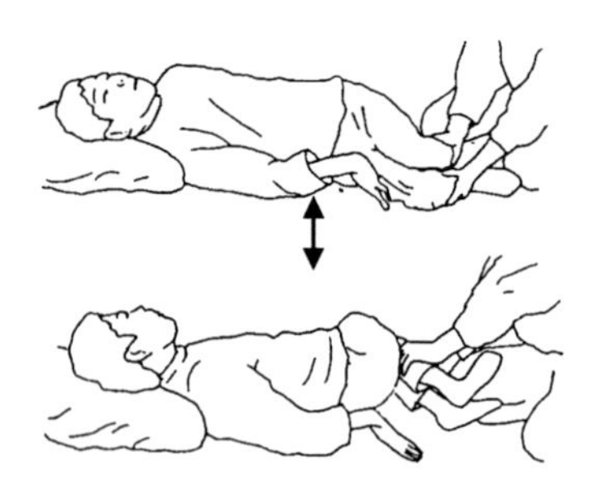

☆　ここでゲーム

〈かえる足体操〉

・片足を曲げながら、引き上げる。

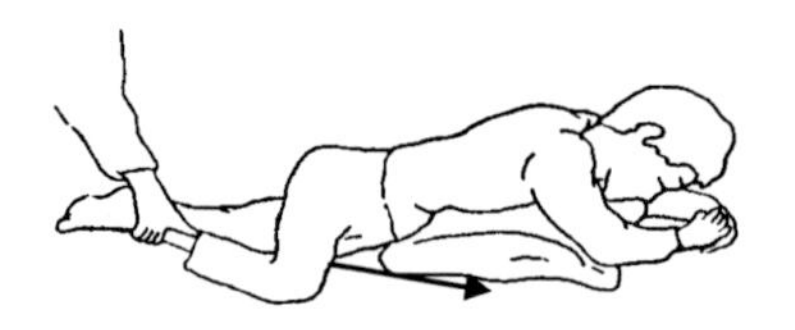

⑩　横向き姿勢を保つ。

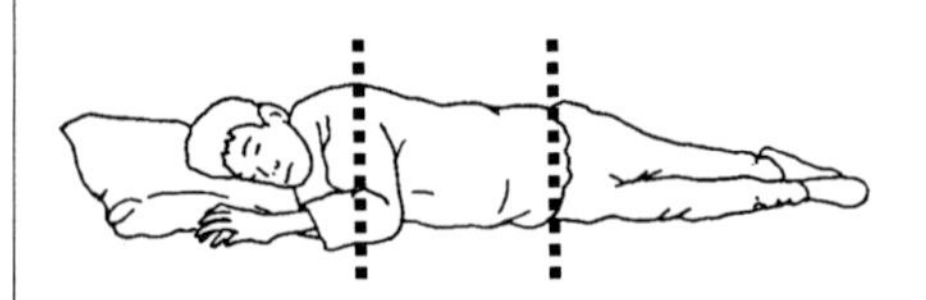

※ここでバランスを保つ

⑪　脇腹を十分に伸ばす。

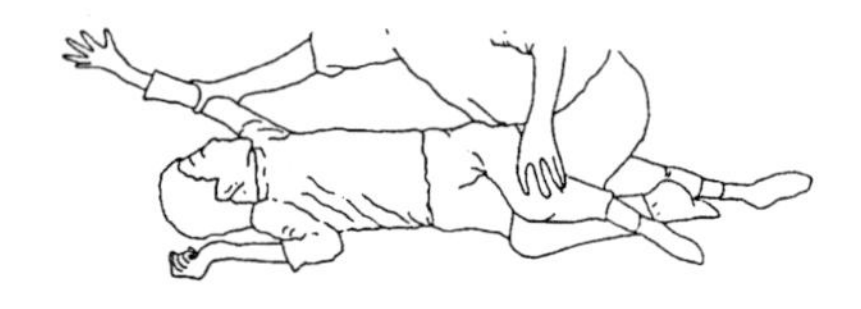

⑫　パピーポジション（肘立て肢位）をとる。

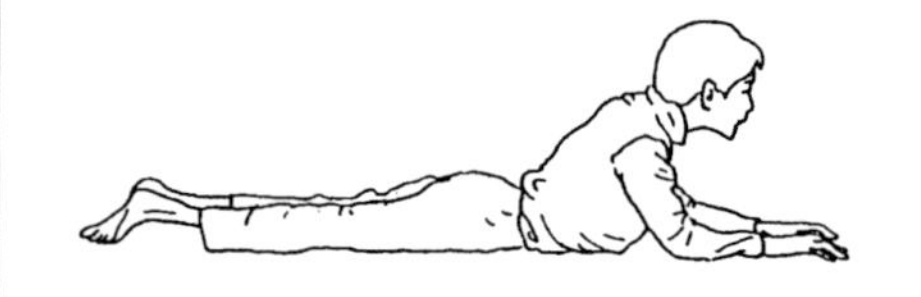

☆　ここでゲーム

〈頭を上げてホイッ！　下ろしてカックン〉

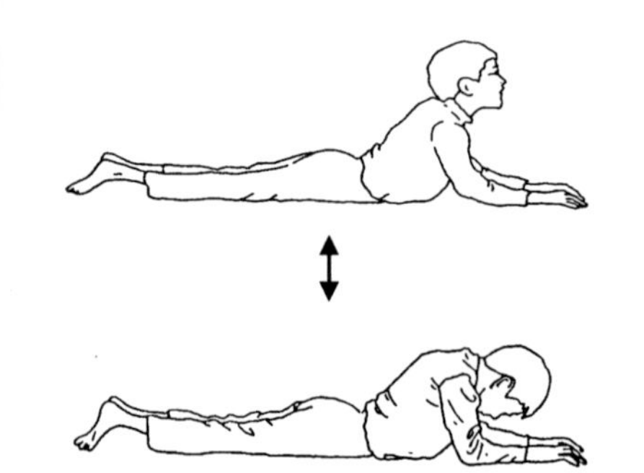

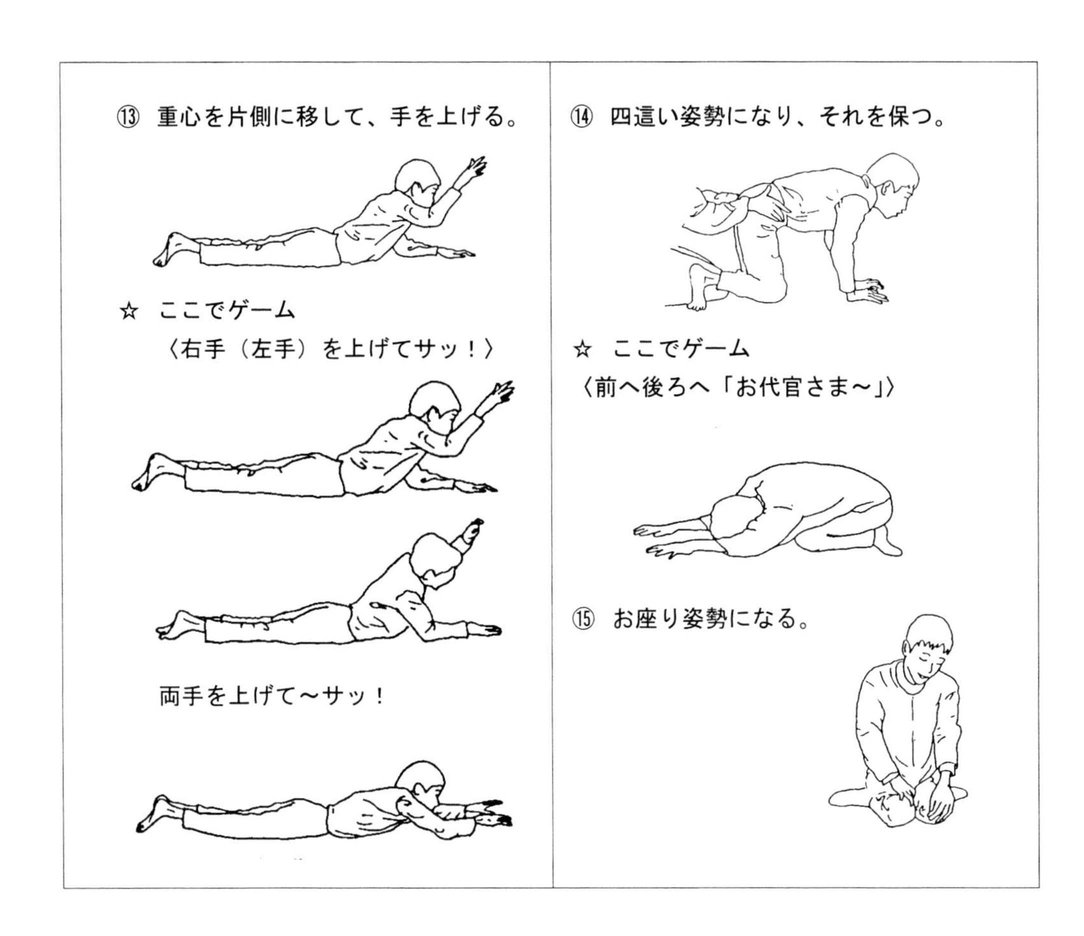

⑹ 「静」の実際　～スヌーズレンの具体的な展開～

① 環境設定

自立活動室を暗室にして、授業ごとにスヌーズレンルームとして設定しました（**図1**）。

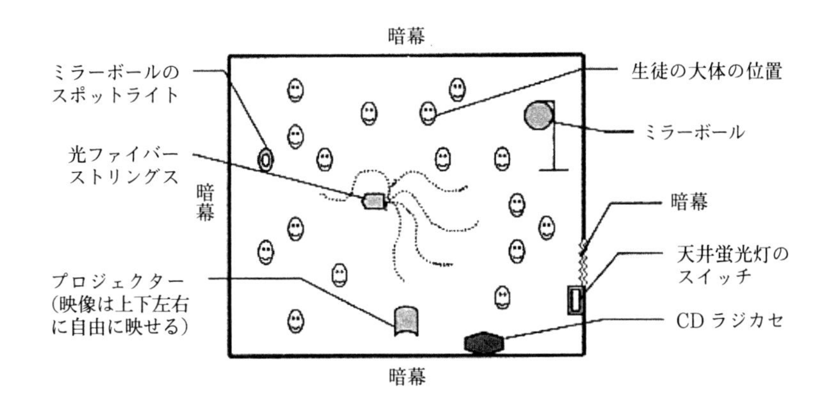

〈図1〉スヌーズレンの配置例

②　使用機器

〔プロジェクター〕
ディスクやカセットの映像を映し出す。

〔サイドグロウ〕
箱型の光源装置から光ファイバーの束（長さ３m）が出ていて、自由に広げられる。さまざまに色を変え、点滅するなど光り方も変化する。手に持ったり、口に入れたり、その上に寝そべったりしても安全である。

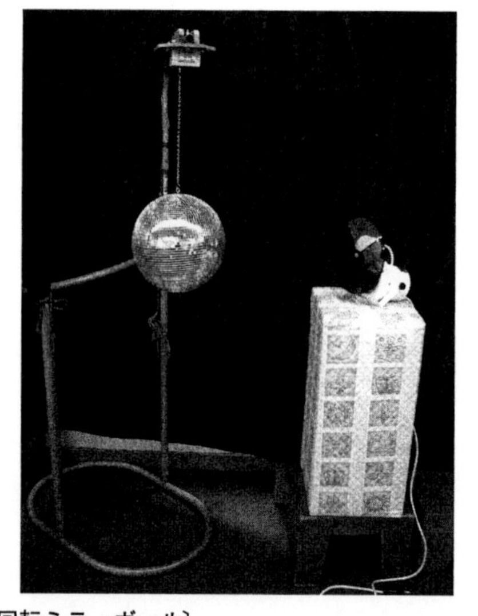

〔回転ミラーボール〕
ミラーボール自体もドライブユニットという装置を付けることで、低速回転し、専用のスポットライト（赤青黄緑の４色の回転板付き）を当てることにより、反射した光が部屋中を輝きながらゆっくりと回転する。持ち運びができるような工夫をしている。

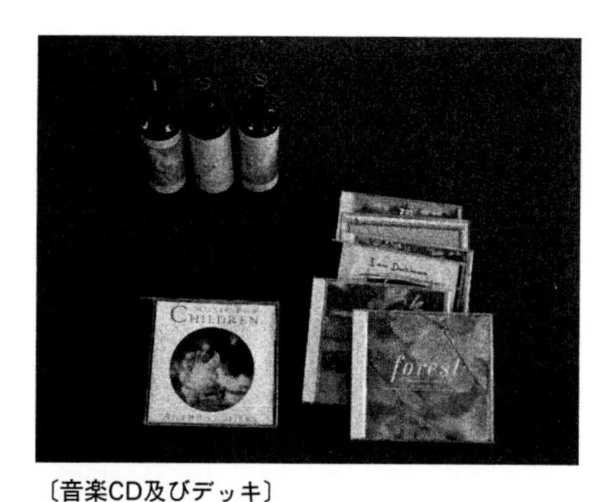

〔音楽CD及びデッキ〕
音楽CDは「MUSIC FOR CHILDREN」他、リラクゼーション用の音楽CD
〔香りのスプレー〕
アロマテラピーに用いられるスプレー。沈静•リラックス効果があると言われるラベンダーの香りを使用した。２～３回プッシュすると、室内に香りが充満する。

③ 展開例

スヌーズレンの環境は次のような手順で進めました。少ない道具で、いかにその効果を高めるかが工夫を要するところです。

スヌーズレンの手順	スヌーズレン効果を高める演出	生徒の様子
(1)香りのスプレーを噴霧した後、電気を１つずつ消していく。	これからスヌーズレンが始まるという期待感を徐々に盛り上げていく。	生徒は匂いで始まりを感じ取り、早く始まらないかなといった雰囲気がある。照明を１つずつ消すたびに、ざわつきが徐々に収まる。完全に消したころは、静かで全体が始まりを待っている雰囲気に包まれる。
(2)15秒間、暗闇にしたあと、曲を流す。	期待感を最高潮に高めるために少し時間をとる。	しーんとした静寂が続き、期待感が張り詰めた状態となり、身じろぎひとつしないでじっとしている。
(3)プロジェクターで映像や光を映す。	まず、天井の中央部に映像を映す。それぞれの生徒の視線が天井に集中し終えたのを確認し、徐々に映像の位置を変えていく。	穏やか、もしくは生き生きとした表情で天井に目を向ける生徒が多く、集中力が増す。スクリーンや絨毯の上に映像を動かすと、その動きに合わせて視線を向ける生徒も多い。特に自発的な動きがほとんどない生徒が、目を開け視線を動かすので、頭部をよく動かしている様子が見られる。視覚障害のある生徒は、音楽に浸りつつ周囲の雰囲気を感じている。
(4)ミラーボールのスイッチを入れる。	次に、ミラーボールを一気に回すことで、室内の雰囲気を華やかに盛り上げる。	ミラーボールに集中して見入る生徒もいれば、映像に集中している生徒もいる。視覚障害のある生徒は音楽に浸っている。それぞれが好きな感覚刺激に浸っている。
(5)光ファイバーのスイッチを入れる。	さらに、室内中央部に設置した光ファイバーを一気に点灯する。その後、徐々に生徒の心理的な状態に合わせて各機器のスイッチをON/OFFに繰り返してみる。	光ファイバーが大好きな生徒は、今か今かとそれが点灯するのを待っている。点灯すると手にとって眺めたり、口に入れたりして没頭する。少し離れた位置にいる生徒は、ぼーっとした光のゆっくりとした点滅や変化を眺める。個々が自分を解放したかのような、ゆったりとした表情で心地よさを楽しんでいる雰囲気が全体に漂う。それぞれの映像や光の全開を眺めて楽しんでいる。また、急に消えたり、ついたりするそれらを眺めて楽しんでいる。
(6)プロジェクター・光ファイバー・ミラーボールのスイッチを消す。音楽をフェードアウトしていく。⇒暗闇の状態	他の機器は徐々に消していくがプロジェクターの映像を天井に映したままにする。映像の焦点を徐々に絞り、最後に暗闇にする。同時に音楽のボリュームは徐々に小さくする。	映像や光がすべて消えてしまっても、まだその残像を脳裏に残したような状態でいる。さらに音楽がフェードアウトしていくに従って、より深くその気持ちは引きずられ、集中と沈黙の状態は続く。また、名残惜しいような雰囲気も漂う。
(7)照明をつける。	余韻に浸れるように15秒間くらいの暗闇を設定し、照明をゆっくり１つずつつける。	暗闇の中、それぞれがすっかり余韻に浸りきっているので、静寂さが生まれている。それは照明のスイッチを入れるのをためらうほどの雰囲気である。照明のスイッチを入れると、「あぁ、終わってしまったなぁ」という余韻や、スヌーズレンの残像を引きずりつつ、「終わりにならないでほしかったなぁ」というような、現実に戻りきらない表情や雰囲気がある。ただし、皆ゆったりとした自然な笑みを浮かべている。

7　おわりに

教師であれば、絵本や紙芝居を見せるときでも、さまざまな演出をして、児童生徒の見る聞く、遂行する、感動することを最大限に引き出す工夫をして、授業として成り立つようにしています。それと同じように、スヌーズレンも児童生徒の持てる力を最大限に引き出すことをねらって、その環境設定にたくさんの工夫や仕掛けをすることで、児童生徒自身がその環境に適応し、そのうちそれを積極的に受け止め、自ら精神活動を始めます。

このようにスヌーズレンを取り入れた自立活動は、児童生徒達にとてもよい変化をもたらします。そして、何より嬉しいことは、児童生徒にとって、一番楽しみな授業になったことです。運動障害と自閉傾向を伴った重度の知的障害のある生徒が、日曜日の夜になると、翌日の授業を楽しみにして、「月曜日、スヌーズレン」と言うのだと彼の母から報告を受けました。その生徒は、回を重ねる度に常同行動が抑制され、スヌーズレンが終了すると、挨拶係の役割を期待して指名を待つほどになりました。また、自発的な動きや表情の乏しい生徒が、天井に映し出された映像を、首を動かしながら目で追っていく。指しゃぶりの激しい生徒がその時間は、ぴったりしゃぶるのはやめて、微笑みの表情になる（**写真１、２**）。奇声を発して活動に取り組みにくいタイプの生徒が、寝返りで自分の場所に行き、スヌーズレンの開始を待つ。何とその生徒はスヌーズレン終了直後に、「きれいだねぇ～」と場面と一致する言葉を初めて発しました。

このように挙げていくと、たくさんの感動とエピソードがそこにはありました。そして、このスヌーズレンを取り入れた自立活動には、教師と生徒が一体となって作り上げる授業の醍醐味があります。

障害の軽度・重度、多様化にかかわらず、どのようなタイプの人でも、一緒になって参加して活動できるのもこの授業の特徴であり、魅力であるともいえます。

今、就学前の子どもたちを中心に、スヌーズレンを取り入れた音楽療法も行っています。やはり、運動をたっぷりしてから実施しています。子どもたちの気持ちのよさそうな表情や、見よう、聞こうといった活動が盛んになり、内面にたくさんの変化が生じている手ごたえを感じています。

スヌーズレンを取り入れた活動が、教育活動として位置づけられ、子どもたちにとって楽しい授業として、取り組む学校が少しずつ増えていくことを願ってやみません。

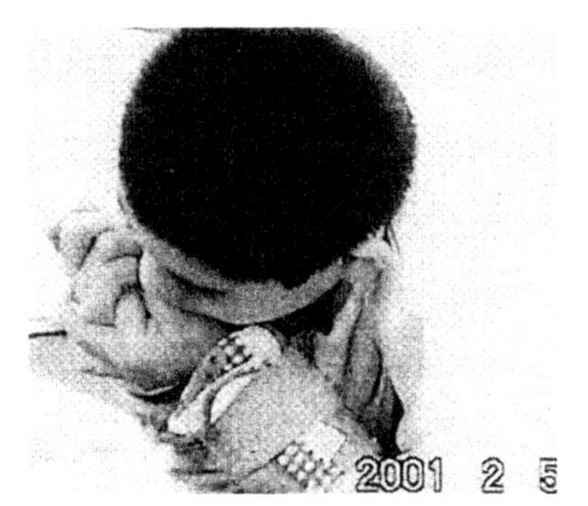

〈写真１〉スヌーズレン開始前のA君は手しゃぶりに夢中になっている

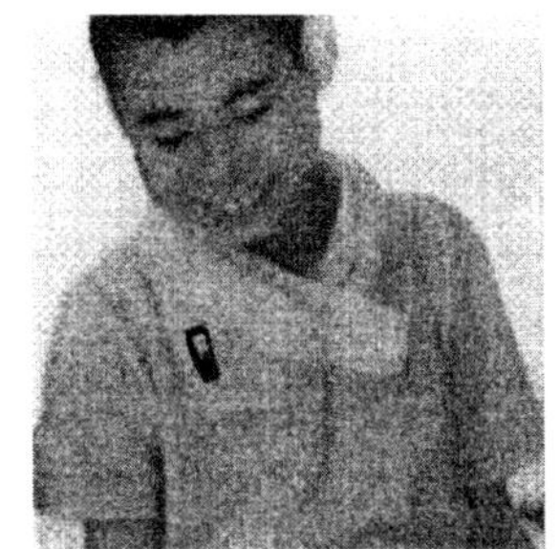

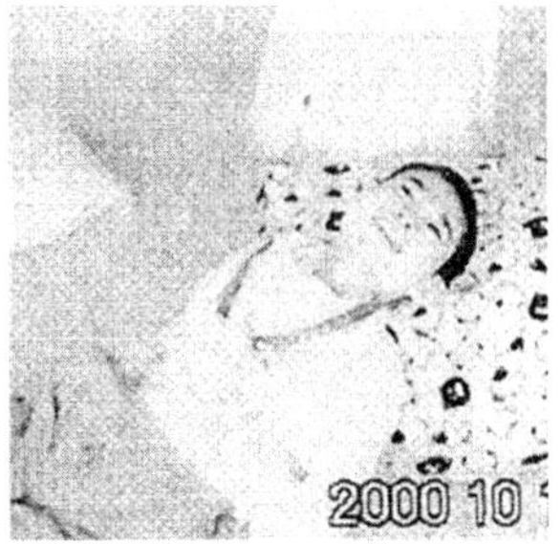

〈写真２〉スヌーズレン展開中のA君の表情。光や映像の世界に徐々に引き込まれ、「常同行動」が抑制され、快の世界へ気持ちが変化していく

【参考文献】

1）川眞田喜代子・佐々木陽子著「スヌーズレンを取り入れた自立活動」養護学校の教育と展望№134 P.29-34、特定非営利法人　日本アビリティーズ協会　支援教育事業部、日本重複障害教育研究会、2004年

2）鈴木清子著『知的障害をもつ人自身の活動～スヌーズレン～』日本スヌーズレン協会、2001年

3）中村隆一編著『中枢神経疾患の理学療法』医歯薬出版、1977年

Ⅱ章

実践報告

Ⅱ章　実践報告❶

重度重複障害の子ども同士のかかわりについて

発信が弱く、受信が困難な子ども同士のかかわりとは？

樋口　和彦

自然発生的に起こった子ども同士の何気ないかかわりを、それを発見した教師が子どもの個性に合った支援をすることによって、新たなかかわりまでに高めた事例が多く報告されています。その目指すところは、社会学者のクーリーの集団の概念のうち、「メンバーの間に存在する連帯感と一体感」が得られるようにすることです。集団における子ども同士のかかわりには、教師である大人には、計り知れない心のやりとりがあるようです。（飯野）

1　重度重複障害のある子どもたちと集団での学習

一般的に重度重複障害の子どもたちは、教師とマンツーマンでの指導が基本であると考えられています。しかし、特別支援学校では、子どもたちが所属する学部・クラスがあり、友達に対する意識を持たせることも重要だととらえられています。そして、集団による授業が行われています。彼らの学習は、教師と１対１の場面のおいても、細やかな環境的な配慮と学習内容の検討が必要です。集団で学ぶ場合、さらなる検討と準備が必要だと思います。どのような形態で、どのような内容で行えば、個々の子どものよさを生かして、集団での活動ができるのでしょうか？　もちろん、目標を持って学び、評価ができ、成長が見られる学習でなければいけません。

集団で行う授業の例としては、

①ハンモック・トランポリン・スライダー等に順番に乗る遊具的な内容

②スライムや紙粘土などを触り、作品を作る等の図工的な内容

③楽器や歌、鑑賞等を行う音楽的な内容

がよく行われています。

授業なので子どもたち一人一人の課題が反映され、成長が促進されなければなりません。活動が、子どもたちのどのような部分を伸ばすために行われていて、どのような力を引き出したいのか目標を明確にする事が大切です。個々の子どもの目標を達成するための学習内容を検討する必要があります。教材や活動内容が先に決まっていると、個人の目標に合わせた活動を組むのは難しいものです。また、個人によって、目標は異なっています。集団での学習においては、「一部の子どもは生き生き活動していて、多くの子どもは自発的な活動が見られない」、そんな光景をよく目にします。

2　重度重複障害のある子どもたちの人とのかかわり

学校における重度重複障害の子どもたちの人とのかかわりは、教師とのやりとりが中心になっていることが多いようです。教師がかかわり、子どもから応答や反応があったときに応え、また、子どもが応えるという、「やりとり」の関係を作ることが第一段階の目標だと思います。活動環境の把握を進めて自発的な行動を促進するとともに、コミュニケーション能力を育てることは重要な課題です。

子どもが教師とのやりとりを実現させるためには、多くの配慮や環境設定が必要になります。子ども同士では、さらに多くの配慮や環境設定が求められると思います。子ども同士が、お互いに相手を意識して、相手に向かって発信し、相手の反応を受け止めるためには、どのように状況設定すればよいのでしょうか。

教師とだけではなく、友達を感じて、特徴を知り、やりとりができたら嬉しいですね。

3　重度重複障害の子ども同士のやりとりの現状

集団での学習では、集団の特性を生かした活動を工夫します。それは、以下のような点であると考えられます。

①一人の教師とだけでなく、何人かの教師とのやりとりでき、人の違いが学習できる。

②友達との関係を生かした活動ができる。

③順序や空間的位置など、複数で活動する場の特性が生かせる。

そして、多くの学校では、集団での学習の中で「触れ合いを通して、友達としての意識を高める」「楽しい雰囲気の中で、友達と一緒に遊ぶ楽しさを感じる」などの授業目標を設定しています。しかし、特別支援学校において、子どもの「人とのかかわり」の実態は、以下のような状況なのではないでしょうか？

①教師と子どものかかわりが主で、子ども同士のかかわりは教師が意図しなければ希薄である。

②自由な時間も、担当の教師とかかわる場合が多い。

③障害が重いので、子ども同士をかかわらせようという視点自体があまりない。

④子ども同士のかかわり自体を主とした学習計画は少ない。

さらに、彼らとかかわる教師が日常的にしている援助の一部は、その困難さを表しています。次のような状況はよく目にします。

①教師が手を取って友達を他動的にかかわらせる。

②教師が子どもに成り代わって、その子どもの立場で声をかけている。

③教師同士が子どもに代わってやりとりする。

以上のような活動は、子ども同士が、相手を意識して自発的にかかわる状況とはいえません。子どもを間において、教師同士がやりとりしている場面も見受けられます。ある教育学者が「一生懸命やっているといわれている特別支援学校を見学に行くと、たいてい同じような光景を目にします。先生たちが、一生懸命活動し汗を流している横で、子どもたちは覇気のない浮かない表情をしている」と指摘しています。

集団での学習が、子どもたちの学習として成立するための第一歩として、子ども同士のかかわりについて考えていきたいと思います。

4　集団とは？

集団とは何なのでしょうか？　以下に、集団についての研究業績を多数残している、クーリーという社会学者が掲げた集団の概念を挙げます。

> **第一次集団（primary group）：クーリーの集団概念**
> **①直接的接触による親密な結合**
> **②メンバーの間に存在する連帯感と一体感**
> **③成長後も持続される、幼年期の道徳意識を形成する社会的原型として機能**
> **④この集団外における社会関係を強化し、安定化させる機能**
> **などがあり、家族・近隣集団・遊戯集団などが代表的な集団である。**
> **（有斐閣『社会学小辞典』より）**

また、以下のように記述している書籍もあります。

・１次的集団（primary group）は、「われわれ意識」とか「われわれ感情」と呼ばれる集団の一体感が強い。（平凡社『新版・心理学事典』より）

重度重複障害の子どもの学校・クラスにおいても、クーリーの集団概念のうち、特に「①直接的接触による親密な結合」「②メンバーの間に存在する連帯感と一体感」が得られるようにしたいものです。そして、子どもたちの間に「われわれ意識」や「われわれ感情」を持たせたいと考えます。また、成長後の人間関係の基礎を形成するという意味では、重度重複障害の子どもの集団にも、クーリーの概念の③④の機能が求められると考えられます。クラス全員との結合が難しければ、まずは、ある特定の子ども同士での、「意識し合う関係」「仲良し意識」をつくることから始め、子どもの人との関係や社会性の基礎となる集団作りを目指していきたいと思います。

5　子ども同士のかかわりが成立するための条件を考える

重度重複障害の子どもたちのコミュニケーションの実態を以下のように考えています。

①子どもの発信：「子どもの意図を読み取るためには、注意や工夫が必要である。とても弱い発信である。」

②子どもの受信：「子どもが分かりやすいように工夫して伝達する必要がある。受け取れる情報に制限がある場合が多い。」

子どもの同士のコミュニケーションはさらに困難で、以下のような状況であると考えられます。

①微細な発信を、認識することが難しい子どもが受け止めなければならない。

②表出する力の弱い子どもが、認識することが難しい子どもに伝えなければならない。

子ども同士が、相互にコミュニケーションをとるのは難しい状況があり、環境的配慮と考え方の転換が必要であると考えています。

そこで、仮説を立て取り組んでいくことにしました。身体の状況から、子どもたちが相手にかかわるには制限があります。「発声することができる子ども」「身体のある部分を動かせる子ども」「身体の動きは少ないが視線を動かすことができる子ども」など、一人一人違いがあるのが特徴です。また、視覚や聴覚、知的能力に課題があり、活用できる受容器官も異なります。

そこで仮説として、発信側・受信側がそれぞれの活用できる部位を生かすことで、

「固有のコミュニケーション」が形成できるのではないかと考えます。「固有なコミュニケーション」とは、既成のコミュニケーションの形態にとらわれず、新しい発想からコミュニケーションの形を考えていくということです。発信側は、活用可能な表出、特徴ある動きなどを生かし、受信側は、活用できる感覚を生かし、多感覚を活用するという考え方を基盤に検討していきます。

発信として、活用できるものには、音声（単一の音の発声・言語）や手の動き、足の動き、身体全体の動き、視線(かなり受信が難しいが）などがあります。受信としては、聴覚や視覚、触覚（手だけでなく、身体全体の皮膚感覚を含めた触覚）などがあります。

以上のように、重度重複障害がある子どものコミュニケーションは、一人一人の状態を観察して、活用できる動きや発声などをしっかり評価して育てていくことが大切であると考えます。

6　子どもの状態に合わせた子ども同士のやりとり

これまで、重度重複障害がある子どもの、集団での学習の状況、人とのかかわり、コミュニケーション、身体的な状況等について述べてきました。子どもたちの状況は、一人一人違い、個々に合わせた条件設定や配慮が必要になってきます。ここからは具体的なケースを考えていきたいと思います。

Ⅰ．子どもの得意な行動を生かしたかかわり

①対象児童

Aさん：小学部低学年児童

バニーホッピングでの移動ができます。教師や親とのやりとりでは、頭をなでたり手を握ったりすることを好みます。

Bさん：小学部低学年児童

いざりでの移動ができます。手で物を持ったりつまんだりでき、人への要求は、クレーン的に手をつかんで要求します。

Cさん：小学部低学年児童

移動はできません。手を大きく動かし、物を引き寄せたり押したりすることができます。興味があるものに対しては、手を断続的に動かしてタッピングするように触ります。

②学習場面

Ａさん、Ｂさん、Ｃさんは、個別課題学習を同じ部屋で行っていました。子ども３名を教師２名が指導していました。学習を続けるうちに、始まりと終わりのあいさつは、一緒に行うことになりました。Ａさんがカセットにつながっている棒スイッチを押して始まりの歌の音楽を流します。その音楽に合わせて、教師が歌を歌った後、一人の教師が「Ａさん、ＢさんとＣさんの頭をいい子いい子してあげて！」と声をかけました。Ａさんは人をなでる行動が好きなので、偶然思いついたのです。

③学習場面での様子

次の日から、始まりのあいさつの時間に、頭をなでることを介在にして、かかりわりを持つことにしました。すると、次のような変化が出てきました。

Ａさん：３回目くらいから、自分から友達をなでるようになりました。少し離れた所にいても、移動してきて友達をなでます。続ける中で、Ｂさんをなでるのは嫌がるが、Ｃさんをなでたがるなど、気持ちを反映した動きが見られるようになりました。

Ｂさん：２回目あたりから、自分からＡさんのところに移動するようになりました。さらに、自分からなでてくれと要求するようにＡさんの方に頭を出す行動が見られるようになりました。Ａさんがなでてくれないときには、ずっと頭を出して待っているときもありました。

Ｃさん：自分から、Ａさんの方に手を伸ばすこともありました。なでられると、じっとしたまま感じ取っているようでした。

④その他の場面での様子

小集団で行ってきた活動が、他の場面でも生きてきました。Ａさんは、個別課題学習のあいさつの場面だけでなく、クラスでの他の学習、休憩時間等にも友達の頭をなでて、かかわりを持とうとするようになりました。また、健常の子どもたちとの交流の場面でも、一人一人の子どもの頭をなでるようになりました。子どもたちから、「頭をなでてくれたよ。嬉しいな！」という声も聞こえてきました。

Ｂさんは、休憩時間にＡさんのところまで移動して頭を出して「なでてほしい」と要求するようになりました。Ａさんと同様、交流場面で健常の子どもたちに対して頭を出して、「なでて！」と伝えていました。

Ｃさんは、今までは、おもちゃ等の好きなものをよく触っていたのが、友達や教師にも、手を伸ばしてくるようになりました。

Ⅱ．臥位で寝返りや足の蹴りで移動できる子どもと、手でかかわろうとする子どものやりとり

①対象児童

Ｄさん：小学校低学年児童

視覚が弱く、主に聴覚と触覚から情報収集して周囲の状況を理解している。臥位の状態で、寝返りや足の蹴りで少しずつ移動していけます。家では、２～３ｍ離れた部屋まで移動することもあります。

Ｅさん：小学校低学年児童

手をスイッチや自分が触れたいもののところにゆっくり伸ばして、触れたり押したりしようとします。寝返りもできます。寝返り後、肘で身体を支えて、おもちゃを触って遊ぶこともあります。

②学習場面

昼休みに、２人が臥位で並んでいるときのことです。Ｄさんが寝返りで近づいていくと、Ｅさんが、手で押し返してやりとりが始まりました。

③学習場面での様子

この活動も、偶然の子ども同士のかかわりから発展しました。１年生で入学直後のＤさんとＥさんは、たまたま横に並んで臥位になっていました。Ｄさんは寝返りや左右の足を動かして少しずつ移動します。移動したＤさんは、Ｅさんに身体を密着させて、身体全体で押すような状況になっていました。さらに左右の足をバタバタ動かしています。初めは、迷惑そうな顔をしていたＥさんですが、自分から手を動かして、Ｄさんを押し返そうとします。不安そうな表情が消えて、自信がありそうな表情に変わりました。担当していた教師は「Ｅさん、やられてないで、やり返しなさい！」と声をかけました。そんな状況を繰り返す中で、Ｅさんは昼休みにＤさんが臥位で近づいてくるのを待つようになりました。Ｅさんは、自分の近くにＤさんがいないときや、離れているときには、自分から手を伸ばしたり、身体を大きく曲げてＤさんの方に近づくなどの動きを見せています。

④その他の場面での様子

Ｄさんは、一人でいるときも、寝返りや足を動かして動いていきます。Ｅさんがいないときにも、どんどん移動します。そんなＤさんのそばには、なるべく友達がいるような環境設定をしています。Ｄさんが、近づいてきたときの、友達の反応はそれぞれです。勢いに押されて驚いている子ども、身体を押されるのが心地よいのか、嬉しそうにしている子どももいます。

また、Ｅさんは、右隣のＦさん（対象児童に紹介がありませんが、Ｄさん、Ｅさんの近くで臥位を取っていました）にも、手を伸ばしました。いたずらな表情で、頭を触ったり、顔を押したり…。しかし、手や指の動きが得意なFさんは、Ｅさんが伸ばした手の指を握って、押さえてきます。思い通りにかかわれないＥさんは、不安そうな表情になって、手を伸ばすのをやめました。

⑤その後の指導について

子どもたちの関係は、自分を主張したり、力くらべをしたりする関係でのやりとりになっています。始まったばかりなので、教師は「がんばれ！　負けるな！」などと声をかけて、見守っています。しかし今後は、子ども同士の「親しい関係」•「思いやる関係」を育てていきたいと思っています。まず、クーリーの集団概念の①直接的接触による親密な結合を目標としたいと思います。そのために、「なでる」「手を握る」などの、優しく相手にかかわる方法を具体的に教えていく必要があります。

後日のエピソードですが、ＤさんがＦさんの方に寝返りをして近づいていったときに、ＦさんがDさんの手を何度も握ろうとしているのを観察しました。Ｆさんは、ＤさんとＥさんのやりとりを教師が応援していたのを見ていたのだと思います。２人のやりとりが３人に広がったと思うのは、主観的過ぎるでしょうか？　彼らのかかわりの変化を見ていきたいと思います。

Ⅲ．好きなおもちゃを介してのかかわり

Ⅲ－１

①対象児童

Ａさん：小学部低学年児童（前述のＡさんです）

Ｂさん：小学部低学年児童（前述のＢさんです）

②学習場面

二人とも、「ドレミファミッキー（手でたたいたり押したりすると光って音が出るおもちゃ）」が大好きです。昼休みにＡさんが遊んでいると、Ｂさんが近寄って行きました。

③学習場面での様子

Ａさんの様子を見ていたＢさんは、しばらくするとＡさんが遊んでいる「ドレミファミッキー」を取ろうとしました。Ａさんが必死に抵抗して、押さえて取られないように防いでいましたが、ついにBさんが、取り上げて自

分の方へ持って行きました。とりあげたＢさんは、鳴らし方が分からず、叩いたり、押さえたりしますがうまく鳴りません。数十秒繰り返していましたが、その後、とても興味深い行動をとりました。

再度、Ａさんに近づくと、「ドレミファミッキー」をＡさんの前に差し出しました。うまく鳴らせなかったBさんは、Ａさんに鳴らしてもらおうと戻したわけです。これには、周囲の教師はみんな大笑いでした。Ａさんが、「ドレミファミッキー」をどんどんたたいて音を出して遊び始めると、Ｂさんはそばで、じっと見ていました。次の日からは、Aさんから「ドレミファミッキー」を取り上げるのではなく、そばで見ていて、一緒に自分も触って遊ぶようになりました。

④その他の場面での様子

この出来事をきっかけに、ＢさんのＡさんに対するかかわりは明らかに変わってきました。教室で、Ａさんを見かけたら離れていても、近づいて行くことが多くなり、頭を出す（「頭をなでて！」と言っているように見えます）ようになりました。２人の関係は、より深まった印象です。

また、Ｂさんはたくさんの子どもがいる状況は苦手で、避けるようにしていたのが、クラスの教師や子どもの輪の中に、自分から入るようになってきました。Aさんとのかかわりを通して、「われわれ意識」が芽生えてきたのでしょうか。

Ⅲ－２

①対象児童

Ｇさん：小学部低学年児童

手引きで立位の移動ができる。歩行器で校内を移動しています。手での操作は上手で、握る、つまむ、ひねる、簡単なふたを開閉するなどの操作ができます。

台に手をかけて立ち上がることができます。手で物を持ったりつまんだり、おもちゃの「こま」を回転させることができます。

②学習場面

Hさんが、ＳＲＣウォーカーで移動中、あるクラスに入ると大好きな「小さなマッサージ器（乾電池で動く）」がありました。クラスの教師からマッサージ器を借りると、手で持ったり、あごに当てて振動を楽しんでいました。そこへ、歩行器に乗ったＧさんが現れました。そのクラスは、Ｇさんのクラスです。いつもマッサージ器で遊んでいるGさんは、Hさんがマッサージ器を持っているのを見ると、取り上げようと近づいてきました。

③学習場面での様子

ここで、すごいやりとりが見られました。Hさんが持っているマッサージ器に手を伸ばしたGさんは、つかんで奪い取ろうとします。取られては困るHさんは、両手でつかんで離そうとしません。お互いに負けまいとするやりとりは、2分間続きました。ついに、Gさんは、Hさんの持っているマッサージ器を奪い取ると、自分の顔に当てて遊び始めました。Hさんは諦めてしまい、その場を立ち去りました。

④その後の様子

次の日、前日の楽しいやりとりを再現したい教師は、昼休みにHさんをGさんのクラスに連れて行きました。今度は、床に座った状態でHさんにマッサージ器を手渡しました。座位では、GさんよりHさんの方が移動する力があるのです。そして、マッサージ器で遊んでいるHさんのそばにGさんを連れて行きました。Gさんは、昨日と同じようにマッサージ器を奪おうと手を伸ばしました。今度は、Hさんが両手で強くつかんで放さず、身体を反対側に向けて守ることに成功しました。

このエピソードを聞いた、GさんとHさんの保護者の方は、「今まで子ども同士でそんな経験をしていなかったけれど、とってもいい経験ですね。嬉しく思います」と話していました。

Ⅳ. 手と足を動かせる子どもと動きが少ない子どものかかわり

①対象児童

Iさん：中学部生徒

時々手や足を伸ばしたり、動かしたりします。寝返りはできませんが、臥位で身体を左右にゆっくり揺らします。また、話しかけに対して、口をもぐもぐ動かすこともあります。

Jさん：中学部生徒

動きは少ないですが、表情を変えることがあります。教師の働きかけに対しては、視線を動かす、目を瞬かせるなどの反応があります。時々、笑っていると思われるような表情をします。嫌なときや苦しいときに、顔をしかめたり泣いたりします。

②学習場面

昼休み、ＩさんとＪさんを触れられるくらいの至近距離で、臥位を取らせていました。教師は、すぐそばで連絡帳を書いていました。至近距離にいれば、友達を意識すると考えていました。

③学習場面での様子

教師は意図的に観察していたわけではありませんでしたが、気がつくとＩさんの手がＪさんのお腹の上に乗っているのです。初めのうちは、お腹の上に乗っている手を元に戻す教師がいたほどでした。しかし、戻してもまた手が乗っているので、「これは意図的な行為？」と考える教師が出てきました。時には、手ではなく足が乗っていることもありました。この様子をクラスの教師で話し合ううちに「意図的とは思えないが、実はこれもコミュニケーションの一例なのかもしれない」と考えるようになりました。

子どもたちがお互いの身体の上に手や足を乗せている状況は、身体の動きや音声の表出はありませんが、乗せている子どもも乗せられている子どもも、何か感じるものがあるのしょう。大人の既存の感じ方や観念では、理解しにくいかもしれませんが、身体接触する心地よさがあるのかもしれません。そうでなければ、これだけ頻繁に、そういう状況は現れないと思います。

④その他の場面での様子

Ｉさんは、自由時間やトイレで並んで臥位になっている場面でも、友達の方へ動こうとする行動や手を伸ばそうとする行動が、頻回に見られるようになってきました。Ｊさんについては、次のケースで、他の子どもどもとのかかわりを紹介しています。

Ｖ．動きがとても少ない子どもと、足を蹴るように動かして臥位で移動する子どものかかわり

①対象児童

Ｊさん：中学部生徒（前述のＪさんです）

Ｋさん：手での操作は難しいのですが、身体全体を右方向に回転させるように動かします。寝返りはできませんが、かなり強い動きです。話しかけに対して、ニコニコ笑顔で応えます。友達との接触が大好きで、臥位で横になっていると、足を蹴るように動かして友達の方へ動いていきます。

②学習場面

昼休み。ＪさんとＫさんを触れられるくらいの至近距離で、臥位を取らせ

ることにしました。教師は、すぐそばで連絡帳を書いていました。

③学習場面での様子

Kさんはニコニコ笑いながら、Jさんの方にどんどん押すように動いています。ぐいぐい押しています。Jさんにとって、このような経験は皆無だったと思われます。初めのうちは、目をパチパチ動かしての瞬きを頻発していました。何が起きたか分からない状況で、本当に驚いたことでしょう。一度で終わりにしたら、驚いた経験だけが残るので、毎日続けてみることにしました。

2日、3日と続くごとにJさんの驚く様子が消えていきました。そして、1週間もすると、Kさんとかかわる時間には、Jさんの顔に笑顔ととれる表情が見られるようになりました。

④その他の場面での様子

Kさんには、いろいろな場面で友達のそばにいる状況を作っています。得意なのは右方向への動きが多かったのですが、友達が左にいるときには、左側に動くようになりました。Jさんも休み時間には、友達のそばにいるようにしています。友達それぞれ動きは違います。手を動かすことが得意な子どもに顔に触られることにも慣れつつあります。今では友達がかかわってくると、笑うようなよい表情をたくさん見せるようになりました。

Ⅵ．自己刺激が強く外界への関心が薄い子ども同士のかかわり

①対象児童

Lさん：高等部生徒

介助歩行ができます。やりたいことを伝えたり、行きたいところに行くときに、教師の手をとってクレーン的に伝えることができます。トランポリンが好きです。

Mさん：高等部生徒

左右への寝返りや臥位から座位への姿勢変換ができます。指しゃぶりをしたり、床におしりを打ちつけたりして、自己刺激で遊んでいることがよくあります。

②学習場面

個別課題学習の時間にLさんが行っているトランポリンに、Mさんも参加することにしました。2人とも自己刺激で自分の世界に入ってしまうことが多く、外界への働きかけが少ない状態です。「トランポリン」という刺激を

共有する中で、お互いの存在に気づいて、やりとりができないかと考えました。

③学習場面での様子

Ｌさんが臥位でトランポリンに乗り、教師に揺らしてもらっているところに、Ｍさんを連れて行きました。隣で臥位を取らせると、Ｍさんは、Ｌさんとは反対方向に顔を向けました。Ｌさんも、足でＭさんのことを軽く蹴り、「あっちへ行って」というような行動を取りました。その際に、Ｍさんは足をばたつかせて蹴り返したので、Ｌさんの存在に気づいていることが分かりました。それぞれの好きな歌を教師が交代で歌いながら揺らしていると、お互いの顔が向かい合わせになるような姿勢に変わってきました。また、Ｌさんは甘えるような表情を見せ、Ｍさんの足に自分の足を乗せました。短時間での関係の変化に、一緒にトランポリンを楽しめるようになるだろうと予測して、続けてみることにしました。

２回目からは、トランポリンに乗っているＬさんが、Ｍさんを見ると「どうぞ」というような表情をして、隣でＭさんが臥位になるのを見ていました。前回と同様、それぞれの好きな歌を歌いながら揺らしていると、Ｍさんの右手をＬさんが両手で包み込むように触れながら、顔をじっと見つめていました。前回同様、ＬさんはＭさんの上に足を乗せていて、意識してかかわりを持とうとしているのがよく分かりかりました。外界への働きかけや意識が薄いＭさんも、トランポリンが終盤に近づくころには、手を伸ばしてＬさんの手をつかみました。

④その他の場面での様子

その後、お互いを意識しやすいように、一緒に活動する場面を増やしてみました。

戸外の好きなＬさんは、散策も兼ねて学校の周りに植えてある花の水やりを毎日行っていました。Ｍさんも一緒に水やりに行くことにしました。水やり用のペットボトルは１本だけ準備し、交代しながら水をやりました。それぞれの担当教師が、交代して水やりの介助に入ることもあります。ある日のことです。Ｌさんが水をやり終わった後、Ｌさんの担当の教師が、Ｍさんの介助をして水やりを始めました。その様子を見ていたＬさんが、泣き始めました。自分の担当の教師が、Ｍさんの介助をしているので泣いたようです。このような姿は、今までに見られませんでした。担当教師に対する愛着心や、友達に対する対抗意識がしっかりと芽生えていることが読み取れます。友達を意識するようになったことで、情緒面の発達が促進されたのでしょう。

⑤その後の指導について

Ｌさん、Ｍさんがお互いを意識しつつあるようなので、今後も一緒に活動する機会を増やし、「順番」や「交代」という意識を持ってもらいたいと思っています。また、現在は、手を触れ合うことでお互いを意識しているようですが、「やりとり」に発展させていきたいと思っています。

事例を挙げて子ども同士のかかわりの実際を報告しました。どのケースもそれぞれの子どもたちの個性が表れています。子どもの状態が異なっているので、「その子どもに合わせた環境の設定」や「子どもの組み合わせ」などを十分考えていく必要があります。

7　子ども同士のかかわりを授業として行った例

個々の子どもの「自発的な動き」や「受け取りやすい感覚」を生かし、自由にかかわれる状態にすることで、子ども同士のやりとりが発生し、固有のやりとりに発展する例を挙げてきました。今まで挙げたケースは、自然発生的に起こり、それを発見した教師が自発的なやりとりを援助したケースがほとんどです。それらの状況を見てきた私は、集団での授業の中で、子ども同士のかかわりの時間を計画してみました。子ども同士の自発的なやりとりが活動の中心です。集団で行われる「おんがくの授業」の導入部分の10分間で、自由にやりとりする時間を設定しました。

この授業について報告した、特殊教育学会第45回研究大会発表論文集から抜粋し、加筆したものを以下に記します。

○子ども同士のかかわりを主とした集団での学習

①活動場面と環境設定

音楽の集団での授業のはじめに、子ども同士自由にやりとりできる場面をつくった。

児童８名に対し教師６名が指導する。日常の活動や授業での様子から、活用できる感覚や行動を評価した。お互いに発信・受信がしやすいだろうと評価した子どもを２人組または３人組にして、グループを形成した。グループごとに子ども同士が少し動けば触れられるように、身体的に接近した状況にして観察した。音楽を小音量でかけながら、教師は見守ることを主にした。子どもの自発的な動きを助ける場合だけ、直接援助を行うことにした。ただし、全く活動が見られないときには、声かけなどで、子どもの発信を誘発した。それでも、かかわりが見られないときには、子どもを触るのを援助したり、身体を接触させるなどの介助した。

②結果

活動の様子をビデオに録画して、どのようなやりとりがあったかを記録した。それぞれのグループで子どもの発信があり、発信に対して相手の子どもが応答して、やりとり関係が成立しているケースもあった。動きが少ない子ども同士のグループでも、何らかの活動が観察された。観察された行動を以下に列挙する。

観察された行動

○自発的に、他の子どもに対して行った行動

- 相手の方へ寝返りを行う。
- 手を伸ばして触れようとする。
- 注視するように見つめる。
- 足や手を身体に接触して“じっと”考えているような表情をしている。
- 頭をなでる。
- なでてもらうことを要求して、頭を出す。
- 発声する。

○他の子どもの行動に対しての行動

- 他の子どもが手を伸ばしてくると、それに触れようとする。
- 表情を変える（驚く、嫌がる、笑う）。
- 教師を見る（助けを求めるように）。
- 発声に対し、発声する（発声に対して発声で応え、最初の発信者がまた応じることもあった）。

具体的なやりとりの報告などは割愛しますが、予想より多くの子どもの活動が観察されました。教材を準備せず、子ども同士が近い距離でいるだけで、これだけの活動が観察されるのですから、子どもは友達とのかかわりを好み、人は人とのかかわりを求めるということがよく分かりました。

8　子ども同士のやりとりに関するまとめ

子どもの状態に合わせて、相手を決めたり、グループを組織したりしてやりとり場面を設定していくと、子ども同士の発信やかかわりが促進されること、受け取った子どもの反応も顕著なことが分かりました。「表出が弱い子どもからの発信を、受信する感覚器官に制限がある子どもが受信する」ことは困難な状況でのやりとりであると述べてきましたが、教師側のとらえ方や考え方を変換することで、子どもたちの自発性や身体の動きを生かせることが分かりました。クラスや学校の仲間に対して、クーリーのいう「直接的接触による親密な結合」を持ち、「メンバーの間に存在する連帯感と一体感」が得られ、子どもたちの間に、「われわれ意識」「われわれ感情」を持たせる基礎ができていくことでしょう。

今まで挙げたケースの報告や資料から、まとめてみると、以下のようなことがいえると思います。

①重度重複障害の子どもの表現・表出は弱く、発信は微弱な場合が多いが、子どもが受信する場合にも、その子どもの特徴を生かした発信ができる。

②重度重複障害の子どもは、受容する器官の障害は重度であるが、何度かやりとりするうちに、発信が微細な子どもの発信を意識して受け取れるようになる。

③通常のコミュニケーションのやりとりとは異なるやり方も、コミュニケーションの固有な形であるととらえることにより、発展的に考えることができる。身体全体で相手の身体を押していく、手や足を相手の身体に乗せて静止しているなどの行動もコミュニケーションの一形態としてとらえていくことを提案したい。

④「子どもの微細な動きや表出を生かす」「少しの変化を受け止める」という言葉がよく語られるが、「生かし方」「受け止め方」を具体的に考える必要がある。やりとり場面では、「微細な動きを相手の子どもが感じ取れるように、身体的に接触した状況にする」「動きや表出を生かしてやりとりしやすい仲間同士でペアやグループを組む」などの具体的な方法を考えて行くことで、活動が促進される。

⑤動きがたくさんある子どもたちのやりとりは、初めはやや乱暴に思われるものもある。かかわりが定着してきたら、「優しくかかわる」「仲間意識を持ってやりとりする」などの方法を具体的に教えていくとよい。例えば、友達の頭を押している子どもには「優しくなでる」「手をつなぐ」などの方法を具体的に教えるとよいと考える。

⑥やりとりの状況が深まってきたら、おもちゃや教材を活用して、やりとりの関係を発展させるのもよい。かかわる子どもの状態に合わせて、「交互に行う」「友達に操作してもらう」「友達が楽しめるように操作する」「一つのおもちゃや教材の操作の役割を分担する」などの共同操作を行うことで、関係がより深まる可能性がある。

子ども同士のかかわりを授業に生かしていくためには、やりとりに関する子どもの評価・状況設定・教師の介在の仕方を検討しながら進めていってください。

9　子ども同士のかかわりから集団での学習へ

子どもたちの学習計画を練っているときに、ある初任の教師が言った言葉が忘れられません。

「子どもたちは、休憩時間が一番生き生きしてますよ。みんな、とってもいい表情をしているじゃないですか！　子ども同士のかかわりが一番ありますね！」

これを聞いたのは、前述のＤさんとＥさんが入学した年の、５月の昼休みのことでした。ＤさんとＥさんだけでなく、他の子どもたちも、子ども同士やりとりしたり、教師と遊んだりして、自由に活動しています。学習として準備し、計画した集団での学習では、なかなか見せてくれない生き生き感のある笑顔が見られました。子どもたちが主体的な活動では、多くの学びがあり、成長を促進します。

ここでは、子ども同士のかかわりを生かした形で、集団での学習を行う場合に、考慮すべき点をいくつか挙げてみたいと思います。

なぜ集団での学習で子どもたちが、なかなか生き生きした笑顔を見せたり、集中して取り組む姿が見られないのでしょうか？　それは、子どもの状態に合った教材の準備や環境設定ができておらず、子どもたちが学ぼうとする気持ちが起きないからだと思います。学校における集団での学習は、どの題材を行うのかを考えて計画を立てる場合が多いと思います。「この子どもの目標は△△なので、○○の力をつけたい。だから、□□の学習を計画しよう」というような立案の仕方は少ないと思います。まず、題材が先にあるということです。そして、複数の子どもがいる場合には、全員が興味関心を持ってできる内容はなかなか準備できません。授業の立案を、子どもたちが生き生きしている活動に、授業の要素を入れる形にしてみてはどうでしょうか？　一人一人の状況が異なるので、学習内容は個に合わせて考え、目標に向かって学習できる状況をつくることを提案します。

また、集団の大きさも十分配慮が必要だと思います。集団での学習は、クラス単位(数人から10人程度、またはそれ以上)で行われることが多いように感じます。子ども同士のやりとりを考えてみても、最小の集団である2名(1対1)から始めないと、個々の子どものよいところが、なかなか生かせません。今回のやりとりのケースでも、最小の2名の集団で行いました。やりとりが主な学習(音楽や図工など、教科の要素があるものも含めて)以外でも、集団の規模は配慮すべき事項だと考えています。学習内容に応じて、最適な規模を考えてみてください。

大きい集団では、周囲にいる人の数も、どのような人がいるのかも分からず不安感を覚えると思います。状況把握できずに外界をシャットアウトしてしまう(寝てしまう)子どもも見られます。お互いが意識しやすい、手を伸ばせば届く位置にみんながいる大きさの小集団で、活動のよさが生かせるのではないでしょうか。2人以上は集団ととらえて、子どもの状態に合わせて規模を考えましょう。

最後に、教師の介在の仕方について触れたいと思います。学校生活では、子どもが手を使ってかかわったり、相手のアプローチを受け止める場面がたくさんあります。活動の援助は、子どもの動きを生かすことが主です。しかし、学校では「じっくりと相手や対象物に子どもの手を置き、そこから得る感触を感じ取ることを待つ」という教師側のかかわりが少ないように感じています。今回報告した「子ども同士のかかわりを主とした集団での学習」の授業のビデオを分析すると、教師が子どもの手を取って動かすケースが多々見られました。普段の活動の場面でも、「○○ちゃんだよ!」と教師が声をかけ、子どもの手を他の子どもの手に乗せて、教師のペースで動かす援助が観察されます。子どもの感覚の受容を考えずに、他動的に触らせている状況だと思います。また、手のひらではなく、手の甲で触らせていることも多いようです。これは、筋肉の短縮で、子どもの手のひらが開きにくいことも要因でしょう。可能なら、ゆっくり手のひらを広げてあげてから、手のひらで触らせてあげましょう。手のひらは優秀な感覚受容器官なのです。

また、2人の教師がそれぞれ子どもの後ろから抱きかかえるように介助し、「お寺の和尚さん」や「おちゃらか」などを歌いながら、健常児が活動するような速度で手遊びをさせているケースも観察されました。このような援助では、子どもの主体的な動きは生かしにくいと思います。子ども同士のかかわりは、個々の子どもの自発的な動きを生かして、子どもが主体になって行う活動です。「子どもは主体的・自発的な存在である」という前提に介在していきたいものです。もし、子どもの立場で考えるなら、教師がしている援助を大人同士で体験してみたらどうでしょうか。「感触をじっくりと感じ取ってほしい」という視点を持ち、たとえ他動的場合でも、ゆっくりと感覚が入るように動かして援助したいものです。子どもの手を速い速度で動かしてしまっては感じ取りにくいということが実感できるでしょう。また、自発的な手の動きが出にくいときに、肘の下に教師の手を入れて、支えることで自発的な手の動きを誘発できる場合もあります。

10 おわりに

いくつかの例を挙げながら、子ども同士のかかわりについて論じてきました。重度重複障害の子ども同士のかかわりを分析し、楽しいやりとりができるように検討しました。集団での学習で、子どもが生き生き活動するための参考にしていただければと思っています。また、教材の使用や条件設定、子どもが共通のおもちゃで遊ぶなどの場面の設定等の工夫をして、子ども同士のやりとりが、より深まっていくことを願っています。

子ども同士のかかわりは、学習指導要領の自立活動の領域では、「コミュニケーション」にかかわってくると思います。しかし、学習活動としては、「環境の把握」「身体の動き」など、いろいろな要素が入ってきます。各教科の内容なども取り入れながら、子どもに合わせた学習を考えていきましょう。

【参考文献】
1）浜島朗編『社会学小辞典』有斐閣、1997年
2）樋口和彦『特殊教育学会第45回研究大会発表論文集』「重度重複障害の子ども同士のやりとりについて」日本特殊教育学会、2007年
3）藤永保編『心理学事典』平凡社、1988年

II章　実践報告❷

どんなに障害が重くとも、自ら動くよろこびを求めて

重度重複障害児の粗大運動の取り組み

竹脇　真悟

障害の重い子どもの時間は、大人の感覚よりもゆったりとした特有な時間が流れていることを、竹脇先生は一人一人の事例を通して、具体的に述べています。特有な時間とは、子どもの内面にわいてくる“こわかった”“楽しかった”“うまくできたかな”“少し失敗してしまった”等の気持ちを、実感し表出する思考の過程には、時間がかかるという意味と理解しました。先生の事例を読むと、子どもたちにはプライドのようなものがあるということが分かります。子どもにとっては、できた・できないではなく、その子どものでき方の質に着目してほしいということなのです。先生が本稿で述べている「繰り返して動きを覚えるだけではなく、子どもの思考をくぐらせる活動の積み重ねこそ大事ではないかと思います」という言葉を、教師として、子どもたちのために大切にしたいと思いました。（飯野）

1　はじめに

肢体の障害が重い子どもの粗大運動を計画するときに、日常生活の中では自発的な動きがほとんど見られないことから、何を題材に取り組んだらよいのかを悩むことが実際に多いです。自発的な動きがほとんど見られないため、トランポリンやタオルケットブランコなど、「揺れを感じて心地よいと感じる」という、「〜してもらって楽しい」という活動が中心となっているように感じます。四這いや座位を獲得しつつある子どもの場合は、からだの課題に焦点が当たりやすいのですが、障害の重い子どもたちは、「揺れを経験する」という課題から抜けきれません。障害の重い子どもの粗大運動は本当にこれでよいのだろうか、動かしてもらうという受け身的な活動を何とか脱することができないか、そこが私の出発点でした。

私たち教員側の実態把握の中に、「動けない子」という先入観があるのではないでしょうか。粗大運動の授業づくりの際に、その固定観念に縛られているのではないかと思うのです。試行錯誤を続けるうち、私は障害の重い子どもたちのうんどうの課題を「動けない子」というとらえ方でなく、「援助があれば動こうとする子」とすると

らえ方ができると思うようになりました。

2　仲間との育ち合いこそ大切にしたい

特殊教育から特別支援教育へ移行が始まりました。各学校とも「個に視点をあてた教育」をどのように進めていくのかを模索しています。本校でも個別の指導計画、個別の教育支援計画を作成して、子どものニーズに応じた教育を行おうとしています。個別の実態把握や課題を分析していく中で、より細かい情報を集めれば集めただけより的確な計画が立てられると感じているように思います。しかし、できあがった計画に、私はどうしてもしっくりいかない感じを持っています。

個別の教育的な課題を出すときに、個人内のさまざまなでき方を課題にしますが、子どもの成長にとって大切なことは、個人内だけにあるのではありません。子どもの持つある力は、友達とのかかわりの中でその力が発揮されたり、発揮できなかったりする場合が多々あるのです。実践経験の中から、その子どもが属する学習グループ集団の質の高まりによって、子ども自身の成長も変わってくるように思うからです。そういった、友達とのかかわりの中で発揮できる「子どもの心」の部分が、個別の指導計画の中には、表現できない要素だと思っています。個々の課題を解決するには、できるできないにかかわらず、まずは課題に向かっていこうとするその子自身の気持ちの高まりこそが大切だと思うのです。

3　本校の指導グループ編成

本校小学部では、類型（※注１）別に６～８名程度の児童で指導グループを編成しています。類型Ⅳの教育課程で学ぶ児童は、落ちついた中で学習活動を行うため、学習集団を基礎に指導グループを編成し、登校から下校までを同じ友達と同じ教員で過ごしています。また生活年齢を大切にし、隣り合った２学年の児童で編成するように配慮しています。大人との安心したかかわりをベースにして、友達への意識を育み、一緒に楽しさを共有させたいという願いがあります。子どもの入れ替えがないため、指導グループの教員も、学校生活すべての様子を把握することで、子どもの示す声やしぐさにどんな意味があるのか、どんな働きかけを好むのかなど、その子の活動ペースをつかみやすく、指導に生かせるというメリットがあります。

※注1　埼玉県教育課程編成要領で定められた教育課程で、以下のように4つの類型を基本としています。
類型Ⅰ：学年相当の教科学習を行う教育課程　類型Ⅱ：下学年の教科学習を行う教育課程
類型Ⅲ：知的障害養護学校の教育課程　類型Ⅳ：自立活動を中心とした教育課程

4　指導グループの子どもたち

私の担当する指導グループは、2年生3名、3年生3名の計6名のグループで、男女の割合も各3名です。そのうち3名が座位を短時間保っていられますが、その力は十分ではなく、日常は座位保持具やマットを使用して生活しています。寝返りなどで体の移動ができますが、まだ“～へ行く”と目的を持った移動にはなっていません。他3名は、強い緊張から、自力で移動することができず、ほぼ寝たきりの状態です。医療的ケアを実施している児童が2名、その他にてんかんや、摂食障害、呼吸障害など、障害がいくつか重複し、健康面で配慮が必要です。1年生の時には、体力が十分でないために、1年の1／3～1／2の欠席がありました。風邪からの肺炎で長期に休んでしまう子どももいました。学年が上がるにしたがって、徐々に体力がついてきて、体調は崩すものの一週間以上休んだり、入院してしまうことはほぼなくなってきました。

指導グループの活動では、担任間で子ども自身の発信を大切にしようと話し合い、“じっくり、たっぷり、ゆったり”を合言葉に進めていきました。子ども自身からの働きかけは、弱くて結構時間がかかるものです。名前を呼んでから1分以上たってからやっと小さな声が出せたり、緊張のために斜め上に向いていた眼球が何度かの行きつ戻りつを繰り返して、教員と視線が合うことでニコッと微笑むなど、ゆっくりですが、子ども自身が発信しようとする力を持っています。それをどこまで待つのか教員の待つ姿勢が大切なのです。チームティーチングで授業を進めていると、子ども自身の働きかけには時間がかかるため、どうしてもそばにいる教員が、先取りして返事をしてしまうことが多くなります。それをじっくり待つと、自分でも伝わったという実感が持てるようです。親しい大人との関係を基盤にしながら、視線や発声などで自分の気持ちを伝えようとする力が育ちつつあります。また、「何だろう」と自分から活動を進める教員や教材の方に視線を向けようとする力が育ってきていました。

5　指導グループの日課

子どもが学校生活に見通しを持ちやすいように、帯状に日課を組んでいます。登校してからは、身体の取り組みや排泄、水分補給などを行っています。バスに1時間以上揺られて登校する子どもがほとんどなので、まずは身体を楽にしていくことを心がけ、側弯などの二次障害の進行をできるだけ防止できるようにしています。毎日行うこの朝の取り組みが、全身の緊張が強かったり、呼吸障害があったりする身体の解放を促し、その後の朝の会やうんどうなどの活動のベースになっていると考えられます。午前中は朝の会と、3時間目にメインの活動があります。私の指導グループは、それを「うんどう」「おはなし」「リズム」「そざい」の4つの領域に分けて指導しています。午後は、「絵本」や「うた遊び」「遊具遊び」「さんぽ」など、子どもの活動経験を広げることを目的とした活動を行っています。

	月	火	水	木	金
1	からだ・水分補給・あそび				
2	朝の会				
3	うんどう	うんどう	おはなし	リズム	そざい
4	給食				
5	絵本	うた遊び	遊具遊び	さんぽ	うた遊び

6　自分の身体を実感する授業を目指して

小学部低学年の授業では、抱っこされての揺さぶりなどを通して、「身体を動かすことって楽しい」という経験を多く体験できればと思っています。自分ではなかなか身体が動かせず、寝た姿勢で過ごすことが多いために、揺れを受けとめる前庭覚の育ちや体内の血流の調節がうまく育っていない場合もあります。そのため揺れが大きいと立ちくらみのようになることがあります。その子が受けとめられる揺れになるように、大きさ、速さを調整することも大切になってきます。

また揺れ刺激をどう受けとめるかだけでなく、揺れながら大人を見つめるなど視覚や聴覚なども統合させながら、身体を動かす感覚を受けとめてほしいと思います。身体を動かすことが楽しいと感じて、微笑んだり、声を出したりする中で、大人との気持ちの共有ができるように育てていきます。また問いかけられたときに、声やしぐさで返答すると、自分が活動できること、歌などを手がかりにもうすぐ順番が代わる

ことを予測して、期待感を高めること、遊具を見てどんな活動なのかが分かる力が大切であると思います。

7 「うんどう」の年間計画

本グループは、ほぼ寝たきりの児童3名と座位を獲得しはじめている児童3名です。そのため運動機能面で差が大きいのですが、どの子どもも普段はほぼ決まった姿勢でいることが多くなっています。そこで以下のような「願い」を授業に込めています。

①大型遊具で遊ぶことなどを通して、身体を動かす楽しさを味わわせたい。
②活動する中で身体の傾きを感じたり、それに応じて姿勢を調節しようと試みるなど自ら体を支えよう動かそうとする力を育みたい。
③楽しい経験を重ねて、自分もやってみたい気持ちを高め、発声やしぐさで伝えようとするなど、自分からかかわろうとする力を育てたい。
④一緒に活動している友達への意識も育てたい。

子どもたちが課題を理解して活動できるように、題材は年に2～3つとし、継続して取り組むようにしています。この年度は、以下のような3つの題材に取り組もうと計画しました。

1．バランス遊び（4～7月）

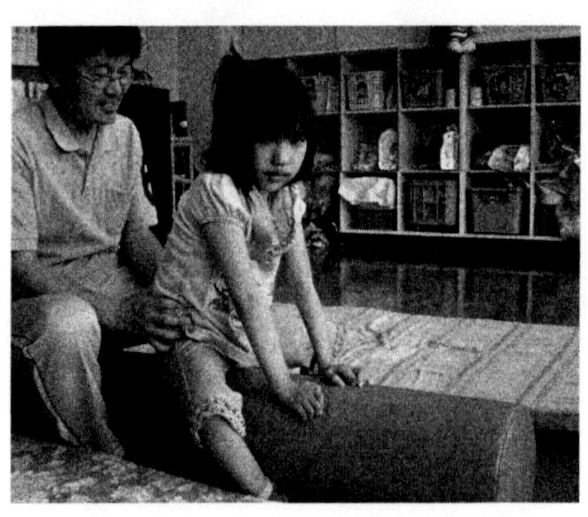

ねらい

①自分の体が傾いていくことが分かる。
②身体の傾きを感じる。
③倒れまいと傾きを戻そうとしたり、身体に力を入れて立ち直ろうとしたりする。
④上体を腕で支えようとする。
⑤頑張ったけれども倒れてしまうことで、自分の体の態勢が大きく変わることを楽しむ。

バランス遊び

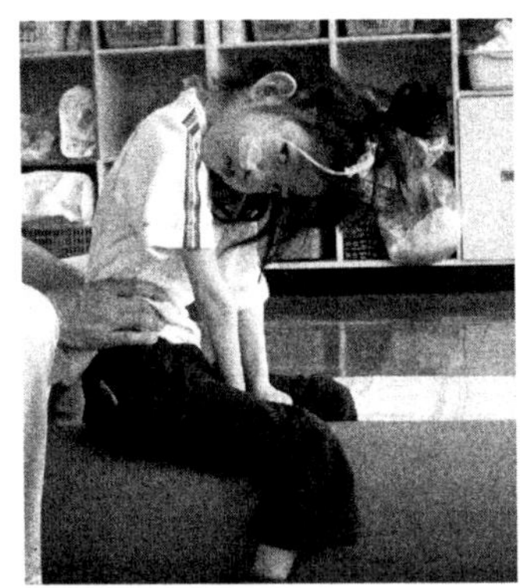

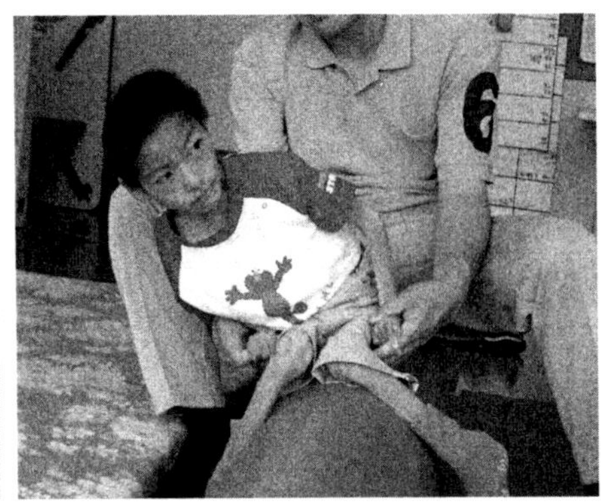

2．坂すべり（9～11月）

ねらい

①自分の身体が傾いていることを感じる。

②腕や足など自分の身体に力を入れることで身体が動きだすことを知る。

③滑るスピードを感じ、自らも取り組もうとする。

④滑り降りた感覚を感じ、抱いた気持ちを大人と確かめようとする。

⑤友達がやる様子に気持ちを向けて、見ようとする。

坂すべり

3．寝返りごろごろ（12月～3月）

ねらい

①自分で身体を動かすことを楽しみ、自ら動いてみようとする意欲を持つ。

②傾きを感じながら、自分の身体の状態に意識を向けることができる。

③自分の体のどこかを動かすと転がるということが分かる。また自分から転がろうとする。

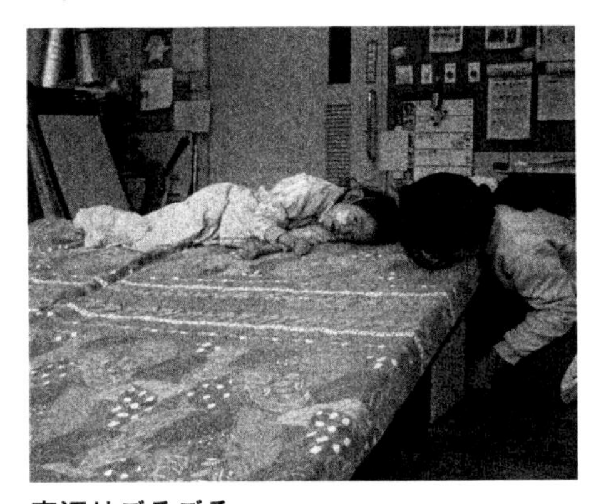

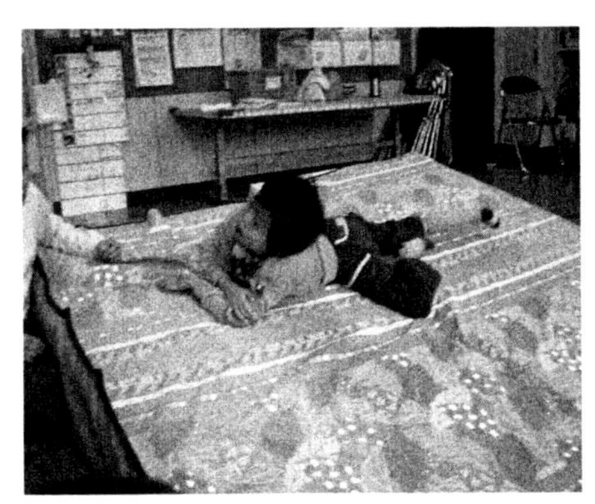

寝返りごろごろ

④傾きの変化に合わせて、姿勢を調整する動きをすることができる。
⑤寝返りをできたことが分かり、『できた』という達成感を持つことができる。
⑥友達がやっている様子を意識することができる。

8 「坂すべり」の取り組み

市販のすべり台では、子どもがゆったり滑ることのできる幅もなく、坂も急になっています。我が校では校庭の築山に、冷蔵庫などの大型家電の段ボールを展開しつなぎ合わせたものを敷き、芝滑りを行っていました。戸外での活動なので、晴れれば体温調節の難しい子どもは、体温上昇の危険が伴いますし、風が強いときなどは、逆に体温低下が憂慮されるなど、実践が天候に左右されて、子どもたちが生き生きと活動できる条件の合う日がなかなかありませんでした。

そこで、工事用の足場パイプ（※注２）を組み合わせ、縦１m、横２m、高さ1.5mの台に、３mの坂をつけた特設のすべり台をつくりました。

台の上にはベニヤ１枚、坂にはベニヤ３枚を敷き、その上に体育用のマット、家電用段ボールを敷きました。幅約２m・坂の長さ約４mの大きな坂ができました。台に上るために、多目的室にあった自作の古い階段を接地しました。段ボールには滑りやすいようにフローリング用のワックス（古いもの※注３）を表面に塗りました。滑っているときの擦過傷を防ぎ、滑りをよくするために、アクリル製の毛布を敷きました。

坂の上の毛布に子どもたちは横になり（座り）、身体の位置を少しずつ坂の方へ押し出し、少しバランスがずれるだけで滑り出すぎりぎりのところで止めます。子ども

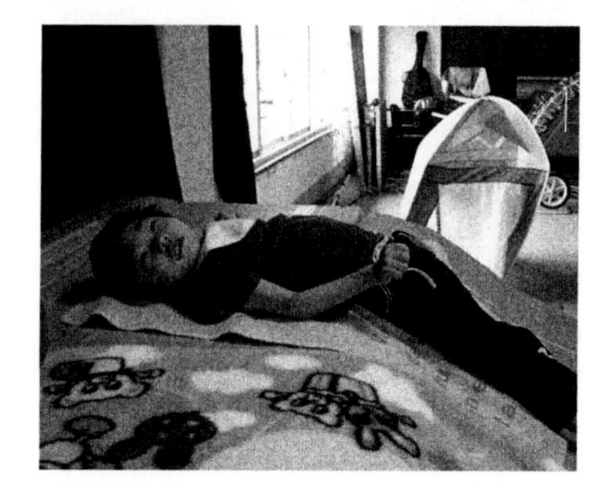

の上半身は台の上にあり地面と平行ですが、下半身は坂にあるため下に傾く状態になります。腰のあたりで反り返る感じになりますので、子どもも身体がいつもと違うということに気づきやすいと思います。

幅を広く取ったのは、滑ったときに横に落ちないようにするということと、友達と二人で滑ることができるのではないかと考えたからです。また、広いと身体の大きな男性教員と一緒に滑っても、余裕が出るのです。

※注2　安全のため、かすがいなどを入れて強度を上げるようにしました。

※注3　最近のワックスは転倒防止のため滑りにくいようになっているので適しません。10年以上前のつるつるになるワックスが物置の奥にあったら使ってみて下さい（ろうそくを塗りつけても可）。

9　展開の工夫

⑴　気持ちをしっかり伝えないと活動できない

私の担当する指導グループの児童は、「やりたい人」と聞いてしばらく待つと、声を出したり、身体を反らせるようにして力を入れることで、やりたい気持ちを表すことができています。子どもの中には、気持ちをすぐに表せる子もいますが、なかなか表に出せない子もいます。また答えたい気持ちが高まっているからこそ、逆に身体に力が入ってしまって出せないということもあると感じました。「やりたいのにできない」そんな葛藤の中で、いつしか要求を出すことをあきらめてしまったり、「順番」「平均的に体験」するなど、授業の進行上、自分がやりたい気持ちが高まっていないのに、自分の順番が回ってしまったりと、授業を進める教員としっかりと気持ちを通わせなくても、授業に参加できてしまっていることが多いのではないでしょうか。どの子にも平均的に活動を経験させるという授業の進め方が、かえって子どもの気持ちの育ちを削いでいるように思います。何らかの応答手段を獲得している子どもには、声をしっかり出さないと応えなかったり、手を挙げるように促したりと、さらに高い応答をしないとできないという状況をつくったりしました。また友達とも切磋琢磨を促すために、「○○ちゃんもやりたいっていっているのだけど、どっちにしようかな」「××ちゃんを先にやっていい」などと、友達も一緒にやっていてやりたくてもできないことがあるというのを教えました。「次にやりたい人」と語りかけると、友達の返事をする様子を見るように、友達の方へ顔を向ける子どもも出てきました。しっかりやりとりしないとやりたくてもできない、友達と順番で遊んでいる、そんなことを大切に育てました。

⑵ 「ああ楽しかった」「怖かった」など気持ちを表すまで待つ

うんどうの授業では、楽しいことをできるだけ多く体験させようという気持ちが働くため、慌ただしく授業が展開することが多いように思います。回数を多くした方がより子どもの心に届くというような思いが教員の中にあると思います。滑ってどうだったのかといった、自分が感じたことを思い出すように微笑むまでには、大人の感覚よりもゆったりとした時間が流れているように感じます。肢体に障害のある子ども特有の時間のとらえがあるのだと思います。活動した後、そのままの姿勢で30秒、時には１分以上待っていると、どの子どももじんわりと表情に出てきます。子どもが実感するのは、自分が感じてどうだったのかを思い浮かべ、実感し、表出するというように思考の過程に時間がかかるのです。表情が出てきたところで教員の側が「楽しかったね」などと、顔をのぞき込みながら話しかけると、子どもはさらに嬉しそうに微笑んだりします。実感して出した表情（感情）だからこそ、子どもへの声かけが生きるのではないかと思います。先生が誉めてくれるから頑張る、自分が滑ることを大好きな先生が認めてくれるという見通しの下に、頑張って滑ろうとする子どもたち。回数を重ねると、「ぼくのことを誉めてよ」と訴えるかのように、教員の顔の方を見て、目で訴える子が出てきます。その視線に気づいてもらって、「上手だったね」と声をかけられると満足した表情になっていました。自分が滑る感覚を楽しむだけでなく、先生に誉めてもらえることが嬉しいというように、他者との気持ちの交流があるから、身体を動かすことが嬉しいという感情へと変わっていきます。そうなるともっと上手に滑りたい、早く滑って誉めてもらいたいという気持ちが芽生えて、次の回に頑張ろうという意欲につながっていきます。気持ちが活動の原動力になることは、集団で活動しているからこそ育まれることであると思います。

⑶ やたらめったら、誉めない

子どもの意欲を引き出そうとすると、ややもするとにぎやかな授業になってしまいます。教員が大げさに誉めて、場を盛り上げることも見受けられます。子どもが感じる前に、気持ちを先取りして「やったー」「上手」「楽しいね」などと声をかけてしまいがちです。雰囲気や教員の声に反応して喜んでいるのか、自分が挑戦してできたことを実感して喜んでいるのかは、区別しにくい授業展開が多くあります。

私たちがうんどうするときにも、毎回絶好調で満足する活動ができるわけではありません。「あんまりおもしろくなかった」「ちょっと欲求不満が残った」「さっきの方が上手に滑れたかな」など、さまざまな思いを抱くから、次に頑張れるという気持ちの立て直しがあり、今度は大丈夫かなというような裏打ちのない期待を抱くことで、頑張れるということがあるのではないかと思います。
上手だねと誉め言葉をかけられた子どもが、もしかすると「今のはいまいちだったのではないか」「何だか分からないうちに終わってしまった」などという気持ちを抱いていることもあるということを前提に、活動を進めなくてはいけないと思います。その子どもが、どんな心持ちなのかを推し量ろうとする教員の姿勢が大事であると思います。「あんまり上手じゃなかったね」「今度頑張ろうか」「なんだか怒ってるね」など、気持ちに寄り添うことが大切かと思います。
いぶきくんは、気持ちが高まると、逆に身体に力が入りすぎてどうしてよいか分からなくなってしまいます。意識しないときには、両手を顔の方に引き、脚を持ち上げるように動かして坂を滑ります。しかし、頑張ろうという気持ちが高まったときに、逆になかなか滑ることができません。滑り出すまで待っているので、坂の上に横になってから3分以上格闘していました。本人もどうしてよいのか分からず、目をキョロキョロ。「足に力だよ」などの声かけや、足を意識するように教員が指でツンツンとももものあたりを指さして援助して、ようやく滑ることができます。しかし、滑り終えた後、憮然としていて微笑むことはありません。“滑れた”という現象面では同じでも、本人が満足できたかどうかは別です。いぶきくんは思うように動かなかったという思いを抱いているようでした。
取り組み始めの頃のいぶきくんは、単純に滑ることが楽しかったようで、いつも笑っていました。しかし回を重ねていくうちに、うまく動かせた・動かせなかったということを感じているようでした。滑り出しまでに時間がかかって、うまく滑れなかったときには、その後「やりたい人」と聞いても、しばらくは返事をしません。今度もうまくやれるかという気持ちの揺れがあったのか、友達の様子をしばらく見ていて、自分から手を挙げませんでした。しかし上手に滑ることができた後には、返事がいつもよりも力強い感じがしました。できた・できないという評価ではなく、その子どもの実感を通したでき方の質を見ることが大切であるかと思います。小さなことでも挑んでできたという実感が次への意欲に結びつくのではないでしょうか。

⑷　上手にできたときには、もう一回やりたい

あやなさんは、なかなかやりたい気持ちを表せません。積極的な子どもに押されてしまって、いつも順番が後の方になってしまいます。しかし、表に出ないけれども、やりたい気持ちはあると思っていました。初めのころ、坂の上に行って一緒に座ると、身体をこわばらせていました。周りを見て自分が高いところにいるというのが分かるようで、ちょっと怖いなという思いを抱いていました。坂の上に横になるとしばらく動きません。じっくり待つと、首の後ろに力を入れて頭を後ろに引き、また緩め、力

を入れてと繰り返すと、滑り出すことが分かりました。滑り出す瞬間ちょっと目を大きくして、「あっ」というような表情をします。動き出したことを感じたようです。滑っている間は怖くて顔が引きつっています。坂の下でしばらくすると「んはぁー」と声を出しながら微笑みます。まるで「やったぞ」と自慢しているかのようです。「あやちゃんすごいね」などと声をかけると、とっても嬉しそうです。「上手にできたね。じゃあもう一回滑ってみる？」と話しかけると、いつもはなかなか気持ちが出せないあやなさんも、できた自信に後押しされて、教員の顔を見て微笑んで答えていました。２回目に坂に上ったときには、前回よりも、首を動かそうとがんばっている感じが、表情や首や頭のわずかな動きから伝わってきました。自分で「できた」という実感が、次への意欲につながるということが分かりました。

⑸　自分でできたときでないと喜べない

りょうくんはあぐら座が安定してきました。あぐら座を保ちつつ滑ることは、まだ難しい課題です。坂の上に座るときに、ちょっとの身体の動きで滑り出すように、座る位置の調整を援助します。りょうくんは、坂の上に座ると、しばらく下を眺めています。滑ろうと身体を前後に揺するように動かしますが、でもやっぱり決心が着かないようで、動きを止めてしばらくまた眺めています。そんなことを繰り返し、意を決したように前に体重を動かす瞬間があります。滑っているときには、顔が真剣です。滑り終えると、「あっあっあっ」と声を出し、両手を振り振りしながら喜んでいます。教員が声をかけると、とっても嬉しそうに「うぉー」と声が出ることもあります。あるとき、なかなか滑り出さないことがありました。座る位置が少し後ろすぎて、前に体重をかけても滑り出さないのかと思い、お尻の位置を少し前にずらすように援助しました。するとお尻を後ろに倒し、背中を丸めるようにして、滑らないように頑張っていました。滑り出せるのに、気持ちが高まっていなくて、滑らなかっただけのようでした。お尻を倒すことで、そのことを伝えていました。また、お尻の位置を調整しているときに前にしすぎて、すぐに滑り出したときがありました。滑る姿勢もいつもより背中がしゃきんとしていて、よかったようでした。

⑹　失敗から学ぶもの（その１）

みらいさんは、支え立位が上手になってきました。身体が柔らかくてうつぶせから座位へ、また座位からうつぶせへと姿勢を変えながら少しずつ移動することができます。坂の上に座ると、自分でお尻を少しずつ前にずらすようにして滑ります。不安定なので、腕を前につくように援助しようとすると、自分のいつもの姿勢が崩れるために、手をふりほどくようにしていました。見守っている方は、いつ倒れてしまうかとひやひやしていました。しかし本人は顔をこわばらせながらも、何とか滑り終えていました。本人は一人ででき、スリルもあるので満足しているようで、坂の下では、自慢そうな表情をしながら教員を見つめていました。毎回手をつかせようとしても、なかなか受け入れてくれませんでした。教員は、安全のために、倒れたときにいつでも支援の手を出せるように、坂の横から追いかけるようにしていました。

ある時、坂の下で勢いあまって、顔から前に倒れてしまいました。幸い間一髪で教員が手を出して胸を支えたので、顔から落ちることは免れました。その時のみらいさんの表情は凍りついていました。「大丈夫」と声をかけると、目にうっすら涙を浮かべていました。その次からは、「やりたい人」と聞いても、うつむくような感じで返事をしなくなってしまいました。「やろうよ」と誘っても、いつものような返答がありませんでした。怖かった気持ちを引きずっているのかと思って、しばらく様子を見ました。友達が楽しく滑っている様子を見ていたみらいさんは、そのあと10分ぐらいして、意を決したようにやりたい気持ちを表しました。

いざ坂の上に座ると、以前のような余裕がなく、明らかに身体をこわばらせていました。骨盤を寝かせるようにして前に進まないようにしていました。手を身体の前につくように援助すると、身体が前に傾くために、初めのうちは手を引こうとしていましたが、ゆっくり促していくと、自分から手をつきました。身体が安定した感じになったので、お尻を前に押して、自分でタイミングを計れるようにしました。みらいさんが顔を上げるようにして体重を動かすと、ゆっくりと身体が滑りはじめました。みらいさんの表情は硬くなりました。みらいさんは滑り終えるまで、手を離しませんでした。みらいさんは倒れることなく、滑りきることができました。その時、みらいさんはしばらく動きを止めじっとしていました。その後パッと明るい顔になり、近くにいた教員の方を見て、「あっあっ」と言いました。その顔は不安を乗り越え、頑張りきった嬉しさを表しているようでした。本当に誇らしげでした。

その後、みらいさんは坂の上に座ると、教員の援助で手を前について頑張るようになりました。腕の支えを入れた方が安定するということを、身をもって実感できたのだと思います。日常のあぐら座でも、以前と比べて手をつくことが多くなりました。

⑺ 失敗から学ぶもの（その２）

授業を進めるときに、私たちは必ず成功させてあげたいという気持ちになります。どこまで子どもに頑張らせ、どこまで教員が援助するのか、その兼ね合いが難しいところです。私は時としてあえて失敗させることも、必要なのではないかと思っています。というのは、授業展開や時間の関係などから、自分があまり頑張ろうとしていないにもかかわらず、教員が滑らせてしまっていることも多いのです。しかし坂の下では、「上手だね」「やったー」などと誉めてしまうために、いったい自分の何を誉められているのかが、子どもにとっては分かりにくいのです。教員集団で、何を頑張らせるのか、それぞれの課題を共有することが必要であると思います。取り組みはじめの時には、まず滑ることを楽しむ意味でも、援助の度合いを多くして、滑る体験をさせた方がよい場合もあります。

なおさんはＡＴＮＲ（非対称性緊張性頸反射）の影響が大きく、気持ちが入ると顔を右に向けて、全身を伸ばすように力が入ってしまいます。普段は首も座っていないので、身体の動きは、伸展緊張が入ったとき以外は、気をつけて見ていないと気づかないくらいです。なおさんは、取り組みの中で、顔を右に向けて足を伸ばすと、自分の身体が動きだすことに気づきました。自分の力で滑り出したときには、坂の下で自慢げな笑顔を見せてくれます。徐々に滑り出すまでの時間が短くなってきました。

さらに、自分でできたという自信が高まっていくと、頑張ろうという気持ちが出てきました。すると伸展緊張が高まってしまうので、身体に力が入るのだけれど、動き出さないという状況になってしまいました。気持ちと身体が拮抗してしまって、滑るまでに時間がかかるようになりました。

自分の気持ちと身体の調整をつける力を育てて欲しいと思い、坂の上では、ここを動かすのだよと、足を指でチョンチョンして教えたりしました。しかし、頑張れなどと気持ちを高揚させるような声かけは、できるだけしないように、穏やかに話しかけるようにしました。身体と格闘すること３～５分、何かがきっかけで足がすっと伸び、滑り出すことができました。その時によって格闘する時間は違います。どうしてもできない感じのときには、身体の位置をほんの少し坂の下へずらして、滑り出しやすいように援助をしたりしました。滑らせてしまうことは簡単ですが、自分の気持ちと身体を調整することが大切だと思い、丁寧に待ちました。

ある日、どうにもこうにも滑ることができないときがありました。格闘し始めて５分もすると、見ているこちらもどうしてよいか分からず、滑らせてしまおうという思いを我慢していました。なおさんの顔にも、焦りの表情とどうしてよいか分からないという困惑の表情が交ざっていました。私は、あきらめることにしました。「なおちゃんもうやめる？」「できなくて残念だったね」と声をかけして、坂を滑らせることをやめ、抱きかかえて階段を下り、クッションチェアーに座らせました。かわいそうなことをしたかなと思いました。なおさんはしょんぼりしていました。

友達の滑りをしばらく見ていたなおさん。「やりたい人」と聞いても、以前のような積極性がありません。「上手にできないかもしれない」という葛藤があったのかもしれません。いつも誉められる言葉ばかりかけられていたのに、前回失敗してしまい、その声をかけてもらえなかったことで、いつもとの違いが分かったようでした。何回かやりたい気持ちを出さなかったなおさんでしたが、ライバルのいぶきくんが同じようになかなか滑れず、みんなから声をかけられ、やっと滑ってみんなに賞賛されているのを聞いて、気持ちが変わったようです。やりたい人を聞くと、なおさんはいつものように、左肘を曲げて返事をしました。

私は、今度は失敗させてはいけないなと思いながら、坂の上で横になる援助をしました。すぐにでも滑り出す位置にしてあげようとも思いましたが、いつもと同じ位置にして様子を見ることにしました。すると、なおさんはいつも身体を伸ばすようにして滑るのですが、膝を少し曲げてから足を伸ばしたのです。足を伸ばすとすーっと身体が滑っていきました。滑り終わったときのなおさんの顔は、心から喜んでいました。「なおちゃん上手に滑れたね」と見ている担任はみんな喜びました。その次から、なおさんは、膝を曲げてから足を伸ばすコツをつかみ、またスムーズに滑ることができるようになりました。足を曲げたのは偶然だったのかもしれませんが、なおさんは、待っている間自分で考えたのかもしれません。動き方のコツをつかんだことは事実です。私が抱いていたなおさんのイメージよりも、ずっとたくましく活動していました。

⑻ 友達がいるから頑張れる

自分の力で滑り出すまで、じっくり待つとなると相当な時間がかかります。でも自分で「できた」ということを実感してもらいたいために、滑り出しを丁寧にしたいと思いました。しかし一人一人滑っていくと、みんなが取り組むまでに時間がかかってしまいます。指導時間との兼ね合いもあり、滑る回数を保証するためには、なかなか難しい課題です。大きな坂なので、一回に二人で滑るようにしたらよいのではないかと、担任間で話しました。私の中には、二人で滑ることにより、一緒に滑る友達のことを、少し意識してくれるのではないかという期待もありました。

取り組みはじめのころは、子どもたちは、首に力を入れると滑り出すなど、自分なりに滑り方を獲得していくことに気持ちが向いていました。次第に自分なりの滑り方を獲得していくと、周りの声かけにも注意が向く余裕がでてきました。自分に対しての声がけではないが、誉められているということに気づくようになってきました。

また待っている間も気持ちが途切れることが少なくなり、坂の上の友達や教員のやっていることに視線がいくことが多くなっていきました。友達がなかなか滑らないと、見ている方がだんだんと力が入ってきます。まるで自分が坂の上にいるようです。見ている状況と、自分が坂の上にいて頑張っている経験とが結びついてきたからこそ、力が入るのでしょう。友達が滑り出すと、すーっと身体の力が抜けて行きます。自分も頭の中で、一緒に滑り降りているのでしょう。

10　子どもの思考をくぐらせる活動の積み重ねこそ大事

障害の重い子どもたちの粗大運動に取り組む場合、その動きができたかどうかに関心が向きがちです。今回の坂すべりでも、「滑ることができた」ということに意識が向いてしまうので、滑ることができずに時間がたっていくと、どうしてももう少し押してあげるなどの援助をしたくなります。しかし、動けないように見える時間の間も、この子どもたちが動きにくい自分の身体と向き合い、内面で試行錯誤を続けているのです。結果的に自分の身体を操ることができなくて、滑り降りることができなくても、身体の傾きを感じ、それに対応しようと本人が努力していたということです。内面の葛藤があるからこそ、友達の様子を見てなかなか動きださないと、自分でも伸びあがって力が入ってしまったりするのではないでしょうか。「自分の身体ってこうなっているんだ」「こうやって動かすと動くんだ」という、ボディイメージを育てているという観点が必要であると思います。だからこそ滑らせてもらったときよりも、時間はかかっても、自分でできたときの方が喜びになり、そのことが「次も頑張ろう」というエネルギーを生みだすのではないかと思っています。

坂すべりでは取り組みはじめの頃は自発的な動きが見られなかったのですが、丁寧な取り組みを重ねていくことで、次第に自分で考えて滑り出すコツを獲得したのだと思います。繰り返して動きを覚えるだけでなく、子ども自身の思考をくぐらせる活動の積み重ねこそ大事ではないかと思います。

11　どの子も活動の主人公になりたいと思っている

子どもたちは、「上手だね」と友達が誉められると、自分も頑張ろうと張り切っています。自分の番になり、坂の上に横になると、表情がキリッとなります。その真剣な表情から、課題に向かう心持ちがうかがえます。子どもたちは、はじめから笑顔になるわけではありません。滑り終えて上手に滑ることができたと実感したときに、初めて誇らしげな表情をするのです。

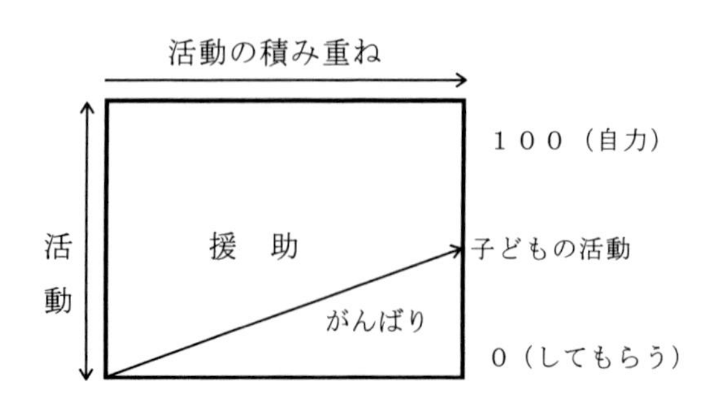

取り組みのはじめは、坂の上に横になる位置を調整する中で、99%教員が支援し、子ども自身は１%の

「頑張り」で滑ることができる状態から始めました。しかし、その１％の「頑張り」こそ、自ら動いたという実感につながるのだと思います。活動を積み重ねる中で、支援の量を減らし、その頑張りを２％から３％へと増やしていくことで、活動の難易度が上がっていきます。しかしそう簡単にはいきません。そのためには、「子どもがどのように課題に向かい身体を動かしたのか」を評価する教員の観察力が求められているのだと思います。支援が少なすぎると、頑張ったにもかかわらず、滑り出さなくなってしまいます。その微妙なさじ加減を積み重ねる中で、子どもが大きく変わっていくのです。

「寝たきりで動けない」と思われていた子どもたちですが、活動を積み重ねる中で、坂の上で横になると、すぐに子どもそれぞれの動きを始め、滑りを楽しむようになりました。この子たちは「動けない」のではなく、「適切な援助があれば動こうとする子」として、子どもの可能性を引きだしていく、地道な取り組みが必要であると思います。

Ⅱ章　実践報告❸

生活リズムを整えていくための指導について考える

宮尾　尚樹

執筆者の所属する「長崎自立活動研究会」は、月１回の定例研究会を開催し、研究会の成果を「自立活動の指導Q＆A」にまとめています。さらに、年１回「自立活動フォーラムin長崎」を開催しています。ホームページに“西からのさざなみ”とありますが、“西から勢いのある大波”が押し寄せている感ありです。
障害の重い子どもの睡眠や生活リズムの課題は、先生たちが日常的に経験する悩みの一つですが、核心をついた回答に出会えないこともさらなる悩みの一つです。本稿は、「“この子は眠ってばかりいる”などが、果たして真実なのかどうかを改めて考え直すことからはじめてみながら、睡眠や生活リズムに課題のある子どもの指導について考えていきたいと思います。」と課題提起をしています。課題を一つ一つ条件設定して、諄々と説いていますので、子どもの実態に合わせてご参照ください。（飯野）

1　睡眠や生活リズムに課題のある子どもの指導に際して
―「5W1H」の活用を―

睡眠や生活リズムに課題のある子どもたちとかかわるときのことを、少し振り返ってみませんか。「この子はお昼前になるといつも寝てしまうんだ」「この子は眠ってばかりいる」などといったことを、一度は口にしたことがあるのではないでしょうか。

そういった“いつも”“ばかり”といったことは、果たして真実なのかどうかを改めて考え直すことから始めてみながら、睡眠や生活リズムに課題のある子どもの指導について考えていきたいと思います。

まずは、「眠っている」という事実に対して、それに関する事柄を正確に把握していくことが必要となります。その際には、英語の疑問詞として使われる「ＷＨＹ(なぜ)」「ＷＨＥＮ(いつ)」「ＷＨＥＲＥ(どこで)」「ＷＨＡＴ(何をして)」「ＷＨＯ(だれと)」「ＨＯＷ(どんな様子で、どのくらい)」の『５Ｗ１Ｈ』を観点にして把握することが効果的です。しかし、そこで留意しておかねばならないこととして、この『５Ｗ１Ｈ』はすべて横一線ではないものとして考えていくことが必要です。私は、以前までは、子どもたちのある状況や行動に直面したときに、とにかく「ＷＨＹ」を究明して、原因を明らかにすることだけが必要であると考えていました。しかし、よく考えてみると、正しく「ＷＨＹ」を探っていくためには、「ＷＨＹ」の根拠となる部分（「ＷＨＹ」以外の４Ｗ１Ｈ）を丁寧に扱い、分析的に見ていくことが不可欠であることに気づきました。ある一場面の様子や現象で、その子の睡眠の傾向や生活リズムのすべてを解釈してしまうのではなく、１カ月程度の継続した記録を基に、原因や要因を探るようにしていくことが、ここでは求められます。

そういったときには、例えば「睡眠表」のようなものを作成することが有効でした（**図１**）。「睡眠表」をつくっていく際に配慮しておくこととして、記入が面倒でないことは非常に重要です。そうすることで長続きしますし、正確な事実が記載されやすくなります。また、睡眠にかかわる様子の変化が見られてきたときを基点にして、いろいろな情報を集めすぎないことも大切です。ここでの目的は生活リズムを把握することですので、睡眠や生活リズムに必要な情報に絞ることで、指導の評価や子どもの変化を評価するときの基準となる子どもの通常の状況を正確に把握することが可能になります。

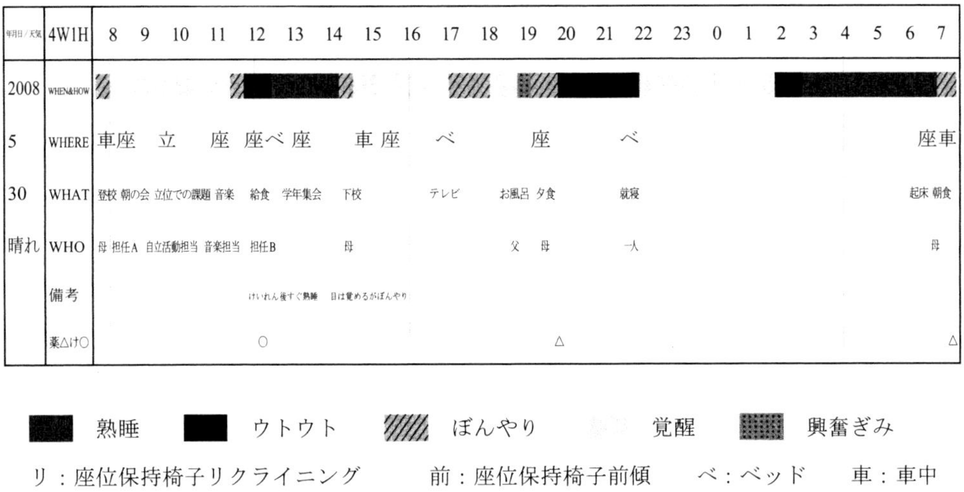

年月日／天気	4W1H	8	9	10	11	12	13	14	15	16	17	18	19	20	21	22	23	0	1	2	3	4	5	6	7
2008	WHEN&HOW																								
5	WHERE	車座		立	座	座べ	座		車 座		べ		座			べ									座車
30	WHAT	登校	朝の会	立位での課題	音楽	給食	学年集会	下校			テレビ		お風呂	夕食		就寝								起床	朝食
晴れ	WHO	母	担任A	自立活動担当	音楽担当	担任B		母					父	母		一人									母
	備考						けいれん後すぐ熟睡		目は覚めるがぼんやり																
	薬△け○					○								△											△

熟睡　ウトウト　ぼんやり　覚醒　興奮ぎみ

リ：座位保持椅子リクライニング　前：座位保持椅子前傾　べ：ベッド　車：車中

〈図１〉「睡眠表」の例

今まで述べたような「ＷＨＥＮ（いつ）」「ＷＨＥＲＥ（どこで）」「ＷＨＡＴ（何をして）」「ＷＨＯ（だれと）」「ＨＯＷ（どんな様子で、どのくらい）」の４Ｗ１Ｈについての継続した様子や現象などの事実の蓄積を基に、事実の蓄積に基づく妥当性の高い「ＷＨＹ（なぜ）」の解明ができれば、次の段階として、われわれ教師の腕の見せどころである、適切な指導内容の選択、要因に応じた手だて、配慮された環境を個に応じて講じていく「ＴＲＹ」への取り組みになります。それによって、生活リズムの変化や人や物へのかかわりの変化、運動や行動の変化など、子どもの「ＣＨＡＮＧＥ」が生じてきます。こういった「４Ｗ１Ｈの蓄積」→「ＷＨＹの究明」→「ＴＲＹ」→「ＣＨＡＮＧＥ」のサイクルの中で、徐々に生活リズムにかかる割合が減ってくれば、その子どもの学習の基盤となる生活リズムが安定してきたと評価することができ、より主体的に自分の身体を動かしたり、刺激を感じたりして、自分と他者や自分と外界との距離感を学べる割合が増えていくと解釈できます（**図２**）。

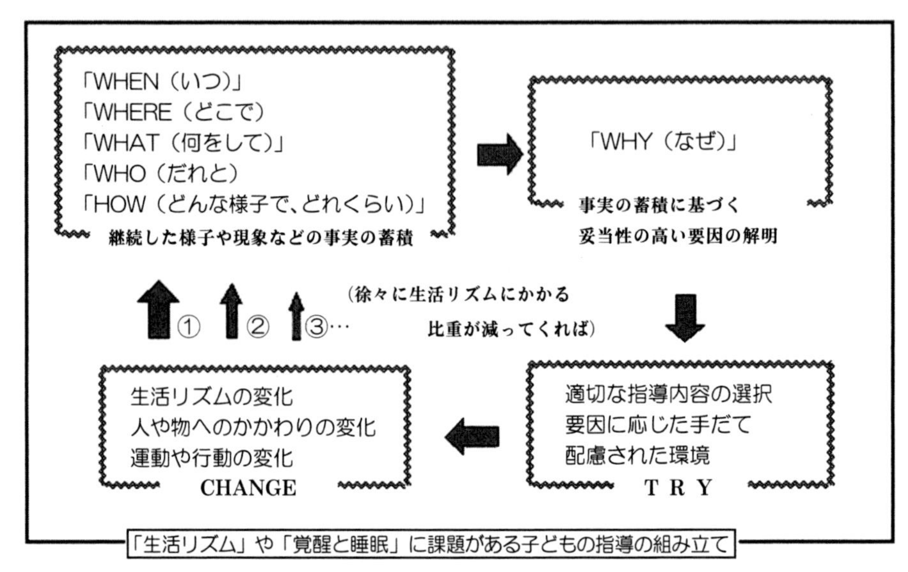

〈図２〉生活リズムを整える指導のモデルプラン

2 「4W1Hの蓄積」から「WHYの究明」へ

では、行動観察や連絡帳、睡眠表などによる「４Ｗ１Ｈの蓄積」からおおよその傾向をつかんでいき、「ＷＨＹの究明」につなげていくことについて、具体的な例を挙げてみます。

まず、「ＷＨＥＮ」＝「時」に焦点を当ててみます。ウトウトする時刻がほぼ一定している場合、生活リズムそのものや服薬による可能性が高いのではないかと考えられます。逆に、ウトウトする時間が日によってバラバラである場合には、生活リズムそのものが日によってバラバラであったり、けいれんによる可能性が高いのではないかと考えられます。

次に、「ＷＨＥＲＥ」＝「場所」に焦点を当ててみます。ウトウトする場所が一定の場合には、その場所の温度、明るさ、雰囲気、児童生徒のいる位置、姿勢に原因があるのではないかと考えられます。逆に、場所に関係なくウトウトする場合には、場所という要素はそれほど睡眠を左右しないと考えられます。

次に、「ＷＨＡＴ」＝「活動」に焦点を当ててみます。ウトウトするときの活動が一定の場合には、その活動が退屈であることや、反対に体力的に負担があることが考えられます。逆に、活動に関係なくウトウトする場合には、疲労しやすい体質であること、もしくは、日中の活動全体の刺激が不足していることが考えられます。

次に、「ＷＨＯ」＝「人」に焦点を当ててみます。ウトウトするときに一緒にいる人が一定の場合には、その一緒に活動する人のかかわり方や配慮の仕方を振り返ってみてはどうでしょうか。よくあるケースとして、一緒に活動する人が固定化されてしまっていることがあります。逆に、ウトウトするときに一緒にいる人がバラバラの場合には、人という要素はそれほど睡眠を左右しないと考えられます。

最後に、「ＨＯＷ」＝「質」に焦点を当ててみます。ウトウトしたり眠ったりしている様子が一定の場合には、寝ているときの呼吸や姿勢については、ほぼ問題がないと思われ、その眠りによって逆に生活リズムを整えていると考えられます。逆に、様子がそのときどきによってバラバラの場合には、寝ているときの呼吸や姿勢に問題があったり、睡眠自体の深さなどを探ったりする必要があると思われます。

3　「究明したＷＨＹ」から「ＴＲＹ」そして「ＣＨＡＮＧＥ」へ

そこで、「究明したＷＨＹ」→「ＴＲＹ」への具体的な指導内容や手だてを考えていき、子どもの「ＣＨＡＮＧＥ」を引き出すために、実際に行ったケースを挙げていきます。ここでは、「ＴＲＹ」の例について詳しく挙げ、「ＣＨＡＮＧＥ」については簡単に述べます。

(1)　睡眠しているときの呼吸状態が良くない場合

この場合は、ぐっすりと深く眠ってしまったり、トローンとした浅い眠りであったり、舌根が落ち込んでガーガーといわせている日があったりと、日によって睡眠の様子がバラバラだったので、「ＨＯＷ」＝「質」に問題があるととらえました。このときの状況としては、学校ではベッドに横になったり、座位保持椅子をリクライニングさせたりした状態で過ごすことがほとんどでした。

そこで、指導の方針を、呼吸に関係する身体各部位（頸・肩・胸・腹・背など）の動きや姿勢の学習を取り入れていくことで呼吸状態の改善を図る、と設定しました。必要と考えられる学習内容は多岐にわたりますが、中心となることとして、

- **筋緊張をゆるめる。**
- **学校でできるだけ起きている。**

●楽な呼吸ができる姿勢を知り、安定した呼吸動作を維持する。

の３点を扱うこととしました。その中の具体的な手だてとして、胸を動かしやすくするために、胸が重力でつぶされてしまう傾向にある仰臥位の場面を少なくし、円柱状の抱き枕を活用した側臥位を多くとるようにしました。また、背中側の可動性を高めていく場面がほとんどなかったことから、時間を決めて伏臥位をとるようにしたり、背もたれのない台に腰掛けたりしました。また、拘縮や変形の予防のためには、長時間の同じ姿勢をとることを避けることが必要であると考え、「三間（時間・人間・空間」）表」（**図３**）を作成し、普段の生活の中でどんな姿勢をとっていくのかを明らかにしていきました。また、膝関節と股関節の位置をできるだけまっすぐな位置に保つことができるように、クッションの工夫をしたり、「向きグセ」といわれる状態についても、教材や好きな玩具を提示する側や角度に配慮をし、反対方向への動きが少しでも出しやすいようにしました。手足の動きや体幹の動きについても、本人なりの動かせる幅や方向があるので、負担が過度にならないように配慮しながらも可能な限り動かすようにしました。呼吸については、口が開いた状態でいることが多かったので、決まった時間に口唇を閉じて鼻呼吸をする練習をしたり、腹部に軽く負荷をかけて意識的に腹式呼吸をする学習を行いました。

【月曜日】

時間	8 9 10 11 12 13 14 15
空間	登校 1校時 2校時 3校時 4校時 給食 5校時 6校時 下校
	車 教室 トイレ 音楽室 教室 食堂 トイレ 学習室 体育館 教室 車
	カーシート 座位保持型車椅子 床マット 床から起き上がり 座位保持型車椅子 床マット 腰掛け台 床から起き上がり 座位保持型車椅子 床マット 立位台 座位保持型車椅子 カーシート
	リクライニング リクライニング 側臥位 抱っこ 仰臥位 前傾座位 伏臥位 側臥位 腰掛け座位 やや後傾 仰臥位 側臥位寝返り 肘立て伏臥位 装具着用しての立位 リクライニング リクライニング
人間	母 担任A 担任B 担任B 担任C 音楽担当 担任A 自立活動担当 担任A 担任B 担任A 体育担当 担任C 担任A 母

〈図３〉「三間表」の例

⑵ 活動性の少ない日々を送っている場合

この場合は、活動の内容や中身に関係なく、トローンと浅く眠ることが続いていたので、「ＷＨＡＴ」＝「活動」に問題があるととらえました。その状況として、健康面や体力面への配慮のため、学校では横になっている時間が多くて、必然的に活動性の低い生活を送っていたことがありました。そこで、指導の方針として、休む時間と活動する時間のメリハリをはっきりとつけるようにして、身体を起こす場面を少しずつ多くしていく、と設定しました。中心となる学習内容は、

- **起きている状態を徐々に長く保つ。**
- **仰臥位で頭部を動かす。**
- **背、腰、肩への援助を受けて座位の姿勢を保つ。**

の3点を扱うことにしました。その中の具体的な手だてとして、例えば、右を向くことの多い子どもには、左側に音の出る教材を置いて頭部の動きを促すようにしたり、すぐに玩具を手に持たせるのではなくて、指先から数cm離れたところに教材を置いて、肘を伸ばすような動きを促したりするなど、必然的に頭部や上肢を動かさないといけない教材の配置に気をつけるようにしました。また、活動場面ごとで子ども自身がちょっと頑張る必要があるような援助の仕方をするようにしました。仰臥位から子どもの頚の後ろと膝裏に教師の腕を入れて、そのまま抱き上げてしまうのではなく、子どもの肩→体幹→骨盤に重心を移動させるようにして、仰臥位から長座位の姿勢をとらせてから抱き上げるようにしました。そうすることで、臥位から座位への姿勢変換の際の重心移動の仕方や上肢の使い方などの学習を併せてすることができます。また、お尻に体重をのせた座位の学習にもなります。

また、補助具などの使い方にも、多面的な見方が必要になります。例えば、画像を見るときなどに活用をするクッションチェアは、座面に角度がついていて股関節をしっかりと曲げて深く座ることに適しています。それを使って、手を使った活動をするとなると、目線はやや上斜め方向を見るような形になるので、手や腕の動きがかなり獲得されていないと、上斜め方向を見ながら胸あたりの位置で作業をする、というおかしな状況が起こってきます。そうならないために、例えば、三角マットを入れてクッションチェア自体の角度を垂直に近くして、体幹の上部を身体の前面で受けられるような肘置きを活用するようにして、目が対象物の方に向けられるようにします。安静座位と活動座位とでは、基本的に異なる要素がいくつかあるので、それらのことを踏まえながら座位での活動を考えていくことが必要となってきます。また、クッションチェアはゴロリとひっくり返すと、股関節の伸びにくい子どもの伏臥位に活用できます。クッションチェアの体幹部と座面部との角度を活用するようにしたり、それぞれの面で身体の前面部を受けるようにしたりして、姿勢や呼吸の安定につなげていきます。また、膝立ち位にも活用ができ、身体の前面で体重を受けながら、股関節の動きが引き出しやすくなります（**写真1、2**）。

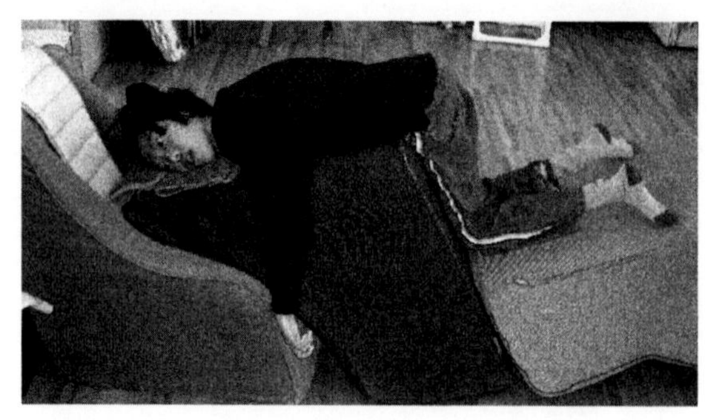

〈写真１〉クッションチェアを使って伏臥位

〈写真２〉クッションチャアを使って膝立ち位

また、学習する環境として、逆に睡眠を促すような環境を設定していないかを、見直してみる必要があります。気温や活動場所に関係なく、ただ習慣のようにして、子どもに毛布や膝掛けをかけていることはないでしょうか。毛布や布団の中は、暖かいばかりでなく、温度を一定に保ってくれるので、寒さや冷たさを感じることや子ども自身の体が気温の変化に対応することを、阻害してしまうという一面もあります。眠るときと同じような温度の中で生活している子どもに対して、「眠っちゃダメだよ」という声かけをしている現実があるとすれば、ぜひ見直しをしていきたいものです。併せて、朝には朝日を浴びたり、給食前には給食室の前を通ったりするなど時間の移り変わりを分かりやすくする状況を設定することや、活動の強弱やメリハリをつけるようにして、活動に変化を持たせることなども必要です。

⑶　眠りに入る時刻がほぼ一定している場合

この場合は、眠りに入る時刻が給食間近の12時前後で、けいれん発作があった数分後とほぼ一定していたので、「ＷＨＥＮ」＝「時」に問題があるととらえました。その状況として、抗けいれん剤や緊張緩和剤についての把握が明確にできておらず、けいれんや薬などについては教育の範疇外のことだから、といった理由で特別な手だてを講じていなかったことがありました。そこで、指導の方針として、けいれん後の睡眠について、生活リズムを崩してしまうことにつながらないように、時間を決めるようにしました。また、給食間近の12時前後にけいれんがある状況を保護者を通じて主治医へ連絡し、薬剤の調整や１日３回服用から１日２回服用への変更が可能かどうかを尋ねてみることにしました。そのようなことを通して、学校ではっきりと覚醒しているトータルの時間が延びていくことにつながり、学習への取り組みがより活発になっていくのではと考えました。中心となる学習内容は、

- **起きている状態で周りに関心を示す。**
- **援助を受けながら、遊具などを使った動きの変化に慣れる。**

●身振りやサインの意味を理解し、それに応じた行動をする。

の3点を扱うこととしました。その中の具体的な手だてとして、けいれんが重積したり、普段とは違う様子だったりしたとき以外は、後睡眠は長くても30分で起こすようにしました。それまでは、子どもが眠そうにしていなくても、教師の配慮によって一方的に横にして休ませるようなことを行っていましたが、指導場面においては、けいれん後も普段と変わらない様子のときには、普段と同じ活動を行うようにし、"けいれんはつきあっていくもの"というとらえ直しをしました。

また、後睡眠で寝入った後は、子どもが目を覚ますのを待つのではなく、一定の時間がたてば起こすようにしたことで、すべての教育活動に対して教師が意図を持って子どもに接することができるようになり、医療的な立場の方や家庭に任せっきりだった生活リズムについて、学校として能動的にかかわることができるようになりました。また、薬剤量や種類についても、その効能や副作用についてよく知っておくことは不可欠であるように思われます。昼間に覚醒が低くなることと服用の回数に関係があるのか主治医に尋ねてみると、昼の服用前はやはり薬剤の効能が薄くなっているときだから、けいれん発作の起こる可能性は高くなることは十分に考えられるとのことで、1日2回にすることで、1回当たりの薬剤量が子どもにとって対応可能かどうかを検討していただけることになりました。

また、授業の流れについても、よりテンポよく変化を持たせるようにし、じっくりと一つの活動を同じ姿勢や同じ刺激の受け方で15分以上行う場面は、極力少なくしました。そうすることで、子ども自身が刺激の変化を受ける機会が増え、その変化に対応したり適応したり、ときには不安になったりしながら、活動の中の一主体として参加ができるようになり、教師の立場としても、その時々の子どものちょっとした変化に目を光らせて指導ができるようになりました。併せて、静かな活動と動きのある活動とをうまく組み合わせる工夫を行うことも効果的でした。活動や刺激を変化させる際にも、例えば+から++に変化するよりも、−−から++に変化する方がより変化率は高くなります。対象となる子どもの情緒の安定や変化へ対応する力を十分に把握していることが前提にはなりますが、刺激の変化に対するリアクションを引き出したい意図を持って活動を設定すれば、より分かりやすく変化の幅を大きくすることが、子どものリアクションを引き出しやすくすることにつながります。

⑷ 視覚障害がある場合

この場合は、教室ではウトウトすることが多いのですが、給食室の近くや天気のよい屋外での活動になると、ハッキリと覚醒していることが多かったので、「WHERE」=「場所」に問題があるととらえました。その状況として、子どもの側からすると、視覚障害があり、視覚からの情報がほとんど得られずに外界へ働きかける機会が限られていたという状況がありました。また、教師の側からすると、視力に問題がある子どもである、と把握していたものの、特別な手だてを講じていなかったことがありました。

そこで、指導方針として、視覚以外の聴覚、嗅覚、皮膚感覚とともに、視覚についても残存しているかどうか確認が難しい明暗レベルの場合についても、感覚刺激が入りやすい場での学習を設定することで、改善するのではと考えました。併せて、時間の流れやそのときに行う活動の見通しをつきやすくすることを心掛けながら、活動の中身についても、触覚や固有覚、前庭覚などの感覚刺激を含めていくようにしました。

中心となる学習内容は、

- **起きている状態を徐々に長く保つ。**
- **人から触れられたり、自分から人に触れたりすることに慣れる。**
- **音や声を聞き分ける。**
- **こだわっている物事から離れても、安定した気持ちでいる。**

の4点を扱うこととしました。その中の具体的な手だてとして、まず、登校をしたら朝日の当たる場所に行って、太陽のまぶしさや暖かさを眼や肌で感じられるようにしました。太陽の暖かさを感じる機会の少ない腕や脚の内側や裏側にも暖かさを感じられるように、身体各部位の位置や角度にも配慮しました。まぶしさや暖かさに共感するような「まぶしいね」「暖かいね」などの声かけをしながら、子どもの表情や身体への力の入り具合の変化を観察するようにしました。また、何気なく歌っていた朝の歌も朝の雰囲気らしくさわやかに歌うように心掛けたり、リズムよく決まったフレーズで、決まった部位にタッチをしたりするようにしました。

また、活動の予告として、始める前には必ずギューッと子どもを強く抱きしめるようにしたり、終わるときには必ずベルを鳴らすようにしたりしました。また、活動の内容も友達と押し合いっこをしたり、友達のお腹に手足をのせるようにするなどの、直接的な身体を通したかかわり合いを、多く取り入れるようにしました。給食は、おかずのにおい・牛乳の冷たさ・ご飯の温かさ・甘いもの・酸っぱいものなど視覚以外の刺激の宝庫です。「食べる」という営みを十分に楽しみながら、併せてさまざまな感覚を共に経験していくようにしました。

4　まとめ

いくつかの例を「究明したＷＨＹ」→「ＴＲＹ」→「ＣＨＡＮＧＥ」の流れに沿っ

て挙げてきましたが、睡眠や生活リズムに課題のある子どもに対して、自立活動内容の区分でいうと「健康の保持」に偏ってしまいがちなことについて、見直しが必要なことに気づくことができるのではないでしょうか。自立活動の学習指導要領の解説には次のような記述があります。

> 自立活動の指導に当たっては、個々の幼児児童生徒の障害の状態や発達段階等の的確な把握に基づき、指導の目標及び指導内容を明確にし、個別の指導計画を作成するものとする。その際、5区分22項目の内容の中からそれぞれに必要とする項目を選定し、それらを相互に関連付け、特に次の事項に配慮して、具体的に指導内容を設定するものとする。（後略）

ここにある『相互に関連付け』がポイントだと思われます。学校で眠ってしまうことが多い子どもに対しては、学校で起きて学習に取り組める時間が少しでも長くなったり、生活リズムが安定していくことが目標となります。その目標達成のためには、先に挙げた例から整理してみても、

- **学校でできるだけ起きている。〈健康の保持〉**
- **起きている状態を徐々に長く保つ。〈健康の保持〉**
- **起きている状態で周りに関心を示す。〈健康の保持〉**
- **楽な呼吸ができる姿勢を知り、安定した呼吸動作を維持する。〈健康の保持〉**
- **こだわっている物事から離れても、安定した気持ちでいる。〈心理的な安定〉**
- **人から触れられたり、自分から人に触れたりすることに慣れる。〈環境の把握〉**
- **援助を受けながら、遊具などを使った動きの変化に慣れる。〈環境の把握〉**
- **音や声を聞き分ける。〈環境の把握〉**
- **筋緊張をゆるめる。〈身体の動き〉**
- **仰臥位で頭部を動かす。〈身体の動き〉**
- **背、腰、肩への援助を受けて、座位の姿勢を保つ。〈身体の動き〉**
- **身振りやサインの意味を理解し、それに応じた行動をする。〈コミュニケーション〉**

のようにある区分に偏ることなく、バランスよく学習内容が取り上げられています。『相互に関連付け』ていくためには、具体的な生活場面をイメージしたりいろいろなパターンを想定したりして、教師が引き出しを多く持つことが必要になります。

学校が子どもにとって「休みの場」や「見守られる場」に決してならずに、「学びの場」となることを大前提にしながら、学習内容を組み立てていきたいものです。このことが、子ども自身が自分の身体の動かし方や刺激の感じ方に思いをめぐらし、自分と他者、自分と外界との距離感をつかんでいくことにつなげる基盤になります。もちろん、健康面のことを無視して活動を組み立てていくことを求めているわけではありません。しかし、一つ一つの場面で“本当に安静が最優先されるべきときなのか”

“学習が可能な場面ではないか”といったことを、自分自身に問いながら指導を組み立てていきたいと思います。良くない例として、子どもの健康面を配慮することに追われて、時間の流れを知らせるためにあるチャイムに対して全く無頓着になってしまって、授業の始まりに遅れるのが当たり前になっていることはないでしょうか。生活リズムを整えていくことが課題で、チャイムがあるという状況があるならば、まずはチャイムに沿って学習や配慮を配列していくことが必要なのではないでしょうか。そういったことを一定期間行ったうえで、チャイムの意義を学校全体で考えていくことが必要だと思われます。

子どもの周囲にある物事について、“何となく”ではなく“真摯に”見つめ直してみることが求められているように思います。それぞれの子どものその時々にあったタイムテーブルの柔軟性はもちろん必要ですが、生活リズムを身につけていくためには、ある一定の流れで生活をしていくことも不可欠と思われます。

ある施設の調査によると、睡眠や生活リズムについて改善が見られた症例の約３分の２が、てんかん発作、便秘、筋緊張亢進等の随伴症状が軽快していたという報告があります。睡眠や生活リズムというのは、生命の営みの基盤となることを表している報告であると思います。だからこそ、「眠るのは家庭や寄宿舎、施設の問題だから…」と教育活動から切り離してしまうのではなく、学校で指導できる内容や手だてについて考えていくことが、今後不可欠になってきます。そのためには、“いつも”や“ばかり”などと抽象的に子どもの活動や様子をとらえるのではなく、正確に具体的に子どもをとらえていく姿勢を、教師として持ち続けていきたいと考えます。

【参考文献】

1）文部省『盲学校、聾学校及び養護学校学習指導要領（平成11年３月）解説－自立活動編－』東洋館出版社、2000年
2）高橋純、藤田和弘『障害児の発達とポジショニング指導』ぶどう社、1986年
3）横浜「難病児の在宅療育」を考える会『いのちの輝き』日本小児医事出版社、1997年
4）ナンシー・R・フィニー『脳性まひ児の家庭療育　第２版』医歯薬出版、1991年
5）長崎自立活動研究会『肢体不自由児の自立活動学習内容表』長崎自立活動研究会、2004年
6）長崎自立活動研究会『自立活動の指導Q&A（第３集）』長崎自立活動研究会、2007年

Ⅱ章　実践報告④

「物の永続性」をテーマにした「みる・きく」の授業づくり

ターゲットの行動を絞り、段階的な支援方法を考える

田中　美成

「子どもが分かる授業づくりのために、発達課題等に基づき、目標や意味づけを明確にした、テーマのある授業づくりを！」と、私は研修会等で話すようになりました。特に、その中でも「テーマの授業づくり」を強調しています。そのきっかけは、都立小平特別支援学校の公開授業研究会で障害の重い子どものグループの授業を見たことにあります。「分かりやすい授業を通して認知の力をつける～『物の永続性』の視点から～」というテーマで展開している授業は、子どもたちにどんな学びを実現させたいのか、見ている者によく伝わる授業でした。「障害が重いからこそ、認知発達に焦点を」という考えにも共感しました。この授業の中で登場する「さつまいも人形」は、濃い紫色の細長い手が自在に動きます。その動きは、大人も思わず笑いが出てしまうほど、魅力的で面白いのです。また、子どもを教材に合わせるのではなく、子どもに教材を合わせる変幻自在の優れものです。先生たちの授業にかける思いとそこで学ぶ子どもたちの姿を想像しながら、本稿を読んでください。（飯野）

1　認知発達を支える

(1)　障害が重いからこそ、認知発達に焦点を

私はここ数年、学部の中で最も「障害が重い」と言われる子どもたちの学習グループを担当してきました。このグループは、おおよその発達段階として、乳児期前半から10カ月前後にあると思われる子どもたちで編成されています。

どの子どもたちも過緊張・低緊張・不随意運動など、自分の思うに任せない身体で、心地よく過ごすために欠かせない呼吸や睡眠、食事などに大きな課題があります。私たち教師はまず「学習できるように心身の状態を整える」こと、つまり子どもたちの呼吸を楽にしたり、身体の緊張を緩めたり、覚醒させたりすることに注意を向け、多くの時間をかけています。そのため、ややもすると、呼吸を改善させたり、緊張を緩めたりしたことで、教師自身が達成感を感じてしまうこともあるのではないでしょうか。

しかし、この子どもたちは、思うように使えない目や耳や身体を通して学習し、発

達していかなければなりません。学習に時間をかける必要がありながら、学習時間が限られている子どもたちに私たちができることは、短い時間でも集中的に「認知発達」を支える授業を実践することなのではないかと思うのです。

(2) なぜ「物の永続性」か？

私の勤務校では、小学部から高等部までの障害の重い子どもの学習グループが集まり、「分かりやすい授業を通して認知の力をつける～『物の永続性』の視点から～」というテーマで全校研究を進めていました。

このグループの子どもたちの大きな発達課題は、「三項関係の理解」であると私は思います。「自分－物－人」という3つの関係が分かるからこそ、子どもたちは指差しや手渡しといった社会的なコミュニケーション手段を獲得し、人とのコミュニケーションを豊かに展開していけるのでしょう。言い換えれば、この段階の子どもたちに対する教師の役割は、「聞き手効果段階」（周囲の大人が子どもの表情や身体の動きなどの行動から、その意図を読み取ってあげることでコミュニケーションが成立する段階）から、「意図的伝達段階」（子どもが自分の意図を社会的に通じる手段で伝えることができる段階）への発達を支援することではないかと思います。

では、どうすれば社会的なコミュニケーション手段を獲得できるのでしょうか。障害の重い子どもの教育に長く携わっていると、人とかかわることはとても好きなのに、社会的なコミュニケーション手段を獲得することにつまずく子どもによく出会います。そのようなときに、手段として使える身体の部位に制限があるという面に着目して、AACなどのコミュニケーション手段を工夫する支援方法も有効でしょう。一方で、

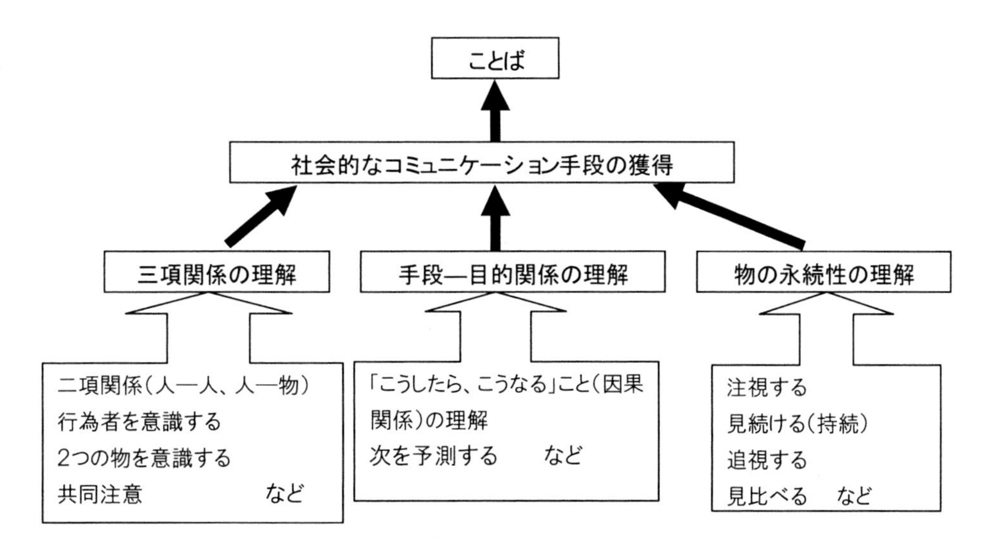

〈図１〉社会的コミュニケーション手段の獲得を支える認知発達

コミュニケーションを支える認知発達を支援するという視点も大切なように思います。私たちは支援の方法として、コミュニケーションとの関連が深いと言われる認知的な内容、特に社会的なコミュニケーション手段の獲得を支えると言われる「物の永続性の理解」や「手段－目的関係の理解」を促そうと考えました。

私の勤務校の研究グループでは、社会的なコミュニケーション手段の獲得を支える認知発達と、それにつながる内容を〈図１〉のように考え、三項関係を獲得するための認知的基盤の一つとしての「物の永続性の理解」に焦点を当てることにしました。

(3) 子どもたちの評価とねらい

研究グループでは、全員の児童・生徒について『障害の重い子どものコミュニケーション評価と目標設定』（坂口しおり著）により評価し、その後の指導に役立てることにしました。

私の担当していたグループの子どもたち６名の評価を行うと、「物の永続性の理解」そのものをすぐにねらうことのできる子どもはほとんどいません。では、私たちの研究テーマは子どもの実態とかけ離れていたのでしょうか？

「物の永続性」とは、物が隠されたりして視界から見えなくなっても、存在し続けるという概念のことと言われています。物の永続性にもさまざまなレベルがあるようですが、完成を見るのは生後10カ月前後と言われています。このコミュニケーション発達評価シートでは、６～10カ月に「⒀隠された物を探す」という項目がありますが、その前の段階として４～６カ月には「⑼隠された物の方をしばらく見ている」「⑻２つの物を見比べる」「⑹目の前で動いた物、人を注視する」、さらに２～４カ月には「⑷視野から外れた物を目で追う」「⑵目の前にある物を注視する」という項目があります。このような活動なら、「みる・きく」の授業の中でも十分にねらえそうです。ただし、これらを単に「見る力」としてだけとらえるのではなく、「物の永続性の理解」を支える力、つながる力として育てていこうと考えたのです。

2 授業「さつまのおいも」

(1) 期待する行動を考える

私たちは子どもたちに次のような行動を期待し、それを引き出す授業を考えました。

A「物の永続性の理解」につながる力として

（a）隠された物を探す。

（b）一部を隠された物を探す。
（c）隠された物の方をしばらく見ている。
（d）２つの物を見比べる。
（e）目の前で動いた物、人を注視する。
（f）視野から外れた物を目で追う。
（g）目の前にある物を注視する。

B 目と手の協応の力として

（a）見た物に触る（つかむ）。
（b）目的の場所に、持っている物を当てる・入れる。

C 次を予測する力として

（a）次に起こることを予測して、何らかの行動をする。
（b）かけ声などを手がかりに、注意を向ける。

私たちが「子どもたちに期待する行動（引き出したい行動）」を明らかにする際に心がけたことは、「感じてほしい」「経験してほしい」「楽しんでほしい」といった抽象的なことではなく、具体的な行動をイメージすることでした。「目をこのように動かしてほしい」「この場面で手の力を抜いて、物を放してほしい」といったターゲットの行動を絞ることによって、そのために必要な具体的支援が明らかになると思ったからです。

また、期待する行動を具体的にイメージすると、その行動が見られたかどうかを確認するための「間」が生まれます。その「間」は、子どもに対しては「考える」あるいは「行動を起こす」ための間として作用することがあるように思うのです。

私たちは、期待する行動を明確にする→そのための活動を考える→それを引き出せる支援を考える　という順序で考えていきました。子どもの行動をミクロの目で細かく見るように努めつつ、授業としてのまとまりを持たせることにも苦心しました。そして決して羅列的な授業にならないようにすること、子どもたちにとって楽しめる授業にすること、また他の授業との関連性も持たせること等を配慮しました。

⑵ 授業の流れを考える

	授業の流れ	教材	期待する行動
導入	1．グループの歌を歌う 2．呼名 3．歌「はたけのポルカ」	さつまいものメリー	A(g)目の前にある物を注視する。
展開	4．さつまいも人形 ⑴体操する	さつまいも人形	A(g)目の前にある物を注視する。 A(e)目の前で動いた物、人を注視する。
	⑵ご飯を食べる	さつまいも人形 食べ物の模型	A(d)２つの物を見比べる。 A(e)目の前で動いた物、人を注視する。 A(f)視野から外れた物を目で追う。 B(a)見た物に触る（つかむ）。 B(b)目的の場所に物を入れる。
	⑶歯磨きをする	さつまいも人形 歯ブラシ	A(g)目の前にある物を注視する。 B(a)見た物に触る。 B(b)目的の場所に物を当てる。
	⑷寝る	さつまいも人形 布団（タオル等）	A(a)隠された物を探す。 A(b)一部を隠された物を探す。 A(c)隠された物の方をしばらく見ている。 A(g)目の前にある物を注視する。
	5．おならをする	風船	A(g)目の前にある物を注視する。 B(a)見た物に触る（つかむ）。 C(a)次に起こることを予測して、何らかの行動をする。 C(b)かけ声などを手がかりに、注意を向ける。
まとめ	6．形がいなくなる 7．終わりの歌	さつまいも人形	A(c)隠された物の方をしばらく見ている。 A(e)目の前で動いた物、人を注視する。

〈表１〉授業『さつまのおいも』の活動と期待する行動

秋、畑で収穫したさつまいもを教材に、「ふれる・もつ」の授業で芋ほりを繰り返していたころ、「みる・きく」の授業では『さつまのおいも』に取り組みました。絵本『さつまのおいも』（中川ひろたか／文、村上康成／絵、童心社）を題材に、「物の永続性の理解」を意識した学習です。大まかな授業の流れは**〈表１〉**の通りです。

⑶ 具体的な活動とねらい

それでは、一つ一つの活動と、そこで期待する行動、支援の方法について紹介しましょう。

㋐歌「はたけのポルカ」－A(g)目の前にある物を注視する。

私たちのグループでは、子どもたちに育てたい「見る」行動として、

①１つの物を見続けること。

②動いた物をゆっくり目で追うこと。
③視野の端にある物に、瞬時に焦点を合わせること。
の３つを考えていました。

この教材でねらったことは「①１つの物を見続けること」です。一瞬ちらりと物を見ても、なかなか眼球が固定できず、すぐに眼球が動いてしまう子どもたち。どうすれば見続けてくれるのでしょうか？

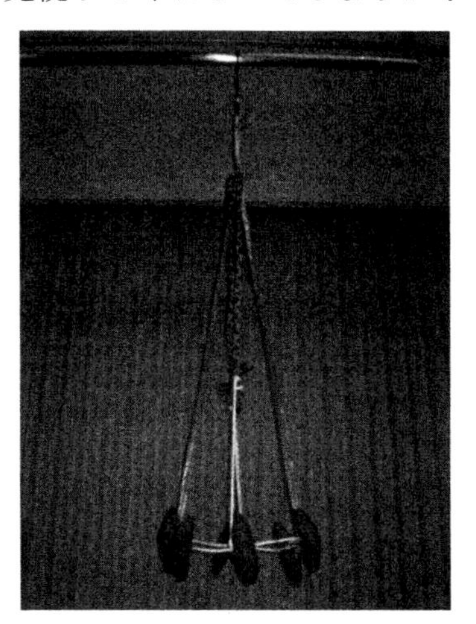

さつまいものメリー
（天井からつり下げたところ）

さつまいものメリー
（近くで見た様子）

そこで用意した物が、「同じ場所にありながら、光が点滅したり細部が動いたりするなどの変化があれば、同じ場所を見続けてくれるのでは」という発想で作ったこの教材です。原理は、ベッドで仰向けになっている赤ちゃんの上で音楽とともにぐるぐる回る「ベッドメリー」と同じです。子どもたちの眼球の動きを見ながら、最もよく見続けてくれる高さと距離、そして回転するスピードを手動で調整するという、アナログな教材です。子どもたちが興味を持って見てくれた理由の一つは、紙粘土で作ったさつまいもが、「芋ほり」で日々見て触っている本物のさつまいもとそっくりだったからではないかと思っています。

㋑さつまいも人形が体操する－A(g)目の前にある物を注視する。
A(e)目の前で動いた物、人を注視する。

これは、大きな台紙に紫色の紙で作ったさつまいもを張り付け、口の部分に穴を開けた簡単な物です。手は伸縮性のある布を使用し、手の先に縫いつけた針金を教師が操作することで、手を動かします。大きな台紙は、教師が首から下げたときに安定させる役割と、教師の洋服の形や柄を隠す「背景処理」の役割とを担っています。

さつまいも人形は、わざと子どもたちの視界の端から登場します。ここでまず「追

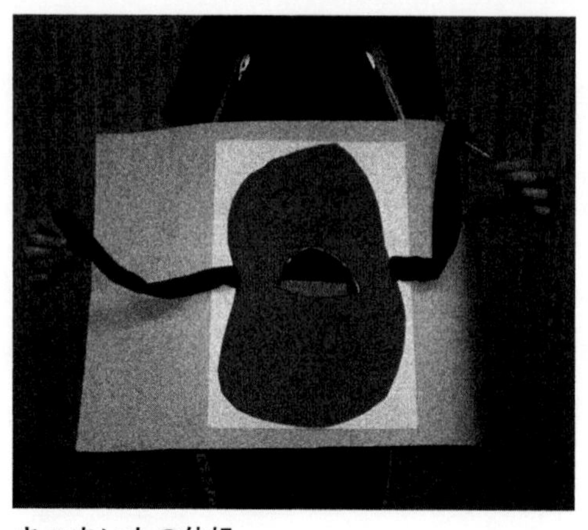
さつまいもの体操

視」を促し、子どもたちの前で止まり「こんにちは」と挨拶するときに「注視」を促します。このときに、他の教師が子どもたちのその日の体調や緊張具合に合わせて、車椅子や座位保持椅子の背もたれの角度を調整すると同時に、さつまいも人形を演じる教師が子どもたちの眼球の動きをモニターしながら、かがんだり背伸びしたり、前進したり後退したりして、子どもたちの目の焦点が合う距離や高さにさつまいも人形を合わせます。

私たちが「見てほしい」と思うならば、「見たくなる教材」を提供すると共に、「見やすい環境」も整えなくてはなりません。「見やすい環境」の提供は、背景処理のような教材の工夫に加え、子どもの姿勢や首の角度を調整する教師と、教材を操作する教師との連係プレーによって成り立つように思います。

㋒さつまいも人形がご飯を食べる－A(d)２つの物を見比べる。
A(e)目の前で動いた物、人を注視する。
A(f)視野からはずれた物を目で追う。
B(a)見た物に触る（つかむ)。
B(b)目的の場所に物を入れる。

この場面では、教師が食べ物の模型を子どもたちに見せ、まず注視や追視を促します。そして、教師がさつまいも人形の口に食べ物を入れる様子を見せてから、子どもたちにも同じようにやるよう促します。

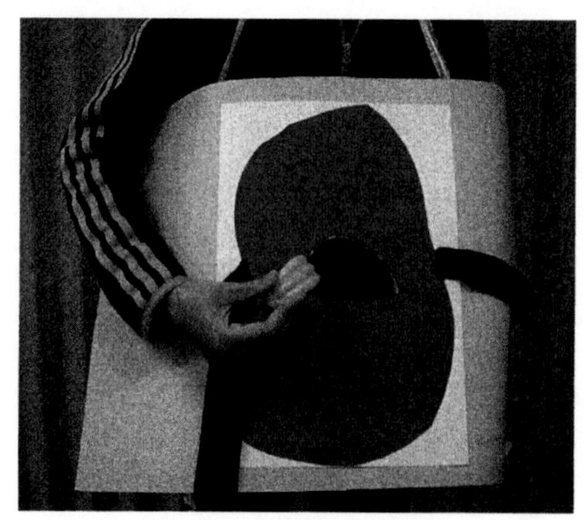
さつまいも人形がご飯を食べる

ここでは、大きく分けて以下の３つの行動が子どもたちに求められます。

①提示された物をしっかり見る・見比べること。
②見た物に手を伸ばす・つかむこと。
③食べ物をさつまいも人形の口に入れること。

この３つの活動については、**〈表２〉**のように、子どもの障害や発達に応じて期待される行動が異なり、教師のかかわり方も異なってきます。

ここで話題になったことは、見ることが難しい視覚障害がある子どもへの対応です。「提示された物をしっかり見る」というねらいは、視覚的に定位する行動を期待する課題でしたが、見ることが難しい子どもには、聴覚的に定位する行動に置き換えました。例えば手を動かせる子どもであれば、「音のした方向に手を伸ばす」という聴覚的な刺激に触覚的に定位する行動に、手を動かすことが難しい子どもには、「音がした方を見る」という「音源定位」に置き換えたのです。

また、「口に食べ物を入れる」ことも見えなくては難しい課題です。最初は、「ポイという言葉かけで物を放す」ことに置き換えようかと考えましたが、これでは「放す」のであって、「入れる」のではありません。「放す」と「入れる」の違いは何かと聞かれても、うまく説明することはできませんが、1つは「ここに」という場所を限定することが「入れる」につながるのではないかと考えました。そこで、見ることが難しい子どもには、物を持った子どもの手首付近を人形の口に触れさせることで、「ここ」を意識させるようにしました。最初は、人形の口に手首を触れさせた上で「ポイだよ」と言って促していましたが、次第に手首が人形の口に触れると、手を放そうとする子

児童	ねらい	支援の方法
A・B （視覚障害） （手が動く）	①②音のした方向に手を伸ばす。 ③「ポイ」という言葉かけを手がかりに、持っている物を放す。	①②児童の座位保持椅子のテーブルに食べ物の模型を打ちつけて音を出し、児童が手を出すのを待つ。 ③食べ物を持った児童の手を介助して人形の口に当てる →「ポイして」と言う。
C （視覚障害） （手が動かない）	①②音のした方に目を向ける。 ③「ポイ」という言葉かけを手がかりに、持っている物を放す。	①②児童の座位保持椅子のテーブルに食べ物の模型を打ちつけて音を出し、目がその方向を向いたら、手に食べ物を持たせる。 ③食べ物を持った児童の手を介助して人形の口に当てる →「ポイして」と言いながら、手首を屈曲させるように介助する。
D・E （視覚・聴覚障害なし） （手が動く）	①提示された2つの食べ物を見比べる。 ②提示された物をつかむ。 ③「ポイ」という言葉かけを手がかりに、持っている物を放す。	①2つの食べ物を提示し、交互にゆっくり動かして、動いた方を見るように促す。 ②見た物を目の前に提示する。 ③A・Bに同じ。
F （聴覚障害） （手が動く）	①②提示された2つの食べ物を見比べた後、一方をつかむ。 ③持った物を人形の口に入れる。	①②2つの食べ物を手の届かない距離に提示し、交互に動かして動いた方を見るように促した後、近づけて一方をつかむのを待つ。 ③人形の口を指さして、持った物を入れるように促す。

〈表2〉人形が食べる場面における個々のねらいと支援方法

どもの姿が見られるようになりました。子どもにとっては、「ここに入れる」ではなく、「ここで放す」なのかもしれませんが、少なくとも「ここで」という行動が引き出せたことは、ただ「放す」よりも知的な活動になったのではないでしょうか。

〈表２〉では支援方法も簡略化して記入しましたが、実際には同じ子どもに対する支援方法には、いくつかのレベルがありました。例えば、Ｆ児が食べ物を人形の口に入れる場面の支援方法（**〈表２〉**のＦ－支援の方法③）は、実際には**〈表３〉**のように５段階ありました。

レベル１	児童が食べ物を持ったら、人形の口に入れるのを待つ。
レベル２	児童が食べ物を持ったら、人形の口を指さして、入れるのを促す。
レベル３	児童が食べ物を持ったら、人形の口を指さし、子どもの手に触れて促す。
レベル４	児童が食べ物を持ったら、再び教師が食べ物を人形の口に入れて見せる。
レベル５	児童が食べ物を持ったら、肘を介助して子どもの手を人形の口に当てる。

〈表３〉Ｆ児が食べ物を口に入れるときの支援

レベル１は教員が人形の口に食べ物を入れる様子を見せてから、食べ物を提示し、その後は特別な支援なしに期待した行動が出るのを待つという、最も支援が少ないもの、レベル５は同様に教師の活動を見せた後に、子どもの手を介助して動かすという最も支援が多いものです。最初のうちはレベル４～５の支援を繰り返していましたが、次第にレベル２～３でも期待した行動が見られるようになり、最後にはレベル１の支援でも「入れる」ことがありました。

ヴィゴツキーは、子どもが自力で問題解決できる発達水準と、単独では解決できないが他者からの援助や共同によって解決できる発達の水準があり、後者を「発達の最近接領域」と呼んで、この領域に働きかけることの重要性を説いています。

障害の重い子どもたちを支援するときに、過介助・過解釈になることはよくあることです。私たちは自分たちが過介助にならないために、いつも「今行っている支援よりも一段階少ない支援」を考えるようにしました。今思うと、これが発達の最近接領域への働きかけだったのかもしれません。この５段階は、必ずしも最初から用意されていたものではなく、いつも「今よりも少ない支援」を考えて実践しているうちに、結果としてできあがったものです。

なお、この場面ではさつまいも人形を２つ登場させ、同時に２人の子どもたちが食べさせる活動を行いました。これは一つには子どもたちの待ち時間を少なくするために、もう一つには友達が活動する姿を近くで見られるようにするための工夫です。

㊁さつまいも人形が歯を磨く－A(g)目の前にある物を注視する。
B(a)見た物に触る（つかむ)。
B(b)目的の場所に物を当てる。

この場面で子どもたちに期待する行動は、基本的には「食べさせる」場面と同じです。対象物が「食べ物」から「歯ブラシ」に変わり、行動が「入れる」から「当てる」に変わっただけと言えます。活動の構造は変えずに、行動のバリエーションを増やしたわけです。

㋔さつまいも人形が寝る－A(a)隠された物を探す。
A(b)一部を隠された物を探す。
A(c)隠された物の方をしばらく見ている。
A(g)目の前にある物を注視する。

さつまいも人形が寝る

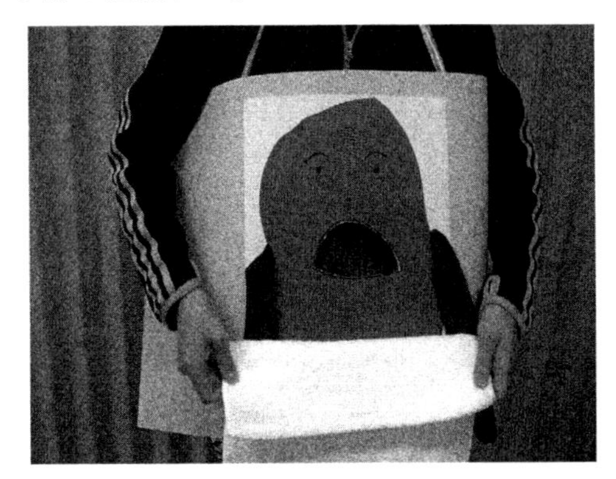

さつまいも人形が起きる

ここはまさに「物の永続性の理解」を直接ねらう場面です。「おやすみなさ〜い」と言って人形が布団（タオル）をかぶって見えなくなり、「おはよう」と言って再び布団から姿を現すという活動です。ここでは大きく分けて、以下の4つの行動が子どもたちに求められます。

①隠れていく人形を見続けること。
②人形の見えている部分を手がかりに、見えない部分をイメージすること。
③布団に隠れた人形が再び現れるまで、布団を見続けること。
④布団を取って一部または全部隠れた人形を探し出すこと。

この場面での支援の工夫は**〈表4〉**の通りです。

期待する行動	支援の工夫
①隠れていく人形を見続けること。	布団を動かすスピードは、速すぎず（布団の動きに子どもの目がついていける程度）、遅すぎず（変化に気づくことができる程度）。
②人形の見えている部分を手がかりに、見えない部分をイメージすること。	隠れた人形から目が離れそうになったり、注意がそれそうになったりしたときは、一度タオルを下げもう一度人形を見せて思い出させる。
③布団に隠れた人形が再び現れるまで、布団を見続けること。	「グーグーグー」と声を出して聴覚的刺激を加えたり、布団を小刻みに小さく動かすなどの視覚的刺激を加えたりして、注意を引きつけ続ける。
④布団を取って一部または全部隠れた人形を探し出すこと。	・子どもの実態に合わせて、人形が布団に隠れる分量を変える。 ・時々布団をめくって人形を一瞬見せる。

〈表４〉人形が寝る場面における期待する行動と支援の工夫

ここで重要なことは、教師がいかに子どもの目の動きをとらえられるか、それに応じてタイミング良く布団を動かすことができるかということです。支援がうまくいくかどうかは、教師の目と腕にかかっていると言えるでしょう。

㋕おならをする－Ａ(g)目の前にある物を注視する。
Ｂ(a)見た物に触る。
Ｃ(a)次に起こることを予測して、何らかの行動をする。
Ｃ(b)かけ声などを手がかりに、注意を向ける。

ここで登場するのは、風船です。子どもの前で「おならがでるよ」と予告してから風船を膨らませ、「１、２の３！」と言って「ブブブー」と風船の空気を出します。

風船を膨らませる場面では、だんだん膨らんでいく風船を見続けること、見ている風船に手を伸ばして触ることを期待しました。なかなか見続けることができない子どもには、手を取って風船を触らせました。手で風船が膨らんでいくことを感じると、手元に目を向けることのできる子どももいます。「見た物に触る」という行動、つまり視覚が運動感覚を誘導する「目と手の協応」をねらうことができる子どももいますが、その前に「触っている物を見る」という触覚が視覚を誘導することをねらう子どもたちもいます。どちらにせよ、異なった感覚を統合して使う力をつける場面ととらえていました。

膨らむ風船を触る

次におならをする場面ですが、ここでは、「１、２の３！」というかけ声をかけたあとに間を空けることで、その反応を確かめました。ある子どもは「1、2の3！」というかけ声を聞くと、ハッとした表情になります。そのあと何が起こるかは分からないけれど、「何だろう？」「何か始まる」ということは分かる状態と思われます。また、ある子どもは「1、2の3！」というかけ声を聞くと、目を細くして風船から顔を背けました。この場合は、今まさに風が来るという場面になって、そのことを予測し構えたのでしょう。また、風船が膨らむときに笑っている子どももいました。この子どもは風船の風が顔に当たることが大好きなのですが、「膨らむ風船→そのあと風が顔に当たる」というように、今行っていることの次の出来事を予測できる子どもだと思います。

このように、「膨らむ→かけ声→風が顔に当たる」という短いフォーマット（簡単な形の決まったやりとり）で繰り返し子どもにかかわると、子どもがやりとりのどの段階で反応を示したかによって、子どもの理解や予測の程度がよく分かりました。

ブルーナーは、子どもがコミュニケーションを発達させるときに、乳幼児と一緒に相互交渉のフォーマットに参加する大人の援助が重要であると述べています。フォーマットという安定した型の中でやりとりの経験を積み重ねることで、子どもは遊びの中で次に何が起こるかを予測したり、やりとりに主体的に参加できるようになると言われています。フォーマットによるやりとりの中で、安定したかかわりができるようになってから、時々、教師がすぐに空気を出さないとか、出している空気を途中で止めるなどのちょっとしたフォーマットの変化も試してみました。すると、「早く風を出してほしい」「風は来ないの？」とでも言うような子どもたちの表情に出会ったり、「いつもと違って面白い！」という表情の子どもと笑い合ったりと、やりとりが豊かになっていきました。型にはまったやりとりの助けを借りながら、型通りだけでないやりとりを楽しむことができました。

この活動も、食べ物を入れる場面と同様、同時に3人の教師が子どもにかかわりました。また、同じ子どもに続けて3回は繰り返すよう心がけました。3回繰り返すことによって、子どもは、1回目「あれ、何だっけ？」、2回目「こうかもしれない」、3回目「やっぱりそうだった」と予測しその結果を確かめることができます。また教師にとっては続けて繰り返すことで、「さっきより少しでも少ない支援」を試すことができるのです。

3　最後に

今回の取り組みでは、①子どもに期待する行動を明らかにする、②そのための支援を何段階も考える、ということを大切にしました。

①の子どもに期待する行動を明らかにすることは、私たち教師がねらいを精選し、具体化することでもありました。「何を引き出したいか」が明確な教師の働きかけは、子どもにとっては「何を求められているか」が明確な働きかけになるように思います。

さらに、①により、教師は「期待する行動のための支援」→「評価」を常に行うようになります。支援をして評価し、その評価によって次の支援方法を変え、また評価し…というように、評価と支援が有機的に連続していくことになります。少し大げさに言うと、教師の働きかけ一つ一つについて、「PLAN－DO－SEE」を実践していたとも言えるでしょうか。

また、①によって「何を評価すべきか」が明らかになっていたので、「このときは子どもの眼球の動きを評価する」「この場面では手の動きに注目する」というように、複数の教師間で共通の物差しを作ることにも役立ちました。教師のチームとしての指導力も高まったと感じます。

②の支援方法を何段階も考えることは、教師の過介入を防ぎ、少しでも少ない支援で子どもが課題を達成できるように働きかけるためには、とても有効です。「大人がこうしたら、子どもはこうした」というように、常に子どもを大人との相互交渉の中でとらえることもできます。

しかし一番良かったと思うことは、支援方法を何段階も考えることによって、子どもたちのわずかな成長を感じ、喜ぶことができたことです。重い障害のある子どもたちは、どうしても1つの行動を獲得するまでに時間がかかります。しかし、その間も子どもの内面には少しずつ力が蓄えられているはずです。細かく支援方法を変えるということは、「8割の支援でできた」「6割の支援でできた」というように、子どもたちが少しずつ自分の力で事を為し遂げるようになっていることを、明らかな形で示すことができるように思います。

今回は、「物の永続性の理解」をねらいました。「理解」するのは子どもたち自身です。子どもたちに理解させることも、私たちが代わりに理解してあげることもできません。私たちにできることは、子ども自身が理解できるように、いい経験をさせたり分かりやすい環境を整えたりすることだけかもしれません。そして、今何の支援が必要かということは、子どもの眼球の動きを見て、教材の動きや位置を決めたように、子どもたちが私たちに教えてくれるように思います。これからも子どもたちに教わりながら、子どもたちが求めている支援をしていければと思います。

【参考文献】

1）Bates, E.,Camaioni, L. and Volterra, V.,(1975) The Acquisition of Performatives Perior to Speech. Merrill-Palmer Quarterly, 21, 205-226、ベイツ著、松尾英巳・山下勲訳『福岡教育大学障害児教育センター年報』4、P.55-70「ことば以前の遂行行動の獲得（翻訳と解説）」福岡教育大学障害児教育センター、1991年
2）Brunner, J.S.(1983) CHILD' S TALK Learning to Use Language. Oxford University Press 寺田晃・本郷一夫訳『乳幼児の話ことば－コミュニケーションの学習』新曜社、1988年
3）坂口しおり『障害の重い子どものコミュニケーションの評価と目標設定』ジアース教育新社、2006年
4）坂口しおり『コミュニケーション支援の世界 発達とインリアルの視点を取り入れて』ジアース教育新社、2006年
5）竹田契一・里見恵子『インリアル・アプローチ』日本文化科学社、1994年
6）長崎勤・古賀頼雄・藤田継道『臨床発達心理学概論－発達支援の理論と実際』ミネルヴァ書房、2002年

Ⅱ章　実践報告⑤

重度・重複障害児のコミュニケーション行動形成の指導

三項関係におけるリーチング行動の発達

古山　勝

教師や友達との積極的なかかわりが見られない子どもが、意図的で継続的な段階的指導によって、子ども一対象物一他者の三項関係によるコミュニケーション行動形成を成立させていく経過が報告されています。子どもが変わることの素晴らしさの実際を参照したいものです。なお、本稿は、徳永豊氏（前国立特殊教育研究所所員）の研究成果報告書「重度・重複児における共同注意関連行動と目標設定及び学習評価のための学習到達度チェックリストの開発」（2006年３月）に掲載した事例を加筆修正したものです。（飯野）

趣　旨

子どもの指さし（pointing）行動は、おおよそ１歳前後に見られるようになり、他者に対して対象を指示する一種の身振り行動として、コミュニケーションの重要な役割を持っています。本研究では、共同注意関連行動及び乳幼児の発達研究を手がかりに、重度・重複障害児の三項関係の形成に向けての「リーチング行動」から「手差し行動」への発達に関する過程を、ステージⅠからステージⅢまで３期に分けて検討しました。

ステージⅠでは、他者の注意や意図に関係のない玩具へのリーチング（自己と対象物の二項関係）が行動でした。ステージⅡでは、他者が玩具へ指さしをすると注意を向けたり、応答的要求発声が見られたりするようになりました。ステージⅢでは、他者への自発的要求発声や要求としての手差し行動とともに叙述的な交互凝視等の行動が見られるようになりました。しかし、対象物を定位するための手差し行動から指さし行動への変化は見られませんでした。

このことから重度・重複障害児においては、乳幼児の共同注意行動の出現時期とは異なりますが、「他者意図の理解」や「応答の提示・手渡し」「指さしの産出」などは、乳幼児と同じように、三項関係を形成していく中での共同注意行動が発達する可能性が示唆されました。

I　研究目的

重度・重複障害のある子どもは、言語、運動、認知、社会性などさまざまな領域において発達の遅れが見られます。しかし、周囲の人とコミュニケーションをする際に、表情や視線、身体の動き、発声、身振りなどの非言語的コミュニケーションを使いながら、自己表現をしています。そのため、かかわり手がその伝達意図や伝達内容、伝達手段などを適切にとらえて、相互が共感し合う活動場面を設定することによって、コミュニケーション行動がさらに発達すると考えます。

徳永（2003）は、重複障害児の対人相互交渉の検討について、外界の情報をどのように取り込み（知覚過程）、どのように判断し（認知過程）、どのように行動を形成するか（表出過程）を検討する必要があることを示しています。その中で、身体接触を伴う動作を取り上げ、「動きの課題」に取り組む中で、動きの課題やかかわり手に子どもが注意を向け、その注意をコントロールすることを学習したために、言語的なやりとりが成立するようになったと考察しています。このことは、（身体を通したやりとりの展開を通して）子供（自己）－対象（課題）－相手（他者）という対人的相互交渉における三項関係が成立したととらえることができます。大神（2002）は、乳幼児発達の視点から二項関係（dyad）及び三項関係（triad）における共同注意関連の30項目からなる質問紙を作成し、1000名の乳幼児（生後8カ月から2カ月ごとに6回、延べ人数6000人）を対象として調査を実施しました。その共同注意関連行動の平均出現時期から「視線内の指さし理解」や「視線追従」などの「他者意図の理解」後に、「提示・手渡し」があり「指さしの産出」「社会的参照」が出現することを示唆しています。この共同注意関連行動の出現データーからも、発達的起源や初期言語とコミュニケーションの発達に、共同注意を成立させる要素が大きな役割を果たすことを示しています。

子どもの指さし（pointing）行動は、おおよそ1歳前後に見られるようになります。この指さしとは、外界の対象物に対して、定位しながら腕を伸ばして指し示す行動です。指さしは、最近では人間とかかわったチンパンジーも見られると言われています（正高、1999）が、本来は人間特有の行動様式であり、非言語的コミュニケーションの基礎になる行動です。自分が外界の対象物を認知し、他者に対して対象を指示する一種の身振り行動であり、コミュニケーションとして重要な役割を持つ象徴的な行為といえます。正高（2001）は、指さし行動の起源説として①「リーチング省略説」、②「リーチング誤解説」、③「指さし行動生得説」と便宜的にとらえています。ただし、実際に仮説の妥当性が検証されているわけではないとしています。

肢体不自由を伴った重度・重複障害児の認知発達は、共同注意の前提である人や物との二項関係の中で、自分から働きかけることや働きかけられることにより外界とつながりが深くなり、対人行動やコミュニケーション行動、認知、運動などが発達すると考えられます。重度・重複障害児も乳幼児の発達と同じように、共同注意の前提である対人や対物の二項関係から三項関係に発達する過程において、視線や発声、指さし、身振り等のコミュニケーション行動形成がされると考えられます。

そこで本研究では、乳幼児の発達研究を手がかりに、重度・重複障害児の共同注意関連行動及びコミュニケーション行動形成に関する実践研究を行います。また、実態把握や評価においての学習到達度チェックリスト（徳永、2005）を活用し、その妥当性についても検討することを目的に取り組みます。

II　研究仮説

重度・重複障害児が非言語的コミュニケーションの一つとしての指さし行動を獲得するまでの過程は、外界の対象物の知覚、発見と認知、理解にあり、またその対象物への興味から要求行動としてのコミュニケーション手段の獲得が、大きく関与していると考えられます。

そこで、アイコンタクトや身振り行動が見られない重度・重複障害児に、対象物の発見や理解等ができる環境設定をすること、すなわち聴覚や触覚、視覚などの情報を複合的に共有し、三項関係において相互交渉する中で、コミュニケーション手段としてのアイコンタクトや発声、リーチング行動、他者の意図理解などの共同注意行動の発達が獲得されると考えられます。

III　研究方法

研究方法は以下の通りです。

1．対象児

⑴ 実　態

特別支援学校（肢体不自由）に在籍する脳性まひで、知的障害のある小学部５年生男子１名

本児は、音の出る玩具や絵本、歌やキーボードなどが好きで、かかわり手の介入を拒むことはないが、視線を合わせたり、相手の意図やしぐさや身振りによって行動するようなことは見られない。また、自分だけで好きなように本をめくったり、投げたり、キーボードを弾いたりして、かかわり手を介してのやりとりはあまり見られない。身体的な面では、右手のまひが強く腰から背中、首まわりなど強い緊張がある。左手を使って物を掌握したり、キーボードを操作したりする。コミュニケーション面では、応答的な返事はするが、自分からの要求的発声は見られない。情動面では、気持ちが高まると大きな声を出したり、突然叩いたりすることがある。

⑵ 検査結果

・**乳幼児発達スケールKIDS**（TYPE T　０歳１カ月～６歳11カ月）（H17.2.20実施）
運動：７カ月　操作：９カ月　理解言語：10カ月　表出言語：７カ月　概念：－
対子ども社会性：１歳　対成人社会性：４カ月　しつけ：１歳５カ月　食事：５カ月
総合発達年齢　７カ月

・**遠城寺式乳幼児分析的発達検査**（H17.1.25実施）
移動運動：0.6～0.7　　手の運動：0.8～0.9　　基本的習慣：1.6～1.9
対人関係：1.0～1.2　　発　　語：0.11～1.0　　言語理解：1.6～1.9

⑶ 学習到達度チェックリスト（徳永、2005作成）

Ｉ．Ｍ（12歳３カ月）　実施　2005年９月14日			
スケール		段　階	スコア
国語	聞くこと・話すこと	１－４	6
	読むこと	１－４	6
	書くこと	１－４	6
算数	数と計算	１－３	4
	量と測定	１－３	4
	図形	１－３	4
生活	生活スキル	１－６	10
体育	運動・動作	１－４	6
		総計スコア	46

総計スコア　46　　平均スコア　5.75

〈表１〉事例Ｉ．Ｍの学習到達度スコア

1）評価の概要

ア 国 語

【聞くこと・話すこと】

特定の声かけや活動等に対して、発声による返事をしたり、手を伸ばしたりして応えることが可能になってきた。発声としては、「アッ（応答的な返事）」「ママ」「ピアピア」「ババチカ　ババチカ」等があるが、意味は不明である。理解については、「ちょうだい」「バイバイ」「さようなら」「ダメ」等の指示に応えることができるようになってきた。また、身体部位に関しては、「おなか」「あたま」「くち」「て」等の指示に対して、左手で応えることができる。相手を見ることはあるが、視線を合わせたり、叙述的な視線を向けたりすることは少ない。ジェスチャーで「バイバイ」は意思表示できる。

【読むこと】

視覚は乱視があるが、自分の好きな物に手を伸ばしたり、握ったりすることができる。また、絵本を自分でめくることもできる。絵本「大きなかぶ」では、「うんとこしょ、どっこいしょ」のフレーズが好きで、嬉しそうな表情と手拍子をする様子が見られる。

キーボードでは、自分でリズム打ちやグリッサンド（鍵盤を滑らかに滑らせて音を出す）等、自分の好みの音やリズム等を出すことができる。

【書くこと】

楽器や本などを握って手渡すことができるようになってきた。しかし、気に入らなかったり、飽きたりすると、落としたり、投げたりしてしまう。キーボードを使って、自分で音を出して楽しむことができる。また、ボタン等の操作も左手の人差し指を使って押すことができ、自分の好きなボタン（自動演奏）を選ぶこともできる。

イ 算 数

【数と計算、量と測定、図形】

「本を渡して」「バイバイ」等の特定の言葉かけに応じて、ジェスチャーを行動に移すことができるようになってきた。また、「お母さんはどこにいるの？」と話しかけると、そばいるお母さんを見ることもできる。大小の区別や色の識別は難しい。

ウ 生活；生活スキル

自分でコップを持って飲むことができる（コップを落とすため援助者がそばに

いる必要がある)。指示があれば、タオルで口を拭くことができる。排泄は、便座に座ると自分で排尿することがある。しかし、尿意を知らせることは難しい。食事は、食物をフォーク等に刺した状態にすると、自分でフォークを握って口へ運び、食べることができる。

エ　体育；運動・動作

座位保持椅子に座り、左手を使ってボタンを押したり、物を落としたりすることはできる。また少しずつ右手を使うようになり、物を押さえたり、支持したりするようになってきた。ＳＲＣウォーカー（歩行補助具）に乗って、興味がある目的物に向かって（興味がある物があれば)、3m程度の移動は可能である。50m走では、車椅子に乗った状態で援助者と一緒にバトン等を握り、走ることができる。車椅子操作は右手のまひが強く、左手で行うので難しい。ずり這いや寝返りで移動をする。

2）学習課題と指導

ア　国　語

【聞くこと・話すこと】

相互的なかかわりの中で、身振りサインを獲得する。また、応答的な反応から自発的な身振りサインやシンボルを学習する段階と考える。

【読むこと】

具体物から写真・絵カードやシンボルカードへの抽象的な意味を理解する段階にあると考える。具体物から抽象的なカードの意味理解をする。

【書くこと】

なぞり板、棒外し・通し、縦や横などの枠指定のなぐり書き等の学習段階と考える。

イ　算　数

【数と計算、量と測定、図形】

個別学習で、指示した言葉の理解と操作をする段階にあると考えられる。例えば、キーボード遊びやボール遊び等を通して、具体的な操作をしたり、具体物と音声言語のマッチングをしたりする段階と考える。

2．指導のねらい

日常生活行動の観察やアセスメント、前籍校からの情報、保護者からの聞き取り等から「○○をしますか？」に「あっ」と発声で応えたり、「どっちにしますか？」の問いかけに手を伸ばしたりなどの応答的な反応は見られます。しかし、他者と視線を合わせたり、かかわり手の表情や行為に関心を向けたりすることが困難です。また、突然近くにいる友達や教員を叩いたり、噛んだり、物を投げたりすることもあることから、他者とのかかわりを通して情動面の安定を図るとともに、要求伝達手段の確立が必要であると考えます。

具体的な指導の方向性は、学習到達度スコア（**表２**）を踏まえて、課題とした国語や算数の基礎学習としては、本児の好きな遊びを通して、相互的なかかわりをする中でアイコンタクトや発声、指さし等の身振りサインの獲得や具体物から抽象的なカードの意味理解、具体物と音声言語のマッチング等の指導を行うことで、コミュニケーション行動の形成や教科前の初期学習を図ることをねらいとしました。

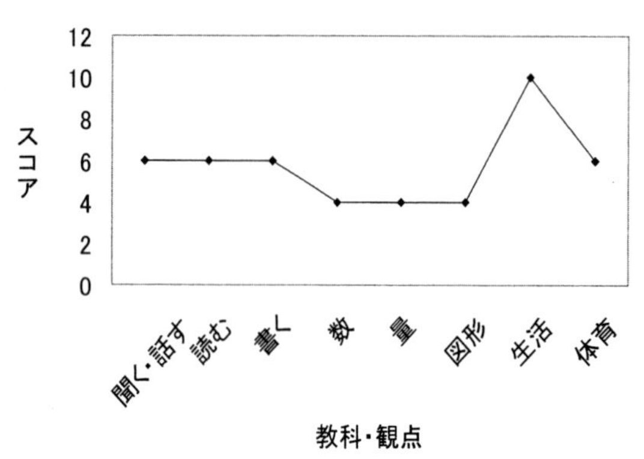

〈表２〉学習到達スコア

３．指導方法

⑴　実施期間及び回数

2005年2月～2005年6月に行った個別学習20回の指導。

⑵　指導の手続き

具体物や写真カード等の呈示に対して、①視線、②発声、③リーチングの３点のコミュニケーション手段について行動分析を行いました。指導場面(約20分)をビデオ録画し、場面分析しました。

⑶　目　的

①具体物を選択する場面で、指さしや発声、視線等のコミュニケーション手段で相手に要求する。
②具体物と写真カードのマッチングをする。

⑷　活動内容

○具体物や写真カードを見て、視線や発声、リーチング等のコミュニケーション手段

で選択する。（遊ぶ道具：キーボード、絵本、カセットデッキ、アンパンマン）

【ステージⅠ】

〔活動〕

○ 2つの具体物や2枚の写真カードから1つの活動する遊びを選ぶ。

○具体物や写真の理解をする。

〔手立て〕

・児童が手を伸ばすと選択肢に手が届くくらいの位置に、選択肢を呈示する。

・1つずつ選択肢を呈示した後に、選択肢2つを同時に呈示する。

【ステージⅡ】

〔活動〕

○ 3枚の写真カードから活動する遊びを選び、コミュニケーション手段で具体物とマッチングをする。

〔手立て〕

・選択した具体物の位置を指さしで示す。

・3枚の写真カードから1枚ずつ呈示する（子どもはどうする？）。

【ステージⅢ】

〔活動〕

○ 4枚の写真カードから活動する遊びを選び、コミュニケーション手段で具体物とマッチングする。

〔手立て〕

・具体物の位置を指さしで示す。

・4枚の写真カードを1枚ずつ呈示する。

学習内容	教師の手だて	期待される子どもの行動	子どもの行動指標
具体物と写真カードのマッチング	1．具体物の位置を指さしで確認する。 2．写真カードを呈示して、何の遊びをするか質問する。 3．写真カード選択と具体物とのマッチングをうながす。	1．視線を対象物や教員へ向ける。また、発声をする。 2．教員と視線を合わせる。写真カードを取り、教員へ手渡しする。 3．対象物へ手差しをする。教員へ視線や発声で応える。	・指さしの方向を見る ・応答 ・視線を合わせる ・リーチング ・対象物を見る ・カードの手渡し ・発声　　など

〈表3〉指導における子どもの行動指標

行動指標		ステージⅠ （2005.２.18～３.３）	ステージⅡ （2005.３.７～４.14）	ステージⅢ （2005.４.19～６.17）
視線	対象物	・対象物を注視する。 ・対象物に視線を向けていることが多い。	・始めは左側の対象物を見ていたが、話しかけることで、右側を見るようになった。 ・対象物を提示すると、視線の動きが左右の比較をする動きになった。	・興味のある物へ注視したり、指さしたりする方向を見るようになった。 ・４つのある対象物からすぐに１つの物を見て選ぶ。
	他者	・他者が話しかけても、対象物を見ていた。 ・他者への意識が薄い。	・気づいているが、他者へ視線を向けない。 ・視野内に対象物と顔を近づけると、他者を見るようになった。	・対象物を提示し、「何で遊ぼうか」と話しかけると、他者に対して視線を向けるようになってきた。
	その他	・飽きたり、興味がなかったりすると周りを見る。	・他者の動きや具体物の位置を見ている。	・その他へ視線が移ることが少なくなった。
発声		「これ読もうか」等の話しかけに対して、「あ」と返事をしたり、無言で対象物へ手を伸ばしたりする。また、突然笑ったり、奇声を上げたりすることも見られた。	・他者の話しかけに対して、応答的に返事をするようになった。また、一つずつの提示をすると、興味のある対象物のときに、返事をするようになった。	・他者の話しかけに応じて、発声で確実に応えたり、期待をするような発声をしたりするようになった。また、対象物を提示して話しかけると、嬉しそうな声を出す。
リーチング		・他者に関係なく、対象物へ手を伸ばし、自分の手元へ引き寄せる。 ・手を伸ばすが、一定の停止をしていない。	・左側の対象物へリーチングすることが多く見られたが、次第に興味のある対象物へリーチングするようになった。	・他者の話を聞いてから、対象物に対してリーチング行動から手差し行動へ変化が見られた。 ・手差しをして、相手に伝えるようになってきた。
様子		 対象物へのリーチング	 ２枚の写真カードの選択場面	 対象物への手差し行動

〈表４〉遊び選択の行動

Ⅳ　指導結果と考察

具体物、写真カードでキーボード、絵本、カセットデッキ、アンパンマン等の遊び選択の学習について、**〈表４〉**に示すような経過でした。行動指標として、視線（対象物、他者、その他）や発声、リーチング等とし、各ステージの行動特徴を示しました。

その子どもの様子の変化を、ウェルナーとカプラン（Werner,H&Kaplan,B）の原初的共有状況の基本図や大神（2000）を手がかりに三項関係の構造として**〈図１〉**を示しました。また、徳永（2004）が示した、子どもが誕生してから言語的なやりとりが可能になる時期までの７つの発達段階を位置づけて考察をしました。

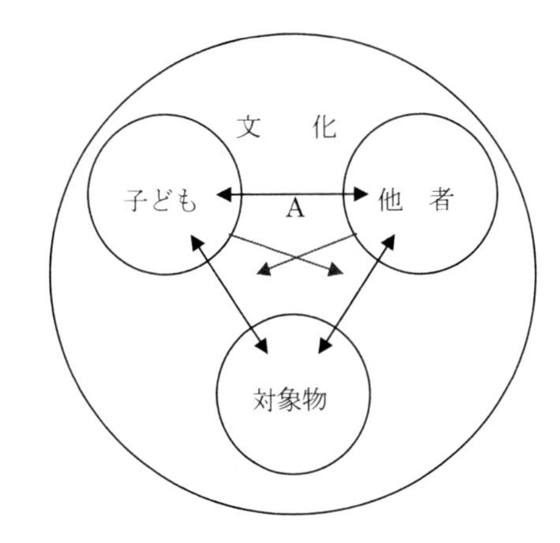

〈図１〉三項関係の構造

自己・他者・物との関係から見た７つの発達段階モデル（徳永　2004）

徳永（2004）は､子どもと他者との間で、言語的なやりとりが可能となる段階までを、次のようなステップとして位置づけて説明している。

①「**混沌とした世界**」として、自分や他者、対象物の区別がない混沌とした状態である。②「**自己・他者のゆるやかな分化**」として、自分の出来事がゆるやかに分化していく段階であり、自分と自分以外の区別が先に成立するとされている。自分の出来事と自分以外の出来事を区別する上で重要なのが、からだを動かす（眼球の動きを含む）ことと考えられている。③「**刺激的な他者（二項関係の形成）**」として、ゆるやかな自分と自分以外との区別の中で、対象物と異なる他者が区別される段階である。初期の他者との二項関係の成立である。④「**自分の自体の操作**」として、自

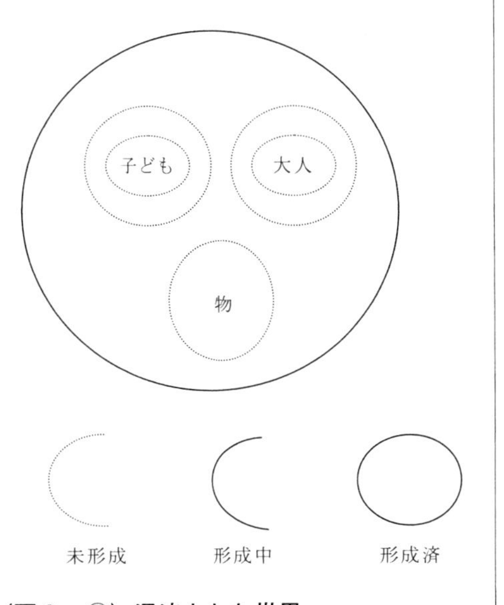

〈図２－①〉混沌とした世界

分で自分のからだを確かめるように、手をなめたり、手を見つめたりする行動が顕著になる。このように自分のからだの動きを確かめることで、動かす主体として自己を動かされる対象として自体がゆるやかに区別される。⑤**「物の操作」**であり、操作の対象が、自らの「からだ」から拡大し、外的な対象に拡大する段階である。この段階になると、動かす自分と動かされる

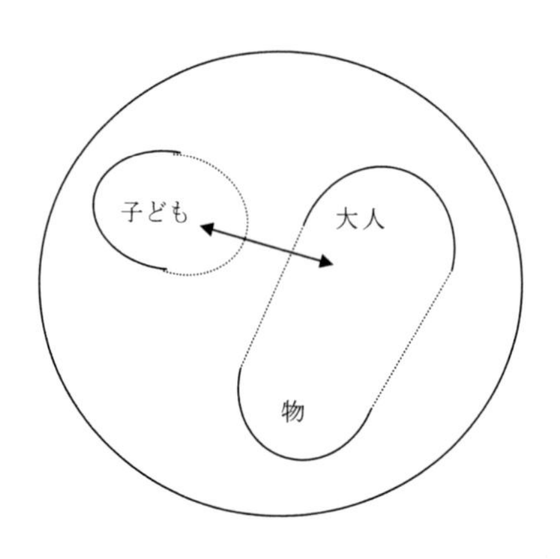

〈図２－②〉ゆるやかな分化

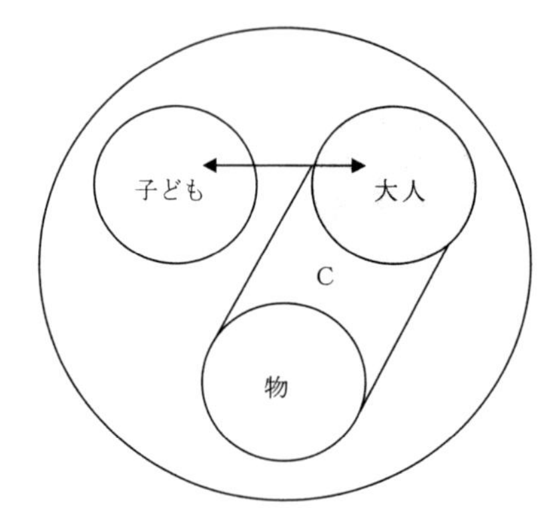

C：刺激的な他者との二項関係
◯：注意・興味の対象領域

〈図２－③〉刺激的な他者

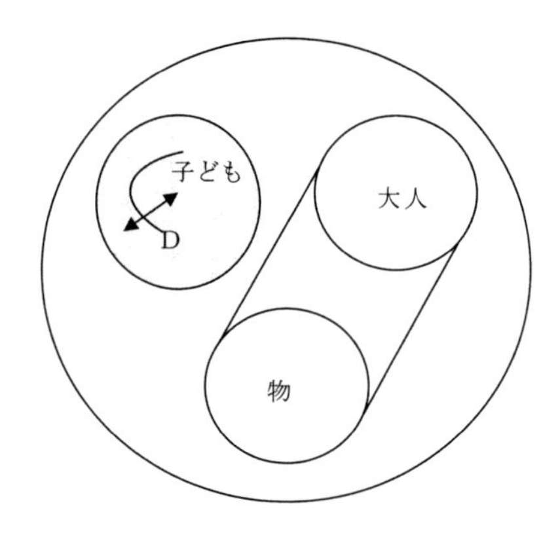

D：対象物としての自体との二項関係

〈図２－④〉自分の自体の操作

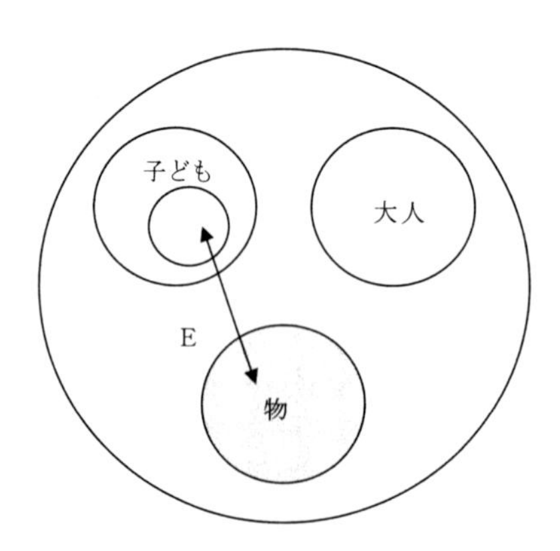

E：物との二項関係の成立

〈図２－⑤〉物の操作

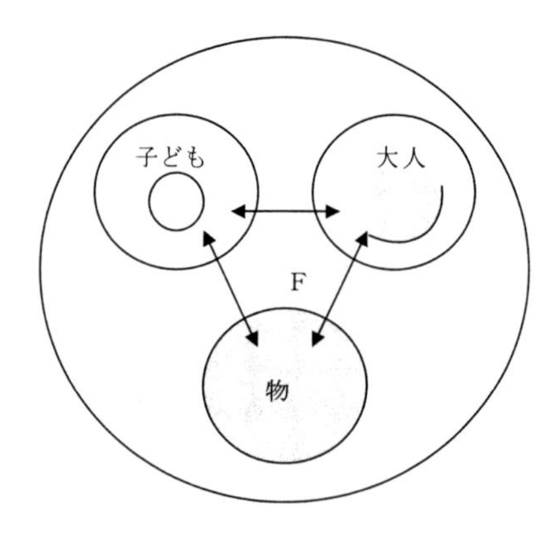

F：物を介した初期の三項関係

〈図２－⑥〉初期の三項関係

「自体」が基本的に区別される。しかしながら、その区別が表面上に意識されることは少なくなり、操作する対象物に意識を集中する段階である。物を操作して、その結果、何がどうなるかに興味と関心を持つ段階であろう。外界の探索活動が優位な段階である。⑥「**初期の三項関係**」は、物の操作が拡大して、物を介して他者とかかわり始める。他者が操作する対象物、対象物を操作する他者に興味と関心が向く段階である。しかしながら、対象物を操作する他者の意図やこころについて明確な気づきがない段階である。対象物の提示・手渡しの段階前の物を介した共同遊びの段階である。その後が⑦「**他者意図の理解**」で、他者の中に、他者の意図や思いがあることに気づき、他者にも「心」があることに気づく段階である。自分の意図を他者の意図に重ね合わせたり、他者の意図に反発したりするような行動をすることが可能となる。例えば、他者の指さしには、メッセージが含まれていて、指さすことで何かを伝えようとしていることへの気づきが成立するなどである。

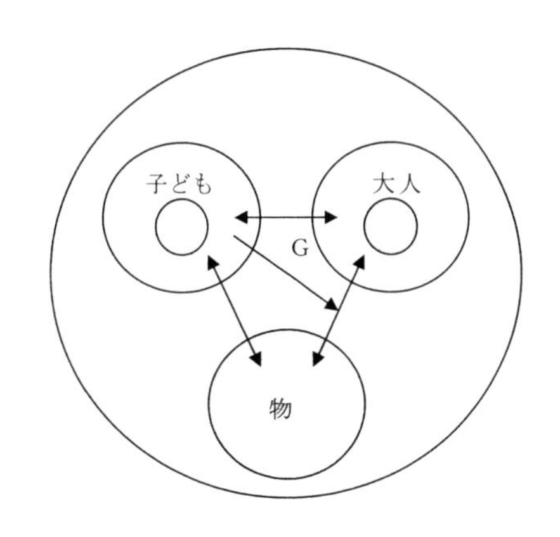

〈図２－⑦〉他者意図の理解

⑴ 【ステージⅠ：物との二項関係の成立】

ステージⅠの指導開始時は、興味のある本や玩具、楽器を児童の前に呈示すると対象物を掌握したり、引き寄せたりする行為でした。また、話しかけも他者に対して注意を向けず、本や楽器等へ注目していました。他者に視線を合わせたり、注意を向けたり、表情を見たり等の共同注意行動が成立していませんでした。要求伝達手段は、「対象物への視線・注視」「対象物へのリーチング・掌握」「応答的な発声」等の行為でした。これらのことから、本児は外界への興味や関心を持ち、物への探索活動が優位にある段階として「物との操作　E：物との二項関係の成立」（**図２－⑤**）の段階であったと考えられます。

⑵ 【ステージⅡ：初期の三項関係および他者の意図理解への芽生え】

ステージⅡの指導では、２つの具体物を児童の目の前に提示をすると、右まひがあるためか左側優位にリーチングをしていました。対象物には注視することから、対象物の近くにかかわり手の顔を寄せて、視野内に入るようにしたことで、話しかける

〈写真１〉

と応答的な返事をしたり、かかわり手に視線を向けたりすることが多く見られるようになりました。また、２つの対象物を見比べてからリーチングしたり、リーチングしてかかわり手の顔を見たりするようになってきました。さらに、確認のために教員が対象物へ指さしをすると、笑顔と発声で応える様子も見られました。

これらのことから、他者が操作する対象物に注意、注目、視線を向け、これから始める活動への期待感やイメージがふくらむ等の興味や関心が向き始めたこと、教員が対象物を指さししたら笑顔になり、発声で応えたり、指さしする前の音声だけでも発声したりと、対象物を操作する他者の意図や思いに気づき始めたことが分かります。そしてこれは、「初期の三項関係　F：物を介した初期の三項関係の成立」（図２－⑥）と「他者意図の理解　G：他者意図の理解を前提とした二項関係の成立」（図２－⑦）が混在する段階にあると考えられます。

さらに、２つの対象物と音声言語が一致し始め、「○○はどこ？」と尋ねると、リーチングして、一定の間、手を保持しながら選択できたり、写真カードで選べるようになったりしました。このことは他者の意図理解だけなく、リーチングから手差し行動へ自己行為の意味理解や、音声言語と写真や絵カードを活用したカード学習等の抽象的な初期学習の可能性をも示唆しています（**写真１**）。

⑶ 【ステージⅢ：三項関係の成立へ】

ステージⅢの指導では、自分から手差し行動をしたり、他者へ発声で呼びかけたり、視線を向けたりするなどの要求伝達手段の変化が見られるようになりました。また、

〈写真２〉

対象物と音声言語のマッチングも可能になり、「何で遊びたいの？」の問いかけに対して、対象物へ手差し行動をしてからかかわり手を見るなど、叙述的な視線や手差し行動として相互要求伝達手段へと変化が見られるようになってきました。また、３枚の絵カードから好きな遊びを選択することや絵カードと具体物のマッチング等の活動を通して、教員との活動

を共有して楽しむ中で、アイコンタクトや叙述的な視線（**写真2**）や応答的な発声、応答の手差しなどの共同注意行動の発達が増えてきたと考えらます（**図2－⑦**）。

これは本児が他者の心に気づき、他者を行為の主体者として認識する段階になり、相互理解のある三項関係（**図1**）の成立として考えられます。

⑷ 【日常生活でのエピソード】

指導の後半では、教室内にある物や人などを見渡して、自分から手差しと発声で近くにいる他者へ要求したり、かかわり手に対して発声と手差し、視線、笑顔などの複合的なコミュニケーション手段を活用したりする様子が増えました。また、車椅子を操作して遊びたい物へ自分から移動し、周囲に何がどこにあるか把握して、より積極的に他者とかかわりながらコミュニケーションをするようになりました（**写真3**）。

教員や友達とのかかわりや学習場面等の学校生活全般の行動において、叩いたり、噛んだり、奇声を上げたりすることが少なくなり、落ち着いて学習に取り組むようになってきました。左手優位に物を操作していましたが、本を読むときに右手を使う様子も見られるようになりました。また、登校時に母親に送られて別れるときに、後方追視をしたり、寂しそうな表情をしたり、注意をされたときに視線を合わせて相手の表情を見てから泣き出したりする等と他者に対しての感情表出もはっきりとしてきました。

〈**写真3**〉

Ⅴ　まとめ

1．三項関係によるコミュニケーション行動形成

本事例では、肢体不自由を伴った重度・重複障害児のコミュニケーション行動形成について、子ども－他者－対象物の三項関係において視線や発声、リーチング行動などの共同注意関連行動に着目して指導を行いました。

指導開始時は、対人的注意が希薄であり、対象物との二項関係の世界でのかかわりでしたが、子どもの視野内に物と他者の表情を組み込むことで、他者の表情へ意識が向くようになったと考えられます。生後2カ月頃、子どもは目の前にいる他者の顔へ注意を向け、しっかりと目を合わせはじめます。この乳児と他者による対面的なかかわりの場面は、「二者の視線が出会う単純な共同注意」(Bruner,1995) あるいは「対面的共同注意」(大藪、2004) と名付けられ、共同注意の原初的形態として位置づけられています。

事例においても、対象物との二項関係から他者への視線を向ける行動へつながり、その他者の表情やしぐさ、身振りなどに気づき、他者の意図理解が形成されるといえます。その前提としては、遊びを通しての他者と子どもの二項関係が重要で、対面的なかかわりを通して相互理解が深まり、豊かな情動表出が見られるようになったと考えられます。

徳永 (1995、1996) は、重度の肢体不自由と重度の知的障害があり、アイコンタクトが難しく、自発的な動きとしてわずかな手の動きしか見られない子どもに対して「一緒に腕を上げる」という課題の中で、相互交渉を成立させ、子どもの表情や対人的な働きかけが生じてきたと報告しています。この研究と同じように古山 (2005) は、事例の対象児に対しても「一緒に腕を上げる」課題を行うことで、アイコンタクトや指示理解、他者の意図理解、自己動作コントロールのきっかけになったと同じ結果を示しています。

本事例を踏まえて、重度・重複障害児も三項関係の前提である子どもと他者との相互的なかかわりが重要であり、子どもと他者との間で対象物の共有する活動を通して、対人行動やコミュニケーション行動、認知、運動などが発達することが示唆されました。また、大神 (2004) が作成した縦断調査の質問事項を基に、共同注意関連行動に関するチェック表 (古山、徳永、2005) を作成し、対象児の共同注意関連行動の指導開始前と指導後の評価を行い、子どもの進歩状況や行動変化として示しました (**表5**)。

共同注意に関する項目		行動指標	2005/02.14	備考	2005/07.10	備考
他者意図の理解	視野内の指さし理解	・大人がおもちゃを指さすと、子どもはその方向を見る。	△	指す前に見る	○	確実に視線を向ける。
	視線追従	・大人が指さしをしないで、ある方向を見ると、子どももその方向を見る。	×		△	向かい合い、「あれ」等の音声が伴う場合
	後方の指さし理解	・大人が子どもの後ろにあるおもちゃを指さすと、振り返ってそれを見る。	×		△	
提示・手渡し	応答の提示・手渡し	・子どもが持っているものを指さして、「それちょうだい」と言うと、渡したり、見せたりする。	△	気がつくと	○	他者に視線を向けて、笑顔で応える。
	自発的提示・手渡し	・子どもが自分から、おもちゃ等を差し出して大人に渡したり、見せたりする。	×		△	
指さしの産出	要求の指さし	・子どもがほしい「もの」がある時、自分からそれを指さして要求する。	△	手を伸ばす	○	２枚写真・絵カードから視線と手差し、発声等
	叙述・共感の指さし	・何かに興味を持ったり、驚いたりした時、それを大人に伝えようと指さしをする。	×		△	手差し行動
	応答の指さし	・大人が「○○はどこにあるの？」と尋ねると、指さしをする。	×		○	視線と手差し
社会的参照	交互凝視（確認）	・大人が見たり、指さしたりしている「もの」を見て、その後確かめるように大人の顔を見る。	×		△	対象物を提示すると視線を向ける。
	交互凝視（催促）	・子どもがほしい「もの」を指さした時に、確かめるように大人の顔を見る。	×		△	視線と発声が伴い要求するようになった。
	交互凝視（叙述・共感）	・何かに興味を持ったり、驚いたりしたときに、伝えようと確かめるように大人の顔を見る。	×		○	興味や驚いた時等、他者を見る。
遊び・表象	機能的遊び	・小さなおもちゃをなめる、たたく、投げるような感覚遊びではなく、それを適切に使って遊べる。	×		△	スイッチや楽器等を活用
	からかい行動	・子どもが大人をからかうように、わざとそのおもちゃをひっこめる。	×		△	タオルを落として、相手の様子を見る。
	ふり遊び	・ごっこ遊びで、おもちゃのコップにお茶を入れるふりをすると、それを飲むふりをする。			△	指示があるとふりができる。
	模倣	・大人のすることを見てまねする。（電話の真似、イナイイナイバー、お化粧等）	×		△	キーボードで、リズム打ちやグリッサンドをする。
向社会的行動	他者の苦痛への反応	・誰かが、指を傷つけたり、お腹が痛かったりする時、その人を心配そうに見る。	×		△	心配そうな表情に変わる。
	いたわり行動	・誰かをなぐさめたり、いたわったりするような行動をする。	×		×	

【評価方法　○：できる　△：時々できる　×：できない、難しい】

＊重度重複障害児の場合、指さしや手渡し等の解釈は、文脈での視線や表情、身体の動き等から推測される行為を含む。

付記：本資料は「乳幼児期における共同注意の発達と障害に関する継続的研究」（九州大　大神英裕, 2004）の一部(P13)を参考にした。

〈表５〉共同注意行動に関する項目チェック表

学習到達度チェックリスト（試案）

		氏　名				
		生年月日		年　　月　　日 生		
60	P8	2-5		自信を持ってロールプレイに参加する。「なぜ」「どのように」といった質問に対して適切に答える。４つまでの単語、サイン、シンボルをつなげて、１対１及び集団で、自分の経験を伝えたり、よく知っている話をしたりする。「健ちゃんのジャンバー」などといった、所有格を使う。	単語、シンボル、写真が意味を伝えるものであることを理解する。ひらがなの少なくとも半分くらいの形、名前、音を認識している。韻、音節、単語またはシンボルと音を結びつける。	手紙など、書くことにはさまざまな目的があることを理解する。文字を上から下へ、左から右へと書くことがわかる。自分の好みの方法を用いて、ひらがな、または適切なシンボルを使って、自分の名前を書く。
48	P7	2-4		短い時間であれば、お話を聞き、参加できる。４つ以上の単語の要求や指示に答える。例えば、「図書館から恐竜についての大きな本を借りてきなさい」など。行事、物語などについての質問に対して、受け答えをする。 ３つ以内の単語、サイン、シンボルを含んだ文章を使って、簡単な考えや行事を他の人に伝える。また規則的な複数形を正しく使う。現在、過去、未来の出来事や経験に関して、簡単な語句や文章で伝える。接続詞を使って、考えをつなぎ合わせたり、または質問されていること以上の情報を付け加えたりする。	読む活動に興味を示し、物語の部分を予測する。大人が読む途中で止まって、そこで生徒が抜けている単語を埋めるなど。文章やシンボルと写真との区別をする。文章は左から右へ、上から下へ、ページは順番にといった読むための決まりごとを理解する。名前は文字でできていることを知っている。	文字をひとまとまりにしたり、別の単語を書くために、間隔をあけて、空白を取る。自分の名前又は１、２の簡単な単語を記憶して書く。模倣しながら横線をひく。
36	P6	2-3		生徒は集団場面で、他の人に対応する。３つの単語が入っている要求や指示に従う。「その小さい赤い本を私にとって」など。 自分の好みの方法を使って、短い会話を始めたり継続したりする。また簡単な質問をして情報を得る。たとえば、「猫はどこですか」など。 「中へ」や「上に」といった前置詞や、「私の」や「それ」といった代名詞を正確に使う。	名前、人、物、動作などのよく知っている語彙に関連する単語やシンボルをいくつか読み、認識し、選択する。文字や短い単語を結びつける。	文字やシンボルで自分の名前を作ったり、書いたりする。縦の線をひく。絵や壁張りのために、文字などを模写する。縦の線をひく。
24	P5	2-2		最近の行事や経験に関する質問に適切に答える。例えば、「ボールはどこにありますか」など。２つの単語の入っている要求や指示に従う。例えば、「本をお父さんに渡して」など。２つの主要なアイデアや概念を組み合わせる。また簡単な単語、サイン、シンボルを組み合わせる。例えば、「お母さん、行っちゃった」など。50以上の語彙を使う。	よく知っているいくつかの単語、シンボルまたは絵を選択する。また自分にとってわかりやすく提示された絵、シンボル、などの意味を理解している。６つの絵の中から指示されて、ボールを指さす。自動車を指さす。	自分の名前やよく知っている話し言葉、行為、イメージ、行事などに関連したマークやシンボルの意味がわかって、それらを使う。形や直線パターンをなぞったり、上書きしたり、模写したりする。
12	P4	2-1		最低５０個の単語を理解している。言葉でも簡単な要求に適切に答える。例えば「上着をを取って」「立って」「手をたたいて」など。 10から50の単語、サイン又は語句を繰り返し、模倣する、親しい人に簡単な単語、サイン、シンボルを使う。	よく知っているリズムやお話を聞き、反応する。本がどのように役に立つものであるのかを、ある程度、理解している。例えば、ページをめくるとか、本を正しく持つなど。	マークやシンボルが意味を表すものであることを理解している。例えば、時間割の上にマークやシンボルを置く意味や順番の中にマークを置く意味など。自分の好むコミュニケーションの方法でマークやシンボルを使う。
10		1-6	コミュニケーションの広がり、相互的な関わりの拡大、ジェスチャーで選択、体系的な問題解決	相互的なかかわりに他の人を入ることを促す さかんにおしゃべるする 新しい活動を要求するために、大人の所に物を持ってくる 「いけません」というと手を引っ込める	相互的なかかわりに他の人を入ることを促す よく知っている詩のあらかじめ空白にしてある音や筋といった既に知っていることを期待する 他の人と一緒に見ている本のページをめくる	相互的なかかわりに他の人を入ることを促す 他の人と一緒にマークやシンボルを動かす 新しい活動を要求するために、大人の所に物を持ってくる
8		1-5	コミュニケーションの始発、注意の引きつけ、共同行為の成立、活動の結果の理解、ルーチンの行動	視線を合わせること、ジェスチャー、行動などを通じて、注意をひきつける やりとりを開始する 触感的手がかりとしての物に触れて、探索する 自分自身で声を出し、その声を聞く	視線を合わせること、ジェスチャー、行動などを通じて、注意をひきつける 触感的手がかりとしての物に触れて、探索する 自分自身で声を出し、その声を聞く	おもちゃをぶつける、たたく 親指と人差し指で物をつかむ
6		1-4	やり取り展開の予測、対応のパターン化、学習による行動変化、支援されながらの共同行為の成立、役割がとれる	禁止など、親の話し方で、感情を聞きわける 親しい人やおもちゃなどに向かって、声を出す 行動や顔の表情を真似する	好みの人へ手を伸ばす 印刷された人、物、パターンに注意を向ける 感覚的な手がかりを伴う物語に、特定の動物が登場するたびに、喜びを示す 行動や顔の表情を真似する	好みの人へ手を伸ばす 物をつかむ、離す
4		1-3	一貫した反応、注意の持続、共同行為の芽生え	親しい人であれば微笑むなどといった関心を示す、あやされると笑う、母親の声と他の人の声を聞き分ける、音の違いがわかる	親しい人であれば微笑むなどといった関心を示す 人、物、パターンに持続的に注意を集中する	物をつかむ、ガラガラを振る
2		1-2	活動と経験への気づき、活動への興味と注意の焦点化	音のする方を向く、親しい人の声に反応する、アーウーと声を出す	親しい人や物を見る、追視する	親しい人に触られて、応答する、腕や手足を動かす
1		1-1	活動や経験への遭遇と反射的反応	突然の音に驚く、元気な声で泣く	突然の音や光に驚く	突然の動きに驚く
スコア		段階、意義		聞くこと・話すこと	読むこと	書くこと
				国　語		

〈表６〉学習到達度チェックリスト（試案）2006.7.27　バージョン

学習到達度チェックリスト　徳永　豊

男　　女	実態把握　月 日	1）　年　月　日（　歳　ヶ月）（評価者氏名　　）		
		2）　年　月　日（　歳　ヶ月）（評価者氏名　　）		
10以上の数を暗記で数える。１～９までの数がわかる。レースや競争などで一番､二番、三番がわかる。	長さや高さにおいて、違いのはっきりしている時、直接的に物の比較をし、「長い方」とか｢高い方」などと言い表す。よく知っている曜日の名前や食事の時間、就寝時間など一日のうちではっきりとした時間がわかるなど、時間がわかる。	「直線」「円」「より大きい」といった平面上の形や大きさを表す数学の言葉がわかる。形を簡単なモデル、絵、パターンを使って表す。	一人で、着替えをする、砂場で他者と協力して山を作る。	スキップをする、折り紙をおる。
10までの数字を暗記で数える。５までの数字は確実に数えられる。｢より少ない」という概念を理解していて、いくつかのものに「１つ加える」ということがわかる。	「前へ」や「後ろへ」という言葉に対応する。大きさや量を比較して、実際の場面でよく知っている単語を使う。例えば、「重い」や「軽い」、「より多い」や「より少ない」、「充分な」または「充分ではない」といった物や量を比較する言葉を使う。	図形の集合の中から、説明された形を取り出す。例えば、教室の中の丸い物を全て見つけるとか、辺が直線のものを見つけるとか、型あわせの型に合った物を入れるなど。三角を合わせて、長方形をつくる。	お風呂でからだを洗う。信号をみて、正しく道路をわたる。	片足で数歩跳ぶ、紙を直線に沿って切る。
いろいろな場面で一対一対応を理解している。５までの数字を暗記で数える。３までは確実に数えられ、３つの物をひとまとめにしたり、よく知っている活動やゲームの中で３つまでの数字を使うことができる。「より多くの」という概念を理解する。	いつもの場所に見つからないものを探し、物の永続性を理解する。違いのあまり大きくない場合でも、その物のサイズを比較する。物を何かの「中に」「上に」「下に」「内に」に置くといった要求に答える。高い、低いがわかる。	違いのあまり大きくない場合でも、その物のサイズを比較する。型はめをするとか、三次元のものを用いてロールプレイの中で作り操作する。位置を表す単語，サイン、シンボルの理解を示す。物を何かの「中に」「上に」「下に」「内に」に置くといった要求に答えられる。動物の形を見分ける。	上着を自分で脱ぐ、靴を一人で履く。	片足で、２，３秒立つ、はさみを使って紙を切る。
よく知っている数のリズム、お話、歌、ゲームなどに反応する。１または２を、視線、まばたき、ジェスチャー、その他の方法で、求めに応じて示す。「ひとつ」と「たくさん」を、お皿の上の食べ物で分ける。	日頃置いてある物を、意図的に探す｡要求に応じて大小を区別する。顕著な違いがあれば、あるものを他のものと比べてその大きさがわかる。物の位置を確認する。もう少しがわかる	要求に応じて大小を区別する。例えば、二者択一で、「大きい」と｢小さい」を見分ける。顕著な違いがあれば、あるものを他のものと比べてその大きさがわかる。円、四角形、三角形を型はめに入れる。	一人で、パンツを脱ぐ。トイレを予告する。	走る、ボールを前にける、積み木を横に２つ並べる
数の活動や計算に対して気づきを示す。例えば、数のリズム、歌、数のゲームなどの際に真似たり、数のリズムや歌の間に、知っている人に指示されれば、その順番の絵や数を示すなど。	物の永続性を理解する。例えば、物や音が取り去られた時に、それを捜し求めるなど。生徒は大小のものを一致（マッチング）する。物同士の位置や関係に興味を示す。	生徒は大小のものを一致（マッチング）する。物を積み上げたり、組み立てたりする。	ほめられると繰り返す、お菓子の包み紙をとる。	座って姿勢から立ちあがる、なぐり書きをする
生徒はよく使うコミュニケーションの幅を広げる。生徒は知っている人に挨拶をし、かかわりや活動を始める。例えば、大人からの関わりを催促するように、物を落とす。生徒はより多くの時間をかけて学習した結果として、行動を記憶する。例えば、学校で一日が終わる際には、コートやカバンを取りに行くなどである。うなずいたり頭を横に振ったりするジェスチャーや行動で、様々な選択肢に対して反応する。より長時間にわたって物や行事を積極的に探求する。例えば、特定の物を指し示したり、他の物ではなくそれを渡したりする。体系的に問題解決をする。例えば、道具を目的を持って適切に使うなど。			コップを自分で持って飲む。	つかまって立ちあがる、びんのふたを、あけたりしめたりする。
意図的にコミュニケーションを始める。視線を合わせること、ジェスチャー、行動などを通じて、注意をひきつける。また、大人に物を差し出すことで、行事や活動を要求する。より少ない支援で、活動に共に参加する。短時間であれば注意を持続でき、集中できる。徐々に複雑な方法で教材を探索する。例えば、物を振ったり、なぞったりして探索する。自身の活動の結果に、関心を持って観察する。例えば、物を投げたり、落としたりする。前回の授業で学んだ飛び出すおもちゃの使い方を記憶し、適切に行動したりという､より長期間にわたっての学習の成果に従って、行動する。			コップなどを両手で持っていく。	ひとりで座って遊ぶ、おもちゃのたいこをたたく。
自分たちのやり取りの見通しをようになる。一定の好みを示し、情緒的な反応を示す。例えば、好みの物を持ちたいと行動で示す。親しい人や､行事、物がわかる。例えば、選択肢を提供された時に、自分のお弁当箱に視線を送るなど。生徒は試行錯誤しながら行動し、短い期間に学習した行為を記憶する。例えば、よく知っている道具などを使って行動を反復したりする。また他者と共に探索したり、支援されての参加など、共同して取り組む。例えば、手渡された物の感触を触って確かめるなど。			ビスケットなどを自分で食べる。コップから飲む。	寝返りをする、手を出して物をつかむ。
親しい人や、行事、物に対して一貫した反応をし始める｡ルーチンが崩れた時など、新しい活動に興奮したり、驚いたりと反応する。見える範囲で動く物を追視するなど、人、行事、物に対する興味を示し始める。他者と共同での活動を受け入れ、取り組む。例えば、顔の近くへ物を持ち上げ、一緒に見るなど。			スプーンで物を食べる。	首がすわる、おもちゃをつかんでいる。
手に物をのせられると握る。時には行事や物が突然で示されたり、消えたりすると驚きを示す。			顔に布をかけられると不快をしめす。	腹這いで頭をあげる、手をしゃぶる。
突然の音や動き、光に驚く			空腹の時に泣く。	首を動かす、触れたものをつかむ。
数と計算	**量と測定**	**図　形**	**生活スキル**	**動　作**
算　数			**生　活**	**体　育**

2．学習到達度チェックリストの活用について

重度・重複障害児の指導においては、的確な実態把握から具体的な目標設定へ導き出すことが難しいことは言うまでもありません。また、障害が重度で学習が著しく困難な児童生徒のためのいわゆる「自立活動を主とした教育課程」とし学習を進めていますが、教科へつなげることを前提に指導する上で悩みの一つでもありました。そこで、本事例では、行動観察や遠城寺式乳幼児発達検査等に加え、教科学習へつなげるための教科前の基礎概念や行動形成等を踏まえた学習到達度チェックリスト（**表6**）および学習到達度スコアを実施することで、国語や算数等へ向けて考える機会になりました。

例えば、「国語の聞くこと・話すこと」では、「話し方で感情の聞き分けはできるが、視線を合わせることやジェスチャー、行動などを通じて注意を引きつけることは難しい」と実態を把握することで、このあたりに課題があることが推測できます。それは、他のアセスメントや行動観察からも同じようなことが把握されることからも、おおまかな課題から具体的な目標設定を導き出すことができます。さらに、その後の指導の方向性あるいは筋道が示されることで見通しをもって指導が可能になると示唆できます。しかし、各項目のチェックや段階を具体的に示すことでより評価スコアが明確になり、実態把握だけでなく評価としても有効に活用できるようになると思われます。

謝辞　事例の情報及び写真の掲載を許可いただきました事例のＩ君および保護者の方に記して感謝します。

【参考文献】

1）大神英裕・監訳『ジョイント・アテンション－心の起源とその発達を探る－』ナカニシヤ出版、1999年
2）大神英裕、共同注意行動の発達的起源．乳幼児期における共同注意の発達と障害に関する縦断的研究、平成13年度科学研究費補助金成果報告書、2003年
3）徳永豊、重度・重複障害児のコミュニケーション行動における共同注意の実証的研究、平成11～14年度科学研究費補助金成果報告書、2004年
4）徳永豊、自発的な動きの乏しい重度・重複障害児に対する「からだ遊び」の指導について、国立特殊教育研究所研究紀要22、P.9-16、1995年
5）徳永豊、障害のある子どもの前言語的発達を促すための動作法、リハビリテイション心理学研究、24、P.35-43、1996年
6）大藪　泰「共同注意－新生児から2歳6か月までの発達過程－」川島書店、2004年
7）P・ロシャ著／板倉昭二・開一夫監訳『乳児の世界』ミネルヴァ書房、2004年
8）正高信男編『ことばと心の発達』第1巻「赤ちゃんの認識世界」ミネルヴァ書房、1999年
9）正高信男『０歳児がことばを獲得するとき　行動学からのアプローチ』中央公論社、1993年
10）古山勝・徳永豊、重度・重複障害児の共同注意に関する行動形成の研究日本特殊教育学会第43回大会論文集P.218、2005年
11）古山勝他、重度・重複障害児の共同注意に関する行動形成の研究、筑波大学附属桐が丘養護学校研究紀要、第41巻、P.33-37、2005年
12）徳永豊、学習到達度チェックリスト　私信、2005年

II章　実践報告❻

「みる」ことに焦点を当てた授業づくり

学校外の専門家からアセスメントを受けて

小山　美穂

高等部の重複障害生徒の授業で、本稿の「春はあけぼの」を題材にした授業を見たとき、その幽玄さと華やかさのある雰囲気に心惹かれました。高等部ですから、生活年齢に合った題材として美しい絵本になっている「春はあけぼの」を選んだとのことです。読み聞かせの時には、「群読」のようなスタイルをとって、生徒に古文のリズムを伝えていました。「春はあけぼの」は、生徒には分からないではないかという声が聞こえてきそうです。しかし、私は、ある劇団の「平家物語」の群読を聞いたことがありますが、その時、「壇ノ浦」の悲劇だけは、言葉が分からなくても伝わってきたように思います。群読は、不思議な魅力を持っていると思っています。（飯野）

1　はじめに

高等部で、「みる・きく」の授業を担当しています。「みる・きく」という授業名ではありますが、実際は「きく・さわる・かぐ」活動を主として行っていました。視覚障害があると診断されている生徒がいたり、身体機能面で注目すること、追視することが難しかったりという実態があって、「みる」活動に対しては、どちらかというと教員側が消極的になっていました。

平成19年度より江戸川特別支援学校に「うめだあけぼの学園」からOT（作業療法士）・PT（理学療法士）・心理士・ST（言語聴覚士）・視覚担当の５領域の専門家が派遣されて、生徒たちは個別に専門家からのアセスメントを受けることができるようになりました。アセスメントの後、専門家と教員とのケース会を行なって助言をもらい、指導に生かしています。１学期にグループの生徒がそれぞれ個別にアセスメントを受けました。

そこで特に視機能の面で、今まで私たち教員が生徒の見え方について考えていたことと、専門家の判断に大きく違いがあることが分かりました。視覚障害があると医療機関から診断されている生徒も、光やコントラストの強い色の組み合わせを、とらえやすい距離で提示すれば見ることができる、見ようとする力を育てていくことができるということでした。教員も保護者も驚き、感動しました。これからは「みる」という活動に積極的に取り組んでいきたいという思いで、２学期は、注目しやすい「光」を素材とした「影絵」の授業を、今度は授業そのものを視覚担当の専門家に見てもらいながらつくっていきました。それまで行っていた「みる・きく」の授業もあわせて紹介しながら、どう授業が変わったか振り返ってみたいと思います。

2　「きく・さわる・かぐ」 活動を主とした授業「春はあけぼの」

生徒たちが、個別にアセスメントを受けていた１学期に行なった単元です。「枕草子」より「はるはあけぼの。やうやうしろくなりゆくやまぎは、すこしあかりて、むらさきだちたるくものほそくたなびきたる。」という一文のイメージをふくらませ、生徒たちがゆったりとした王朝文学の世界にひたれるような構成を考えました（表１）。

＜授業のねらい＞

①音、感触、視覚などから春のイメージや和の文化に触れ、心地よさや楽しさを共有する。

②登場人物や教員の働きかけに対して、表情・発声・身体の動きなどで自分の気持ちを表現する力を引き出す。

＜授業の展開＞

視覚的な活動については、ピンクや紫の色のイメージを伝えられたらと思い、ソーラープロジェクターの映像・のれん・花びら・ミストライトの色合いにピンクや紫を意識して入れました。ピンクの透けるオーガンジーの布を生徒の頭の上で上下させて見せていたら、天井に映していたソーラープロジェクターの映像が布に映りこんできれいでした。そこでプロジェクターの角度を変えながら、それぞれの生徒の頭の上で布を揺らしつつ、布に映った映像を見せました。「きれいだね！」という表情をして注目できる生徒もいましたが、見づらい生徒もいて、

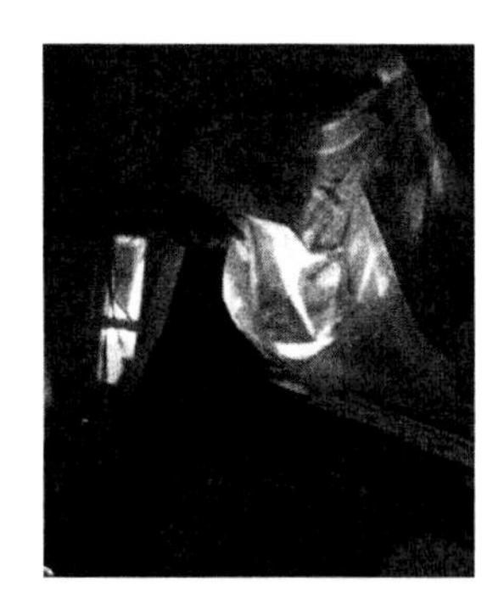

ソーラープロジェクター

反応はまちまちでした。

「きく」活動では、教員がみんなで古文の朗読をし、繰り返し聞かせてリズムを伝えました。この年の教科書となっていた『春はあけぼの』(絵本)を開いて見せながら朗読し、展開①の霧やのれんに触れながら、繰り返し聞かせました。また、メインの教員が「いと」と言ったら、サブの教員が「をかし」、「いみじう」と言ったら「あはれなり」とことばを続け、生徒の箏の音の後に、しみじみと伝えました。

<学習指導案>

	学習活動	指導上気をつけたこと	準備するもの
導入	・教室内暗くなる。 ・お香を聞く。 ・日直あいさつ ・プロジェクターの映像を、布に映して見る。 ・古文のリズムを味わう。	・少しずつ暗くしていく。 ・暗くなったこと、香りで授業の始まりを感じさせる。雰囲気を少しずつ盛り上げる。 ・古語のリズムを繰り返して聞かせる。	お香、ソーラープロジェクター、カセット"リキッド"、教科書本『春はあけぼの』
展開①	・朝霧に触れる、色合いを見る。 ・ひものれんに触れる、くぐる。	・水を使うので、気管切開している生徒への提示は注意して行なう。 ・のれんの糸が指やマーゲンチューブにからまないように注意する。	ミストライト、ひものれん
展開②	・箏(琴)に触れて、音色を味わう。	・音を敏感に受け取りやすい生徒へは、小さい音から徐々に聴かせる。 ・音を鳴らした後に静寂をつくり、余韻をもたせる。	箏、琴爪またはゴムベラ
展開③	・「枯山水」をつくる。 手や道具を使って砂に模様をつける。 ・砂の感触、音	・活動しやすい提示位置の工夫。 ・砂の感触が苦手な生徒は、熊手を使う。 ・砂のサラサラ落ちる音を聴かせる。	砂、バット(砂を入れる)、熊手
総括	・終わりの音楽「亡き王女のためのパヴァーヌ」 ・舞う花びらに触れる、見る。 ・日直あいさつ	・終わりを伝える。 ・花びらが、気管切開部に入らないよう注意する。	リコーダー、バイオリン、キーボード、花びら(造花)

〈表1〉「春はあけぼの」

＜指導の展開＞

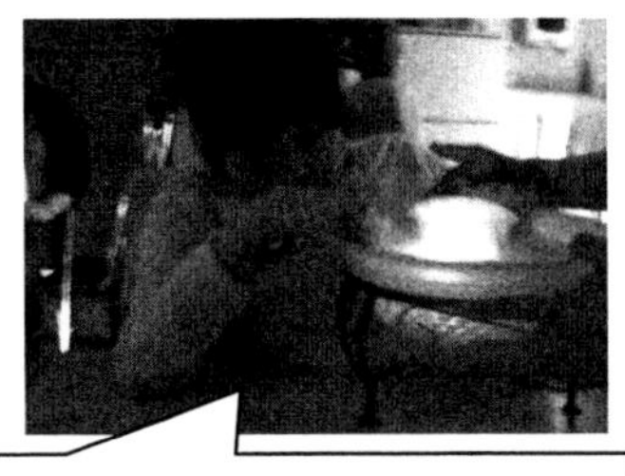

ミストライト・霧が出ます

生徒のお母さんの一人が、「"春はあけぼの"のイメージにぴったり！　活動で使ってね」と、水から霧を作る装置"ミストライト"（インテリア用）を貸して下さり、ライトに照らされた霧に触れる活動を入れることができました。しっとりしたミストの感触、やわらかい色の光をしっかり感じている様子が見られました。

ひものれん

「ひものれん」はインテリアショップでよく売られている、光沢のあるレーヨンの糸がずらりと並んだのれんです。しっとりとした、髪の毛のような手触りの心地よい感触を、指先だけでなく頭、肩など身体で味わえるよう、のれんを生徒の前後に動かしてくぐらせました。のれんの色合いやひもの動きに注目できる生徒もいましたが、色がくすんだピンクだったので注目しづらい生徒もいました。

「枯山水」は「枕草子」とは関係はないのですが、和のイメージとつながるものとして、活動に取り入れました。沖縄から送ってもらった白いきれいな砂を使用しました。張り切って砂の感触を楽しむ生徒、砂の落ちる音にもしっかり気づいた様子を見せる生徒など、それぞれの生徒が自分なりの取り組み方をしていました。

指で枯山水をつくる

この授業では、生徒たちが古語のゆったりとしたリズムの繰り返しや、箏の音色を聴きながらいろいろな感触を体験し、普段とは違う雰囲気を心地よく受け取りながら活動していました。ソーラープロジェクターの映像やアロマミストの光は、注目できる生徒は見ることをねらい、見づらい生徒はぼんやりと感じられればと提示していました。この期間に生徒が個別に視覚のアセスメントを行い、視覚担当からのアドバイスで映像をホワイトボードに投射して見やすい距離に持っていくことで、見づらい生徒もより注目しやすくなりました。見づらい生徒たちが、見ることへ意欲を持っているのが分かり、その意欲を２学期の授業でさらに発展させていきたいと思いました。

3　授業へのアセスメントを受けて「プリンセスとダイアモンド」

＜題材設定に当たって＞

スクリーンに映したところ

スクリーンを移動させて提示

題材は、ミッシェル・オスロの影絵の映像作品をもとにしました。魔法でとりこにされた姫を助けるために、王子が101個のダイアモンドを探してネックレスを作るという内容の創作童話です。

「プリンス&プリンセス」（ジブリシネマライブラリー）というDVDの中のこの作品を見た時に、ダイアモンドのネックレスのシーンの美しさをいつか授業で取り上げたいと思いました。しかし、1枚のスクリーンの影絵をみんなで注目することに難しさがあり、いい方法が見つかりませんでした。視覚担当の専門家に相談したところ、スクリーンを動かせるようにして、それぞれの生徒の見やすい距離まで持って行くことで、しっかり見せることができるのではとのアドバイスをもらい、この影絵の授業を組み立ててみました（**表2**）。

スクリーンは、木製の95cm×150cmくらいの大きさの木枠に布をはったもので、キャスターを付けて動かせるようになっています。また、キャスター部分をスポッと取り外して、スクリーンだけを持って、斜めにしたりも自在です。

グループの教員のお父さんが元・大工の棟梁で、快く作ってくれました。光源は色が変わるサイドグローをファイバー部分を付けずに使用して、幻想的な雰囲気を印象づけました。

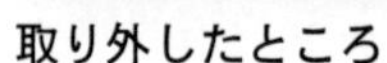

取り外したところ

サイドグロー

＜授業のねらい＞

①光や影を見ようとする気持ちを引き出し、伸ばし、心地よさや楽しさを共有する。

②教員の働きかけに対して、表情・発声・身体の動きなどで自分の気持ちを表現する力を引き出す。

	学習活動	活　動	
		アセスメントの課題	アセスメントを受けての工夫と配慮
導入	室内暗くなる ・日直あいさつ ・森の音を聴く	暗さと心地よさで覚醒が下がってしまう。前傾姿勢にし、見る意欲を姿勢から作り出す	Cさんについてはクッションチェアを調節して前傾姿勢をとる。B君は背中にクッションを入れて姿勢を起こす。
展開①	影絵を見る	生徒が能動的にかかわることができるような工夫	・全体に提示するだけではなく、一人一人が見やすい角度、距離を意識してそれぞれに見せるようにする。
展開②	・いろいろな光を見る（小さな光、光の傘、光の布） ・水に触れて色の光を動かす	生徒が能動的にかかわることができるような工夫	・顔、あごで押すとスイッチが入る、たたくと光るなど、動きに反応する教材を用意する。 ・暗いのが怖く、心理的に受け入れづらい生徒には、何が見たいか選ばせ、離れた場所から少しずつ提示する。
展開③	・ネックレスの影絵を見る	光のインパクトを強く受けすぎる生徒への配慮、またはより引き付ける見せ方	・光の当て方の工夫（離してみせる、光源を揺らす）直接光が眼に当たらぬように注意する。 ・生徒が教員と一緒に鈴を引っ張ると、ネックレスが少しずつ現れるしくみを取り入れる。
まとめ	・音楽「ラルゴ」 ・紙吹雪 ・日直あいさつ	落ちてくるスピードに視線を向けづらい	・ゆっくりとらえられるような素材の工夫（紙吹雪のかわりにスパンコールのついた布をゆっくり降ろす）

配置図

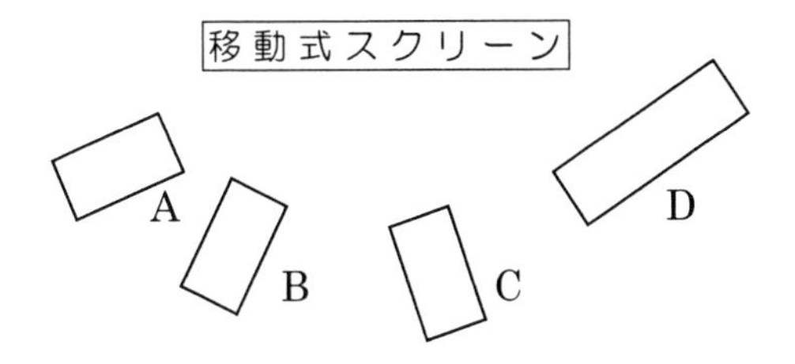

A…座位保持椅子

B…クッションチェア

C…クッションチェア

D…布団で側臥位

〈表2〉「プリンセスとダイアモンド」

＜指導の展開＞

影絵に続いて、指輪やコンパクトの形をした、小さな光のトンネルを見せています。合わせ鏡の中に光が入っていて、光がつながって見えるというものです。それぞれの生徒が注目しやすい距離を意識して提示するようにしました。

光がつながってネックレスになるシーンです。初めは見るだけの活動でしたが、鈴と一緒におおいを引っ張ることで光が現れてくるという動きを取り入れました。提示は、最後のほうですので、集中力が下がりがちな生徒の気持ちを引き立たせることができたようです。

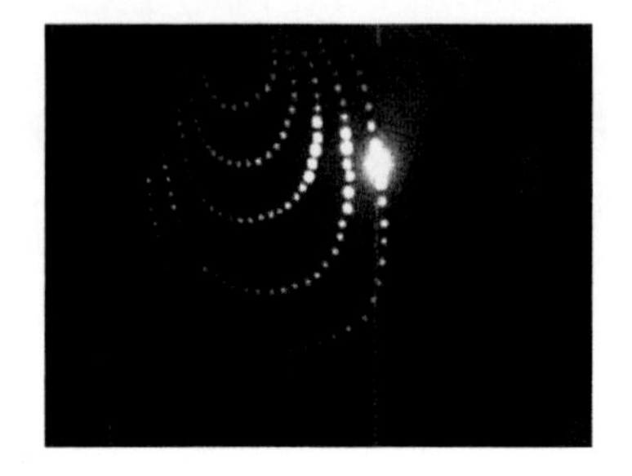

最後に銀の紙ふぶきをライトで照らして、キラキラが舞い降りるという活動を入れていました。落ちてくるスピードが速くて目でとらえづらいとの指摘を受け、スパンコールがついた大きな布を少しずつ垂らしていくことに変えました。キラキラがゆっくり上から下に広がっていく様子に、よく注目できていたようです。

4　おわりに

視覚のアセスメントでは、細かさの違う縞模様をどのくらい注目するかによって、大まかな視力を測ったり、カラフルなライトを使って追視できる範囲（上下、左右）や注目しやすい距離について評価をしました。ライトムーブ（触れると光・音・振動が出る）やマッサージャー、光る扇風機など、見ることと共にいろいろな感覚に働きかけて、様子の観察も行いました。視覚担当の中川貴美子氏は、

「『みている段階』から『みたい段階』へと発展させていくために、能動的にかかわれる場面を用意することが大切である。自分の外の世界と、どのようにしたらかかわっていけるのか、学んでいけたらよい。そのためには、環境を整えていくことが大切で、教材の工夫と提示の仕方が重要になる」
と、アセスメントの中で述べています。

アセスメントを通して、見えづらさがある生徒も見ることを楽しみたい気持ちを持っていて、しっかり楽しむことができることにあらためて気づかされました。生徒の見

やすい距離、色合い、どうしたら物に注目してアクションを起こせるか考えて接するようになりました。製作をするときに絵の具やペンの色を見て選んだり、音楽で楽器をしっかり見てから音を聴いたり、顔のチューブ固定部分に貼るシールを見て選んだりと、「みる・きく」だけではなく、他の授業や生活全般に「見る」活動を意識して取り入れるようになりました。

今後は、スイッチ等を使って自分でアクションを起こしたことが結果になること、自分で選択する活動を通して、見たい気持ちや楽しい気持ちを周りの人に伝え、さらに見ることを楽しんでいく姿勢を伸ばしていけたらと思います。

協力：うめだあけぼの学園　中川貴美子児童指導員
東京都立江戸川特別支援学校高等部　山崎由美子教諭　大塩幸裕教諭

II章　実践報告⑦

視機能の向上を目指した「見る・聴く」の授業づくり

植竹　安彦

「見ること」に焦点を当てて、丁寧に授業づくりをしています。その実践は、先生が根拠に基づく授業づくりを目指していることに拠ります。授業づくりの根拠を①視知覚の発達、②視覚のはたらき、③授業の持つ要素に求め、その理論に基づいて授業を展開しています。授業を進めるに当たって行っている先生たちの配慮によって、子どもたちが授業の楽しさを満喫している様子が浮かんできます。（飯野）

1　根拠に基づく実践を目指して

(1)　はじめに

特別支援教育を実践していく中で、自分の実践が果たして本当に正しいのだろうかと思うことがしばしばあります。健常な子どもたちは、一度学んだことを学び直したり、また修正をしていきながら、生きていくのに必要な力へと進化させていきます。ところが、発達につまずきがある子どもたちは、外界に自ら挑戦していく力と自ら学び直す力（自己修正力）が弱いという実態があり、特に脳に障害がある場合、一度学んだ力が固定化（パターン化）した行動様式になりやすいといえます。

もし誤った学習をしていってしまった場合でも、その学びは誤学習として学び直されずに、一生続いてしまうことも考えられます。完全な正解の指導というものはありえないのかもしれません。でも何カ月、何年もかかって一つの力を学びとることが少なくない子どもたちにとって、その学びは彼らの一生を支え、生活を豊かにする学びにしたいと切に思います。子どもたちの持っている力を限りなく引き出すために、経験や思い込みによる指導ではなく、なぜ今この指導を行うのかという自分の指導の根拠を、いくつも持って実践していくことが大切ではないかと考えます。

⑵ 根拠に基づく実践を目指して

医療の分野ではＥＢＭ：Evidence Baced Medicin（根拠に基づく医療）ということが言われています。経験則で正しいと思われていたことが、近年科学的にはあまり効果が認められず、方法が変化している例が見られます。例えば、手術後は胃に負担の少ない食事を出すのが当たり前といわれていたものが、消化器系の手術でない限り、手術後にステーキ等を食べて、体力をつける食事を推奨する病院も増えてきているなどです。みんながそうしているから、昔からそうやってきているからではなく、果たしてその指導が本当に正しいのかを、見直す視点を持って実践していくことが特別支援教育においても大切です。

私（肢体不自由教育３年目）を含め、まだ肢体不自由教育の指導経験が少ない教員にとり、経験を積まないとよい教育ができないというのでは、年数を重ねるまでに出会う子どもたちに申し訳ないと思います。少しでも早くベテラン指導者の優れた指導に追いつくには、発達の視点など知識を蓄えながら実践を積み、絶えず検証を繰り返しながら指導していくことが自分の成長、すなわち子どもたちの成長に直結すると考えます。

⑶ 実態や仮説に基づく授業づくり

授業をつくる際、児童・生徒にこんな力を育みたいと、目標やねらいを立てると思います。そのこと自体は当たり前と言ってよいほど大切なことですが、目の前の子どもの実態と照らし合わせてみることが必要です。目標に対して、どのような基礎的な力が育まれていることが必要かを整理することが、授業をつくる上で大切です。目の前の児童•生徒の示す状態像を、しっかりと理解することができるかです。状態像をしっかりつかむからこそ、「今なぜその児童・生徒の課題が○○なのか」と仮説に基づいて、原因や理由を説明できます。仮説があるからこそ、授業づくりにおいて、目標に到達するための課題を明確に設定できるのであり、実際に授業を行ってみた際に、評価を具体的に示すことができて、改善していけるのだと思います。

⑷ 学習指導要領における根拠

自立活動の教育課程で学ぶ児童•生徒にとって、欠かせない根拠となるものが学習指導要領です。「見る•聴く」の授業においてねらっていきたい項目との関係を、学習指導要領（改訂前）から大雑把ではありますが抜き出してみました（**図１**）。

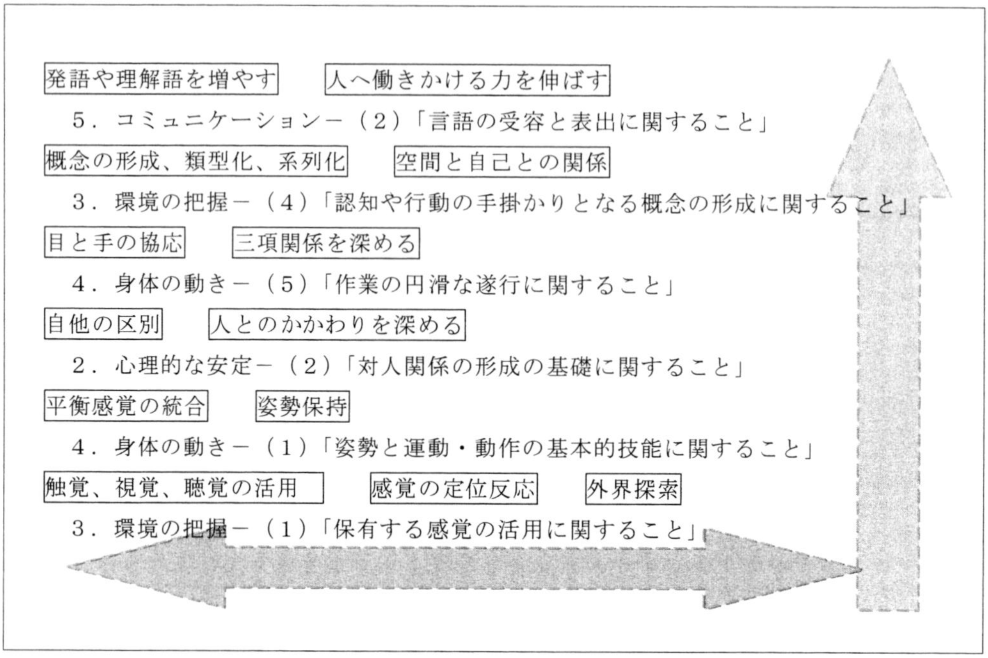

発語や理解語を増やす　人へ働きかける力を伸ばす
5．コミュニケーションー（2）「言語の受容と表出に関すること」
概念の形成、類型化、系列化　空間と自己との関係
3．環境の把握ー（4）「認知や行動の手掛かりとなる概念の形成に関すること」
目と手の協応　三項関係を深める
4．身体の動きー（5）「作業の円滑な遂行に関すること」
自他の区別　人とのかかわりを深める
2．心理的な安定ー（2）「対人関係の形成の基礎に関すること」
平衡感覚の統合　姿勢保持
4．身体の動きー（1）「姿勢と運動・動作の基本的技能に関すること」
触覚、視覚、聴覚の活用　感覚の定位反応　外界探索
3．環境の把握ー（1）「保有する感覚の活用に関すること」

〈図１〉学習指導要領から見た【見る・聴く】の授業の関係構造図

〈図１〉を参照していただくと分かる通り、一つの授業の中で児童・生徒の実態に応じて学習指導要領からも、ねらいを整理することができます。自分が行おうとしている授業が、学習指導要領のどの領域をねらいとしているのか、また、次のステップはどのようなことが必要かなど、授業づくりの根拠としていくことができると思います。どれだけ自分の実践に根拠となるものが加わるかで、誤学習をさせないだけでなく、自信を持った指導につながり、生徒も安心して学んでいけるのではないでしょうか。

2　視機能の向上を目指した「見る・聴く」の授業づくり

私が初めて肢体不自由特別支援学校で授業を行う際には、【見る・聴く】という授業はどんなことを教えていけばよいのだろうかと疑問に思いました。

外界をとらえる際、通常は視覚からの情報が７～８割、聴覚から２～３割を情報取得しているといわれます。ところが発達につまづきを示す児童・生徒にとり、仮に視力や聴力が正常域にあったとしても、目や耳から十分に情報を取り込むことができていないということが、生活を共にする中で分かってきました。

そこで、「見ることを教える」「聴くことを教える」ためには、どういうことを視点にして授業を組み立てていけばよいか、発達的な視点を根拠に据えて考えていきました。

○授業づくりの根拠１…「視知覚の発達」

(1) 視知覚の発達を支える初期感覚（前庭覚・固有覚・触覚）

障害の重い子どもは発達初期の段階にいる子どもともいえます。この段階の児童・生徒にとって受容しやすい刺激は、揺れる・回るなどの刺激（前庭覚）や、関節への刺激（固有覚）（※注１）、触覚からの刺激といえます。この初期感覚は、外界から受け取る感覚と運動をつなぐ上で、大変重要な役割を果たす基礎的な力となります。この初期感覚の育ちが外界へ向かっていく姿勢づくりとなり、手（触覚）を使い外界を探索していく力に結びついてきます（**図２**）。しかし、ただ揺すればよいというような発想の指導は、笑顔は引き出すことができても自己刺激的になり、逆に外界を遮断して内に向かう情動となりやすいので注意が必要です。

※注１　固有覚：固有覚は筋肉や関節がセンサーとなり、関節の曲げている角度や筋肉の収縮の程度を教えてくれ、手足や体を思い通りに動かすときに働く感覚。

(2) 第二の脳…手の活用

手などの触覚刺激は、物や人と触れることで外界との接点となります。この触ったものに対して視覚が定位する活動、すなわち触探索活動が活発になることで、外界へ興味関心をもって働きかけていく力になります。また、手を使うということは、感覚を受け取る（感じる）、働きかけるという意味でも重要であるとともに、脳の中で手に関係する面積が広いことから、多くの神経細胞が働いていくことにもなります。このことから「手は第二の脳」とも言われ、目を上手に使っていくためにも、まず手で物に触れるという活動が大切になります。授業においては、手で物を操作することでおもしろさが伝わるような学習を、どれだけ準備できるかが鍵になるといえます。そして、物とのかかわりを通して「行為と結果という**因果関係の理解**」、すなわち「行為の**始点と終点の理解**」を図ることが、視覚認知を育てるポイントになるでしょう。

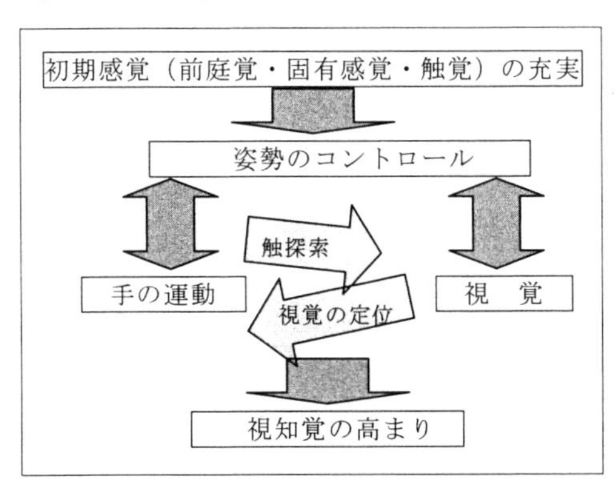

〈図２〉視知覚の発達を支える初期感覚

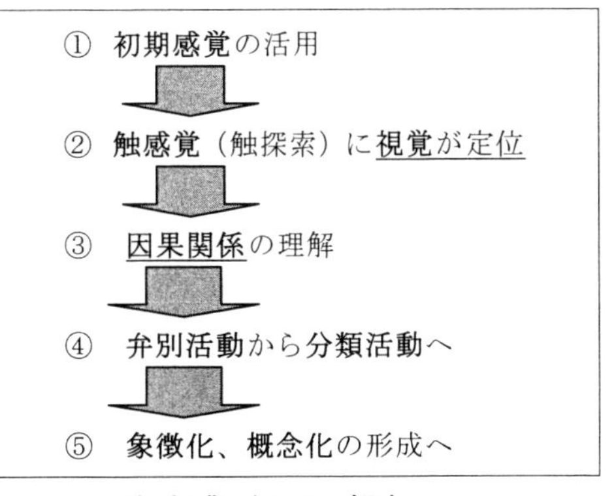

〈図３〉授業づくりの視点

発達の順序で「始点から終点の理解」を示すと、まず、「運動感覚（固有覚）による終点理解」→音で終わりを確認するといった「聴覚による終点理解」→目で終点を確認するといった「視覚による終点理解」となり、このことがその後の認知発達につながる意図的な活動へと導きます（**図3**）。

⑶ 指導が行きづまらないための視点…触覚防衛の軽減

手の活用が視覚認知を育てる上で欠かせないことを述べてきましたが、視覚認知にとどまらず大きな指導の壁となりうるのが「触覚防衛反応」です。触覚防衛の軽減が指導の鍵になるということも付け加えておきます。小学部の低学年段階でこの実態にいち早く気づき、改善していくことが指導を積み上げていくために必要であり、またコミュニケーション活動の誤学習を防ぐ大切なこととなります。詳しくは本書218頁の「実態把握と授業づくりに役立つ『触覚』のはなし」をご参照ください。

○授業づくりの根拠２…「視覚のはたらき」

⑴ 「見る」ための目のしくみ

視覚について「視野」という観点に基づいて、整理してみたいと思います。見るための原理として、眼球の奥にある網膜に映像が映り、その映像が脳へと伝わり映像情報として処理されます。その網膜にある２つの機能「中心視」と「周辺視」について整理しておくことが、特別支援教育における指導において必要であると思います。

網膜の中心部分に集まっている視細胞には、「色」「輪郭・形」に反応しやすく、この情報を使うことを「中心視」といいます。中心視は視線を対象物に向けた際に、視線を中心に半径約１度の範囲をいうといわれています。これに対し、網膜の周辺部分の視細胞には、「明暗の変化」「外界の動き」に反応しやすく、この情報を使うことを「周辺視」といいます。周辺視は中心視から外れた、上下約130度、左右約180度の範囲といわれます。人はこの周辺視と中心視をたくみに使い分け生活しています。そして学習場面において、目と手の協応した活動を引き出すためには、中心視の発達が必要になります（**図4**）。

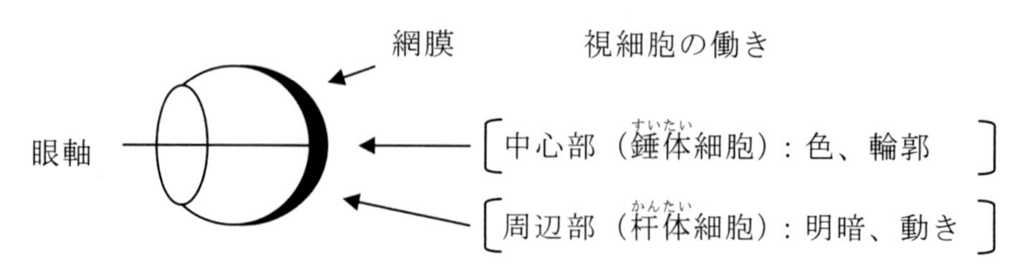

〈図４〉眼球の模式図

⑵ 中心視が発達するための条件

対象となる物を視覚的にとらえていくためには、中心視を使って見なければなりません。この中心視が発達するためには、機能的な条件がいくつかあります。その条件として3つを次にあげます。

①“見る”ことについての**知的好奇心**……重度の障害があると、このことが困難

②対象物に焦点を合わせる…………………弱視や盲があると、このことが困難

③眼軸（視線）を対象に向ける（＝眼球運動）……ここへのアプローチが必要！

まず、①についてですが、このことが授業の要といえるかもしれません。児童・生徒が見たいと思えるような題材・内容をいかに準備できるかです。また、見たいと思う気持ちが子どもたちの課題に向かう姿勢や内発的な欲求をより強くすると考えます。②については、本書のパート1に当たる『障害の重い子どもの授業づくり〜開く・支える・つなぐをキーワードに〜』の93頁「障害の重い子どもたちの「見る」ことの支援とコミュニケーション支援」の項をご参照ください。③についての理解をもう少し深めたいと思います。

中心視で物を見るには、眼軸を対象に向ける必要があります。この眼球をコントロールしているのが、前庭系といわれる平衡感覚です。平衡感覚の受容器（刺激を受け止めるところ）は耳の奥の内耳にある「三半規管」と「耳石器」いわれるところです。「三半規管」は回転加速度を感じ、頭の傾き具合などの情報を脳に送り、「耳石器」は水平、垂直方向の速度を感じ、重力に対する刺激を脳に送っています。この平衡感覚の働きにより、眼球を上手にコントロールして「注視」「追視」「注視点の移動」などを行い、物を見渡したり、見比べたりといったことができるのです。

⑶ 眼球運動コントロールの未発達と周辺視遊び

しかし、脳に障害がある子どもたちの中には、この平衡感覚の統合がうまくできていないことがよく見受けられます。平衡感覚がうまく機能しない子どもたちにとり、中心視を使って物を見るという行為は、非常に苦労の多いものとなります。そのため、眼球運動のコントロールを必要としない「周辺視」を使った感覚遊びに陥りやすくなります。例えば、光に手をかざして、ヒラヒラと手を動かす、ストライプや幾何学的な模様を好む、タイヤやプロペラの回転を楽しむなど、いろいろあります。

このような実態の子どもたちは、見比べたり、見渡したりするような目の動かし方ができないばかりか、点線なぞりや線結びなどが苦手、手元をよく見て操作する遊びや活動ができない（目と手の協応が未発達）、キャッチボールが苦手（目で物を追えない）など、知的な活動だけでなく、運動機能にも悪影響を及ぼしやすくなります。

○授業づくりの根拠３…授業の持つ要素

⑴　教育課程から見た授業づくり

「見る・聴く」の授業づくりの根拠として、２つの観点から見てきましたが、全ての要素を１時間の授業に盛り込むことは困難です。例えば、平衡感覚がうまく機能していないと思える児童・生徒に対し、その課題に対して教育課程のどの時間でアプローチできるのかを考えることが、自立活動を中心とする教育課程で学ぶ子どもたちにとって特に大切です。児童・生徒の実態から中心課題となる項目を吟味し、さまざまな授業を通して横断的にアプローチすることです。

「見る」という課題に対しては「見る・聴く」の授業でアプローチするが、そのための発達課題としての「平衡感覚」を育てるという課題に対しては、「体育」や特設の「自立活動」の授業でアプローチするなど教育課程全体を通して、実態の変化に応じた授業づくりの視点が必要です。

⑵　「見る・聴く」の授業のねらいとアプローチ

「見る・聴く」の授業において、コミュニケーション面などのさまざまなねらいを立てると思いますが、私が実際に行った授業の中で「視覚認知」の発達についてのねらいを整理します。

ねらい①：「見ようとすること」…意識的・目的的に対象を見る力を育てる

①に対して、まず子どもが見たいと思える授業内容にするという努力が必要です。この授業を通して何を伝えたいのかなど、題材選びも重要です。また初期の発達の子どもたちに対しては、視覚刺激よりも聴覚刺激からのアプローチの方が受け入れやすく、音を有効に使うこともポイントです。また、注視や追視の指導では光る教材を用いることも有効であり、光の気づきから具体物へと移行させ、視覚定位や注視点の移行をねらいます。肢体不自由児は見ることに対して、姿勢の保持、ポジショニングにも注意が必要です。

また追視の発達として、「水平→垂直→斜め」といった段階があり、児童・生徒の実態に応じた教材提示が必要となります。

ねらい②：「運動の始点としての目」「運動を方向づける目」
…視覚情報から運動の始点→終点を引き出す

②においては、物に対して手を伸ばす運動の始まりから、目的に対して視線を動かし、運動をその終点に方向づける力です。例えば、箱から取り出したボールを別の箱に移すなど、手の運動を自分の視覚でコントロールする力の育成です。握るまではボールを見ていても、入れる時には視線が外れているということがよ

くあります。因果関係理解につながる視覚操作であり、終点を子どもたち自身が理解できるようなフィードバックをしっかりと行うことが大切です。

ねらい③：「見分ける目」「見比べる目」…見て選ぶ力を育てる

③においては、目の操作によって正しい選択肢を選ぶような力をねらっていきます。この段階までくると視覚操作としてだいぶ高度になるだけでなく、認識する力の高まりも必要となるため難しくなってきます。

ねらい④：「模倣する目」「見立てる目」
…目で見たものからイメージを広げたり、文字学習の力を育てる

④のねらいは、私のグループの生徒の実態としては、現段階では、難しいものでしたが、今後のねらいとしてあげておきたいと思います。視覚情報からイメージを膨らませたり、見立て遊びや、文字学習導入が可能となります。

(3) 授業が果たす２つの場づくり

私は障害の重い子どもの授業において、次にあげる２つの場づくりを大切にしたいと思っています。

①知識と文化の伝承の場

自立活動の教育課程で学ぶ児童•生徒も、教科学習に準ずる課程で学ぶ道筋にあると考えています。先ほど示した視知覚の発達の考えなど、どんなに障害が重くても、教科学習につながる道筋を示していくべきだと思っています。今、その道筋の中で見たときに、その初期に当たる学習を行っていると説明する視点、発達課題をあきらめずに追いかける視点を持つことが必要であると考えます。

また、肢体不自由特別支援学校で学ぶ児童・生徒は圧倒的に生活経験が少ないといえます。それは身体的な要因であったり、家庭的な要因であったりとさまざまな要因があると思います。家庭・学校・地域という３つの生活を営む場がありますが、学校が主導して体験的に学ぶ機会を設けたいものです。授業においても日本の文化を伝えるような視点に立って、授業づくりを考えることも大切ではないでしょうか。

②自信と意欲を育む場

障害の重い子どもたちにとって、うまくいかないこと、思い通りにならない経験がたくさんあると思います。そのうまくいっていない状況に対して、「なぜできないのだろう」「どんな理由があるのだろう」と、その現状からどのように意味づけていけるかが大切であると思います。例えば、「本当は目の前の教材を使って学びたいのに、触覚防衛が出ているために手が出せないのかな？」など、子どもの内なる思いに寄り添う指導です。

そんな内なる思いに寄り添いながら、子どもたちが頑張って培っていった力をいろ

いろな授業の中で生かしてあげることです。頑張ってできるようになった力を、小集団であっても授業の中で発揮し、友達からも認められ、先生やご両親からも認められる体験が自信を深め、学ぶ意欲になると考えています。この経験の繰り返しが自分を励ます力となり、思春期を乗り越え、社会に出てからも学び続ける子どもたちに育つと信じて授業をつくっていきたいと私は思います。

⑷ フォーマットづくり

前項の自信を深めるような学びとしていくために、子ども自身が「できた」「わかった」となる学びにしていかなければなりません。子どもが何をすればよいのか分かり、何をもってうまくできたと、子ども自身が分かる形式、フォーマットを作ることが因果関係の理解につながり、力の獲得となります。何をもってできたと判断するかという、始点－終点の終点に当たる部分を、いかに分かりやすくフィードバックしていくかです。初期発達の段階の子どもにとり、その返し方が難しくなります。教師が「できたね」と賞嘆を送るだけでは、子どもにとって何ができたのか分かりづらいようです。触覚、聴覚、視覚など子どもにとって受け入れやすい感覚へ働きかけるフィードバックづくりの工夫が、子どもにとっての達成感につながると思います。また、日ごろの課題別学習などで行っている活動を、授業に取り入れることも有効でしょう。これは既にできている一つのフォーマットをいろいろな場面に応用しており、子どもにとっても一度身につけた力を安定して発揮できるといえます。集団の中で認められるということは、自信を持つことにつながると思います。

このフォーマットづくりは授業の中の活動だけでなく、授業全般に対してもいえます。ある程度授業の進行の形式が決まっていることなど、新しいことを行う場合でも、学び方のフォーマットが決まっていることで、どのようにすればよいか、ある程度子どもが見通しを持て、落ち着いて力を発揮できることにつながると思います。逆にそのフォーマットを少しずつ変化させることで、変化を受け入れる力の獲得にもつながるのではないかと思います。

3　授業実践例『ねこのはなびや』

ここで紹介するのは、肢体不自由特別支援学校中学部１年生から３年生までの自立活動を主とした教育課程で学ぶ生徒のグループ授業です。

⑴ 生徒の実態

グループの在籍生徒は７名で、身体機能面では、独歩で移動可能な生徒から、上肢の姿勢の保持が難しく、顔を上げ続けることが難しい生徒まで幅があります。また、認知面では、自分の名前や顔を理解している、または、理解しつつある段階です。視機能・コミュニケーション面では、周辺視での視覚処理が多く、授業を行っている際も人が動くほうに注目してしまい、教材に再び注目すことが難しい生徒や、正中線を越える追視ができ、視線を使って２つのものから好きなほうを選ぶことができる生徒まで実態には幅があります。

また、遠城寺式乳幼児発達検査では、乳児期前半から１歳半前後の発達状況を示していましたが、日ごろの連絡帳などから、お笑い番組を好んで見ていることや、アニメよりもアニメを実写化した番組のほうが好きであることなどの情報がありました。そういった家庭からいただく情報なども生かし、興味・関心に基づく授業を計画したいと考えました。

⑵ 題材選択の理由

題材の『ねこのはなびや』（フレーベル館）は、海の花火大会で花火師のしろねこぐみ、くろねこぐみ、とらねこぐみが花火の技を競って打ち上げるという物語です。

視覚の活用が初期の段階にある本グループの生徒にとって、音や光を取り入れ、見ようとする力を引き出す工夫を段階を追って計画しやすい題材であると考えました。また、花火を打ち上げるリズミカルな物語の流れや、繰り返しの楽しい擬音語を使った言葉の節回しが、見たいという意欲につながると考えました。さらに、外出が難しい生徒も多く、祭りが持つ独特の楽しい雰囲気など、少しでも日本文化が持つよさを感じ取ってほしいという授業者の願いもあり、題材として選び、単元構成を行いました。

⑶ 単元計画

単元計画としては、最初の2時間をかけて授業のおおまかな流れを生徒につかませることをねらいにしました。その中で生徒一人一人がどのくらい注視、追視、視線の切り替えなどができているのか、などの様子をビデオ撮影し、毎時間ごとに評価しながら3時間目以降の展開の変更も考えつつ計画しました。また読み聞かせでは、具体物への注視は難しい生徒も、教員の動きには注目しやすいという特徴があることから、場面に応じて教員の動きをアレンジし、教員による劇を取り入れました。劇遊びとは実際に電飾やプロジェクターを用いた生徒の花火の打ち上げ活動です。

3時間目以降は読み聞かせにペープサートを用いた見る活動を加え、さらに後半の授業では教員劇の一場面に生徒の活動も加え、活動の中で注視・追視や視線の切り替えを意図的に引き出すような場面設定を加えました。

<table>
<tr><td rowspan="2"></td><td colspan="3">授業時間数→</td></tr>
<tr><td>1～2</td><td colspan="2">3～12</td></tr>
<tr><td rowspan="5">授業時間の流れ↓</td><td colspan="3">あいさつ</td></tr>
<tr><td>読み聞かせ Step 1
教員劇
目標：物語の流れを大まかにつかむ。</td><td>読み聞かせ Step 2
ペープサート＋教員劇
目標：教員の動き、ペープサートに興味を示して見る。</td><td>読み聞かせ Step 3
ペープサート＋教員劇
＋劇遊び生徒の劇への参加
目標：ペープサートと教員の動きを注視・追視する。少し先の目標と手元との視線を切り替える。</td></tr>
<tr><td rowspan="2">劇遊び Step 1
目標：花火を打ち上げる活動を楽しむ、親しむ。</td><td colspan="2">劇遊び Step 2～（各生徒にStepを立てる）
花火を打ち上げるために、各課題を設定
目標：始点－終点を実態に応じて生徒自身が確認できるようにする。</td></tr>
<tr><td colspan="2">一人ずつ取り組んだ課題や頑張りを振り返る。</td></tr>
<tr><td colspan="3">あいさつ</td></tr>
</table>

⑷　授業の流れ（10／12時間目）および各場面での取り組み

次に実際の授業の流れを単元計画の10時間目を例に見ていきたいと思います。本時の大きなねらいとしては、①教員劇の人物の動きやペープサート、打ち上げされた花火を注視、追視することができる。②手と目を使った各自の課題で花火を上げることができる、と位置づけました。次に実際に流れを追って見ていきます。

まず、授業の始まる前の休憩時間より、祭囃子や阿波踊りのＣＤを流しながら授業の準備をします。大部分の準備は前日に行っておきますが、この授業で必要な道具を、ＣＤを聞きながら、あえて生徒の前で準備をすることで、授業への見通しを持たせます。

〈授業の流れ〉　教員の動き　MT（メイン・ティーチャー）：M　ST1（サブ・ティーチャー）：S①　ST2（サブ・ティーチャー）：S②

時間	学習活動	指導上の留意点
導入（5分）	① あいさつ ②「花火の歌」を歌い、活動への期待を高め、見通しを持たせる。	① 活動の始まりが意識できるように手話と絵カードを併用する。M ② 生徒の表情を見て、テンポを変えたりする。S②
展開1（7分）	③ 読み聞かせ1（ペープサート） ・簡単な話の順序を理解できるようにする。	③ パネルとペープサートに注目できるように提示する。M S① ・擬音などで視線の誘導を図る。M ・姿勢の保持に留意する。S②
展開2（10分）	④ 読み聞かせ2（教員劇） ・荷物を運ぶ際の様子を耳と目からとらえる。 ・ことばのやりとりを楽しむ。 ・人や物の移動を注視、追視する。	④ 注視、追視を促すように行う。M S① ・姿勢の保持に留意する。S② ・視線が集まるまで展開を待つ。S① ・S①の動きに合わせ、必要な時以外は生徒の視界に入らないようにする。M
展開3（8分）	⑤ 劇遊び1：生徒による花火運び ・ねらいを定めるために、視点の切り替えを促す。	⑤ 注視、視点切替、追視を促す。M S① ・姿勢の保持に留意する。S② ・動作しやすいように支持する。S① ・見ている生徒に注視を促す。S②
展開4（15分）	⑥ 劇遊び2：花火の打ち上げ ・打ち上げた花火に注視する。 ・課題と花火の因果関係を理解する。 ・手元から花火へ視線移動する。	⑤ 生徒の課題に応じた打ち上げ方にする。 ・姿勢の保持に留意する。S② ・「た〜まや〜」の声などで視線移動の手助けをする。M S① S② ・各生徒に応じて留意。評価規準表参照。
まとめ（5分）	⑦ 本時の個別課題を振り返る。次回の予告。 ⑧ あいさつ	⑦ 花火の音と光などで活動を振り返る。M ⑧ 活動の終わりが意識できるように手話と絵カードを併用して行う。M

導入 では、一旦ＣＤの音を少しずつ上げ、そして少しずつ下げていき、静寂な状態にして集中を高めてから、授業カードと手話を用いて授業開始のあいさつを行います。休憩時間から単元に連動した音楽を流すことで、視覚的な支援が必要な生徒にとって見通しを持ちやすくしています。また、歌による導入も同じようなねらいがあります。

展開１ では、ペープサートとブラックライトのパネルシアターを用いて簡単な物語の流れを演じます。実際にははなびやのねこが花火の玉を船に積み込み、花火を打ち上げるまでの様子を行います。その際に生徒の視線に応じて、花火玉を操作します。視線が集まらない際には、生徒の目の前で行い、中心視で見る練習や、教員の台詞をその場でアレンジし、擬音語などを用いて生徒の注視を引き出しました（**写真1、2**）。

〈写真1〉

〈写真2〉

展開2 は教員劇を通した見る活動です。展開1もそうですが、カーテンなどで視覚的に制限した環境を作り、生徒に見せたいものだけを見せるような支援をしておきます。座席の配置も、側湾などで正面を向けない生徒には、姿勢に応じたポジショニングを取ります。また、触覚防衛のある生徒には、集団の一番端に配置したり、周辺視で見てしまう生徒には、教員の余分な動きが目に入らないような位置などを考慮します。

劇としては、展開1の花火玉を運ぶ場面を演じます。ゆっくりと花火玉に見立てた大きなセラピーボールを運びます。その際に「よいしょ、よいしょ」や「わっせ、わっせ」など生徒が好む表現を取り入れ、追視が切れてしまいそうなときなどに、音声で視線を引き戻すようにしました。話の展開では、はなびやにふんする教員同士がぶつかり、漫談的なやりとりを行い、生徒が思わず見たいと思えるような雰囲気、内容を作り出すように工夫しました。そしてこの漫談の中で、「協力してやれば早く仕事が終わる」などのやりとりをした後、実際にはありえない話ですが、カーテンの端から端へ花火に見立てた大・小のセラピーボールを転がし、生徒の追視を引き出します。この際も生徒の様子をビデオ録画し、授業後の評価に役立てます。実際にビデオで検証したところ、受け取る側（終点側）の教員がはじめから見えると、ボールではなく

〈写真3〉ＭＴはぎりぎりまで隠れる

〈写真4〉終点のＭＴへの注視を促す

教員に注目してしまう生徒が多く、ボールが転がりきる寸前で受け取る教員が現れたほうがよいなど改善が図られました。**（写真３、４）**

展開３ では、展開２の劇に生徒も参加します。活動としては、車椅子のテーブルに傾斜台を取り付け、教員の待っている方向へ花火玉に見立てたソフトバレーボールを生徒が転がしていきます。ボールの追視、視線の切り替えと、ボールが自分から遠ざかる空間把握をねらっていきます。実際にはボールの転がる速さに視線が追いつかない生徒が多いことが分かり、ボールの空気を抜いて転がりを遅くしたり、追視が難しい生徒には、転がった先のボールを教員がオーバーリアクションで飛びついて受け取ることなどして、視線の切り替えを促しました。

展開４ では、いよいよ授業のメインとなる花火の打ち上げ活動を、生徒それぞれの課題に応じて行います。基本となるフォーマットは、生徒がスイッチを押すとビックマックスイッチに録音してある「ヒュ〜」という花火の打ち上げ音が流れ、教員の「た〜まや〜」というかけ声の後、「バババババーン」という花火の音と合わせて、電飾の花火が点滅します。生徒の理解度に応じて、スイッチを押すと同時に花火の音と電飾をほぼ同時につけるなど、始点－終点の因果関係の理解をフィードバックします。延滞記憶をある程度獲得している生徒には、この間隔を伸ばし、花火の打ち上がる音からしばらくしてから電飾が光るなど実態に応じて変化させます。ねらいとして、スイッチを押すという触感覚刺激から、花火が上がるという結果に至る終点のフィードバックを音と光を用いて理解を図ることです。因果関係として、スイッチを操作した後、花火の電飾の方向へ視線が向けられるかというところを見ていきました。

また、打ち上げの課題は、課題別学習で行っている活動をそれぞれ取り入れました。例として、握ったものを放すという課題の生徒は、木製の球体を箱型のスイッチの器の上で、手を開いて落とすという活動で花火を打ち上げたり、視線で選ぶという課題の生徒は、左右にカードを提示して、選んだカードの側の花火が上がるといった活動など、日ごろの学習に応じた課題を取り入れました。

花火の打ち上げ活動になると、早く花火を打ち上げたいという思いから、隣に座る友達のスイッチに手を伸ばして打ち上げようとする生徒や、友達が打ち上げる様子を

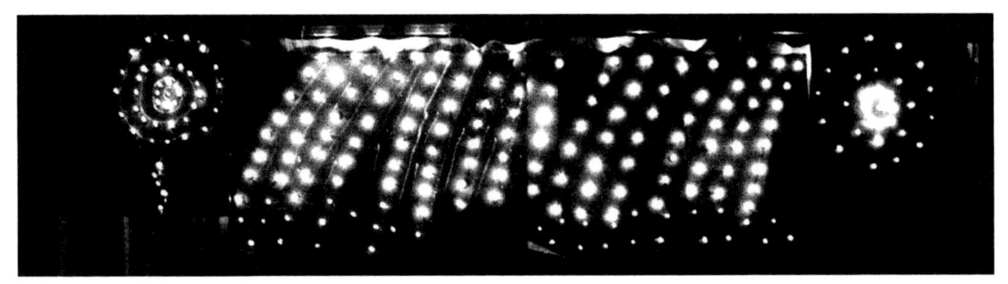

〈写真５〉打ち上げた花火の様子　左：４色花火　中央：ナイアガラ　右：赤の単色

じっと見つめて待ち、花火が上がると拍手をするしぐさが見られたりという相手を意識する様子も見られてきました（**写真５**）。

まとめ では、生徒個々の課題の良かった点をピックアップして、友達と先生の両者から認められる場としていきます。また、授業カードと手話を用いて授業の終わりを示します。

⑸　評価および授業改善

評価は生徒一人一人に対して、学習活動に即した評価規準を作ります。実態から導きだした課題を目標設定して授業を作ることで、評価規準においても目標に準拠した具体的な内容が設定できました。規準が具体的になることで、目標に対する到達度も分かりやすく、また、到達しなかった場合には、なぜできなかったのか、仮説と照らし合わせて検証することができました（**表１**）。

特に評価する際に役立ったことが、**ビデオを使った検証作業**（授業者と生徒の２方向の撮影）です。授業者は授業を進めることに懸命であり、児童・生徒の細かなしぐさまで読み取ることは困難です。また、障害が重度になればなるほど、児童・生徒の表出は微細なものであり、何度も巻き戻したり、スロー再生させて確認することもありました。こうした作業の中、今回の授業では、脳性まひのアテトーゼ型の生徒で、教員が不随意な表出と認識していたしぐさが、実は「やりたい人はいますか？」など生徒に語りかけたときに、左足が伸展していることが分かり、立派な意図を持った表出であることが分かりました。ビデオ検証後の授業において、そのしぐさを拾い、「やりたかったんだねぇ」と気持ちを汲みとることで、待たされる場面があっても、以前ならあきらめてしまっていたものが、意欲を継続して待っていられるようになるなどの変容が確認できました。

本時の活動と手立て	関心	意欲	態度	技能・表現
２　教員劇 花火玉を横に転がす。 ※ＭＴはぎりぎりまでカーテンに隠れる。	ＳＴ①の登場に視線を向け確認する。	ボールを目で追いかけるか、視線を切り替える。	ＭＴのキャッチで笑顔が出る。	ボールを追視したり、ＳＴ①からＭＴへ視線を切り替える。

〈表１〉周辺視で視覚処理しやすい生徒Ａに対する評価規準表の一部抜粋

4　おわりに

本稿では、「見る・聴く」の授業づくりの根拠となる考え方を私なりに示してきました。まだまだたくさんの授業づくりの視点や根拠となる考え方があると思います。生徒の実態が示す「なぜ？」に対して、原因を読み解く根拠は、一つよりもたくさんあったほうが、さまざまなアプローチを考えることができます。このアプローチを子どもに応じて柔軟に設定できる授業は、子どもの意欲を引き出し、力を育む授業となるでしょう。

授業づくりは児童•生徒一人一人にあった「教科書」をつくる作業といえるかもしれません。指導者側の思い込みではなく、その指導の根拠を裏付ける実態把握から、仮説を持って実践する習慣が大切だと思います。

目の前にいる子どもたちと真剣に向き合い、なぜなんだろう、どうして○○できないのか？　どうやったらできるようになるのかを常に自分に問いかけ、子どもたちから学ぶ実践を続けていきたいと思います。

謝辞　生徒の実態の掲載に当たり、グループの保護者の皆様から快諾をいただきましたことを、この場を借りてお礼申し上げます。

【引用・参考文献】

1）『別冊発達』第28号、川間健之助「視覚認知の発達と支援」P.10-22、ミネルヴァ書房、2006年
2）宇佐川浩『障害児の発達臨床とその課題－感覚と運動の高次化の視点から－』学苑社、1998年
3）宇佐川浩『障害児の発達支援と発達臨床－発達臨床心理学からみた子ども理解－』全国心身障害児福祉財団、2001年
4）宇佐川浩『感覚と運動の高次化からみた子ども理解』学苑社、2007年
5）木村順『育てにくい子にはわけがある－感覚統合が教えてくれたもの－』大月書店、2006年
6）木村順『発達療育実践研究会講義資料』平成18～20年度
7）渡辺有一『ねこのはなびや』フレーベル館、2001年

Ⅱ章　実践報告⑧

実態把握と授業づくりに役立つ「触覚」のはなし

触覚防衛の軽減が、ボディイメージを高め、“世界”を広げる

川上　康則

「授業づくり研究会Ｉ＆Ｍ」で、実践報告をお願いしたとき、先生は「触覚防衛の話をすることは、私の教師としての使命であると思っています」と引き受けてくださいました。その使命感は、文中の「筆者は、無理解な大人の接し方や指導が、二次的に触覚防衛反応をより強くしてしまうといった深刻な事態に陥らせたケースを少なからず目の当たりにしてきました。触覚に関する知識とそれに基づく実践は、特別支援教育、障害児療育はもとより、子育てに関係する大人にとって、もはや必須であると言っても過言ではありません」という言葉からも想起されます。実践報告後、「触覚防衛に関する洞察力や分析力、その根拠に基づく実践的指導力のある教師に出会うかどうかは、その子どもの人生を左右するくらいの重みがあることである」と感じました。先生が提言している「触覚防衛反応のチェックリスト」を活用し、観察眼を養い、子どもたちの人生を豊かに開きたいものです。（飯野）

1　基礎理論

人間の主要な感覚の一つである「触覚」は、母親の胎内にいるときから成人に至るまでの過程の中で極めて重要な感覚です。なぜなら、私たち人間が外界を認識する際の最初の感覚であり、また人と人とが触れ合う社会生活を送る上では、生涯にわたって使われ続ける感覚であるからです。

障害の重い子どもたちの実態把握と授業づくりにおいて触覚に関する知識とそれを踏まえた実践は当然大切なことですが、実は、幼稚園、保育園、小学校や中学校等の通常学級においても「触覚」の未発達さを看過されたままの子どもたちが非常に多くいます。診断名の有無にとらわれず、発達のつまずきを見極める視点として、現在では触覚に関する知識は広く役立てられています。

ここでは、触覚の発達とつまずき、それらにともなう情緒の不安定さやボディイメージの形成のしづらさ等に関する基礎的な理論を概説します。

⑴　人が生きていく上での触覚の役割

触覚は、２つの仕組みを持っています（**図１**）。かばんの中から見なくても携帯電話を取り出すことができる…これは、触覚の「一般的な使われ方」です。ものの感触を確かめ、形の違いを認識し、識別するといういわば知的な使われ方です。

その一方で、触覚はこんな場面でも重要な役割を果たします。

「慣れない夜道、不意に誰かが後をつけてくる…。その気配を察し、自然と**身構える**。やがて足音が近づいてくる。とっさに危険を感じて**足取りを速める**。しかし後ろの足音は離れるどころかますます近づいてくる。恐怖のあまり後ろを振り返ることはできない。もうダメだ…、そう感じた瞬間、なんとか生きのびようと**攻撃に転ずる**。」

こんな経験をしたことがなかったとしても、人は、安全や危険、快や不快など、刺激を選り分け、本能的に身構えたり、逃げたり、攻撃したりするだろうということがイメージできると思います。気配を察してとっさの行動をとる仕組みにも、触覚が大きくかかわっています。

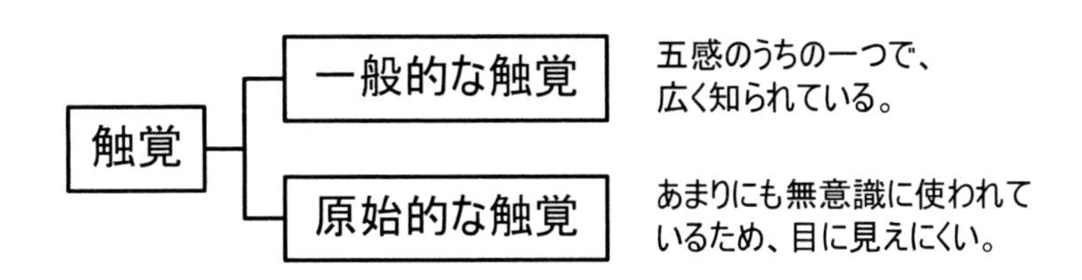

〈図１〉触覚の２つの仕組み

前者の触覚は「五感」の一つとして広く知られた感覚で、サルや人間は、進化の過程でこの部分をつかさどる脳を大きく発達させることで培ってきた仕組みと言えます。その一方で、後者の触覚は、他の哺乳類や鳥類、両生類、爬虫類などはもとより、原生生物などにも備わっている原始的な感覚です。いわば、生きていくための触覚と言ってもよいでしょう。

ここで、触覚の２つの仕組みを**〈図２〉**に示した脳の模式図をもとに整理してみます。原始的な触覚をつかさどるのは、脳幹（別名：トカゲの脳）と呼ばれる部分です。生命維持のための基本的な機能の一つとして触覚は重要な役割を果たします。前述の３つの行動パターン（危険を感じて**身構える、逃げる、攻撃する**）に、食べ物や自分にとって好ましい存在（異性）を取り込むという4つ目の行動パターンを加えて、それらを状況適応的に切り替えながら生命を維持しています。進化的に下等な動物ほど、脳の中で脳幹が占める割合が大きくなります。

サルや人間などは理性や言語をつかさどる大脳新皮質（別名：人間脳）の割合がと

ても大きい動物です。集団生活が基盤となる社会的な営みを可能にするために、サルや人は、理性と言語・コミュニケーション能力を発揮して、原始的な触覚が働きすぎないようストッパーをかけ続けています。もし、このストッパーが働かなかったとしたら、当然のことながら集団の中で暮らすことなどできません。人間の場合、人混みが嫌い、満員電車で人と触れ合うとイライラする、不慣れな場所には行きたがらない、慣れない人とは目も合わせられないといった状況に追い込まれることでしょう。

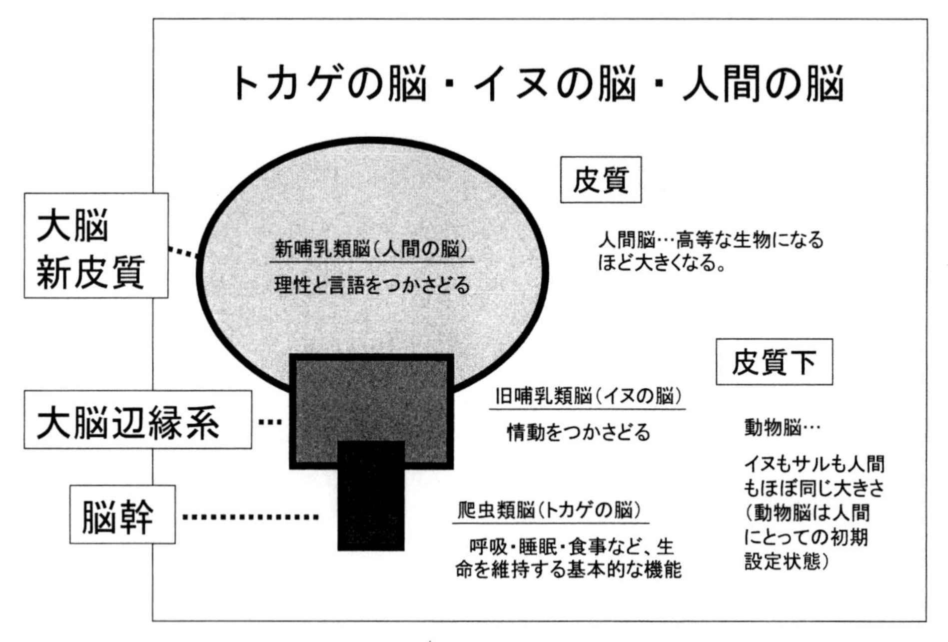

〈図２〉生物の進化と脳の構造の模式図

⑵　触覚防衛反応とは

一般的な触覚のストッパーがきかずに、原始的な触覚が優位に働いてしまう状況を、「触覚過敏（hypersensitive）」や「触覚防衛（tactile defensiveness）」と呼びます。触覚防衛反応のメカニズムについては、主に感覚統合理論（Sensory Integration Principles）の枠組の中で示されていますので、より正確な知識として学びたい場合は、坂本・花熊（1997）をはじめとする感覚統合理論の先行的な文献をご一読いただくか、日本感覚統合学会(The Japanese Academy of Sensory Integration)の専門講習会を受講いただくことをお勧めします。ここでは、初任者や保護者の皆さんにもご理解いただきやすいように、専門用語をできる限り使わないようにし、平易な文章表記に努めることにします。なぜなら、子どもたちが生活のベースとしている家庭や学校で、かかわり手の中心となる保護者や教師が理解してこそ、専門的な知識が実践的な意味を持つからです。

触覚防衛反応は、目に見える形での数値化が困難な概念です。これは、基準値となる指数を設定することが難しいというだけではありません。ある１人の触覚の使われ方についても、安心できる人たちといれば過敏な反応を示さずに済む一方で、見知らぬ人たちに囲まれれば当然のことながら防衛的な反応が高まるといった状況適応的な要素が強く働く概念と言えます。

この原理が分からないと、人や場面によって異なる様相を示す子どもの行動の不可解さ（例えば、自分からはベタベタと甘えてくることが多いのに、他者から触れられることは嫌がる等）ばかりに目が向いてしまいがちになります。筆者は、無理解な大人の接し方や指導が、二次的に触覚防衛反応をより強くしてしまうといった深刻な事態に陥らせたケースを少なからず目の当たりにしてきました。触覚に関する知識とそれに基づく実践は、特別支援教育、障害児療育はもとより、子育てに関係する大人にとって、もはや必須であると言っても過言ではありません。

⑶　情緒の発達と触覚

自閉症児と場を共にした人であれば、少なからず、情緒的な交流の難しさを実感した経験を持っているのではないでしょうか。目が合いにくい、触れられるのを嫌がる、集団的な活動への参加を拒む、特定のこだわりがあって自分のペースを守りたがる…などのつまずきの根っこには、触覚防衛反応があります。生命維持や危険回避など、生存に直接かかわるような原始的な触覚がむき出しになった状態で、日常生活を送っているため、いわば、身体の警戒警報が鳴りっぱなしの状況に置かれていると理解すべきです。すべての刺激に対し検討を行わず即座に過剰反応を呈するため、他者から見ると、落ち着きがない、ハイテンション、自己中心的なふるまいが目立つ、対応困難といった見方をされます。極端な場合、「反抗的」「わがまま」「自分勝手」といった評価をされることも珍しいことではありません。自閉症スペクトラムの障害特性である「情緒的な交流の乏しさ」や「特定の感覚刺激へのこだわり」は、触覚防衛反応をはじめとする感覚の過敏さに由来することを理解する必要があります。さらに言えば、これは知的障害や発達障害の分野に限ったことではありません。肢体不自由特別支援学校に在籍するような障害の重い子どもたちの中にも、類似した行動上の特徴を示す子どもが少なからず存在していることを知っておく必要があります。

〈図３〉は、触覚防衛反応の出やすい身体部位を示したものです。膝ばいの姿勢になったときに、雨に濡れない部分に過敏な反応が出やすいと覚えておくとよいと思います。

例えば、生命維持のために守らねばならない頭部（脳がある）や首筋・腋の下（動脈が皮膚近くにある）への接触に対しては防衛的な反応が出やすくなります。そのため、散髪や洗髪を嫌がる、帽子やヘッドギアなどをかぶりたがらない、首周辺に触れようとすると肩をすぼめるようにして接触を拒む、腋に手を入れて抱きかかえられるのを嫌がる、といった行動が出やすくなります。

食べ物の取り込みに使う口・歯も、過敏な反応が出やすい部位です。歯磨きを嫌がる、口の周りをタオルで拭かれるときに、顔を背けるなどの行動が出やすくなります。歯科健診も嫌がります。口の中の感覚の育ちも偏りがあり、偏食も多く見られます。

耳は、聴覚情報の収集に欠かせない感覚器官であると同時に、体内にダイレクトにつながる部位でもあるため、耳かきを嫌がることが多くなります。

爪は、攻撃にも、防御にも、捕食などの取り込み行動にも用いられる部位です。そのため、爪切りを嫌がる、手をつながれることを受け入れない、といった行動特徴が表出しやすくなります。

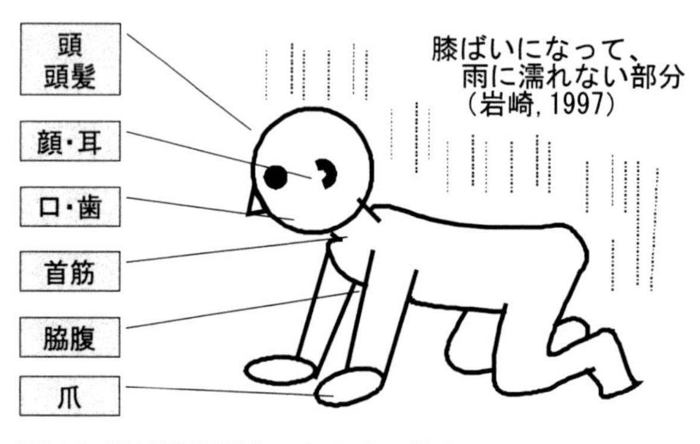

〈図3〉接触防衛反応の出やすい部分

私たち人間は一般に、幼少期から、身体接触を多分に用いたコミュニケーションを通して情緒を発達させます。頭を撫でられながらの賞賛が達成感を育てます。抱きしめながらの慰めが悲しい気持ちの共有を育てます。抱っこや頬ずりやスキンシップが、わが子を愛でる親ごころと子どもの愛着行動を育みます。身だしなみを整えるために髪をとかしたり、爪を切ったりすることを通して、社会生活の基盤を伝えます。ところが、触覚防衛反応は、共感性の発達や情緒の「交流・調整・安定」を阻害し、発達を支えるはずの育児行為ですら「不快な刺激」であると感じさせてしまうほど、情緒や社会性の発達に大きな影響を及ぼします。そうした状況が家庭で続けば、どんなにわが子を可愛いと思っている親でも、可愛いと感じる気持ちが萎えてしまうのではないでしょうか。触覚防衛反応の強い子を持つ保護者の気持ちに寄り添うには、やはり触覚と情緒の関係に関する知識が必要です。

学校ではどうでしょうか。「触るのが苦手」だと、気持ち＝「心がけ」の問題としてとらえると、「慣れれば治る」「頑張れば乗り越えられる」「繰り返せば平気になる」といったとんでもない対応に陥ります（木村、2006）。教室で、泣いてもわめいても無理やりにやらせるのが学校だ、と言わんばかりに「頑張らせている」教師を見ると、本当に胸が痛みます。このままでは「他人からのアプローチがいかに不快であるか」がことさら強調され、対人関係や社会性の誤学習を一層進めてしまいかねません。

触覚防衛反応は、狭義には「特定の触覚を嫌い、避けようとする行動」（森田、1997）と定義されます。しかし、これでは対症療法的なかかわりにとどまりやすく、教育的な理解としては不十分です。早くから、ある種の触刺激に由来する過剰な情緒反応を「発達上のひずみ」であると看破していたエアーズ（Ayres,A.J.）は、触覚防衛反応に伴う二次的な影響も考慮し、「触刺激が、過剰な情緒反応、多動性、および他の問題行動を引き起こす一種の感覚統合障害」（Ayres，1982）と定義づけています。経験することに対する抵抗感との関連性も踏まえて、後者の立場をとるべきだと考えます。

⑷ 触覚防衛反応にともなう行動のアセスメント

触覚防衛反応は、生理的な反応であり、「身体症状」として表れます（木村、2006）。したがって、行動観察から触覚防衛反応の強さを推察することが可能です。前述の通り、**身構える・逃げる・攻撃する・取り込む**、の４つの行動パターンが反射的に切り替えられながら表出するため、それらを表情、目の動き、息遣い、しぐさ、行動、発言などから読み解くことができます。**〈表１〉**のように整理すると理解しやすくなります。

「**身構える**」の場合は、表情が硬くなる、動こうとしない、その場で座り込む、言葉で予防線を張る、などの警戒的な行動が見られます。初めての場所、慣れない活動場面、難しいと感じる課題設定などで特に出やすく、臆病な性格に見られがちです。

「**逃げる**」の場合は、顔や身体を背ける、集団や課題に近づこうとしない、その場を立ち去る、などの行動特徴が見られます。耳ふさぎをするなどの感覚遮断的な行動もこれに類似した行動だと言えます。未経験に対する心理的な防衛が先行し、騒ぐことで回避するといった誤学習を進めているケースもあります。

「**攻撃する**」の場合は、爪を立てたり、ひっかいたり、噛みついたりといった具体的な闘争行動が出ます。また、表情やしぐさで怒りを示したり、大声を出したりといったこともあります。

「**取り込む**」は、他者とのかかわりがない場面で無意識に出ることが多い行動です。指しゃぶり、爪かみ、物を口に入れる、いきなり人の髪を引っ張ったり、物に手を出したりします。特定の人に自分から触れる傾向が強い場合もこれに該当します。

身構える	逃げる	攻撃する	取り込む
表情が硬くなる	顔を背ける	ひっかく	指しゃぶりや爪かみが多い
動こうとしない	身体を背ける	爪を立てる	すぐににおいをかぎたがる
その場で座り込む	集団や課題に近づこうとしない	噛みつく	おもちゃや服の袖などを口の中にずっと入れている
言葉で予防線を張る	落ち着きがなくなる	表情やしぐさで怒りを表す	人の髪の毛を触りたがったり、いきなり引っ張ったりする
一人遊びに余計にこだわる	その場から立ち去ろうとする	大声を出す	目の焦点が合っていないのに物に手を伸ばす

〈表 1〉 4 つの行動パターンの具体的な例

⑸ 感覚の過敏性と低反応性

ところで、ここまでは触覚防衛反応を中心とした触覚の「過敏性」を問題にしてきましたが、重症心身障害児や重度の知的障害の子どもの場合は、むしろ刺激に対する反応が著しく低いケースも見られます。この状態を「低反応」と呼んでいます。感覚の使い方が鈍い状態（鈍麻）として記述されることもあります。低反応の子どもたちは、覚醒レベル（目覚めの状態や意識・行動のあり方）が日常的に低く、入眠傾向があり、刺激に対する反応が鈍い状態が続くことが特徴です。

このような触覚の「過敏性と低反応性」という相反した状態について説明する概念モデルとして、**〈図 4〉**に示されるように触覚というセンサーの感度（反応するまでに必要な刺激の個人差のことで、「神経学的閾値」とも言います）を行動・反応と関連づける考え方が一般的です。

触覚の低反応性を抱える子どもの場合は、センサーの感度が鈍い（閾値が高い）ため、感覚入力（触れたり、触れられたり、声をかけられたりすること）自体になかなか気づけません。**〈図 4〉**の（A）、（B）がそれに該当し、こちらも周囲に対して適応的な行動をとることが難しくなります。指導のキーポイントとしては、バイブレーターなどの振動、はけやブラシなどの動くタイプの触覚入力、くすぐり遊びなどの覚醒レベルを高める触刺激、爪楊枝の後ろ側などを使った鋭い刺激、摩擦刺激、冷水などの温冷感覚への刺激など、センサーにひっかかりやすい刺激を用意します。

一方、触覚の過敏性を課題として抱える子は、センサーの感度が良すぎて（閾値が低いため）過剰に反応してしまうのだと理解できます。**〈図 4〉**の（D）、（E）の状態で、日常的に興奮しやすく、注意が散漫になりがち、周囲との関係を築きにくいという状態が見られます。周囲からの刺激に対し拒否的・抵抗的な姿も目立ちます。このような行動特徴の子どもへの指導の展開は、「2　**指導**」で示します。

触覚の低反応性が高い場合も、過敏性が高い場合も、自己刺激的な行動（指しゃぶりや、爪かみ、口に物を入れる）や自傷行動（自分の髪を抜くなど）、他害行動（周囲の人の髪を引っ張る、噛みつく、ひっかく、不意に突き飛ばす）などが出やすくなります。

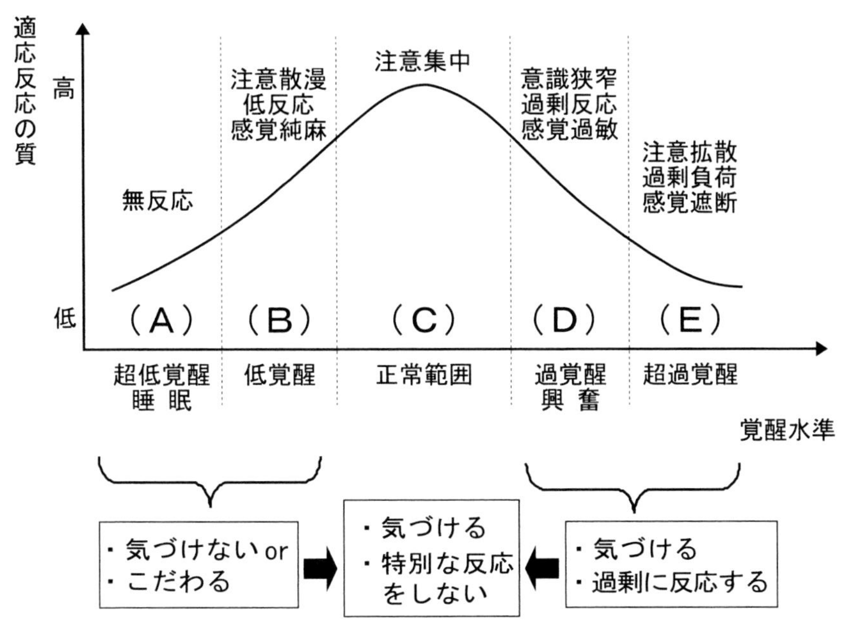

〈図4〉センサーの感度（神経学的閾値）と反応・行動の関係

⑹　触覚防衛反応にともなう二次的な発達のつまずき

触覚防衛反応そのものは、脳－神経系メカニズムに由来するものであって、直接的には、刺激を避ける行動としてとらえられますが、それにとどまらず、さまざまな二次的症状へと拡大することが報告されています。先行研究などからキーワードを抽出し、「触覚防衛反応が強い状態の典型的な行動・反応」と「二次的な影響として現わやすい行動」について、**〈表2〉**にチェックリスト形式で整理しました。

知的障害児の多い特別支援学校では、多くの子がこのような状態を示すために気づかれにくい、肢体不自由児の場合は反応が微細なために気づかれにくいといった傾向が見られます。また、小学校の通常学級においても、指しゃぶりや鉛筆かじりが多い子が増えているのを感じます。チェックリストをもとに大人側の観察眼を養い、指導に生かすことを目的として活用してください。

●触覚防衛反応についての文献等からキーワードを集めてチェックリストにしました。
●チェックの数は重要ではありません。チェックする大人側の観察眼を養う目的で活用してください。

A.触覚防衛が強い状態の典型的な行動・反応

□ 課題に手を出さない。
□ 触られることを避ける。逃げる。
□ 他人から離れて座る。近づこうとする人を押しのける。
□ 新しい課題・環境になかなかのれない。
□ 自分からは人なつっこいかかわりをしてくるのに、触られることを嫌がる。

□ 粘土・のり・スライム（ヌルヌル／ベタベタ感）など触れないものがある。
□ たわし・毛糸玉（チクチク感）など触れないものがある。
□ ぬいぐるみ・クッション（フワフワ感）など触れないものがある。
□ 砂遊び・水遊び・絵の具遊びを嫌がる。または、逆に固執的に求める。
□ キャラクターなどの着ぐるみを着た大人の存在を怖がる。

□ 爪切り・洗髪・散髪・くしで髪をとかす・口のまわりを濡れたタオルで拭かれる等を嫌がる。
□ 歯磨きされるのを嫌がる（ただし電動歯ブラシならば口を開けることが多い）。
□ 偏食がある。
□ 医者を怖がる。健康診断が苦手。
□ 手を洗うことを嫌がる。

□ 靴、靴下をきちんとはけない。腕まくりを嫌がる。
□ 体育のゼッケンをつけることを嫌がる。首にメダルをかけることを嫌がる。
□ 物なめ、指なめ、爪かみ、鉛筆かじりが頻繁（退屈した状況や一人でいる状況で出やすい）。
□ 異食がある。
□ プールで水に顔をつけられない。潜れない。

□ 原始的な攻撃（ひっかく、かみつく、など）が出やすい。
□ スプーン・鉛筆などをギュッと握りしめず、指先で軽くしか持てない。
□ 体温計（腋下・耳・口）を嫌がる。
□ 帽子・防災頭巾をかぶるのを嫌がる。極端な場合、着替えを嫌がる。
□ 散歩のさいに手をつながれることを嫌がる。

B.触覚防衛反応の二次的な影響

□ 周囲に対する不安感が強い。
□ 多動傾向。
□ 大勢の人が集まる状況が苦手（スーパーなど匂いが混在する場所が苦手なことも多い）。
□ 集団遊びに参加できない。列に並べない。
□ 動きがぎこちない。不器用。

□ 物を操作するときにあまり見ようとしない（目と手の協応が育ちにくい）。
□ 状況や課題を見ただけで近寄ろうとしなかったり、言葉や行動で予防線をはったりする。
□ 未経験なものごとに対する心理的な抵抗が大きい（逃げる、騒ぐ、やりたがらないなど）。
□ 大人の善意のスキンシップ（抱きあげられる、頭をなでられる、頬ずりされるなど）が苦手。
□ 場の雰囲気を読み取りにくい。

□ 他者と向かい合う関係、共感関係が築きづらい。
□ 引っ込み思案的な部分が出る場合と、乱雑な部分が出る場合があり、場面によって変わる。

〈表 2〉触覚防衛反応のチェックリスト

⑺ 触覚の未発達とボディイメージ形成のつまずき

心理学的な自己像の発達を「自我」ということばで表現します。「ボディイメージ」は生理学的な自己像の発達を示す概念であり、換言すれば、「自分の体の実感」と言えそうです。触覚の過敏性が強い子どもも、低反応性を示す子どもも、どちらの場合もボディイメージの形成が遅れます。

木村（2006）は、ボディイメージについて、自動車を運転する際の「車体感覚」ということばを用いて説明しています。自身（何かを保持・運転しているときには、それらも全て含めて）の輪郭がイメージできていなければ、周囲との適切な距離感がつかみにくくなります。自身のサイズがつかめていなければ、サイズに合わない動き（乱暴だったり、強引だったり、反対にやけに慎重だったり）を取りがちです。ボディイメージの形成が未発達な場合、輪郭やサイズがぼんやりしている（**図5**）ため、車の運転に例えれば下手な運転技術が露呈してしまいます。不器用・雑・荒っぽい・態度が悪い・引っ込み思案・場面拒否・物おじなどの背景に、ボディイメージが未形成であるという発想があれば、指導の糸口が見えてきます。

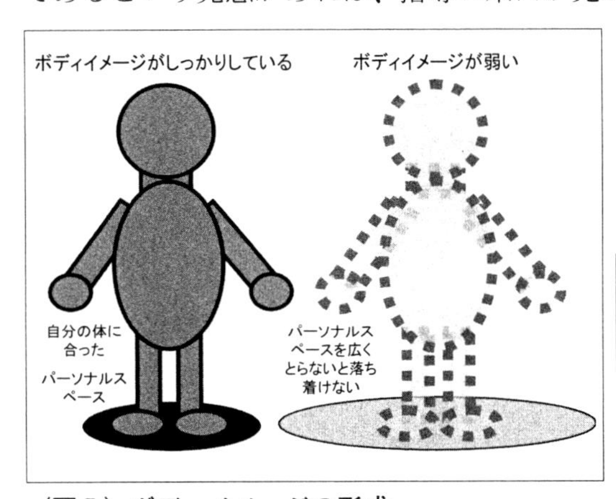

〈図5〉ボディイメージの形成

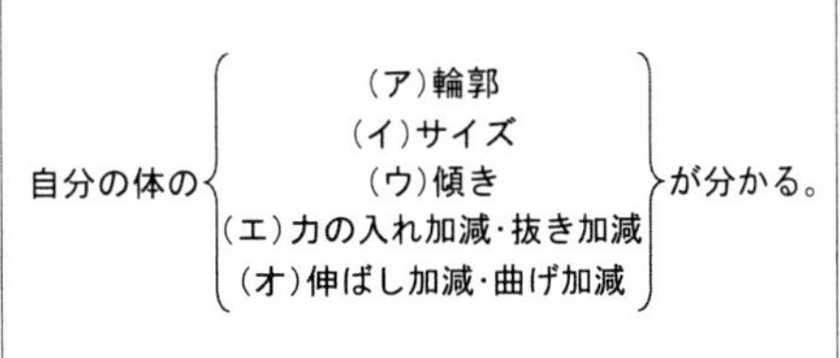

〈表3〉ボディイメージの発達にともなう変化

触覚は、ボディイメージを形成する際に不可欠な感覚の一つです。なぜなら触覚という感覚情報は、自己の体の輪郭やサイズの情報源であるからです。ボディイメージの発達によって、輪郭やサイズが分かるようになり、また、肢位、姿勢、運動スピード、力加減などの感覚情報も加わって、自分の体を上手に使いこなせるようになっていくのです（**表3**）。

障害の重い子どもたちは、上肢や下肢、あるいは体幹の運動・動作の障害のため、日常生活や学習場面で必要な、姿勢・移動・操作・動作の一部または全部に困難があります。その多くは、まひ・側弯・拘縮といった身体状況に由来するため、どうしてもそちらに注目しやすいのですが、動きづくりの指導においてはボディイメージの概念の理解も欠かせない重要な要素です。新しい動作や遊びを覚えること、動作模倣、手先の操作性の高まりなどは、ボディイメージの形成なくして成し遂げられません。ボディイメージ形成の基礎情報となる「触覚」を育てること――、これによって子どもたちの“世界”が広がると言っても決して過言ではないと思います。

2 指導

(1) 触覚防衛反応を軽減する指導のポイント

触覚防衛反応を軽減する指導について、結論から先にいえば、「触れる・触れられる」という行為の「戦略づくり」を手伝うという発想が大切です。触覚の過敏性は、「触れる・触れられる」に関する戦略を頭の中でイメージできないために、「課題に触れることが難しい、触れられることを受け入れられない」から起きるのです。例として、フィンガーペインティングの絵の具に触らせようとすると嫌がる子を取り上げてみます。

通常、私たちは、目の前に出された絵の具を課題として認識するだけでなく、無意識のうちに、どのあたりに座り、どのように手を伸ばし、どのように扱うかの目安をつけ、手についたときにどんな肌触りがするかを予測し、何回くらい動かすかをある程度見越して、最後に手に付いた絵の具を洗い落とす場面まで瞬時にイメージしています。周りの人からどれくらい離れれば絵の具の跳ね返りを受けずに済むかとか、絵の具をこぼしてしまったときにどう処理をするかといったことまで、ほぼ直観的に考えています。扱う前から、どう処理するかという「構え」を作っているのです。防衛反応の強さは、この「構え」の未形成の状態だと理解するとよいでしょう。

「構え」という言葉は、スポーツの場面でよく用いられます。テニスでサーブを受けるとき、野球の守備、柔道で相手と対峙する瞬間…。すべて「構え」から始まります。相手を受け入れる戦略があるからこそ、身構えることができるわけですが、物を扱う際にも、どのように触れるか、どのように手を動かすか、触れたときにはどんな感触か…といった戦略イメージが必要です。

〈図6〉は、触覚情報に対する「戦略」の立て方を示したものです。構えの形成のために、(ア) 触れた物、触れられた部位、触った相手に**「注意(興味・関心・好奇心)」が向く**、(イ) 手探りをして**「形・大きさ・素材」を弁別する**、などの認知行動を育てる指導を行います。認知行動を示す場面では、子どもは情緒的に安定しているはずなので、まずは注意を向けられるような安定した働きかけが重要です。

子ども自身が育つことを期待する一方で、構えを作りやすいように周囲の環境や状況を整えることも必要です。室内の情報や刺激が過多にならないようすっきりさせたり（**環境統制**）、何を行う場面なのか読み取りやすく工夫したり（**構造化**）、慣れない場面では十分予告したり（**スケジュールの視覚化**）、どんな活動をどれくらいするのか事前に示したり（**ワークシステムの明確化**）といった周辺的なアプローチも戦略を立てやすくする工夫の一つになります。

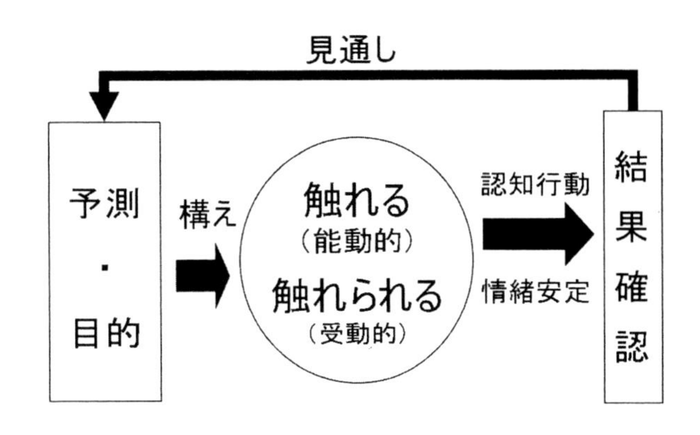

〈図６〉触覚情報に対する戦略の立て方

⑵ 指導の展開 ―「アクティブタッチ」と「パッシブタッチ」―

触覚の防衛反応を軽減する指導プログラムについての先行指導事例では、２つの方法が知られています。具体的には、自分から能動的に触っていく「アクティブタッチ」と、受け身的に触られる「パッシブタッチ」です。アクティブタッチは、種々の素材に触ることへの興味を促し、レパートリーや頻度を増やしていくことが触覚を活性化させるという原理に基づく活動です。たくさんの素材に触れる、ボールプールに入るなどがアクティブタッチの代表的な指導例です。ところが、自閉症や知的発達の遅れが重度な子どもたちの場合、自分で触れることに任せるようなアクティブタッチの課題設定だけでは「自己刺激遊び」に留まってしまうケースが多いことも、併せて報告されています。そのような背景を踏まえ、筆者は、障害の重い子どもたちの指導においては、指導者が触れてあげるパッシブタッチが重要な指導方法であると考えています。

パッシブタッチを用いた指導場面では、大人のかかわりを受け入れるという要素が強くなるため、教師の指導目標と、子どもの学習目標が混同されやすいという問題があります。そこで、〈表４〉のように両者を分けて整理します。子どもの目標のほうは、視認しやすい行動に限定すると評価しやすくなります。

教師の指導目標	子どもの学習目標
○触覚防衛反応を軽減する。	（A）タッチされているその部位を見る。 （B）タッチしている相手の顔を見る。 （C）タッチされているものが動くところを目で追う。 （D）視線は他を向いているが、表情で触れられている部位に注意が向いていることを示す。

〈表 4〉指導目標と学習目標の整理

また、パッシブタッチの方法を考える場合、とかく「何を用いるか」だけに焦点が向いてしまいがちです。触覚の発達や受け入れられる課題の広がりを考えた場合、「何を（触覚素材）」、「どこに（身体部位）」、「どのようなタッチで（刺激入力方法）」触れられることに注意を向けられたか、という3つのポイントから、対象児の「構え」ができているかを判断することが大切です。そして〈図 7〉に示すように、それぞれのポイントで受け入れやすいところから、漸増的に受け入れられる幅を広げていきます。

受け入れられない触れられ方の場合、拒否・逃避的な行動が出やすくなります。

その場合は、1つ前のステップに戻ることも大切です。

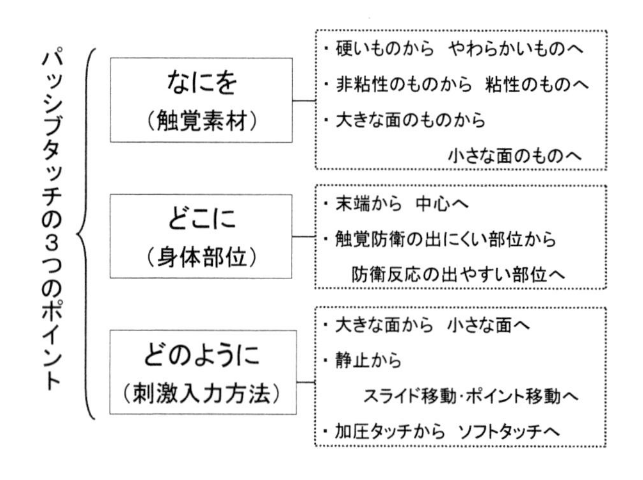

〈図 7〉パッシブタッチの 3 つのポイント

⑶ 指導の実際Ⅰ（Kくんのケース）

Kくんは、肢体不自由特別支援学校の小学部に在籍する男の子です。化膿性髄膜炎後遺症（痙性両まひ）、精神発達遅滞、てんかん、水頭症で、日常生活では、全面介助を要し、通常の姿勢は「わり座」または「あぐら座位」。膝這いの移動が中心です。車椅子に座ると自操したがる元気な子です。

よく見られる行動を整理すると、指なめ、物なめが頻繁で、対人面では求められた握手を拒む、学習面では課題に対して手を引き込んでしまうなどの様子が見られます。散髪を嫌がるなどの触覚防衛反応（**表 2 参照**）が見られましたが、拒否や抵抗などの情緒的な反応がそれほどはっきりと出なかったため、行動の背景にあるつまずきにあまり気づかれなかったという経緯があります。

絵の具を用いたアクティブタッチの課題では、高笑いしながら全身に色水を浴びるように過ごしていましたので、それまでは「絵の具遊びが好きである」と記録されていました。母親にうかがうと、そうなる以前は手を出そうとしなかったとのことでしたので、過剰な反応の質はそれほど変容していない（**図４参照**）と解釈したほうがよさそうです。

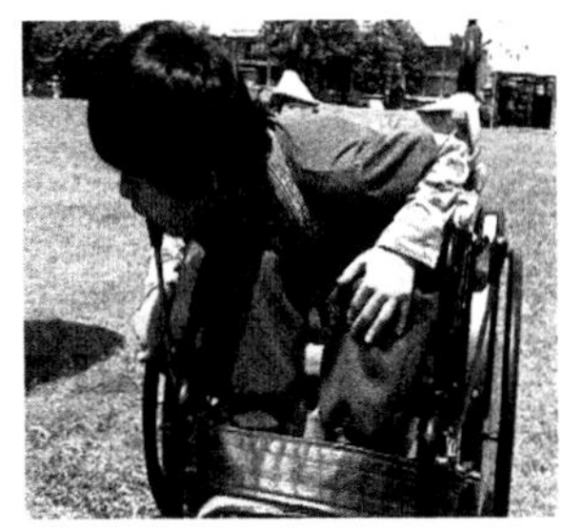

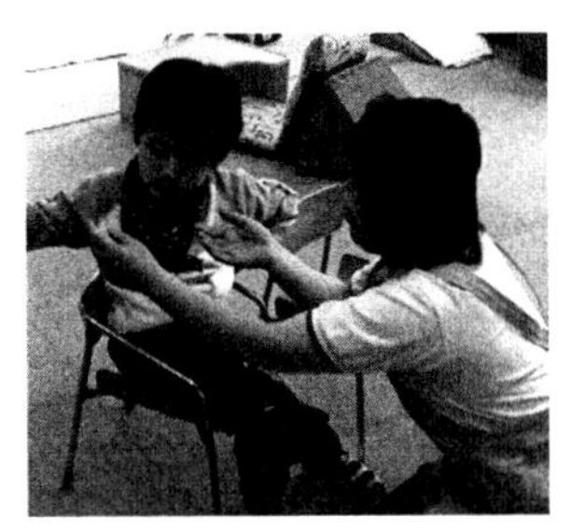

Kくんには、個別的な指導の時間（自立活動＝週１～２回の頻度で、１回あたり20分程度）において、パッシブタッチを取り入れました。具体的な方法は次の通りです（川上、2005）。

> ⑴　何がどのように触れるのか、触れる前に見せて伝える。
> ⑵　接触する素材は、大きな面で一定の感触が感じられるものを用いる（例えば、筆者自身の手、スポンジ、垢すりタオル、亀の子たわし等）。
> ⑶　痛みを感じない程度の一定の圧力で触れ、その部位に注意を向けさせる。
> ⑷「なにを（触覚素材）」、「どこに（身体部位）」、「どのように（刺激入力方法）」の組み合わせを変化させながら、受け入れられる範囲を次第に拡大していく。
> ⑸　働きかけを嫌がって手を引き込んでしまったときは、Kくんの気持ちを尊重して、無理にはやらず、一度働きかけの手を緩める。しかし、焦らず諦めずに再び同じ働きかけを繰り返す。

また、その時間におけるKくんの学習目標は以下のとおりです。

教師の指導目標	Kくんの学習目標
触覚防衛反応を軽減する。	（A）触れられたときに動きを止める。 （B）タッチされている部位を見つめる（固視）。 （C）タッチされているものが動くところを目で追う（追視）。 （D）視線は他を向いていたとしても、過剰な情緒反応をせずに落ち着いていられる。

開始直後は、〈**写真1**〉のように働きかけからの逃避・拒否の行動が強く見られましたが、数カ月続けていると、それまですぐに引き込んでしまっていた手から拒否・抵抗的な動きが消えていき、落ち着いて触れられた部位を見るようになってきました。「ものを見る」ときの持続時間にも変化が見られ、「チラッ」と瞬間的に見ていた段階から、触れられた素材の正体を探るように「ジッ」と見つめるような時間が増えてきました（**写真2、3**）。

〈**写真1**〉

〈**写真2**〉

〈**写真3**〉

この間、筆者は、Kくんが筆者の働きかけを受け入れてくれているのを確認しながら、次第に触覚刺激を受け入れられる幅を広げていくようにしました。〈**図7**〉においてパッシブタッチの3つのポイントを示していますが、その原則に基づき、受け入れにくい素材を、触覚防衛反応が出やすい部位に踏み込んで、感じ取りにくいソフトタッチで触るようにしていったのです。

〈**図8**〉は、1年間のパッシブタッチの受け入れの変化をレーダーチャート化したものです。開始から1年を経過し、たわしでそっと触れたときにも、その部位に注意を向けるようになってきたことが分かります。

ところで、木村（2006）は、触覚防衛反応が軽減するとどのような変化がもたらされるかを、これまでの指導事例等から〈**図9**〉のように整理しています。Kくんも、握手にすんなり手を出して応じるようになりました。また日常的に必要な生活動作（ADL）が向上し、自分でスプーンを使って食べたり、下肢装具（機能を保持する靴）のマジックテープを外して脱いだりできるようになってきました。触覚防衛反応というつまずきの根っこの軽減が、情緒の安定をもたらし、対人関係面の良好さや、運動・

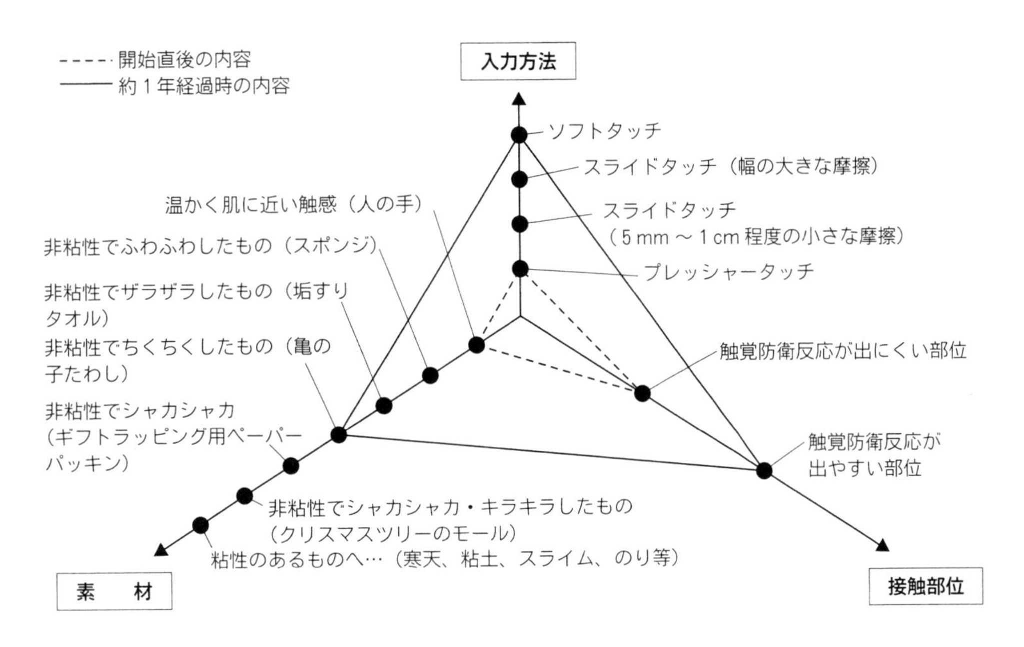

〈図 8〉触覚の拡がりレーダーチャート（川上、2005）

操作面の向上へと広がっていく様子が分かると思います。触覚防衛反応は、単なる感覚水準のつまずきにとどまるものではなく、情緒や認知にも非常に大きな影響をもたらします。したがって、触覚防衛反応の軽減については、指導場面における「触覚刺激の受容の様子」と、日常生活場面における「行動の変化」の二つの側面から分析するとよいと思います。

1）触れられること・対人面が改善する。
①対人意識が向上する。対人関係が作りやすくなる。
②散髪・耳あか取り・爪切り・歯磨き等の介助がしやすくなる。
③遊びで、かかわれるおもちゃや遊具が広がる。
④「場面拒否」や「ものおじ」が軽減、もしくは改善する。
⑤行動の「落ち着き」が出てくる。

2）手元へ注目≒「目と手の協応」が高まる。

3）手先・全身運動での器用さが発達しやすくなる。

〈図 9〉触覚防衛反応が軽減するとどうなるか（木村、2006）

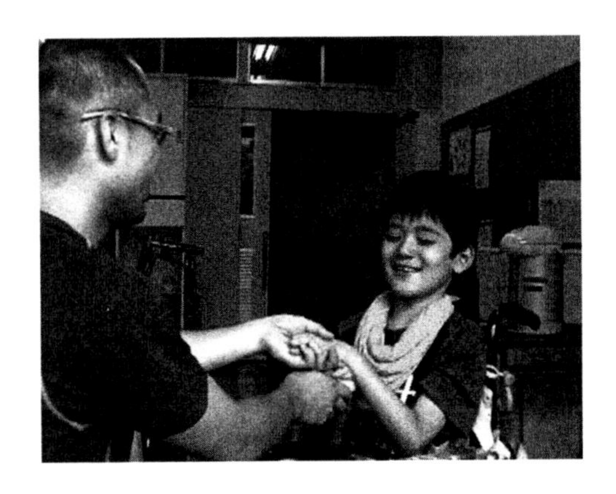

⑷　指導の実際Ⅱ（Aくんのケース）

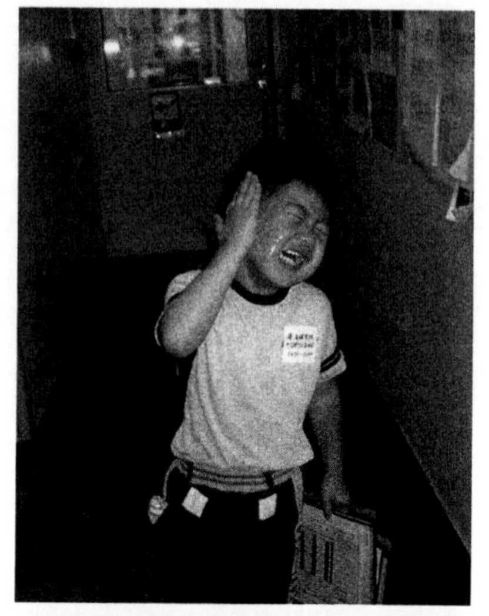

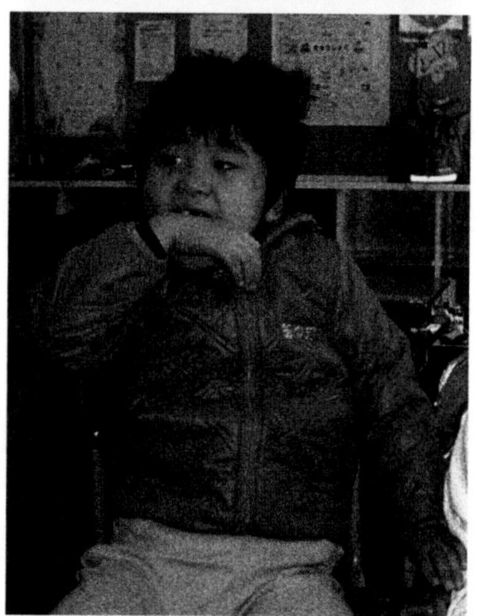

Aくんは、知的障害特別支援学校の小学部に入学したばかりの男の子です。定頚（首のすわり）が生後3カ月、独歩は11カ月と、運動機能は正常発達のペースと言えますが、2歳になっても指差し、言葉がないということで気になり受診（重度精神発達遅滞を伴う広汎性発達障害と診断）に至ったという生育歴があります。椅子にじっと座っていられる時間が少なく、指しゃぶりや手叩きなどの自己刺激的な行動が頻繁に現れます。また、他人から「やらされる」こと全般が苦手で、応じられないと感じた課題に対しては、こめかみを思い切り叩く、頬をつねるなどの自傷行動で抵抗を示します。特定の大人の頬や首筋をつねる、噛みつくなどの他害行動も出やすく、情緒の安定が常に課題とされている子どもです。

Aくんの行動は、一見すると問題行動的ですが、爪切りや散髪を極端に嫌がる、歯科健診を嫌がる、他者との折り合いのつけづらさが残るなどの行動特徴を整理すると、行動の背景にある触覚防衛反応の根深さが見えてきます。さらにAくんの行動をビデオ分析から整理すると、次のような傾向が明らかになりました。

① 他害ターゲットは限定的である。そのためかかわりを間違えなければ他児に対し暴力的になることはない。
② やらされること全般が苦手である。したがって、通説に反して構造化場面は苦手である。
③ 触覚防衛反応の強さの二次的な影響による拒否的な反応が強く出やすい。
④ 手を洗う、ジッパーを下ろすなど始点・終点が明確な行動は自立度が比較的高い。
⑤ 教室に戻る、靴をはくなど、入れる・はめる等の要素を持った分かりやすい活動は介入を受け入れやすい。
⑥ できたことについての自己有能感が低く、失敗経験から修正して学びなおすことが難しい。
⑦ 自閉症特有のパニックというよりも、いわゆる第一次反抗期（自分のシナリオ以外の出来事に対しての「イヤダ！」）の様相を示していると考えられる。

以上、7つの分析の視点を総合すれば、一連の自傷行動・他害行動を「発達の初期の状態をひきずりながら、場面逃避のための焦点づけられたコミュニケーション行動が、他者への伝達サインとして定着してしまった」状態と見ることができます。

初期の発達状態とは、情動の発達のアンバランスさが出やすいということでもあります。宇佐川（2001）は、対人関係の発達要因として情緒や情動の発達をとらえなおす必要があることを指摘しており、特に、情動の表出の調整機能という視点が重要であると考察しています。そこで、Aくんの快や不快の表出の過程を分析します。

Aくんの快の情動は、急激な興奮状態を示すことが少なく、転導しにくい（適度な抑制が働いている）状態が続きます。整理された刺激の提供により注目行動や適切な関係づくりの維持が可能です（図10）。

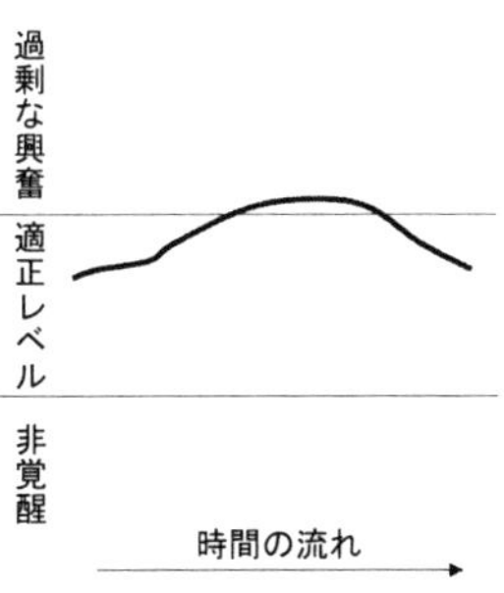

〈図10〉快の情動表出過程

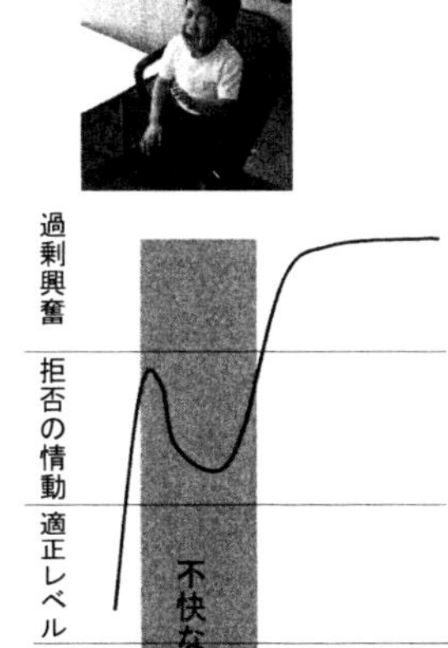

〈図11〉不快の情動表出過程

その一方で、不快の情動表出においては、不快事態の発生や自己パターンの崩れによって強い不安や拒否が生じ、過剰な情動の興奮に至ることが分かりました。外界への不安が強く、大人からの指示や介助ですら、Aくんにとってはまるで侵略されんばかりの不安を与える要素であったのでしょう。パターン的な拒否行動としての自傷が、不安の表現形態の一つになっていました。この場合、強い不快事態を避け、情緒的な安定を図りながら次の対応を考えるという教育的手立てが必要です（**図11**）。

Aくんには、あらゆるもののパッシブタッチを試みました。当日の授業（集団的な学習）で使用するような教材、教具など、こちらから触れてあげて注目行動を促すようにしました。触覚防衛反応の強さは現在もまだ残っていて、まるで「折れ線グラフ」のように日ごとの変化が見られますが、行動観察の視点として不快な情動の変化をとらえておけば、周囲からの介入に応じたり、指示に応じたりする場面も増えてくることが分かりました。今まで乗ることのなかった遊具に乗る場面も出はじめ、触覚防衛反応の軽減がボディイメージの形成にも大きく影響している様子がよく分かります。

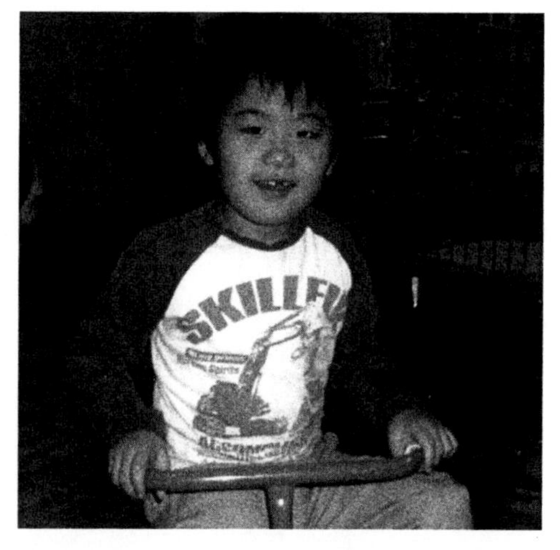

障害の重い子どもの授業における指導の系統性が謳われるようになってから随分たちました。子どもの内面に寄り添うことを礎とするこの領野において、触覚に関する知識とそれを踏まえた実践は、子ども理解をより豊かにし、働きかけをより確かにし、子どもの学びをより明らかにするプロセスであると言えるのではないでしょうか。

謝辞　個人資料・写真の使用にあたり、Kくん・Aくんの保護者の皆様からご快諾をいただきました。この場をお借りして、お礼申し上げます。

【参考文献】

1）Anita C.Bundy他『感覚統合とその実践』第2版、協同医書出版社、2006年
2）Ayres,A.J.『子どもの発達と感覚統合』協同医書出版社、1982年
3）全国肢体不自由養護学校長会編著『特別支援教育に向けた新たな肢体不自由教育実践講座』P.145-152、川上康則「感覚を育てる指導－触覚防衛を軽減させ、周りの世界との関係を築く－」ジアース教育新社、2005年
4）下山直人編著『障害の重い子どものための授業づくりハンドブック』P.59-100、川上康則「授業づくり入門」、全国心身障害児福祉財団、2008年
5）木村順『触覚と周りの世界との関係を作る、養護学校の教育と展望』105、P.13-17、1997年
6）木村順『育てにくい子にはわけがある－感覚統合が教えてくれたもの－』大月書店、2006年
7）坂本龍生・花熊暁『新・感覚統合法の理論と実践』学習研究社、1997年
8）宇佐川浩『障害児の発達支援と発達臨床－発達臨床心理学からみた子ども理解－』全国心身障害児福祉財団、2001年

II章　実践報告⑨

運動・感覚「エアートランポリンを使っての授業実践」

「見る」ことに視点を当てた考察

橋本　祐一

都立小平特別支援学校の公開授業研究会に行ったときのことです。本稿の最後に示されている「指導略案」を手にしたとき、「感覚・運動」をテーマとして取り上げていることに、大変興味を持ちました。浮遊感や身体意識を育てることを目的とした授業だからです。また、「鑑賞」「音楽」「創作」「運動感覚」の４課題の授業を、１カ月～１カ月半、一年間を通して順番に繰り返して行っていることにも共感するところがありました。ドイツのシュタイナー教育では、このような授業を「エポック授業」と呼んでいるそうです。私は、高等部の教員だった頃に、ある一定期間集中して取り組むことによって成果を上げるこの方式は、卒業後に向けて力をつけるために取り組んでみたい理想的な方式であると思っていました。

骨太の理念と考え方等の根拠に基づいて、授業を展開していくことは、学ぶべきことと通読して考えさせられました。なお、「指導略案」に目を通した上で、本稿を読んでいただくようお勧めします。（飯野）

1　はじめに

⑴　本稿を書くに当たって

障害児であっても健常児であっても、誰にも潜在的な能力は存在し、それを観察し伸張する立場にある教員は、その能力を見極め、邪魔をしないことが大切です。教員は一観察者であり、研鑽をどんなに積んだとしても、生徒そのものにはなれません。この当たり前のことは、意外と重要です。障害児教育では、発達等の把握が、まず課題視されますが、それは教員間の連携や生徒を観察する眼を培うことが重要であるということです。したがって、知識として発達の診断テストや発達の目安などを知っているだけでは、無用の長物となります。授業は、一歩間違えると、教員の自己満足となり、教員個人の感性や価値観に大きく左右されます。このことは、言葉で何をどのように規定しても変わりません。

私は現在、日常の中で絵画を制作しています。私個人では、授業について障害児教育という前提ではなく、絵画制作によって得られた経験や感性に、指導の根本や重きをおいています。私個人にとっての授業、という言い方をしたのは、何よりも教員はその観察眼が重要であり、教員個人としての在り方が問われると考えるからです。

⑵「純粋に見る」ということ～絵画の「表現」を通して、指導理念を築く～

絵画の歴史上この一世紀は、世界的にさまざまな形式の変換期であったと言えます。それはそのまま文化史の変換であり、如何に新しいものを創るか、過去と違うことを行うかに、発展の意味が集約されていると思います。現代は、絵画は死に、全てやり尽くされたと言われています。しかしながら、実際に絵画を制作している者は多くおり、現代美術でも、絵画が主流を占めているという事実もあります。それは文化の発展を目指して行き着いた過去の価値観の限界を示しており、人間の欲求の本質として「表現」が残ってきたということが言えます。そこには、歴史が動きさまざまな発展を遂げても、変わらないであり続けるものの存在がある、ということです。このように、時代が動いても変わらないものをとらえることは、普遍性を備えた「表現」を見逃さないという意味で大切だと思います。絵画は、歴史とともにその表現形態を変化させていますが、今も昔も変化しないことの一つに、「見る」ということが挙げられます。正確に言うと、「見られる」ということですが、主体を人間側におくと、「見る」ということになります。絵画とは、何よりもまず、人間が「見る」ためのものである、ということができます。

では、「見る」とはどういうことでしょうか。例えば、何らかの面に何らかの材料で印を付けること、それは絵画の始まりです。そこには自然に描かれた線や面が現れ、出現した図像に、人は見て気がつきます。絵画の発見です。人は見えるものに気づき、そこで見たものを判断したり観察したりし、そして記憶するという作業を自然に行っています。このことは、特に意識しなくても繰り返し行われることで、無意識のうちに人間の脳に記憶として残ります。更に重要なことは、見て「認識する」ということがなされなくても、その図像を図像としてとらえられなくても、記憶として残ることは可能であると私は考えます。その意義は、絵画における図と地の判別、その意味するところが分からなくても、はっきりとした意味や形が記憶されなくても、その雰囲気や空気、「純粋に抽象的な何か」の存在を感じ、その「感じ」は脳に刻印されるということです。

絵画は、聴覚や触覚、認識する力が弱くても、視覚―見ることができれば、雰囲気や空気、「純粋に抽象的な何か」の存在を感受することは可能であると考えます。例えば、現代から見てもなお強い力を維持している古代壁画群は、今では考えられないほど暗い洞窟の中で、その全体像をとらえられないまま描かれたものです。それは目で見た全てをそのまま描いているとはとても考えられません。ほの暗い洞窟の中で、壁面との間に存在する空間の中に、見えない存在を感じ、出現させたのです。全体像がほとんど見えない状態でも、人は絵画を生成し、その意味や概念を持たない時から、絵画を成立させていたのです。それは、機能や認識では説明できません。感動とはそういうものです。それを描いていた視点や目の感覚こそが、私は「純粋にものを見ている」ということだと思います。

私は絵画を通し、そのことを踏まえた上で指導理念を持ち、授業を行っています。「見ること」の断片を問うことは、現在の授業実践にとって重要なことだと考えるからです。本稿では、「見る」ということに焦点を当てて、考えを進めていきたいと思います。

2 高等部Ⅰグループの授業実践の変遷とその意味

(1) 授業の形態

高等部Ⅰグループの授業実践は、主に過去5年間の本グループの全授業実践や授業研究から比較検討した結果に基づいて行っています。本グループでは、午前中に体の取り組みと朝の会を一週間帯状に設定し、その後のメインの時間につなげています。バイタルサインを取り、ストレッチや呼吸介助等身体の取り組みを行い、体調を安定させ、朝の会で一日の見通しを持たせた後の時間をメインと呼んでいます。その理由は一日の学習活動の時間帯の中で、最も体が覚醒し、持っている力を十分に発揮しやすい時間であると過去の研究が証明しているからです。午後の時間帯は、疲れのため眠ってしまう生徒が週の後半になると特に増え、覚醒状態の低下が多く見られるため、一日の流れの中で、メインになり難い時間帯です。メインの時間は、生徒の実態と教育内容を検討し、主に4つの授業を、一年間を通して順番に繰り返して行っています。4つの授業とは、「鑑賞」「音楽」「創作」そして「運動感覚」です。このメインの授業の特長は、類似した内容を、同じねらいで、一つの授業を1カ月～1カ月半続けて行うことです。これは、高等部全体では、Ⅰグループのみで行われている独自の授業実践の形態です。

(2) ねらいについて

1カ月～1カ月半、類似した内容を同じねらいで続けて行うということは、メインの時間が音楽であれば、その期間はずっと音楽を行い、創作であればずっと創作を行う、文字通り同じ授業の繰り返しということです。それまで（6年前）は、一日ごとにメニューが変化していく普通高校のような授業形態でした。しかし、生徒の実態からすると、「見る」という観点一つを取り上げても、見えている状態を教員が十分に把握しきれない状況があります。生徒が、何を、どれだけ、どのように注目できて、それはどんな色で、どのくらいの距離からかなどの実態が、教員が見て分かりにくいということがありました。

「見る」ことを一つ取り出して、ここをこう見てほしい、と教員がねらったとしても、その授業に生徒が慣れ、持っている能力を安心して表現するまでには、ある程度の時間が必要です。そのある程度、という期間が、1カ月から1カ月半程度が妥当である、という仮定で行ったわけです。通常、発達は一つの観点のみでは成し遂げられないため、見ることだけを取り上げる授業ということはあり得ません。通常、人は、何らかの環境の中でものを発見し、何らかの音を聞き、何かに触れ、総合的なコミュニケーションを通して発達を遂げていきます。そのため、教員間で観察の観点を絞り、発達年齢を考慮し、生徒のより正確な発達段階を教員側がつかむためにということも含め、過去の授業研究の中で、メインの授業を中心に日常生活場面も含めて、あらゆるエピソード収集を行いました。その結果、一年前と比較して、「触れることができなかったものにじっくりと触れ続けることができるようになった」「すぐに眠ってしまっていたのが起きていられるようになった」「見知ったものであれば追視するようになった」等、さまざまな観点で簡単な見通しがあればできるようになった動き（発達）が見られました。

それは障害があるために、教員が観察しきれなかったものの現出であり、もともと持っていた力が、細かな観察の継続により明らかになったものと考えられます。したがって、エピソード収集は、生徒の正確な実態把握と共に適切な発達課題の提供という意味もあり、現在も続けています。また、このことで類似した内容を同じねらいで1カ月～1カ月半続けて行うという授業実践の妥当性が示されました。「運動・感覚」の授業も含め、本グループにとってこのように継続して実践を行うことは非常に重要なポイントです。それでは、その中での「運動・感覚」という授業の占める位置について述べていきます。

⑶　運動・感覚の授業について

本授業は授業名を、「運動」→「感覚」→「運動・感覚」と変化させてきた経緯があります。これは、教員間の名称（言語）のイメージの問題も、大いに含まれていました。当初の「運動」という名称に対しては、体育的なイメージをその内容に持たせ、自力で体を動かすことが難しい生徒の実態と授業内容が合っていないという意見がありました。また、他の3つの授業との関連や相違を考慮した時に、全身を意識させ、活動していくことが本授業では適切である、という観点で話し合いました。見ることや聞くこと、触ることのどれか一つに集中させるのではなく、全身の感覚をより意識させることをねらいとし、名称は「感覚」となりました。さらに、さまざまな動きを他動的に与え、全身の感覚を伸張するということは、粗大運動の実践です。教員が概念として持っている運動という意味をとらえなおし、粗大運動という考え方を感覚という授業に盛り込み、現在の運動・感覚という名称に至っています。このことは、実際に授業を行う教員の概念の変化や広がりにつながったという意味で、大きなことだと考えます。

3 「見る」ことについて

(1) 意味の飽和状態

私は本授業の実践に当たり、絵を描き、日常的に気になっていることと、実際の生徒の実態を考慮して、特にものを「見る」ということはどういうことか、ということを問題にしてみました。ものを「見る」ということについて、ここでもう少し明らかにしたいと思います。

視覚機能は、通常、①視覚定位、②注視、③追視、④注視点の移行という順序で、姿勢や頭部、体幹の動きに左右されて発達を遂げます。それは、「目の前のものを見て把握する」ということですが、視線を向けているものを脳が認知し、認識し、概念化を行う、という手続を踏むということです。人が日常生活を送る際に、例えば目の前にあるものを、「これは電車である」「これは机である」「これは母親である」等と見て分かり、認識する能力は必要不可欠です。これは意思的にものを見るということであり、概念化（記号化）された日常の事物の意味の認識であり、限定（特定）するということです。

しかし、この概念化には、問題があります。日常に視点を移しみたときに気づくことは、あまりに意味が溢れすぎていて、意味で日常空間全てが区切られていることです。そのような意味の飽和状態を招いていることが、私はとても気になりました。それは、「ものを見る」ということについても同様だと感じました。ただものを見る、ということがない、あらかじめ意味があるものについて、まるで記録するかのように見ることを繰り返すことで、見た気持ちになっていることが気になりました。それはぼんやりと見つめるということではありません。見ることによる発見とでも言いましょうか、見ることがあまりにも当たり前になされていて、見ることによる見ることの発見ということがあまりにも少ないと感じるのです。現代の特徴として、人間の見るという力がどんどん低下しているように思います。このことは、特別支援学校の授業、障害児教育という視点のみならず、私を取り巻く日常生活の中でも問題視してきたことでした。

⑵ 「光」

話をもう一度絵画に戻します。ある平たい面の上に、顔料その他の材料をもって点や線、面、色彩が重ねられたものを現象としての絵画と言います。古代から、人は絵を描きました。アルタミラやラスコーにある壁画がそのことを物語っています。その意味は、宗教的な儀式や意味、記録的なものまでさまざまでしょう。多く言われていることは、その図像の現代との接点についてです。具体的に何が描かれているかという視点で絵を見てみると、人とおぼしき線は矮小化され、槍らしき武器を持ってある動物を追っているようにも見えます。その動物は、人よりもはるかに巨大で、立体感さえ感じさせるものがあります。当時の人には、果たしてそう見えたのでしょうか。または敢えてそう表現したのでしょうか。その図像は、それ以後に開発された遠近法や、立体の表現方法までもが網羅されています。現代性と言われる表現内容が、既にこの頃に示されていたのです。何故このように人は描けたのでしょうか。古代の人たちは何を見つめていたのでしょうか。

田中昌人によると、子どもはこの世に生を受けた直後、視線に入ってきたものを見つめるとあります。しかし、この時、視線の先の図像の意味することは不明です。ある盲目の人が、危険な手術の後にその目から包帯が取れ、初めて外界を目にした時、その先の図像を上手く結べなかったと言われています。そこにものは確実に存在するのですが、自分との関係性を決定づける距離感覚よりも先に、強烈なおびただしい光の侵入が、見えるということよりむしろ見ることの妨げとして存在するようです。

視界を獲得したばかりの人が見た図像と、古代人が描く図像は、非常によく似ているのです。何を見て何を描いたのか、分からないものも多くありますが、人間は単純な線、物は形の判別がつかぬほどぐちゃぐちゃな線で表現し、光が氾濫しているように溢れています。そこには、絵というものを何も学習していないはずなのに、ある空間や立体感が表されているのです。何が描かれているか、よくは分からないけれども、リアリティーが存在しています。それはどちらも、「見て」見たものを表しているわけです。リアリティーとは、平面を見ているはずなのに、それが平面ということや、見ているはずなのに、見ているという行為を忘れてしまい、その場、その空間にあたかも自分がいるような錯覚をしてしまうような、例えばそんなことです。

⑶　苦手意識

日本の小学校の低学年の子どもに風景を描かせると、皆一様に、空は青く雲は白く、太陽は丸く赤く、木は茶色い棒に緑の房を付けたものになり、妙に大きな顔面には目鼻口らしきものが点や線で示され、手足は棒のようにしかしはっきり顔面からは離れて表されているものが多く見られます。このことは、自己と他者を明確に認識でき、自己との距離を測りながら、客観的に事物を事物としてとらえることができている証拠であると言われています。これは、言語とものとが結びつき、ものを絵画という手段で表現した結果を、観察することができるようになってきたことを意味します。しかし、子どもはこの頃から何故か皆同じような人間を描き、同じような色を選択します。この頃からでしょうか、上手い・下手を意識し始め、絵画が好きな子ども・嫌いな子どもが生まれ、この意識をほとんどの人が一生涯に渡って持ち続けることになるようです。皆違う人間で、違う視点を持っているはずなのに、発達と同時並行的に同じような形・色彩を描かなければならないという、ほとんど強迫観念のようなものを持ってしまうのです。

何故このようなことが起こるのでしょうか。絵画的な発達の基準として、線や点をでたらめに描いたように見えるなぐり描きの時期よりも、頭・足・人の形が明瞭になってきた時期がより発達していると言われています。その発達には環境因子が大いに関係していると考えられ、周囲の子どもたちや親、絵本等のさまざまな情報から得られた知識を、図として描き表す手段を、周囲とのさまざまな必然的なコミュニケーションの中から取り込まれてくるものを処理して総合的に獲得された手段でしょう。それは同時に他者の発見でもあり、概念の発達でもあります。これは言葉と同様に、記号としてもの（他者）を表す手段の獲得であり、そのこと自体は恐らく古代も今も、それほど変わらないように思えます。それは人間の機能の問題であり、特質でもあると考えられるからです。しかしそれは「見る」ことの説明にはなりません。一つの、コミュニケーションであり、表現手段に過ぎません。表現手段は生きる手段でもあるため、周りを取り巻く環境の影響を受けます。必然的にそれは古代と現代とは大きく異なります。そうすると、上手い、下手、という概念自体は環境により作られていることになります。一般に、そこにあるものを再現的に描けると絵が上手いと言われ、再現的に描けない場合は下手となってしまいます。下手であることが認識できると、人はそれが苦手意識となってしまいます。そのように認識しているかどうかは別としても、上手い下手ということはその人が持っている能力等により、いつの時代でもあり得ることでしょう。しかしそこに、「苦手意識」が生まれることは教育の産物であると言わざるを得ません。何故ならば、上手く再現的に描けることだけが、絵ではないからであり、「見る」ことではないからです。「見る」ことが上手く描けるかどうかという一つの表現手段に、教育によってすりかえられた結果の、絵画の苦手意識というものが非常に多いのです。このように、絵画を通して考えると、環境因子（教育）が見ることに及ぼす影響は何かを、何かとして認識＝意味づけられることから始まると考えられます。この意味で何かを見る、とは認識できる何かを見るということであり、それは逆に「純粋に何かを見る」ことから、我々の視覚を退化させているように私には思えます。

⑷ イメージ

バーチャルという言葉がありますが、これは人間が快楽と引き換えに見ることを放棄した最も良い例であると思います。それは頭の中でイメージしたものがあたかも目の前にあるように、機械を使って安易に生み出せる、というものです。これは、正しく言うとイメージではありません。空想、もしくは妄想の出現です。イメージという言葉を使えば、イメージのイメージによる限定です。

ものを見るということは、目の前のものが何であるかを見極めるという機能であり、授業でも、生徒の発達上も、必要とされる視点です。しかし、見ることには、もうひとつ、イメージするという機能も有しています。見えたものを基にイメージを広げる、見えたものから何かを想像する、逆に、想像ができるがゆえに見えるものを想起するということもあり得ます。イメージというのは、単に何かを思い描く、という意味ではなく、何も無いことを基本として、そこから何かを生み出す、という無から有を生み出す意味を本来持っています。そしてそのことは、先ほど記載した「光の氾濫」にもつながっていきます。光は色彩の基盤であり、光の中に事物は存在するからです。

19世紀初頭に写真が登場した時、人は驚き、賞賛したに違いありません。それによって芸術の最高位に君臨していた絵画が、降下し始めたと言っても過言ではない程ショッキングなことでもありました。写真は瞬間の記録です。それは、ある時間の記録であり、ある一点の視点からの記録でしかありません。写真が絵画と違うことは、とらえられた被写体が全て均一であり、ある事物をそのまま写しているにもかかわらず、ある事物がありのまま存在することは決してないという逆転です。それは、見ることの転倒であり、逆転です。その正確性ゆえの虚実は、不正確であるが故にイメージを生成します。この人物の肌はどんな色で、どんな質感で、どんな体温か、絶対に分かりません。この木々の大きさや木の葉の音や動く様子や雰囲気は、絶対に分かりません。分からないから想像します。現実は点や色彩の羅列ではなく、微妙で気まぐれで移ろいやすい不確定なものなのです。またこのことは絵画においても同様のことが言えます。キャンバスに描かれているものは、実は絵の具の羅列であり、どんなに再現的に描こうとも全ては絵の具の物質です。平面が絵の具の物質によりあたかもそこに何かがあるように錯覚する、この点は現実を完全な嘘として写し、自由に空間を操作できるという点で写真よりも現実的です。

このように考えると、イメージとは本来、「何かを思い描くということ」ではなく、「何かを思い描かざるを得ない状態」のことを指していると言えます。何かが「ある」のではなく、何かが「ない」ということがイメージの前提となります。このことを「描く」ことを通して行ったものがラスコーの壁画であり、盲目の人の描いた絵画であり、絵画史の歴史でもあります。何かが欠如していること＝「見えないこと」を「見える」ようにする術、が絵画であり芸術と呼ばれるものであり、それが人間の生きることと密接につながって生まれたことは、非常に重要なことではないでしょうか。そのことは「純粋に見る」ということと大いに関係があるように思います。

4　授業における「見る」こと

(1)　曖昧さ

「見る」ということは「不在」が前提であり、その前提の上にイメージは成り立つということを説明しました。そしてイメージは「純粋に見る」ことに我々を近づけます。それは普遍性を備えた表現を発見し、作り出す可能性を広げるということではないでしょうか。

そのことを踏まえた上で、私は授業において見ることをねらいに取り入れました。見ることをねらうということは、見えない状態を作らなければなりません。本授業では、これは暗転（闇）で表現されています。そこを始まりとして、見ること、見えないことを仮説としての授業（＝生徒にとっては日常的な生活）が展開されます。ものをものとして完全に認識できる程度の視力が無いとしても、明暗程度の光を感受する視力があった場合、光の交錯は視点を複雑化させ、それは注意の不安定を生じさせると考えました。したがって、刺激は少なくて、視点の変化しない微妙な光を、天井にシーツを吊るすという方法で提示しました。このように、ある規則性を持たせた繰り返しの中で、闇と光を交互に提示し続けるのです。見ることに関する工夫によって、授業が進むにつれて、生徒の様子を観察すると、安心感が生じてきていることが分かりました。ここで大切なことは、見ることのみならず、見えるであろうものが「曖昧」であること、その雰囲気が「曖昧」であることだと考えます。開眼手術をした人は、受け取った光をありのままに感覚として見ています。まぶしいかまぶしくないか、等の光の存在自体を感じて見ているのです。私たちは、光の存在があるかどうかにも気づかず、まぶしさにさえも気づかないようです。また、生まれたばかりの赤ん坊が見える視力というのは、0.001程度であり、生後2カ月でも0.2程度しかないと言われています。重度重複と言われる本グループの生徒の発達段階は、10カ月以前と言われています。視力のみならず認識等も同時並行的に発達を遂げることを考える時、教員の視点に制限されずに、なるべく曖昧な状態を生徒が受け入れやすい環境で与えることは、基本であると考えます。見ることの基本＝曖昧さの上に、さまざまな刺激を提示していくことに、本授業は基盤をおいています。

⑵　浮遊感

本授業では、生徒の身体はエアートランポリンという安定・不安定を繰り返すものに委ねさせています。身体が地に着いていない状態、例えばプールなどはその良い例でしょう。重心をかけられる安定したポイントを持たない素材です。それは全身の感覚が曖昧であるということです。全身の感覚は不安になり、浮き沈みが他動的（教員による操作）であることから、余計に落ち着きません。与える刺激は常に快ではないのです。

浮遊感を感じるというねらいは、普段日常の中で感じない感覚の統合ということも言えるでしょうし、身体バランスの伸張ということもできるでしょう。それは、「運動・感覚」の授業の真骨頂です。しかしここでも、「見ること」が重要になってきます。エアートランポリンに任意に寝かせられた生徒の頭上に（身体と平行した位置に）シーツが吊るされています。従って視界には常にシーツがブラックライトに照らされた刺激が入るわけです。その刺激＝光は弱く、安定しているけれども不安定なものです。その安定—不安定な光を見つつ、浮遊感にさらされるわけです。ここで、最低限度の距離感の把握が提示されています。大切なことは、あくまでも最低限度、ということです。完全な闇の中での身体への刺激、不安定さではなく、闇を基本とした中での弱い安定した光の中での身体への刺激です。そのことにより、不安感のみが助長されるのではなく、距離感が把握されることで、浮遊感を支える環境に曖昧な安定、というポイントが含まれたわけです。そしてそれは、生徒が「見ること」で始めて成立するポイントです。見ることがあって初めて、浮遊感が生きてくるのです。

必然的に全身の感覚を使わざるを得ない状態に置かれた生徒は、ある刺激には慣れて、自発的に手を伸ばしたり、ある刺激にはすっかり心地よくなって入眠してしまったりとさまざまでしたが、それは「見る」ことに支えられて成立した結果です。闇、曖昧な視界、そして全身を任せているエアートランポリンの曖昧な状態。このことが重要でしょう。

見ることを基盤に本授業を体験させることで、生徒の表出の中で授業開始時と比較して際立った変化が見られました。それは、闇を怖がらないということです。始めに見えない状態を作ります。これは生徒にとっては苦痛以外の何ものでもないかもしれません。授業開始当初は、不安に感じる生徒が多くいました。しかし授業回数が増していくにつれ、授業の始まりで部屋を真っ暗にしても怖がらないことが分かりました。慣れた、と一言で表すこともできます。しかしその意味は、闇によって今までいた空間から一気に意味を奪われてしまったにもかかわらず、次に見えてくる前の環境とは違う何か意味づけされていないものを「見る」ことに慣れた、ということです。エアートランポリンの浮遊感やその他のあらゆる感触や音の効果も関係しています。しかしながら、それでも、環境全体を左右している「闇」は「見る」ことが優位であり、その闇に慣れていく過程は、「純粋に見ること」の始まりであり、イメージの発見の過程であり、重要な発達の過程であると考えます。

5　授業を展開するに当たって

(1)　教員の主観

授業を作っていくときに必要不可欠なことは、生徒の実態把握やその生徒に何を伸ばして欲しいかという視点であり、その見立ての能力が授業全体の質を左右します。しかし、そのこと以上に大切だと思うことがあります。それは教員自身がどれだけ授業に入り込めるかということです。「客観性は必要ない」と言ったら、恐らく言いすぎでしょう。しかし、その主観こそが、私は授業の基本であると考えています。教員自身が授業に入り込めていない、教員自身が楽しめない授業は、成立しません。「ある一定の条件下で、一定時間、近親者以外の人間同士が集まって集団で過ごす」場の一つが学校であり、そこで出会う人間同士は、一定の条件の下に生まれ得る関係です。その関係は、社会的な立場の違いこそありますが、人と人との他者同士のかかわり、他者へのコミュニケーションを基本としています。芸術行為の箇所で述べたように、そうせざるを得ない関係、そうせざるを得ない状況というものが人間の体内に起こった場合、そこに芸術と呼び得るものが派生する可能性が生まれ、時として愛情と呼ばれることもあります。それは「見えない力」の発見です。

基本的に大切なことは、それが人間同士の他者としての出会いであり、出会いの中からの関係性の構築です。さらに、それは画家と物、画家とモチーフとの出会いであり、画家とキャンバスとの出会いであり、文化との出会いであります。教員は授業を構成しますが、それは教員自身の体験とかけ離れたものではあり得ません。そこに教員自身が住み、過ごしていくうちに自然と生まれ出たもののような状況下で初めて授業は成立し、単純な日々の繰り返しの中からでしか奇蹟は生まれ得ないように、繰り返しの住み着いた状況下で初めて生徒という他者が加わり発生するものであるはずです。授業と教員とのコミュニケーションがまずあり、そこに生徒が介入する、そうして初めて、生徒と一緒に授業が創り上げられ、完成します。全ては教員と授業、教員と生徒という教員と他者との出会いの中から出たコミュニケーションにより決定されます。まず、教員自身が授業そのものに入り込める授業作りにしなければ、生徒とのコミュニケーションは非常にとりづらいものとなってしまいます。

⑵ 授業の「見立て」

本授業は、そのような理由から、「海」という自然界を見立てて構成しています。「海」のテーマに即して、荒れる海や穏やかな海等の変化をつけています。BGM、エアートランポリンの浮き沈み、風の強弱、すずらんテープで、荒れを表し、BGM、エアートランポリンの安定と光の明滅で、穏やかさを表します。授業全体を物語として構成し、各刺激の起点を定めることで、教員の入り込みやすさを工夫しています。

物語を始めに作成していることから、不要な言葉は使わず、言葉かけは、必要最低限度に定めています。このことは生徒にとっても重要であり、必要以上の言葉による刺激は、コミュニケーション過多となり、詰め込みすぎによって、消化不良を起こすと考えます。生後数カ月から数年間の成長過程において、言語は非常に重要な役割を持ちます。それは人間が生活していく上で必要な記号の獲得と言えます。しかしながら、授業では、この言語による方法を一旦置いておくという手段をも、仮定として選択しました。必要最低限度の、共感的な語りかけや言葉かけはあっても良いと思います。ただし、単なる会話や教員同士の言葉のやり取り、つなぎのやり取り等、ほとんどの言葉は、不必要あると思います。さまざまな思考や概念、イメージさえも、言葉による制約を受けてしまいます。要するに、あまりにも意味で細分化されすぎて、無駄な空間・環境が排除されていることは、曖昧さとは、相反するものです。

エアートランポリンは、一つの舞台です。その舞台は、映画であれば映像全体の色であり、共通する動きです。その舞台設定は、生徒の実態と共に教員の感性に大きく左右されます。その基本的な環境設定がいかに生徒に相応しいものであるか、そのことは厳密には分かりません。陥りやすいこととして、教員が教員としてのみの知識や技術に頼るだけの閉鎖的な環境というものがあるでしょう。どこかで見たような、どこかで聞いたような授業の繰り返しが、多々見られるのはそのせいです。そのようなレベルとは別に、本授業では必要最小限で最大の曖昧さ、ということがどの場面でも表されています。

6　終わりに

授業を展開する上で、重要なポイントの一つは、曖昧さ、ということであると前述しました。教師が絶対的と言える方法を持たない以上、指導には必ず曖昧さ（含み）が必要になります。教員が必要以上に話しかけたり、手を出さずに子どもたちの動き等表出に任せることは、曖昧さを許容することであり、またそうせざるを得ないことです。エアートランポリン上では危険な時以外は、手を差し伸べなかったり、すずらんテープの舞が生徒の顔にかかることを止めなかったり、一定の光を一定の距離で提示し続けるということも、全て曖昧さの上に成り立っています。明確に、「〜できるようになる」という目標設定は大切でしょう。しかしながら、その目標設定は、いくら大人数で討論し合い発達段階や実態を見極めた後でさえ、あくまでも教員の主観の域を出ることはありません。先ほどの視覚の話では、幼児は視覚の発達の過程で、刺激の強いもの、例えばコントラストが強かったり、縦縞のものや複雑な模様のものの方が実は見えやすい（視覚の発達に役立つ）ということがあります。しかしながら、私は、敢えて視覚を曖昧な状態に環境設定を行いました。曖昧な状態と混乱とは違います。安定した曖昧な状態の維持、とでも言いましょうか。人為的に不在に近い状況を作り出すのです。生徒が「〜せざるを得ない」状態を作り出すのです。本授業の一番重要な部分は、エアートランポリンではありません。闇と曖昧な一定の弱い光の提示こそが、最も重要な部分です。闇の提示の次に、ブラックライトに照らされた天井に張られた布のぼんやりした光を、生徒は見続けます。それはどんなに場面が変化しても変わらない提示物であり、曖昧な視覚の提示です。その曖昧さがあるからこそ、エアートランポリンの浮遊感、クリスマスツリーの電飾等の強い光等のものの提示が生きてきます。その中でのすずらんテープが天井から垂直に吊るされている縦縞も生きてきます。「見ること」の可能性を最大限に引き出し、イメージの生成を援助するための「闇」と「曖昧さ」の提示の仕方こそが、本授業においての命となります。観念や概念ではなく、生徒の感覚を裸の状態で開放すること、私たちは、それらを分かりやすく実態に応じて整理すればよいのです。エアートランポリンを使っての授業実践、それは、生徒にとって「純粋にものを見る」手がかりとしての役割を担えることを、心から願います。本稿は、大体を視覚ということに絞って構成しましたが、当然授業全体として他のねらいや構成もあります。そこで以下に、「運動・感覚」の指導略案（**資料1**）を載せましたので、ご参照ください。

〈資料1〉高等部Ⅰグループ「運動・感覚」指導略案

1　授業名

「運動・感覚」(自立活動)

〜エアートランポリンを使ったムーブメント活動　NO.2〜

2　ねらい

①さまざまな身体運動を通して感覚を育て、身体意識や運動機能の維持・向上を図る。

②行程に簡単な見通しや期待感を持つ。

③浮遊感を各自の方法で受け止め、じっくりと味わう。

④不安定感に対して身を任せたりバランスをとろうとしたりする。

⑤エアートランポリンに接地していない身体を中心に与えられる、浮遊感が増すための刺激に対して気づき、気づいたことを表す。

⑥ゆったりとした気持ちで雰囲気を感じる。

3　評　価

①簡単な見通しが持てたか。

②浮遊感に対し、快・不快等の気持ちを表したりしながら、落ち着いて受け止めることができたか。

③不安定感に対し、全身を使って身体を立て直そうとしたり、完全に身を揺れにゆだねたりすることができたか。

④風・すずらんテープ・布・電飾等の刺激に気づき、気づいたことを表すことができたか。

⑤特にはじめと終わりに関して、リラックスして活動に取り組めたか。

4　題材設定の理由

本論参照

5　授業内容の作成上のポイント

①普段車椅子に座ったままの状態が多かったり、障害のために偏りがちな重心を、多方向からの重力・引力を加えるために、エアートランポリンを素材として用い、バランス能力や身体意識を高めるようにした。

②生徒の集中力を高め、かつ明確に授業の始まりを示し、見通しが持てるような導入部分をつくる。

③全身の可動域が助長できる素材で、教員の手を借りずに活動できる素材を使う。

④素材に対して見通しを持てないなどの不安感を取り除くため、行程を繰り返す。

⑤部屋を暗くし、ブラックライトを導入し、より効果的に注意を喚起するようにした。

⑥場面の変化に応じて、CDによる音楽等の聴覚的刺激を取り入れ、分かりやすい場面転換を設定した。

⑦エアートランポリンに触れていない身体部位への浮遊感と関連した刺激として、風を感じる場面を導入した。(すずらんテープ、扇風機、大きな布)

6　用意するもの

エアートランポリン、エアーコンプレッサー、すずらんテープ、扇風機、大きな布、クリスマスツリーの電飾、ホース、CD、ブラックライト

7　活動の流れ

流れ	授業内容	生徒の活動	主なねらい	教員の支援
導入	・授業準備。 ・暗転、ブラックライト点灯。 ・CD ・始まり。 ・エアートランポリンが膨らむ。 ・エアートランポリンがしぼむ。 ・CDが止まる。 ・エアートランポリンが膨らむ。 ・エアートランポリンがしぼむ。	・エアートランポリンに乗り、横になった状態になる。 ・待ちの生徒はエアートランポリンに足が触れる状態で一箇所に固まり待機。 ・CDやエアートランポリンの動きに応じて自由に表出する。 ・待ちの生徒はエアートランポリンの膨らみを足に感じつつ、水の音（缶）を聞く。	・始まりを意識する。 ・場面の変化を受け止め、期待感等を表す。 ・自らバランスをとったり身を任せたりする。 ・場面の変化に気づきつつ、自らバランスをとったり身を任せたりする。	・授業全体を通して言葉かけは最小限にとどめる。 ・生徒の姿勢、作業台、ブラックライト、扇風機等設置。 ・暗幕を閉める。 ・電気を消す。 ・CDを流す（始まり）。 ・エアートランポリンを膨らませる。 ・エアートランポリンをしぼませる。 ・CDを止める。 ・エアートランポリンを膨らませる。 ・エアートランポリンをしぼませる。
展開1	・CD ・エアートランポリン上に、風が吹く。 ・エアートランポリンが膨らむ。 ・エアートランポリンがしぼむ。 ・CDが止まる。 ・エアートランポリンが膨らむ。 ・エアートランポリンがしぼむ。	・CDやエアートランポリンの動き、また風を感じて自由に表出する。 ・浮遊感をじっくりと感じる。	・場面の変化に気づく。 ・浮遊感と共に風をじっくりと感じる。 ・自らバランスをとったり身を任せたりする。	・CDを流す。 ・すずらんテープを生徒の頭上に垂らし、風を当てる。 ・エアートランポリンを膨らませる。 ・エアートランポリンをしぼませる。 ・CDを止める。 ・エアートランポリンを膨らませる。 ・エアートランポリンをしぼませる。

展開2	・ＣＤ ・エアートランポリン上に光。 ・エアートランポリンが膨らむ。 ・エアートランポリンがしぼむ。 ・ＣＤが止まる。 ・エアートランポリンが膨らむ。 ・エアートランポリンがしぼむ。	・ＣＤやエアートランポリンの動き、光を感じて自由に表出する。 ・浮遊感をじっくりと感じる。	・場面の変化に気づく。 ・浮遊感と共に光をじっくりと感じる。 ・自らバランスをとったり身を任せたりする。	・ＣＤを流す。 ・光を点灯する。 ・エアートランポリンを膨らませる。 ・エアートランポリンをしぼませる。 ・ＣＤを止める ・エアートランポリンを膨らませる。 ・エアートランポリンをしぼませる。
展開3	・エアートランポリンが膨らむ。 ・大きな布でのバルーン活動。	・エアートランポリンの動きに自由に表出する。 ・大きな布に包み込まれ、感じたことを表す。 ・浮遊感をじっくりと感じる。	・場面の変化に気づく。 ・浮遊感と共に上への引力や重力を感じて、感じたことを表す。	・エアートランポリンを膨らませる。 ・大きな布の端を持ち、バルーンを作る。（×４）
終り	・エアートランポリンがしぼむ。 ・部屋の明かりがつく。	・エアートランポリンの動きに自由に表出する。 ・終りを意識する。	・落ち着いてエアートランポリンの動きを受け止める。 ・終りを意識する。	・エアートランポリンをしぼませる。 ・部屋の明かりをつける。

※エアートランポリンを膨らませるときは、完全に膨らませてからしぼます。エアートランポリンが膨らんだりしぼんだりする最中は、生徒の姿勢が崩れたり、隣の生徒とついてしまったりするので注意する。
※サブ・ティーチャーには、配線、音響、待ちの生徒へのかかわり、生徒の安全管理を主に依頼する。

【参考文献】

1）山口真実『赤ちゃんは世界をどう見ているのか』平凡社、2006年
2）皆本二三江『０歳からの絵画制作・造形』文化書房博文社、1989年
3）紀伊克昌『視覚機能の発達障害』医歯薬出版、1997年

III 章

授業を支える健康づくり
～健康観察のポイント～

Ⅲ章

授業を支える健康づくり
～健康観察のポイント～

斉藤　秀子・白鳥　芳子

はじめに

「心身ともに健康な国民の育成」は教育の目的であり、「健康・安全で幸福な生活のために必要な習慣を養い、心身の調和的発達を図ること」は学校教育の目標です。そして学校における教育活動は、学校保健活動という土台の上に成るという構図になっています。本稿は、授業を支える健康づくりがテーマですが、障害のあるなしにかかわらず、健康づくりは教育の根幹を成していると言うことができます。

障害の重い子どもたちにとっての健康づくり、健康管理とは

教員の視点では、「生理的基盤を整え、生きる力を育てること」を健康づくりととらえますが、子ども自身にとっては、「自分の身体の状態（快・不快）に気づき、周囲の人に向かって発信（表出）する力をつけること」であると言えるでしょう。

「健康」は「病気でないこと」とイコールではありません。重い障害や疾病と闘いながら教育を受けている子どもたちにも、それぞれにとって望ましい健康な状態があり、健康づくりは学習上の課題でもあります。

健康な状態とは、「やりたいことに対峙できる（授業に集中して臨める）心身の状態」を指しており、そのような状態を準備すること、または手助けすることが、学校教育に求められる健康管理です。さらに教員が行う健康管理は、「健康観察を行い、その日のその子の体調に合わせて、授業のねらいや活動内容、アプローチの仕方などを調整すること」まで含まれるものと考えています。

ボディイメージの形成からアイデンティテイの確立へ

生命維持に必要な健康管理の大部分は、本人によってコントロールすることは困難です。しかし、自分の身体の存在と状態に気づき（ボディイメージの形成）、心地よ

くいられるかそうでないかを、何らかの方法で周囲に伝えることはできるでしょう。そうすることが、主体的に生きること（アイデンティテイの確立）につながっていくのだと思います。

そこで、自分の身体の存在と状態に「気づくようにすること」「発信する力を育てること」のためには、子どもの無意識の動きを教員が見逃さず、意味づけし、返していくということの積み重ねが必要となります。これは他の取り組みと同じで、教育活動そのものであると言えます。まず、教員が子どもの変化に気づく（不快の発信を受け止める）ことが重要で、それにはさまざまな条件下での普段の様子を把握していることが前提となります。そしてそのためには、基本的な健康観察の知識と子どもとの信頼関係が不可欠なのです。

1　健康観察の基本的な考え方

⑴　健康観察の意義

障害の重い子どもとは、重度の肢体不自由と重度の知的障害を併せた重複障害児であるととらえるだけでは、不十分であり、基本的には病弱な子どもたちであると認識しておくべきです。障害の重い子どもは、病気に対する抵抗力が極端に弱いために、わずかと思われる体調の崩れが、短期間あるいは短時間に生命を危うくする状態に陥る可能性が大きいのです。健康状態については、障害のない子どもの場合は、正常な状態から体調を崩す場合でも徐々に注意信号が見られますが、障害の重い子どもの場合は、適応力の幅の狭さから、いきなり危険信号になりやすいといわれています。そのために、その子どもたちの命を守るため、日々の健康観察が非常に重要になります。

⑵　健康観察の留意点

①健康観察の時間

毎日、子ども一人一人の健康状態を的確に把握することが求められます。障害の重い子どもの健康状態は非常に変動しやすいので、健康把握は登校時だけでなく、一日を通して注意を払うことが必要です。特に、病気の回復期にある子どもについては、家庭からの情報を収集し、治療状況（服薬の有無・内容、検査データー）等にも十分注意を払うようにします。

②多様な指標に基づいて健康の把握

体温、脈拍、顔色、食欲、活気、表情、呼吸状態、てんかん発作、睡眠状態、排泄の様子、身長、体重、肺活量、骨折（患部の熱感・腫脹、不機嫌がみられる）等、多様な指標を通して健康を把握していくことが必要です。

※「バイタルサイン」とは、人の生命（バイタル）の基本的徴候のことをいいます。一般的には、体温、脈拍、呼吸、血圧を指していますが、最近は、「バイタルサイン」を生きている徴候と広義にとらえて、意識、皮膚の温度と発汗の状態、排尿・排便、食欲、体重、睡眠等を含めるようになっています。

③病歴との関連での把握

子どもの病歴の内容、特定の疾病や障害との関係で、健康観察をすることも必要になります。一般的な医学的知識を持つとともに、個別のケースごとの、配慮事項を把握しておく必要があります。医療機関との連携を図り、健康調査票等で診療情報の提供を受けるようにするとよいでしょう。

特に内部疾患のある子どもの場合は、免疫力が弱く、わずかな感染でも重篤になりやすいので注意が必要です。

④複数の目での観察・判断

健康観察の結果、子どもの様子が普段と違うのに気づくには、個人の勘が重要な働きをする場合があります。しかし、その様な場合でも再度複数の目で観察して判断をすることが大切です。また、保護者から情報提供を受けたら、客観的なデーターに基づいて冷静に判断を下すようにします。

⑤健康状態の引継ぎ

一日の時間帯や活動内容によって子どもへのかかわり手が代わる場合があります。そのような場合には、子どもの健康状態や体調などの引継ぎを忘れず実行する必要があります。複数でかかわる場合には、情報の伝達を速やかに行い、情報の共有が図られるよう常に心がけておきます。特に新学期は、担任の入れ替わりもあり、子どもたちの健康把握が希薄になったり、教室が変わることで健康面に影響が出る場合もあるので、保健室と連携を図り、個々の配慮事項を十分に引き継ぎしなければなりません。

⑥保護者との連携

障害の重い子どもの健康と安全を守る上で、保護者との連携・連絡は不可欠ですが、保護者に負担感を与えずに、しかも子どもの様子が的確に把握できるよう工夫する必要があります。連絡し合う内容は、睡眠状態、食事や排泄の様子、てんかん発作等について、普段と違った様子があるかどうかということになります。子どもの普段の健康状態に応じて、内容を減らしてよい場合もあれば、別の内容を加える必要がある場合もあります。連絡帳を通して、前日の様子、登校前の様子等を把握し、保護者と共通理解を持ち、必要に応じて主治医訪問を行うなどして、健康状態を正確にとらえておくことが大切です。

2　健康観察の観点と健康指導

⑴　普段の様子と違うことへの気づき

普段の様子と違うことに気づき、適切な対応を行うことが健康観察の第一の目的です。そのための体調のよい状態の把握、あるいは普段の状態の把握も観察の重要な目的となります。

⑵　体調を崩す前兆と思われる指標の把握

障害の重い子どもの場合、健康状態を把握する上で、次のようなさまざまな指標が用いられています。体調を崩す前兆と思われるその子なりの指標があると考えられますので、保護者と連絡を取り、重点的な指標を前もって明らかにしておく必要があります。

①体温

個々の平熱の範囲を、日内や季節による変動から調べておきます。身体の緊張等により高熱が見られることもあるので、全身状態をよく観察して経過をみるようにします。腋下検温では麻痺側と健側で左右差がみられることもあるので気をつけます。長袖で厚着をしているだけでもきちんと計ることは難しいものです。その子に合わせて、比較的安定して計れる場所（例えば頸部など）を、予め探しておくとよいでしょう。

また、手、足の冷感にも注意します。

●高体温････原因を明らかにします。体温中枢不全からくるものか、感染によるものなのか、水分不足によるものか、緊張によるものか、こもり熱か等

対　応　：　環境整備、衣類の調整、緊張をほぐす、汗をふき取り更衣する、医療機関へ

●低体温････原因を明らかにします。体温中枢不全からくるものか、体調不良からくるものか

対　応 ： 環境整備、衣類の調整（重ね着、手袋、帽子、マフラー)、電気毛布、便器あんか、湯たんぽ、温かい食物を摂る、医療機関へ

②脈拍

普段の安静時における脈拍数の範囲を調べておきます。測定時には不整脈にも注意します。

年齢別脈拍正常範囲						
年　齢	正常下限		中央値		正常上限	
	女	男	女	男	女	男
新生児	70		120		170	
1～11ヵ月	80		120		160	
2歳	80		110		130	
4歳	80		100		120	
6歳	75		100		115	
8歳	70		90		110	
10歳	70		90		110	
12歳	70	65	90	85	100	105
14歳	65	60	85	80	105	100
16歳	60	55	80	75	100	95
18歳	55	50	75	70	95	90

③呼吸

普段の呼吸数を調べておきます。観察時には、呼吸数のほかに、呼吸リズムの変化（不規則呼吸、頻呼吸）にも注意します。慢性的な呼吸障害がある場合は、チアノーゼ症状、胸郭変形、バチ状指、体重増加不良等が出現します。

●対応：上気道の通過障害がある場合は、狭くなっている上気道ができるだけ広く保てるよう、「のどを広げる」ようにします。一般的には、後ろに引かれている下顎を前に引き出す方法が有効です。また、全体の姿勢によっても呼吸の状態はかなり変わります。よい呼吸状態が保たれるように、全体の姿勢を調節することが大切です。一般的に腹臥位は気道確保をしやすい姿勢となり、側臥位では良好な枕の高さを得ることで、気道が確保されます。背臥位は舌根沈下などの上気道通過障害を引き起こしやすいと言われています。これらのことをベースにして、自立活動教員等との連携を図り、普段のその子どもの楽な姿勢を把握しておくことが必要です。

④喘鳴

喘鳴の有無や頻度、あるいは聞こえてくる音の違い（ヒューヒュー,ゼコゼコ、グーグー、ガーガー、など）に注意します。

●対応：ヒューヒューした喘息音が聞かれる場合は安楽な姿勢をとらせ、吸入を行う等の対応をします。ゼコゼコして痰が絡んでいる場合は、まず排痰しやすい姿勢をとらせ、排痰の取り組みを行い、その後、適宜吸引を行います。グーグー、ガーガーと気道閉塞音が聞かれる場合は、気道確保を行います。

⑤痰

普段から痰の有無や量、色、性状を観察し、変化をつかんでおきます。

●対応：普段より痰の量が多いとき、特に色の濃い粘稠な痰が多い時は感染が疑われます。単純気管切開の場合は吸引で、さらさらの痰が多い時は、唾液の誤嚥によることも考え、嚥下しやすい姿勢を整えリラックスさせて様子を見ます（喉頭分離術をしているケースについては、この事は当てはまらない）。心配なときは保護者に伝え医療機関に相談してもらうようにしましょう。

普段は比較的吸引回数の多い子どもが、いつになく喘鳴がなく、吸引も少ないというような場合も注意が必要です。体調が良いと思いこむと、奥に堅い痰が潜んでいて急に呼吸状態が悪くなるというようなこともあるので、油断しないで呼吸状態を観察するようにします。場合によっては、保健室に連絡して、呼吸音を聴取してもらう必要があります。

気管切開をしている子どもの場合は、気管切開孔やＹガーゼが汚染されていないかどうか、浸出液の色や臭いに問題はないかどうかを確認し、ＭＲＳＡや緑膿菌が疑われる場合は介助者が菌の媒介者とならないように、特に手洗いには十分気をつけるようにします。

⑥顔色

顔や口唇が蒼白、黄疸色、チアノーゼ、発赤などを呈していないかどうか注意して観察します。

●対応：緊張が強く顔色が悪い場合は、リラックスさせて様子を見ます。低血糖、発熱等による変化も考えられるので、対応については、保護者とよく連絡を取り合っておきます。

⑦表情

機嫌が良さそうな表情か苦しそうか、表情が硬くないか等を観察します。目の輝き、視線が合うか等も観察します。名前の呼びかけや、その他のやりとりに対する反応等からも表情が把握できるでしょう。

●対応：表情の読みとりが難しいケースについては、日頃から、保護者や養護教諭、看護師等との連携を図るように心がけます。

⑧皮膚

皮膚の色・つやや身体全体の清潔状態を観察します。褥瘡のリスクのある子どもはこまめにチェックし、外傷による皮膚の変化に注意します。特に、栄養状態が悪いと褥瘡ができやすく治りにくいので、注意が必要です。冬場はしもやけにも注意します。

●対応：褥瘡に対しては、特に好発部位のチェックをし早期に発見することが大切です。皮膚の発赤段階で治療を開始することができれば予後がよいです。姿勢変換をこまめに行うことも重要です。しもやけのケアとしては温浴も効果があります。終了後にしっかり水分を拭き取り、その後の保温にも配慮するようにします。

⑨口腔内

口内炎、虫歯、歯肉炎、乳歯から永久歯への生え変わり等を定期的にチェックしましょう。流涎が多い、機嫌が悪い、食欲がないなど場合は、口腔内を丁寧に観察します。

●対応：問題があれば歯科受診を勧めます。障害児を専門に診察してくれる医療機関は少ないので、学校から情報提供できるとよいでしょう。

⑩鼻汁

鼻汁の有無、性状を観察し、アレルギー性のものか、感染によるものかを判断します。

●対応：必要に応じて吸引します。

⑪咳

咳やくしゃみの有無、状態を観察します。

●対応：感染症が考えられる場合は、医療機関へ。誤嚥が考えられる場合は、姿勢の見直しや介助の仕方の評価を行います。痰を排出するためには、咳は有効なので、咳き込みに合わせて、胸郭を介助し、効率的な排痰につなげるようにします。

⑫尿

通常の尿量を目安として把握しておき、一日の尿の回数、量、性状等を観察します。

<一時間につき体重１kgあたり１mlが目安>

●対応：尿量が少ない場合は乏尿なのか尿閉なのかを見極めて、乏尿ならば水分補給を、尿閉ならば、導尿を考えます。乏尿の場合は水分の摂取量と尿量のバランスから考えたり、口唇や皮膚の乾燥状態をみたりして判断します。尿閉の場合は下腹部の緊満感、全身の緊張状態、機嫌等から判断します。排尿誘導の試みとしては、陰部にぬるま湯をかけたり、水道の蛇口をひねって流水音を聞かせる等も有効な場合があります。

⑬便

便の性状（水様便、下痢便、普通便、ころころ便、血便）や量を観察します。普段の排便リズムを把握しておき、排便の間隔にも注意します。

●対応：便秘の場合は、食事内容、量のチェックをして必要に応じた対応を考えます。排便時の姿勢を整えたり（できれば、坐位をとらせる）、腹部のマッサージを試みたりします。

⑭食物・水分摂取

食欲と摂取量、むせの程度、嚥下の状態を観察するとともに、脱水症状の有無に注意します。また、ゲップや胃食道逆流現象がみられないかに配慮したり、普段の摂取状態と違う（口の開き、嚥下の状態）場合は口内のチェックをしてみることも大切です。

●対応：誤嚥が考えられる場合は、食べさせ方、飲ませ方に注意し、物性にも配慮します。一般にサラサラした水分ほど誤嚥しやすく、適度なとろみがあった方が楽に嚥下できます。固形物と水分が口の中で分離する物（みそ汁等）は特に誤嚥しやすいので注意します。好きな物ほど誤嚥が少ないことはよく知られています。繰り返し誤嚥性肺炎や気管支炎を起こす場合は、経管栄養を積極的に考えましょう。ゲップや胃食道逆流現象がみられる場合も誤嚥に注意し、起こした姿勢をとるようにします。食後についても嘔吐しやすいので30分程度は背臥位はとらないようにします。体調が低下しているとき、てんかん発作後で意識レベルが低下しているとき、かぜや花粉症による鼻づまりがみられるとき、進行性の疾患で体調が不安定な時などは、食物形態を下げて、決して無理をさせないことが大事です。

⑮てんかん発作

発作が起こった時刻、発作の前駆症状、発作の様子・進み方、意識の有無、終了後の様子、発作の継続時間等について観察します。

●対応：睡眠、食事、薬の内服、入浴、通学・通院など、できるだけ規則的にし、一定の生活リズムをつくるようにします。特に、睡眠不足は発作に影響しますので、睡眠は十分にとるようにします。食事と薬の内服もなるべく一定の時間にします。休日や夏休みなども、変則的な生活にしないような配慮が必要です。

・危険の回避：発作の起こる前触れや発作の起こる状況などを十分把握し、転倒防止や危険箇所を回避するよう配慮します。食事中は特に注意をし、誤嚥を防ぎます。

・服薬：薬をきちんと飲むことを習慣化します。所定の量を正確に飲ませます。食事に混ぜると、服薬した量が正確に把握できないので、できるだけやめます。

・医師との連携：学校における発作の状態については、保護者を通して主治医に報告する等、医師との十分な連携を図ることが大切です。主治医は発作の様子を見ていない場合が多いので、実際の発作の様子をビデオで撮るなどして伝えると有効です。

＜薬を飲ませる上での配慮事項＞

・処方内容を確認し誤薬のないようにする。
・粉薬は袋からしっかり出して、隅に残っていないことを確認する。
・薬を全量飲めたかどうかを確認しやすくするために、薬を食物に混ぜたり、多量の水で溶いたりしないようにする。
・家庭において、所定の量が飲めているかどうかを確認しておく。
・処方されている薬の副作用について、保護者を通し主治医に確認しておく。

⑯生活リズム

睡眠時間とその時間帯、覚醒時間帯やその間の眠気を観察し、不眠に注意します。特に、重症児は夜間の睡眠状態を正確に把握しておくことが必要です。夜間、不眠でないのに日中とろとろとしている時は、体調を崩す前兆であることもあります。

また、今までそうではなかったのに、最近授業中もうとうとしているというような場合、抗痙攣剤や抗アレルギー薬を飲んでいるか、前夜の睡眠時間はどうかなどを確認します。他に思い当たることがない場合、夜間の呼吸状態が悪化していることも想像されます。筋ジストロフィーの子どもの場合、呼吸筋の低下によって、呼吸性のアルカローシス状態を引き起こし、そのためにとろとろして、意識レベルの低下が見られることもあるので、注意する必要があります。

緩やかな変化は保護者も見逃しがちですので、保健室と連携を取って血中の酸素飽和度や心拍などを記録しておき、定期通院の際に保護者を通して主治医に伝えてもらうなどの対応をします。

●対応：健康状態を把握した上で問題がない場合は、覚醒時間を増やすような取り組みで活動量を上げるようにします。

⑰低血糖

重度心身障害児は、消化機能の低下等も起こりやすく、胃ろうや腸ろうを造設している場合があります。胃から十二指腸に経腸栄養剤が早く流れすぎると、血糖値が急上昇し、それに対応してインシュリンが分泌されるために、そのあとに、胃からインシュリンの量に見合うだけの血糖が吸収されないと、血糖値が異常に下がってしまい、顔色不良、気分不快や冷や汗が出る等の症状が起きることがあります。

●対応：予め低血糖の発作が考えられる場合は、主治医の指示を受けて糖水やジュースなどを準備しておくようにします。

⑱シャントトラブル

水頭症などがありＶ－Ｐシャント術を受けている子どもの場合は、髄液の流れが滞っていないか、感染はないか等を十分に観察しておかなければなりません。シャントトラブルの症状としては、頭痛、嘔吐、運動能力の低下、意欲の低下、視力や視野の低下等がみられます。

●対応：症状を正確に訴えられない場合もあるので、保護者と連携し早めに主治医の診察を受け、診断を下してもらう必要があります。

⑲嘔吐

重度心身障害児においては、胃食道逆流現象がみられることが多く、そのために、日常的に少量の嘔吐がみられる場合もあります。嘔吐物に血液が混入していないかどうか、量や回数の変化はないか、食欲低下はないか、嘔吐後に喘鳴がひどくなっていないか等の点についても、観察しなければなりません。

●対応：吐物で窒息しないように、顔を横に向け気道の確保を行います。また、吐物が感染源となることがないように、後片付けをする場合は、保健室と連絡をとり、適切な対応を図るようにします。

⑳その他

長期欠席後に登校してきた場合は、十分な健康観察を心がけ、保護者や主治医との情報交換を密にする必要があります。経口摂取している子どもの場合は、特に注意して摂食指導にかかわる必要があります。

⑶ 健康観察に当たっての器機の活用とその留意点

①パルスオキシメーター

末梢循環障害がある場合は、正しく測定できません。したがって、低体温の場合や末梢が非常に冷たくて血行が阻害されている場合等は、体を温めて血行を促してから測定する必要があります。腕や指が圧迫されて、血流が阻害される場合もあるので注意します。また、体動がある場合も正確に測定されない場合があるので、脈波レベルメーターが脈拍と同期して振れていることを、確認することが大切です。長時間の連続装着に際しては、低温やけどや、発赤、かぶれ等に注意し、一日数回測定部位を変えるようにします。健康状態の安定している時に測定し、安定している時の値を把握しておくことが大切です。また、測定値を読む上で大切なことは、急変時に測定する場合は測定値に振り回されず、その他の指標も総合して健康状態の判断をすることです。てんかん発作時や、ショック状態にある場合は末梢の循環が阻害されていることが多く、正確に測定することが難しい場合が多いからです。パルスオキシメーターは経時的にモニターしながら、その中で変化をとらえ、早めな対応ができるように利用すると、非常に効力を発揮します。

②聴診器

異常呼吸音を聞き分けるためには、正常な呼吸音の高さ、長さ、大きさ、音色等を覚えておかなければなりません。普段から、正常呼吸音を聞く訓練を重ね、正確に異常を聞き分けられるようにしておく必要があります。肺胞呼吸音を聞く場合は、左右対称に聴取します。特に、重症心身障害児の場合では、呼吸音からは変化が読み取れなくても痰が貯留している場合もあるので、定期的な体位変換や呼吸介助によって、排痰の取り組みは怠らないようにします。

③ネブライザー

超音波ネブライザーの留意点

ネブライザーは微細な水蒸気が肺胞に入るために、清潔に取り扱かわなければなりません。使用後の器材の消毒・管理は保健室で担当してもらうとよいでしょう。使用に当たっては、噴霧量が多すぎると呼吸が苦しくなるので、注意が必要です。また、水蒸気で着衣や顔等が濡れて、冷たくならないように工夫する必要があります。

3　健康観察の生かし方

健康観察のポイントをつかんだ上で、教員がどのように健康管理に生かしているのかを、一日の流れに沿って見ていきます。

⑴　登校前

教室環境の整備から健康管理は始まります。換気を行い、冷暖房や加湿器等で、室温や湿度等の調整をしておきます。特に床面の温度や低い位置の空気の流れなど、自分で動けない子どもが過ごす場所は、手を触れたり、時には自分がその場所で横になってみるなどして確認します。採光や照明の状況なども分かって、参考になります。集団生活の場は必ずしも一人一人に快適な環境であるとは限りませんので、必要に応じて個別に使えるホットカーペットや扇風機なども準備しておきます。

⑵　登校時

スクールバスの迎えに出たところから健康観察は始まります。顔色や表情、覚醒状態はいつもと同じでしょうか。また、教室に行くまでのやりとりの中で気づくこともたくさんあります。機嫌や、活気の有無、呼吸音や喘鳴の状態、呼気やカニューレ周辺の臭い、筋緊張の状態等々です。そして教室に着くと、まず保護者が記入した連絡帳の内容を確認し、車椅子から降ろして検温や排泄のチェック、水分摂取などを行います。こういう毎朝の一連の流れの中で、およその健康状態を把握します。

①バスから降りてきたときの表情が優れない場合

スクールバス内の出来事（周囲の子どもの動きや声・友達関係、車内の温度や揺れなど）が、ストレスとなっていることもあります。スクールバスの中は、乗車順などで座席も固定していることが多く、逃げ場のない環境でもあるため、乗務員さんが十分注意を払っても、なお個人の条件に合わせることが難しい場合もあるのです。長時間乗車している子にとって車内環境の影響は計り知れません。いつもと違うと感じられたら、乗務員さんから車内の様子を詳しく聞いておきます。

連絡帳の記述から不機嫌の原因が分かることもあります。登校前に発作があった、寝坊して（本人とは限りませんが）朝食を十分に摂れなかった、○日間排便がない等々。気になる記述があった場合は保健室に一報し、養護教諭の教室巡回時に様子を見てもらい、その後も丁寧に経過観察します。

②体温

通常は検温しない子どもでも、車椅子から降ろす際に、教員の腕が首に触れて体温が高いことに気づくということがよくあります。体温調節が不得手な子どもは、登校直後は、外気温や車内の温度、衣類などの影響を受けて体温が高くなったり低くなったりしやすいので、早めに体温を確認し、室温、衣類、水分摂取などの対応をして、少し落ち着いたころに再度検温をするようにします。

冬季はおむつ交換や教室移動などをきっかけに、一気に体温が下がることもあります。ウェットティッシュや介助する教員の手の冷たさも一因になるので注意します。

③筋緊張

感情や体調の唯一の表現手段が、筋緊張であるという子どもも少なくありません。喜びや意欲も緊張を亢進させますが、不調や不満（痛い、苦しい、暑い等々）、不安のサインであることも多く、きちんと読み取れないと適切な対処ができず、楽しい活動に参加させることができないばかりか、大変な苦痛を強いることにもなりかねません。しかし、関係性が深くないと判断がつかないことも多く、担任が替わったばかりなど、双方とも不安に感じるものです。保護者や前担任との情報交換を密にし、痛みや体調不良の時の緊張の様子をできるだけ詳しく聞いておきましょう。信頼関係の構築に伴い、予想できることが増えていきます。

④皮膚の状態

おむつ交換や更衣の際に、褥瘡、おむつかぶれ、傷、湿疹等々の皮膚の状態を観察します。原因が特定できない骨折の既往があるような場合、またアトピーやアザができやすい子どもの場合なども、朝の状態を確認しておくことが大切です。下校までの間に何らかの異常を発見した場合、朝の状態が分からないと原因の特定が難しくなり、そのことが保護者との間のトラブルにつながらないとも限りません。冬季は末梢の血行不良でしもやけになる子どもがたくさんいます。タイツを履いている場合も、定期的に靴下を脱がせて様子を見るようにします。足浴が日課になっている子どももいると思いますが、足浴の後は指の間まで皮膚をきちんと乾かしておくことが大切です。

⑤臭い

時には、臭いで体調の変化に気づくことがあります。普段はあまりに気にならない子どもでも、風邪などで熱がある場合の呼気からは、普段と違う臭いがすることもあります。胃食道逆流や緑膿菌など、独特の臭いで気づきます。中耳炎も臭いで気づくことがあります。いつもと違うと感じたら保健室にも伝え、慎重に様子を観察します。

⑶ 授業中

①生活リズム

睡眠と覚醒の生活リズムが確立していない子どもも、少なくありません。呼びかけなどをしてもなかなか目を覚まさないことがあります。体調が芳しくなく身体が休養を求めている状態なのか、本人にとって覚醒に値する刺激がないことが原因であるのか判断の難しいところです。しかし、ほぼ毎日登校できている子どもで、日中“安静”が必要な場合は稀ではないかと感じています。夜間の不眠などを除き、できるだけ身体を起こした多様な姿勢をとって、呼吸状態や顔色の変化、発作の出現等を観察してみましょう。特に、変わりがないようなら、むしろ積極的に刺激を与え、生活リズムを確立するきっかけを作っていくことが、健康づくりの上でも必要であると考えています。

②身体の取り組み

変形・拘縮の予防・軽減や排痰などを目的とした身体の取り組みは、日課として一日の始まりに行われていることが多く、体調の変化をつかみやすい活動です。なんだか抱っこがしっくりしないと感じていたら、腰背部が一枚の板のように硬くなっていた、また呼吸が浅く感じられると思ったら、胸郭や皮膚のこわばりが強く、肋間がほとんど動かないような状態だったということもあります。病み上がりにはしばしば観察されます。子どもによっては特定の場所のこわばりや硬さで、体調を崩す前兆を知ることもあります。身体の取り組みの後も、硬さやこわばりがとれない場合には、負担の大きい活動を避け、保健室に連絡して呼吸音を聴診してもらったり、パルスオキシメーターを装着するなどして経過をみていくようにします。

③衣服

変形や拘縮、脱臼や易骨折、気管カニューレを装着している場合など、衣服の着脱は容易ではありません。前開きで伸縮性のあるシャツなどは便利ですが、子供服には少なく、ちょうどよいサイズや気に入ったデザインの物が見つからないため、やむを得ず、襟ぐりの大きいゆったりした服を着ていることも多いようです。重ね着をしていると、上に着ているトレーナーは真っ直ぐなのに、下のシャツの袖が腋で二回転していたというようなこともあります。側臥位は崩れやすい姿勢ですが、衣服がゆったりしていて気づきにくかったり、車椅子に座って腰がかなり捻れていても、ズボンが真っ直ぐだと姿勢も真っ直ぐのような錯覚を起こしてしまったり、脚が交差しやすい子どもでは、うっかりすると左右を間違えてしまうこともあるくらいです。特に側臥位で下になった上腕の付け根、大腿部の付け根部分は、衣服が食い込むように曲がって血行不良の原因になっていることもあるので、おむつ交換や姿勢を変えるたびにチェックします。また、服の縫い目や皺が皮膚を強く圧迫していたり、擦れて跡になっていることもあるので注意します。

車椅子に座らせるときには、衣服がめくれて背中が出ていないかなどを確認します。また夏は熱がこもりやすく、冬は隙間から熱が奪われやすいので、長時間車椅子に乗せたままにならないよう気をつけます。背シートを成形したタイプの車椅子などは、一年を通してちょうど良い状態を保つのはなかなか大変です。夏用と冬用の車椅子があったらいいのに…そう思われる方も多いのではないでしょうか。本当に悩みどころです。

④姿勢変換と揺さぶり遊び

健康づくりの面から、姿勢や体位変換と揺さぶり遊びについて触れたいと思います。心臓や腹部の手術を受けていたり、入退院を繰り返していて就学までに集団活動を経験していないという子どもの中には、姿勢変換を本人が好まない（苦手）という理由で、家庭ではほとんど背臥位で生活しているというもあるようです。主治医から禁止されていなければ、できるだけ早く（抱っこで教員の懐にすっぽりと収まる年少の頃に）いろいろな姿勢がとれるようにしていきましょう。

抱っこで揺らされるのは、とても気持ちのよいことです。始めは背臥位に近い抱っこで、子どもの呼吸に合わせて横（左右）に小さく緩やかに揺らしていきます。どきどきするようなら揺れを止めて、安静状態に戻るのを待ちます。次第に揺れの方に子どもの呼吸が合ってくるようになります。頭・頸部を安定させ、腹部を緩め、胸郭を開くようにしながら、ゆったりした歌に合わせて揺らしていくと、深い呼吸が促されます。慣れてきたら前後の揺れを、次に上下の揺れも試してみましょう。（上下動はなかなか受け入れられない子どももいます。）大きめの揺れにも慣れてきたら、抱っこで下顎を支えて頭部を安定させた状態を保ったまま、教員が身体を倒すことで徐々に側臥位、腹臥位に近い姿勢にして移して行きます。いつも背臥位で過ごしている子どもにとっては、まさに天地がひっくり返る経験ですから、始めは心拍が上がりやすいので、細心の注意を払います。抱っこで密着しているため、呼吸の変化はすぐ分かります。そうして少しずつ傾きを大きくしたり、時間を延ばしたりしていきます。

ＩＶＨ（中心静脈栄養）やＰＴＣＤ（胆管ドレナージ）が挿入されている子どもも、

同様に進めていくことで、床面ではできないうつ伏せに近い姿勢を、教員の膝上でできるようになる場合があります。痰が貯留している側を上にし、しばらくその姿勢を保つことで体位ドレナージとなり、排痰の効果が見られます。主治医の許可の範囲で、保護者、看護師、自立活動担当者等と連携をとって進めていきましょう。

遊具での揺さぶり遊びでは、揺れている間の姿勢の崩れ（特に頭頸部）に配慮し、終わった後は呼吸状態を観察します。冬季は、風を切ることで足先が冷えやすいので注意します。

⑤水遊び、プール等

子どもたちが大好きな手応えの大きい活動です。リスクもあるので、各学校とも万全の態勢を整えて取り組んでいると思います。ここでは健康管理の面から、取り組み後の配慮点に触れておきます。

手足や身体を濡らした後は、気化熱で体温が奪われやすいため、しっかり水分を引き取って皮膚を乾かし、保温することが大切です。入水前後には水分補給をします。プール後の更衣には特に注意が必要です。自分でできる子どもは、少し涼しいくらいが着替えやすいため、更衣室の扇風機を回していることも多いと思いますが、体温調節の不得手な子どもは、わずかな風に当たるだけで急激に体温が下がってしまうこともあります。プールから出た後、お風呂などで十分身体を温めてから、暖かい場所で速やかに更衣できるよう環境を整えておきます。

⑥散歩・外遊び

散歩や外遊びも心身への刺激の大きい活動です。紫外線の害は周知の通りですが、普段外出しない子どもの中には、曇っていても火傷のようになってしまう子どももいるので油断できません。日焼け止めを塗り、日傘を差し、木陰で過ごすなどの配慮をし、ごく短時間で様子を見ます。また、薄曇りの日に太陽を背にしてもなお、子どもの目線になると空は眩しく感じます。外に出ると目を閉じてしまう子どももいますし、太陽を追ってしまう子どももいますので、サングラスや日傘を活用します。

風のある日は埃や乾燥に注意します。車椅子を押して汗をかいている教員に心地よく感じられる風は、動きのない子どもには強く感じられ、体力の消耗につながります。口呼吸の子どもはマスクを利用するなどして埃や乾燥を防ぎます。散歩や外遊びの前後も水分補給を行うようにします。

シートなどに降りて遊ぶ場合は、地面の温度をこまめに確認します。湿気や虫などにも注意しましょう。

車椅子の適度な振動は心地よく、効果的な排痰にもつながりますが、カニューレを装着している場合は、振動が刺激になっていないか注意します。

すれ違う車の音はとても怖いものです。子どもの高さで聞いてみると、近づいてくる車の音は私たちでも恐怖を感じます。視覚情報の入りにくい子どもにとっては、工事の音、商店街の音楽など、予期しない音はすべて怖いのです。発作の誘因になったり、緊張を高めたりすることもあります。耳元にタオルを置くことや、耳栓が有効な場合もあります。

⑦行事等

宿泊や校外行事はもちろんのこと、校内の集会や交流行事なども、不慣れな子どもにとっては大変な環境の変化です。不安や興奮から、身体の変調が見られる場合も少なくありません。気分が高揚して熱が上がったり、発作が多発したり、排尿がなかったり、心拍が早くなったりすることもあるでしょう。適度な変化は、環境への適応力を高めるためのステップになりますが、大きすぎる刺激は体調を崩す誘因になることもあるので、参加の仕方に注意を払います。また、行事後の休養と観察が大切です。

⑷　給食（摂食）

障害の重い子どもほど、呼吸状態は食べる機能に大きく影響します。普段は機能に合わせた適切な食物形態と介助によって、必要な栄養を経口摂取できている子どもでも、呼吸状態がよくないと安全に必要量を摂ることは難しくなります。抗痙攣剤やボトックス毒素治療などの影響で、嚥下に変化が見られる場合もありますので、注意を払います。

最大の楽しみであるはずの給食ですが、咳き込みながら頑張って食べている子どもを見かけることもあります。経管栄養と経口摂取を併用している子どもも少なくありません。医療機関で誤嚥検査を受け、条件付きで食べている子どももいますが、誤嚥検査がパーフェクトでないということを知っておく必要があります。検査では良好な結果であっても、給食の後半は疲れてリスクが高くなる子どももいるでしょうし、緊張して検査結果が悪かった子どもでも、慣れた環境では比較的上手に食べられるという場合もあるでしょう。いずれにしても不安に感じる要素のある子どもの場合は、小さな変化もきちんと記録（ＶＴＲなども活用）して、保護者を通じて主治医に様子を伝え、必要な助言が得られるようにしておくことが大切です。

①食前

吸引をするなど、子どもに応じた方法で喘鳴のない状態にしておきます。配膳の間は食べるときの姿勢にして、身体の準備をしておきます。呼吸状態を確認し、鼻づまりがあるときは、できるだけ口腔内で処理時間のかからない、嚥下しやすい食物形態に調整します。介助者が午前中一緒に過ごしていない場合は、午前中の水分摂取量、排泄、覚醒状態、機嫌等々を確認しておきます。

車椅子などで食べさせる場合は、移動時ほど厳重な固定は不要ですから、腰や胸のベルトなどは可能であれば外すか緩めるかします。腹部や胸部を圧迫しないようにすることと、万が一誤嚥した場合に、速やかに対処できるようにするためです。普段車椅子の乗せ降ろしをしていない子どもの介助をする場合には、テーブルやベルトの外し方などを事前に確認しておきます。また学校の事故対応マニュアルに沿って、緊急時の自分の動きをシミュレーションしておくようにします。

②食事中

むせや咳き込みがあれば、すぐに食事を中断します。喘鳴が強くなった場合も同様です。食事中の吸引はできれば避けたいのですが、咽頭まで痰を上げていても口から出せず、嚥下がスムーズにできない場合には、早めに吸引をする方がよいでしょう。その他、発汗や呼吸数の増加、緊張が強くなってきた場合も食事を中断します。筋緊張亢進の原因はいくつか考えられます。好き嫌いや、むせや咳を伴わない誤嚥の場合もあるでしょう。食べ物を変えたり、楽な姿勢にすることで落ち着けば再開しますが、しばらく休んでも改善しない場合は、食事を中止し、保健室に連絡します。呑気による腹部膨満もよく見られます。適宜休憩を取り、姿勢を工夫して排気を促します。

誤嚥のリスクの高い子どもについては、止めどきの判断の目安を、主治医と確認し、保護者を含めた関係者で共通理解しておくようにします。嚥下練習段階では食事の目標を摂取量にしないことが重要です。「どのくらい食べたら終わり」ではなく、「どういう状態になったら終わり」にするかを決めておきます。量を確保することにとらわれると危険です。

やむを得ない事情で介助者が席を離れる場合は、たとえ短時間でも口腔内に食物がないことを確認し、頭部がのけ反らない姿勢を整えるようにします。周囲の人に様子を見ていてもらうよう声かけをすることも必要です。

食前の様子には普段と変わりがなかったのに、なかなか口を開かない、口の動きが悪いというような場合は、口腔内のトラブルが原因かもしれません。低学年では歯がグラグラしていることも多いので、口腔内を観察してみましょう。口内炎などの場合は、処理に時間のかかる物や刺激の強そうな味は避けるようにします。無理をすると事故や丸呑みの助長につながります。

③食後

食後の姿勢にも配慮します。胃食道逆流予防のため、医師から「食後○分は身体を起こしておくように」と指示を受けている場合でも、食事中と同じ姿勢でいる必要はないので、車椅子の角度を少し変えたり、上体を少し左右に傾けるなどの工夫をして、負担のないようにしましょう。食前の準備と食事時間に加え、食後○分も全く同じ姿勢で過ごすのはかなり苦痛です。

食後に決まって咳き込む子どももいます。最後に食べた物が喉頭周辺に貯留していて、介助者の手が離れたり、歯磨きで頭部が後屈した弾みで気管に入ったのかもしれません。食事の最後に水分（ゼリーなど子どもに合わせた形態のもの）を摂るなどして様子を見ます。発声のある子どもには声を出させてみると、嚥下できたかどうか分かります。時間がたってから咳き込む場合は、排気（ゲップ）とともに少量の逆流が起こったのかもしれません。可能であれば腹部を圧迫しない程度に、前傾姿勢をとるようにします。いずれも思わぬ事故につながる可能性があるので、その後の様子を観察し、記録に残しておきます。度々同じ条件で起こるようであれば、記録を持って主治医に相談するようにします。

⑸　休み時間

授業と授業の間の時間ですが、教員は、排泄介助や次の授業の準備に追われる時間でもあります。子どもにとってはどうでしょうか。リラックスできているでしょうか。授業中には細心の注意を払っているのに、休み時間になったとたんに、臥位の子どもの頭上で、大きな声で大人同士のやりとりをしてしまうようなことはないでしょうか。子どもの頭頂方向を行き来していないでしょうか。環境に不慣れな子どもは、それだけでも不安感を募らせ、緊張が誘発されることもあります。

同じ場所にいると気付きにくくなりますので、室温、湿度等の環境チェックを、休み時間の習慣にするとよいでしょう。

⑹　下校時

①連絡帳に記すこと

何が重要な事項であるかは、子どもによって異なります。必ず伝えなければならない健康状態にかかわること（食事や水分量、排泄、発作など）は、簡単に記入できる表などにしておくと便利です。授業内容等を詳細に伝える必要はありませんが、いつもと様子が違ったときや新しい試みをしたときなどは簡潔に伝え、帰宅後に変わりがあれば知らせてもらうようにします。抗痙攣剤の調整中は、痙攣の有無だけでなく、睡眠・覚醒の状態、歩行や嚥下の様子、授業中の様子なども詳しく伝えます。今までと違う発作が起きた場合は、そのときの状況（光や音などの教室環境等）も家庭と共有のノートなどに記録しておくと便利です。

会話が難しい子どもの場合、連絡帳は学校での様子を知る貴重な手がかりです。担任と保護者との関係づくりの一助にもなっています。しかし、記入している間は子どもから目が離れてしまうため、通常は必要最低限ですむようにしたいと考えています。下校前に一斉に連絡帳に向かうということもありがちですが、全体を観察する教員を決めておくなどの配慮は必要です。

②スクールバス乗車前

下校時の外気温に合わせて衣類や掛け物を調節し、呼吸状態が芳しくない場合は吸引をするなどして、安定した状態を確認してから乗車させるようにします。気になることがあれば、バスの乗務員さんに申し送りをします。

⑺　その他

●教員間の連携

障害の重い子どもの担任は、（子離れできない保護者と同じで）この子のことは他の教員には委ねられないと思い込みがちです。一般的な知識は当てはまらず、微細な変化を読み取らなければならないなどの難しさがあるため、子どもと信頼関係のできている担任の役割は当然大きいものがあります。しかし、いつでも必ず自分がそばにいるとは限りませんし、自分自身の体調がよくないときは、とっさの判断が遅れることもあります。普段から複数の目で見ていく習慣を作り、一人で抱え込まない工夫をしていくことが大切です。

＜普段の様子を観察するために＞

訪問から通学に転籍したＡさんは、健康面でさまざまな配慮が必要なため、登校後はまず保健室に寄って健康観察を受けることになりました。しかし、保健室に向かうことが分かると緊張が亢進し、ドアの前ではチアノーゼになるほどの過緊張になってしまうのです。そうなると体温や脈拍は急上昇し、パルスオキシメーターを装着しても、体動が激しく正確な数値も出ません。落ち着くまでにはしばらく時間がかかり、健康観察どころではありませんでした。度々つらい入院を経験し、保健室が病院と似ていて怖かったことや、早く教室に行って友達と遊びたいという思いが原因ではないかと推察されました。そこで、登校後は教室へ直行し、養護教諭や看護師の校内巡回時に教室で健康観察をしてもらうようにしました。時には抱っこしてもらって授業に参加したり、昼休みには友達と保健室に遊びに行ったりしました。しばらくすると一日の流れが少しずつ分かるようになり、朝Aさんが保健室に行っている時間は、クラスの友達も水分補給をしたり、トイレに行っていたりと、楽しい活動の前の準備の時間であることが理解できるようになってきました。そして数カ月後に、ようやく保健室で落ち着いて健康観察を受けることができるようになったのです。

新入生や環境の変化に過敏な子どもには、段階を踏んで場所や人に慣れてもらうことが必要です。それが普段の様子を観察するための第一歩です。

＜子どもの身体のことは子どもに聞く＞

言葉で体調や気持ちを伝えることのできない障害の重い子どもの場合、連絡帳などで家庭での様子を確認する、そしてバイタルサインをチェックして普段とどこが違うのかをみていくことになります。

このとき忘れてはいけないのが、子どもへの言葉かけです。何のために体温計を挟むのか、聴診器を当てるのか、子ども自身にも分かるように話してあげましょう。そして了解を得ることが大切です。何をされるか分からないと、子どもはとても不安になります。

また、言葉で体調や気持ちを伝えることのできない子どもたちも、自分にできる方法で、精一杯不調や不安を伝えようとしていることに気づいてください。全身を突っ張らせて嫌だと伝える、身体を硬く丸めて不安を伝える、顔をしかめて苦しさを伝える、泣いて痛さを伝える…。「ここが痛いんだね、分かったよ。」「ちゃんと教えてくれて偉かったね。」「どこか具合が悪いんだね、分からなくてごめんね。」分かろうとしてくれる人には、子どもは心を開いてくれます。子どもの思いが分かったら、分かったということを、返してあげてください。理由が分からなかったときも、伝えようとしたことを誉めてあげましょう。こうした一つ一つのやりとりが、確かな信頼関係を構築していくのです。

更に、体調不良を伝えることは、自分の身体への関心を深めることにもつながります。健康教育の観点からも、子ども自身に聞くことはとても大切です。

＜脈拍測定を指導に生かす＞

パルスオキシメーターは、動脈血中の酸素飽和度を測定するために用いますが、同時に脈拍も測定されるため、機器の特徴を押さえて利用すると、心の動きや疲労の読み取りにも大変有効です。

体調が良くても、不慣れな環境や活動のときは、脈拍は急上昇します。そこで、努力呼吸の測定値を活動中止の目安にし、疲労が残らないようにします。通常は少し休憩することで、安静覚醒時の状態に戻りますが、努力呼吸が続いているときは、喘鳴があれば吸引をしたり、精神的な緊張・不安や長時間の座位など原因と思われることがあれば、それを取り除いて様子を見ます。改善しない場合は、安静にして保健室に連絡します。

その子どもの指標となる脈拍数を知った上で、判断する必要があります。そのためには具合の悪いときだけではなく、折々に測定することを習慣化し、普段の様子を把握しておきましょう。

＜脈拍から分かる心の動き＞

表出力の弱い子どもの意思の表れの一つとして、脈拍を読み取ることを指導に生かすこともできます。

絵本を読んでもらっているときのＢさんの脈拍は100前後、表情は穏やかです。ところがオオカミが出てくる場面になると、脈拍は一気に130近くまで上がりました。「怖い場面」が分かったのです。かすかに眉間を寄せる程度の表情の変化は、よほど慣れた人でなければ読み取れないことが多いのですが、脈拍は、はっきりと心の動きをとらえていました。また馴染みのある絵本では、怖いページをめくる前に脈拍が上がることもあり、「ストーリーを覚え、見通しを持って臨んでいる」ということも分かってきました。

＜呼吸状態の観察：呼吸数、呼吸の深さ、リズムなどを指標とする＞

末梢の循環障害があると、パルスオキシメーターの数値に信憑性がないことも多く、動脈に手指を当てて脈拍測定をしようとしても、拍動が微弱な場合はとても難しい上、活動中の測定はほとんど不可能です。しかし呼吸数を数えることは、いつでもどこでも容易にできるという利点があります。健康観察の一つとして習慣化しておくと便利です。体調の変化にも早期に気付くことができるようになります。

Ｃさんは中枢性の呼吸障害のため、常時パルスオキシメーターを用いていますが、足指は血行不良でプローベを手指に装着しなければならないため、しばしば手を使う活動に支障を来していました。そこで体調が良い日はパルスオキシメーターを外し、呼吸数や呼吸の深さ、リズムなどを指標として慎重に呼吸状態を観察することにしました。Ｃさんの場合、呼吸リズムはもともと不規則で、指標にはなりにくかったのですが、呼吸数や呼吸の深さは、健康状態の把握にとても有効でした。体調の良いときの呼吸数は、安静時で１分間に20数回、活動中には40回近くになることもありますが、少し休憩を取ると数分で安静時に近い呼吸数に戻ります。また、抱っこをして背筋を伸ばし、頸部と腹部を緩めた姿勢にすると深い呼吸がみられます。一方、原因と思われることが何もないのに、姿勢を整え、促しても深い呼吸が見られなかったり、活動後いつまでも浅く速い呼吸が続いている場合は、何らかの不調のサインだと考えられます。安静にして保健室に連絡し、複数の目で慎重に様子を観察し、原因を探ります。

＜呼吸観察とコミュニケーション＞

呼吸状態の観察をコミュニケーションの手がかりにすることができます。

Ｄさんは発声も表情の変化もほとんどありません。そのため担任になったばかりのころは、Ｄさんの思いを受け止めるのは至難の業でした。ところが、健康観察の目的で呼吸状態を注意深く確認しながら授業を進めているうちに、働きかけによって小さな変化が見られることが分かってきました。名前を呼ばれたときや音に気付いて集中していると思われるときには、眼球の固定とともに小さな息こらえ（息をのむようにちょっと止める）がある、絵本を読み終わった時など活動の区切りには、「ふ～」と一息大きな呼気が見られる、初めての経験や活動では速い呼吸になるが、慣れるにつれて安静時に近い呼吸数に戻る等々です。Ｄさんは声や音を聞きとっていること、学習したことが記憶され経験となっていることなどが推測されました。このように呼吸状態の観察は、体調の良い日には有効なコミュニケーションの手がかりになることが分かり、指導に生かしています。

しかし体調の良くない日は、呼吸をすることで精一杯になり、このような変化はほとんど見られません。子どもといつも一緒にいる保護者や担任は、こんなところから「いつもとの違い」を読み取っているのです。

おわりに

いつもより頬が紅いが顔色が良い状態なのか、二酸化炭素が排出できない状態なのか、また最近ふっくらしてきたように感じるが栄養状態が改善されてきたのか、それとも浮腫んでいるのか…、疾病の特徴やバイタルサインの見方の知識があれば、小さな変化を見逃さず、さまざまな可能性を考慮した対応ができるでしょう。緩やかな変化は、保護者も見過ごしがちですから、教員の「何となくどこか変だ」という気付きを、できるだけ客観的にとらえて保護者や医療機関に伝えていくことも必要になります。そのため、障害の重い子どもの指導にかかわる教員には、幅広い医療的な知識が求められます。

十分な知識のない漠然とした不安感は、得てして過剰防衛につながります。Ｂ型肝炎やＭＲＳＡが登場した当時は、集団授業の場から子どもを隔離する（他の子どもに近づけない）という事態を招きましたが、正しい知識と適切な対応の仕方が周知されてからは、（登校できる状態の子どもは）支障なく集団活動に参加させることができるようになりました。

宿泊行事等の参加を巡っては、今でも「参加させる」か「健康を守るか」の論議が起こることもあるようですが、健康観察や健康管理を、二者択一のためではなく、実現に向けた条件整備をするための手がかりにしてほしいと思っています。

的確な健康観察と健康管理によって、子どもたちがそれぞれに心地よく充実した日々を送り、自己肯定感を持って成長していくことができるよう願っています。

【参考文献】

1）飯野順子、授業づくり研究会Ｉ＆Ｍ編著『障害の重い子どもの授業づくり』ジアース教育新社、2005年
2）飯野順子、岡田加奈子編著『養護教諭のための特別支援教育ハンドブック』大修館書店、2007年

Ⅳ章

今日的課題として
～専門性の構築～

Ⅳ章 1 学校の専門性の確立と外部専門家を導入した授業づくり

外部専門家と連携したチームアプローチによる指導の実際

杉野　学

1　はじめに

学校教育法等の一部改正に伴い特別支援教育の時代を迎えました。東京都では、東京都特別支援教育推進計画第2次計画（平成19年11月）が示されたところです。今、特別支援教育に関する大きな改革が進んでいます。これまでの盲・ろう・養護学校は、特別支援学校としてより専門性の高い教育を推進し、障害のある幼児・児童・生徒一人一人の自立し、社会参加する力を伸ばしていかなければなりません。加えて、小・中学校等からの要請に応じて必要な教育的支援を行うことや関係機関と連携して個別の教育支援計画を作成し支援会議を開催するなどのセンター的機能を発揮することが求められています。そのためには、教員の指導力を高め、特別支援学校としての専門性を向上することが、大きな課題と受け止めています。

ここでは、東京都立城南特別支援学校での実践例を基にして、教員と外部専門家とが連携したチームアプローチによる指導の実際を紹介します。まず、授業改善推進プランによる学校全体での授業改善への取り組みについて述べます。次に、外部専門家の導入の基本的な考え方、連携のための組織運営、外部専門家と連携したチームアプローチによる指導の実際について述べます。

2　授業改善推進プランの実施について

特別支援学校としての専門性の向上のために、授業改善を学校経営上の重点の一つとして「授業改善推進プラン」を策定しました（図1）。

このプランは、①教育課程の編成・実施・評価・改善、②授業改善・充実、特に3類型毎の授業計画・実施・評価・改善、③保護者への理解啓発の推進、④学校運営連絡協議会の提言の具現化、⑤学校組織の運営の充実、を重点としています。

具体的には、次の11項目を設定しました。

①教育課程の適正管理、②授業研究、③研究・研修会、④授業評価の研究、⑤シラバスの作成、⑥外部専門家と連携した授業、⑦保護者への啓発、⑧全教員のキャリアを生かした支援チームづくりと支援活動、⑨教職員の指導・育成、⑩学校運営連絡協議会、⑪広報活動の充実

この授業改善推進プランは、項目毎に行動目標と数値目標をあげ、PDCAのマネジメントサイクルにより、学校全体で組織的・計画的に推進しました。

◎授業改善に向けて、教育内容の充実、授業研究を中心に目標準拠評価、専門家との連携による指導、保護者の参画、広報活動を推進する

【現状と課題】

1　目標準拠評価に関する授業研究を中心に授業改善を進めている

2　授業の基盤である教育課程の編成・実施・評価を充実する

例）３類型毎の教育内容、学級指導の充実、届出授業名の使用、準ずる教科指導の充実、単位時間に基づく生活単元学習の計画・実施・評価、自立活動を中心とした授業計画・展開・評価の工夫、授業総時間15分延長の成果、専門家と連携した自立活動の指導、個別指導計画の作成と評価、目標準拠評価の充実、小・中・高等部のキャリア教育、オフィス系作業学習の開発等

3　保護者の参観は、授業公開や公開授業研究会等が主である

4　授業に関して組織的な広報活動を充実する

※平成18年度からシラバス作成・配布を開始

5　生徒による授業評価を実施したが、自分で評価できない大多数の児童・生徒の授業評価の工夫が必要である。

【改善の方向】

1　学校教育の基盤である教育課程の適正管理（ＰＤＣＡサイクルによる学期毎の教育課程の管理）

2　３類型毎の授業の工夫点の明確化

授業構成・展開、指導法の工夫、目標準拠評価による授業評価、教材・教具の開発等（ＰＤＣＡサイクルによる学期毎の各授業の管理）

3　生徒、保護者による授業評価の実施

4　保護者・地域へ分かりやすく授業を説明

例）指導内容の段階表を活用したシラバスの充実、全体保護者会での校内研究活動の説明、保護者向けの研究報告会の実施、授業を熱く語ろう会への参加、公開授業研究協議会への参加、学校だより等での紹介など

5　教員の指導力と学校の専門性の向上

例）教員全員の学習指導案の作成と研究授業、目標準拠評価の研究、教材・教具の開発、教員のキャリアを生かした支援チーム（５Ｇ）毎の研究

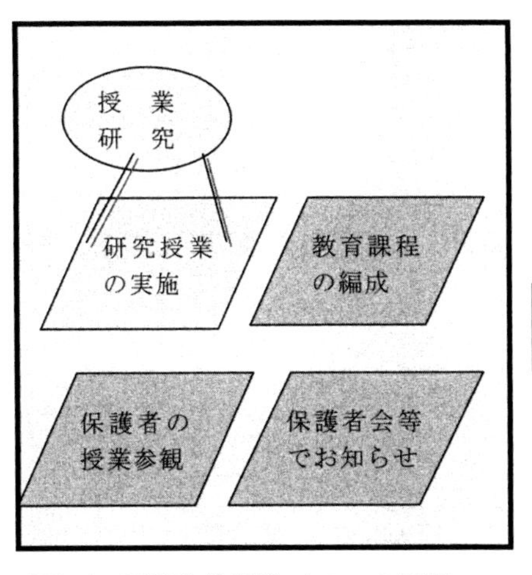

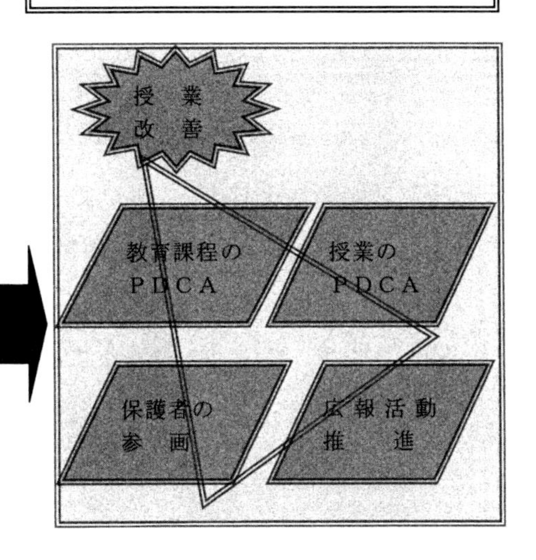

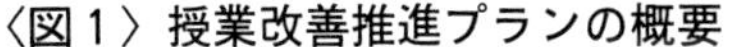
〈図１〉授業改善推進プランの概要

3　授業の改善・充実（ＰＤＣＡ）について

授業を改善・充実するためには、授業の計画・実施・評価・改善（Ｐ・Ｄ・Ｃ・Ａ）のマネジメントサイクルの中で、チームティーチングにおける教育活動を通しながら、個別の指導目標の設定、授業内容の構成と展開、指導の手立て、評価方法などを検討する必要があります。

具体的には、①児童・生徒一人一人の学習課題に拠る評価の充実、②教科指導等のねらいに拠る評価の充実、③個々の障害に応じた自立活動の指導のねらいに拠る評価の充実、④個別の学習課題に応じた指導法、教材・教具など指導の手立ての工夫、⑤学習集団編成とチームティーチング等、各授業を支える教育課程上の諸条件も含めて、保護者や地域と連携・協力しながら、学校全体で組織的・計画的に進めていかなければなりません。

私は、授業改善のポイントは大きく三点あると考えています。

一点目は、小学部から高等部までの３類型の教育内容を、教科の系統性を踏まえながら学校として何らかの形で整理し、実際の授業内容を児童・生徒の実態に応じて充実していくことです。

このことについては、小・中・高等部における各授業計画を整理してシラバスとしてまとめ、全保護者に配布をしています。保護者に学校の教育活動を分かりやすく示すとともに、小学部、中学部、高等部における３類型の教育内容の整理や授業の計画的な実施のための一助にもなっています。

二点目は、目標準拠評価による学習評価の充実です。

このことについては、教員全員が目標準拠評価に基づく学習授業案を作成して授業研究を実施し、よりよい授業の在り方を追求しています。特に、自立活動の指導の視点を取り入れて、評価を充実していくことは重要と考えます。

三点目は、できるだけ客観的なアセスメントを実施して、個に応じた指導内容・方法を充実していくことです。

このことについては、この後の外部専門家と連携した指導の実際で詳しく述べます。

4　外部専門家導入の基本的な考え方について

今、特別支援学校の専門性の向上が大きな課題として取り上げられています。ここで紹介しています外部専門家と連携した指導体制を整えて、実際に指導の効果を高めていくことは、今後の特別支援教育のあり方を示す一つではないかと考えます。これからは、学校内で完結する教育から、地域の関係機関や外部専門家と連携したチームアプローチによる指導を推進していくことが重要と考えます。将来的には、地域の関係機関や外部専門家等と連携して、障害のある児童・生徒一人一人の指導を充実する教育のあり方を模索する必要があるのではないでしょうか。

さて、ここで少し外部専門家の導入に関する国や都の動向について触れてみましょう。

まず国においては、中央教育審議会「教育課程部会におけるこれまでの審議のまとめ(平成19年11月7日報告書)」の中では、自立活動や重複障害者の指導について、次のように述べてあります。

①自立活動の内容は、5区分に加えて新たな区分として「人間関係の形成(仮称)」を設ける。そして、内容の項目に、他者とのかかわり、他者の意図や感情の理解、自己理解と行動の調整、集団への参加、感覚や認知の特性への対応などに関することを盛り込む。

②重複障害者等の指導については、学校全体の組織的な対応の下で、複数の教師等の協力により適切な指導を行うことはもとより、必要に応じて、医師、看護師、理学療法士、作業療法士、言語療法士、心理学の専門家等の助言や知見などを指導に生かすこと。

次に、東京都では、東京都特別支援教育推進計画第2次実施計画(平成19年11月東京都教育委員会)が示されました。外部専門家の導入については、「第1章都立特別支援学校における個に応じた教育内容の充実、1　障害の重度・重複化、多様化に対応する個に応じた教育の推進」、「肢体不自由特別支援学校における自立活動の外部専門家の導入」、「第3章都立特別支援学校の教育条件の整備　2　教育効果を高める指導体制」で示されています。

今後、外部専門家の導入が大きな方向で推進されていくことが分かります。これからの特別支援教育を推進していくためには、さまざまな障害に対応するため外部専門家と連携した指導を充実していく必要があり、このことが特別支援学校としての専門性の向上に結びつくことと考えます。特に、肢体不自由教育では、身体の障害とともに他の障害を伴う重複障害児が多数を占めています。この重複障害に応じる指導内容・方法を改善・充実しながら授業を進めるためには、今までのように学級担任や授業担当者による行動観察を主とした実態把握だけでは、十分にその子の学習課題を把握したとは言いがたい状況です。この行動観察に加えて、心理検査等の客観的なアセスメントを実施して児童・生徒の障害特性や能力を明らかにして、総合的に学習課題をとらえて指導に生かすことが重要となります。

そのためには、教員と外部専門家とが連携して指導を進めるいわゆるチームアプローチによる客観的な結果に基づく指導の充実が大切な点と考えます。特別支援学校において教員と外部専門家とが連携しながら指導効果を高めていくことは、これからの特別支援教育のあり方を示唆しているのではないでしょうか。

城南特別支援学校では、自立活動の時間の指導（特設）や教科等の授業で外部専門家との連携を進めて授業改善・充実を図ってきました。まず、平成18年度は、外部専門家の導入のための校内組織体制をつくり、そして、授業への専門家の助言や児童・生徒へのアセスメントを実施しました。平成19年度は、全員の児童・生徒のアセスメントを目標に実施して、アセスメントが終了した者については、順次、指導目標の設定や授業計画の作成に生かしながら指導の充実に努めました。校内の連携体制をつくる中で、教員と外部専門家が共に連携・協力しながら充実した指導を進めることができるようになりました。例えば、外部専門家と連携をして、児童・生徒の実態把握、外部専門家によるアセスメントの実施とアセスメント報告書の作成、プランニングシートによる連携の具体化、ケース会議の定期的な設定と指導指針の策定、指導内容・方法の改善、コミュニケーション指導の充実、教材・教具の工夫、目標準拠評価の充実、個別指導計画や個別の教育支援計画作成での連携、校内研修における講師などでの専門的な指導・助言、教育情報の提供等を推進しています。

5　外部専門家と連携した指導の充実について

理学療法士、作業療法士、言語聴覚士、心理の専門家等と連携したチームアプローチによる指導のポイントをあげてみます（図２）。

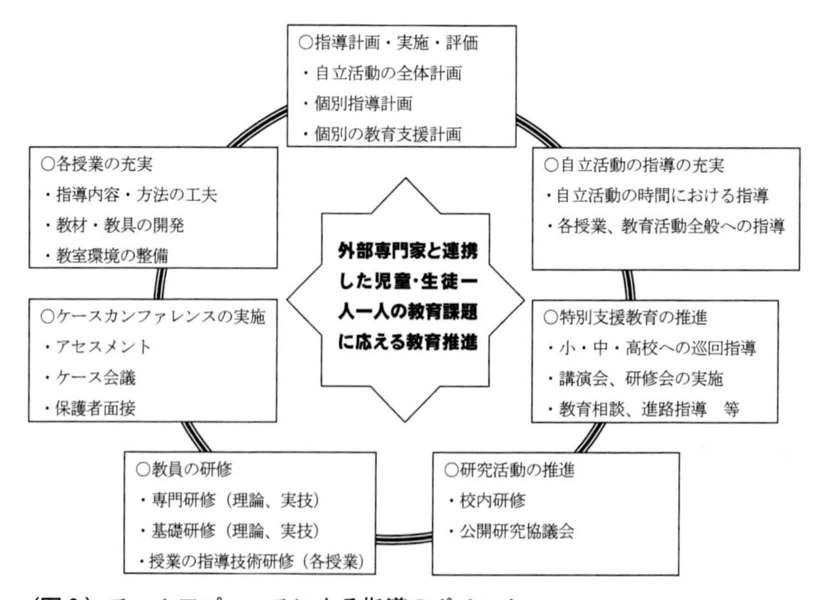

〈図２〉チームアプローチによる指導のポイント

外部専門家との連携により、概ね次の3点を充実することができました。

①アセスメント結果を生かしたケース会議の運営と指導指針の策定

②指導上の手だての工夫、特に、指導目標の設定と目標準拠評価の充実

③個に応じた教材・教具の作成・活用

城南特別支援学校には、身体の障害とともに他の障害を伴う障害の重い重複障害児が相当数の割合で在籍しています。重度・重複障害に応じる指導内容・方法を改善・充実しながら授業を進めるためには、今までのように学級担任や授業担当者による行動観察を主とした実態把握だけでは、十分にその児童・生徒の実態を把握したとは言いがたい状況です。教員による行動観察と外部専門家による心理検査等を併せて実施し、学習課題を総合的にとらえて実際の指導に生かしていくという、より客観的な結果に基づく指導の充実が求められています。児童・生徒一人一人に対して複数の専門家で必要なアセスメントを行い、指導目標の設定や学習評価に生かしていく指導が、これからの特別支援教育にはとても重要と考えます。

外部専門家と連携したアセスメントの進め方は、概ね次のとおりです。

①外部専門家は児童・生徒のアセスメントを実施します。この時は、担任も同席します。

②アセスメントの結果を基に外部専門家と担任でケース会議を計画的に実施します。

③ケース会議では、外部専門家と担任が連携して指導に関する指導指針を示します。また、担任と外部専門家は協力して「アセスメント報告書」を作成します。

④担任はケース会議に臨む際には、前もって「プランニングシート」を作成します。このシートは、外部専門家に協力を依頼する点を明らかにし伝えるものです。担任が指導上で気になっていること、指導の目的に近づくための手だて、外部専門家と相談したいこと等について記入します。外部専門家は、それを受けて担任と話し合い指導への協力をしやすくします。

⑤担任はこれらの情報を学習指導案の作成に生かしたり、一人一人の指導目標の設定や評価に活用したりしながら、次回への授業に臨みます。

6　外部専門家との連携に向けた組織運営について

⑴　外部専門家の導入にあたって

本校では、次のような基本的な考えで外部専門家の導入と連携を進めました。

1　①自立活動の時間の指導での連携、②学習グループでの連携、③訪問スクーリング時での連携、④個別指導計画の作成・個別の教育支援計画の策定等でできるだけ多くの児童・生徒にかかわること
2　自立活動の５区分の内容（健康の保持、心理的な安定、環境の把握、身体の動き、コミュニケーション）にかかわること
3　外部専門家・自立活動担当教員をスーパーバイザーとして、学級担任を指導の中心として自立活動及びその関連した授業・指導の充実を図ること
4　外部専門家、教職員、保護者の共通理解及び相互理解に努めること

⑵　外部専門家の導入の校内体制

外部専門家（社会福祉法人『のゆり会』：ＯＴ、ＰＴ、ＳＴ、心理）を円滑に導入するため、〈図３〉のように自立活動推進委員会を設置しました。このうち、担当副校長、担当主幹、経営企画室長、特別支援教育コーディネーター、自立活動部で運営委員会を構成しました。自立活動推進委員会を中心に導入の推進や実施の評価などを行い、全校を挙げて組織的・計画的に外部専門家と連携した教育を推進しました。

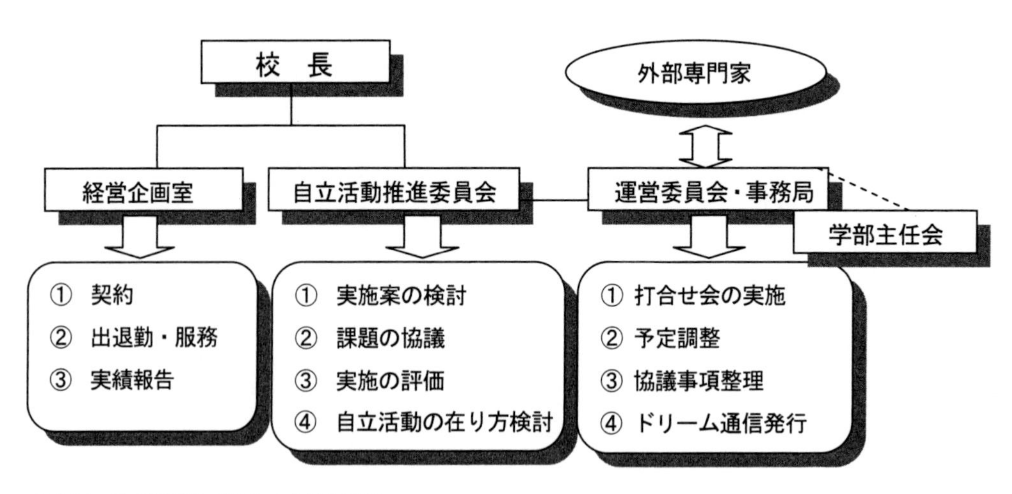

〈図３〉外部専門家導入の組織運営

⑶　外部専門家との連携の流れ

自立活動の指導は、教育活動全体を通して各教科等との密接な関連を持っていることに着目し、自立活動を主とした授業や自立活動の時間の指導以外のグループの授業でも外部専門家と連携して授業へのアドバイスを求めました（**図4**）。

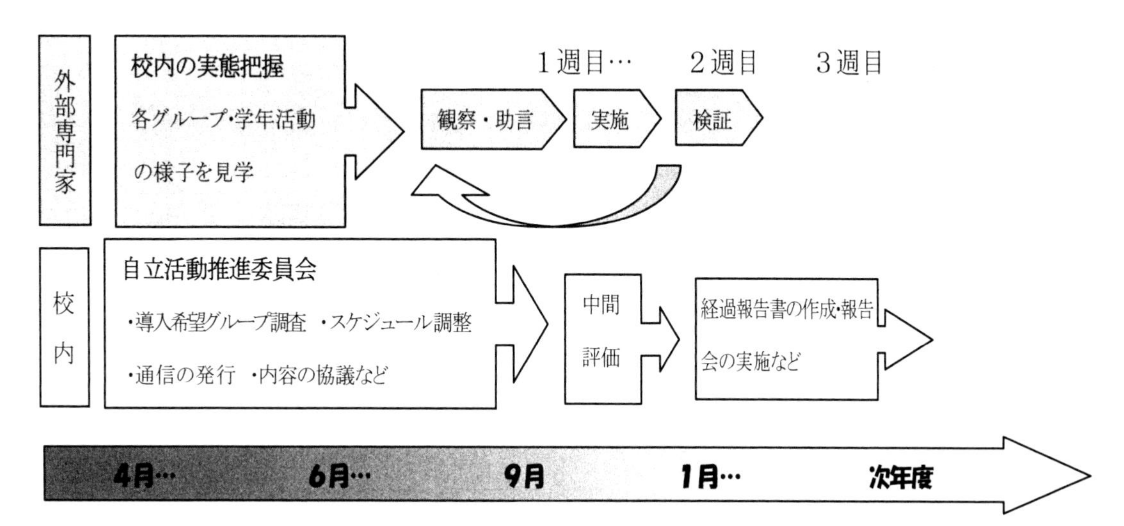

〈図４〉外部専門家との連携の流れ

⑷ チームアプローチによる指導の流れ

自立活動推進委員会では、①外部専門家を円滑に導入するための組織運営、とともに②学級担任・自立活動担当教員・外部専門家が連携して指導するためのしくみづくりの二面について検討を重ねました。

次の「チームアプローチによる指導の流れ（**図5**）」、「プランニングシート（**図6**）」「アセスメント報告書（**表1**）」は、児童・生徒の学習課題に迫るための学校と外部専門家とのつながりのしくみです。

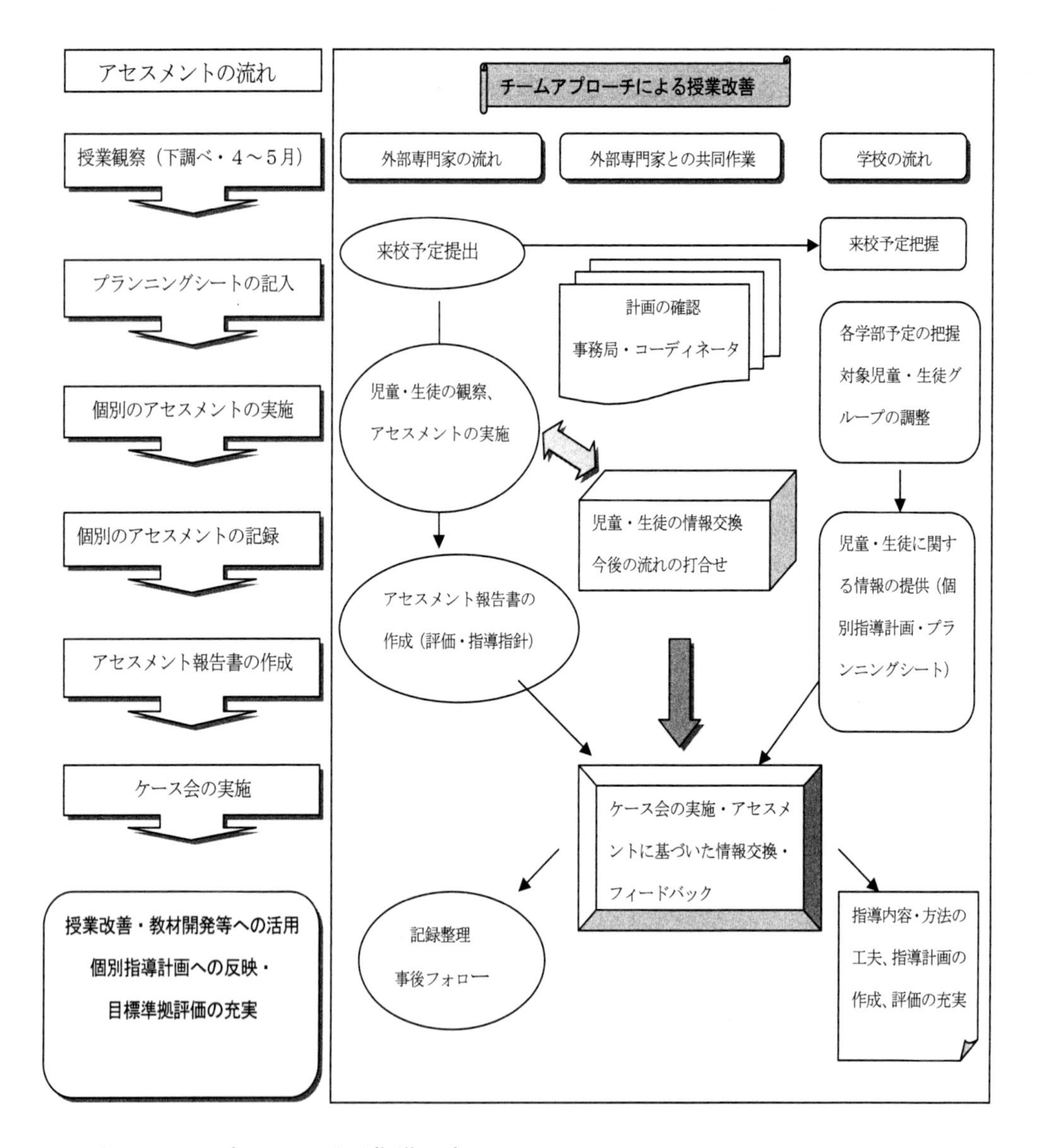

〈図5〉 チームアプローチによる指導の流れ

⑸　プランニングシートの作成

担任が「プランニングシート」を作成します。このシートには、担任が外部専門家と相談や連携をしたい内容を具体的に記し、ケース会議で活用します（図６）。

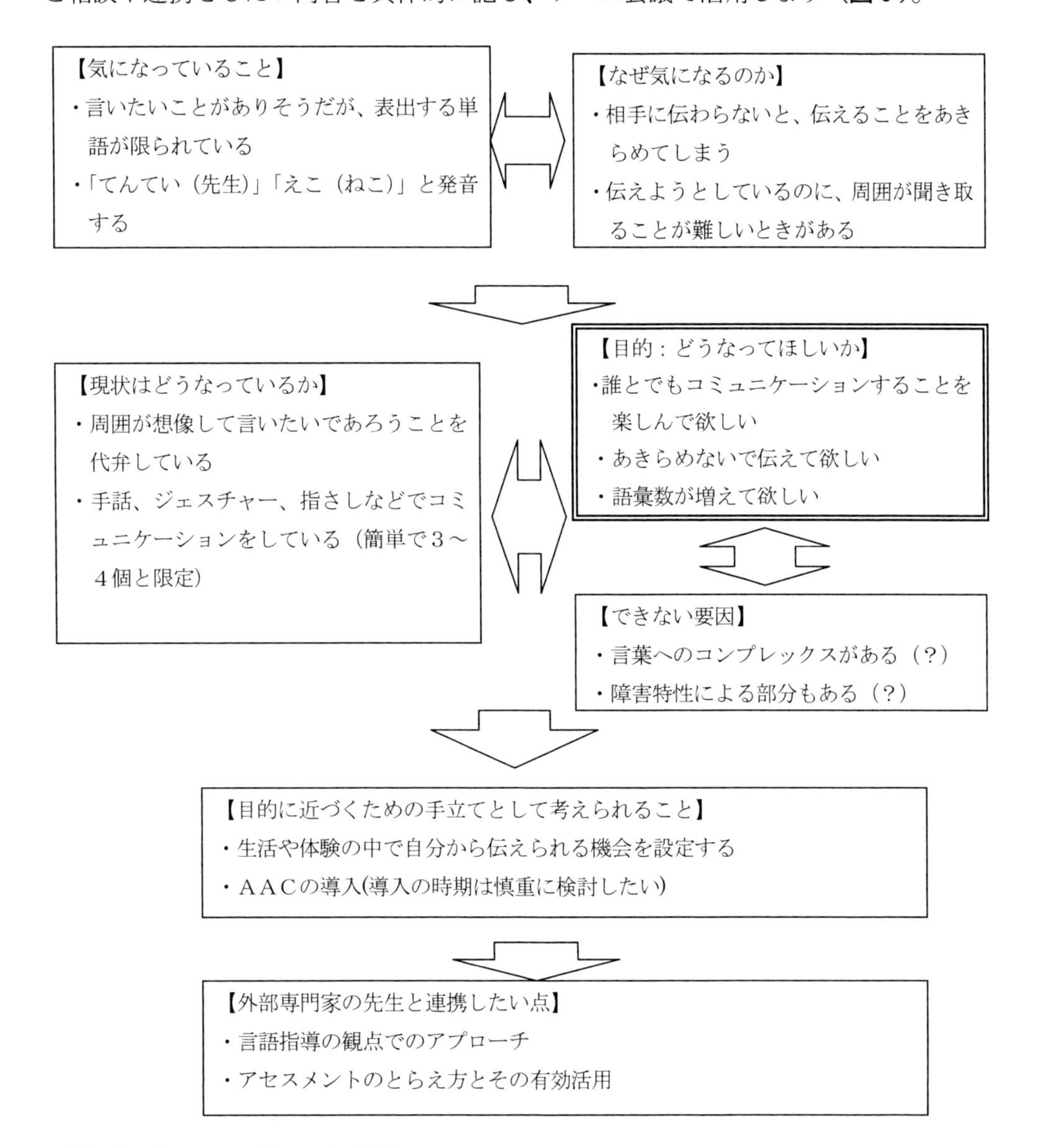

〈図６〉プランニングシート（例）

⑹ アセスメント報告書の作成

外部専門家と担任が協力して、児童・生徒一人一人の「アセスメント報告書」を作成します。アセスメント報告書は、①諸検査の結果および所見②指導指針③ケース会議の記録についてまとめます。小・中・高等部を通して指導の資料として活用します（表１）。

<table>
<tr><th>氏名（□□□□）　○学部</th><th>作成者（ＳＴ、○○　）</th></tr>
<tr><td colspan="2">1　評価　平成○年○月○日（グループ観察　計2回）　平成○年○月○日　S-S実施
言語理解：略　言語表出：略　読字：略　対人・コミュニケーション態度：略
（所見）
言語理解に比し言語表出が困難である。サイン・ジェスチャーの理解、摸倣が可能である。また、指さしが可能であるため、サイン言語やコミュニケーションボードを用いて、表出手段を保障するとよいと考えられる。また、将来のコミュニケーション手段を広げるため、文字の学習を進めるとよい。言語理解面では名詞の拡大、三語文の理解を目標にするとよい。</td></tr>
<tr><td colspan="2">2　指導指針
言語理解：語彙チェック表を用いて、理解語彙の確認を行う。シンボルや絵カードを手がかりに、三語文の理解を促す。
言語表出：手遊び歌や、日常の声かけと共にサインを見せることでサインの獲得を促す。コミュニケーションボードを活用する。VOCAを遊びの中で体験する。
文字学習：近似文字の弁別を促す。絵カードやシンボルの横に文字も提示する。</td></tr>
<tr><td colspan="2">3　ケース会記録（実施日：○年○月○日）
・名詞（音としての単語）が抜け落ちている。
→語彙表で把握しながら日常の中で探っていく。伸びやすい分野でもあるので、重点を置くとよい。
・形の弁別から文字認識を広げていく。
→異なる字形（二択）からマッチングさせる（成功率80%ぐらいから選択肢を増やす）。同じ手順で４～５回学習し（5分程度）、定着が図られないようであれば難易度を下げる。
・三語文「人」「目的語」「動詞」の学習
→3つの要素を覚える（記憶の保持）。
・コミュニケーションツールとしてのVOCA
→障害特性を考慮し、将来的な活用を検討していく（現在のコミュニケーション・共感体験を大切にする）。
＊経験の不足がもたらすイメージと言葉の照合は今後の課題である。</td></tr>
</table>

〈表１〉アセスメント報告書（例）

7　外部専門家との連携の実際

外部専門家との連携は、概ね次の点で推進しました。

①自立活動の時間の指導、②学習グループでの指導、③訪問スクーリング、④個別指導計画・個別の教育支援計画の作成

(1)　外部専門家の配置（平成18年度）

	月	火		水		木	金
	ST	心理	心理	心理	OT	心理	
午前	小学部グループ	小学部グループ	高等部グループ	小学部グループ	小学部グループ	小学部グループ	
午後	グループとの打ち合わせ	個人作業	グループとの打ち合わせ	個人作業	グループとの打ち合わせ	グループとの打ち合わせ	

(2)　外部専門家との連携の実際（平成18年度）

外部専門家	連携グループ	連携期間	内　容
ST	小学部Aグループ	9/25～	アセスメント(NC)、AAC相談
	高等部Bグループ	9/11～	同上
	訪問Cケース	11/27～	臨床発達心理士から言語面の支援
心理①	小学部Dグループ	6月末～10/10	アセスメント(遠城寺・NC)、授業相談
	中学部Eグループ	6月後半～10/3	同上
	高等部Fグループ	10/17～	アセスメント(WISC)・フィードバック
OT	中学部Gグループ	7/4	アセスメント(COPM)※カナダ作業遂行測定・フィードバック
	小学部Hグループ	9/6～	特設自立活動と授業との連携
心理②	小学部Ｉグループ	6月末～7月中	児童のケース相談
	小学部Jグループ	9月中～	アセスメント(WISC・NC)・授業相談
	小学部Kグループ	9月中～	朝の会等相談
	訪問Lケース	10月中～	アセスメント(NC)・フィードバック

⑶　外部専門家と連携した指導事例

①ＳＴ１名：週１日

《小学部各グループとの連携》

- 小学部高学年準教科グループに導入。
- 高等部教科前のグループに導入。
- 個別にアセスメントをとり、個別指導計画の個々のねらいや授業の展開などについて教員と意見交換・助言を行った。
- 個々の表出手段（ＡＡＣ）についての指導や助言を行った。

②心理２名：うち１名週３日他１名週１日

《各グループとの連携》

- 小学部低学年重度グループに導入。
- 小学部低学年教科・準教科グループに導入。
- 個別にアセスメントをとり、個別指導計画の個々のねらいや授業の展開などについて教員と意見交換・助言を行った。

③小学部低学年Ａグループでの心理発達検査の実施と指導へのアドバイス例

臨床発達心理士により９月中に小学部低学年準教科グループ児童の発達検査（WISC-Ⅲ）を行いました。外部専門家から次のような助言を受けました。

ア　社会経験、自主的な問題解決を増やしていく必要性がある。

イ　ＩＱからも学年相当の教科学習が可能であるので、言語面は国語の授業の強化、算数も学校の中で問題数を多くこなす必要がある。

ウ　視知覚に見られる問題は障害からくるものであることが考えられるため、授業の際は課題の提示や教材などにも配慮をしていくこと。例えば、苦手な課題に関しては目の使い方の困難さにも配慮し、優位な上下の動きで取り組めるように考え、好きなこと、得意なことで左右の眼球運動を促進していくようにする。また、自立活動担当教員からは非対称姿勢への配慮として、斜面台や書見台を学習時に使用していくようにしたらどうか。

エ　保護者にも経験の大切さを伝えて、児童の集中力や対人関係の良好さ、課題に取り組む姿勢などの評価をしながら個別指導計画、個別の教育支援計画へも反映させ、さらには子育てへの自信につながるようにしていく。

④アセスメントを授業改善に活用した例

外部専門家からのアドバイスを生かして、担任が授業に活用した事例です。学習指導案の指導目標の設定、目標準拠評価などに活用しました。ケース会議では、プランニングシート（**図6**）、アセスメント報告書（**表1**）を使用しました。

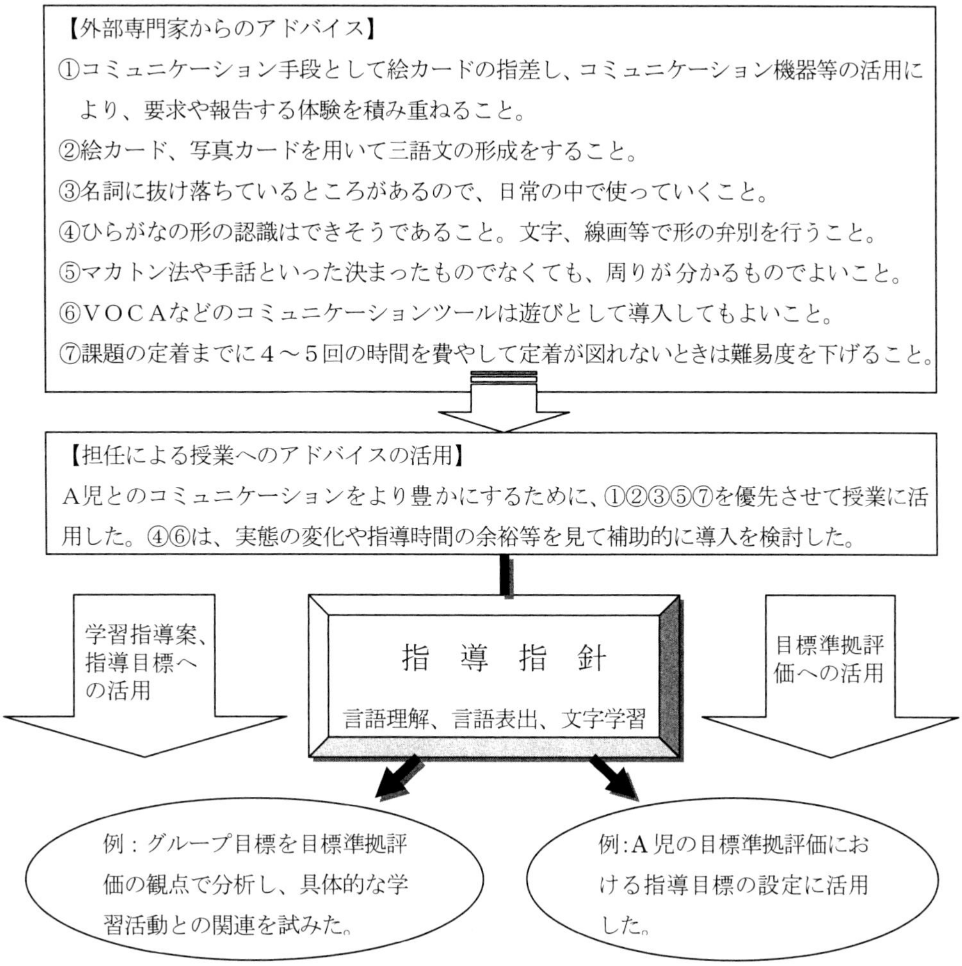

【外部専門家からのアドバイス】
①コミュニケーション手段として絵カードの指差し、コミュニケーション機器等の活用により、要求や報告する体験を積み重ねること。
②絵カード、写真カードを用いて三語文の形成をすること。
③名詞に抜け落ちているところがあるので、日常の中で使っていくこと。
④ひらがなの形の認識はできそうであること。文字、線画等で形の弁別を行うこと。
⑤マカトン法や手話といった決まったものでなくても、周りが分かるものでよいこと。
⑥ＶＯＣＡなどのコミュニケーションツールは遊びとして導入してもよいこと。
⑦課題の定着までに４～５回の時間を費やして定着が図れないときは難易度を下げること。

【担任による授業へのアドバイスの活用】
A児とのコミュニケーションをより豊かにするために、①②③⑤⑦を優先させて授業に活用した。④⑥は、実態の変化や指導時間の余裕等を見て補助的に導入を検討した。

学習指導案、指導目標への活用

指　導　指　針
言語理解、言語表出、文字学習

目標準拠評価への活用

例：グループ目標を目標準拠評価の観点で分析し、具体的な学習活動との関連を試みた。

例:A児の目標準拠評価における指導目標の設定に活用した。

【外部専門家との連携に関する担任の声】
・助言やアセスメントの結果を生かし確信を持って指導に当たることができた。
・表現手段として選んだシンボルに必要な条件などは直接授業に生かせた。
・アドバイスを受けたことで、教材の導入や使用が適切に行え、思い込みでの授業を避けられ自信につながった。

8　外部専門家との連携による成果

外部専門家と連携した指導を行うことにより、次の成果がありました。

連携する前の状況	連携の成果・変容
1　自立活動の指導目標の設定 ・身体の機能に関することを中心として、自立活動の個別指導計画の指導目標を立てていた。	・外部専門家の助言や発達検査等の結果を踏まえて、個別指導計画の指導目標では身体の機能以外にも環境の認知、コミュニケーション等広がっている。
2　時間における指導以外の各授業での自立活動の指導の充実 ・時間における指導以外の各授業では、自立活動の指導内容・方法や評価の視点がはっきり定まっていなかった。	・外部専門家の助言を参考にして担任が自立活動の指導内容・方法や評価の視点を授業計画に加えて個別課題に応じた指導をしている。
3　外部専門家との連携による指導体制整備 ・自立活動担当教員を中心として学級担任と協力しながら指導をしてきた。	・外部専門家による発達検査の結果や助言を生かした授業相談、ケースカンファレンスを行い、アセスメントをとるようになった。
4　評価方法 ・時間における指導以外の授業の自立活動の評価が不明確であった。	・学級担任は自立活動担当教員と外部専門家からの助言を受け通知表の評価を行っている。
5　教材・教具の開発 ・購入するか担任が自作してきた。	・外部専門家からの情報提供を受けながら、教材・教具を児童・生徒に合わせて開発している。
6　専門研修の実施 ・外部から講師を招聘して専門研修を実施してきた	・校内の状況をよく分かっている外部専門家を講師として、発達障害の理解、言語指導等の専門研修を実施できた。
7　センター的機能の拡充 ・個別の教育支援計画を作成し、支援会議を実施した。	・外部専門家から紹介された社会生活能力に関するＣＯＰＭを実施し、その結果を個別の教育支援計画の作成と個別の支援に活用した。

9　まとめ

自立活動の指導は学校教育活動全体で取り組む領域の指導であるという視点から、学級担任を中心に据えて、外部専門家と自立活動担当教員の三者で必要な連携をとる校内体制を構築してきました。また、外部専門家との連携を計画・実施・評価・改善のPDCAマネジメントサイクルと位置づけ、ケース会議等の外部専門家との協議の時間を捻出し、プランニングシート、アセスメント報告書等を活用しながら、児童・生徒一人一人の学習課題に応じる指導を進めてきました。

本校では、外部専門家を導入するに当たり、大切にした点があります。それは、①担任と自立活動担当教員と外部専門家とが連携して指導するための体制づくりと導入のための校内コーディネーター役の活動、②学習指導のための具体的な連携方法（ケース会議、プランニングシート、アセスメント報告書等）を十分に練る、③今後の特別支援教育を標榜した連携のあり方の検討（個別の教育支援計画の策定、就労支援等)、④保護者への理解啓発に努める等です。

これからの特別支援学校では、児童・生徒一人一人の障害の特性等に応じた教育を推進するために、外部専門家と連携したチームアプローチによる指導が不可欠であると考えます。また、学校を挙げて組織的・計画的に日々の授業を改善・充実していくことこそが、特別支援学校としての専門性の向上に直結することと考えます。将来的には、地域における関係機関や外部専門家が連携し合って、いわゆるチームエディケーションとでも言いましょうか、より専門性の高い特別支援教育を創り上げていくことが重要であると考えます。

これからも特別支援学校として組織的・計画的に、外部専門家とのより良い連携のあり方を検討し、児童・生徒一人一人の学習課題に迫る授業の改善・充実を推進していきます。

【参考文献】

1）中央教育審議会初等中等教育分科会教育課程部会　2007年11月７日
2）東京都教育委員会　東京都特別支援教育推進計画第2次実施計画　2007年11月
3）東京都教育委員会外部専門家を導入した自立活動の指導内容・方法の充実　2008年３月
4）独立行政法人国立特殊教育総合研究所『肢体不自由のある子どもの自立活動の手引き』2006年３月
5）東京都立城南養護学校『自立活動における外部専門家の導入研究推進校研究報告書』2007年度、2008年度
6）東京都立城南養護学校『教育実践報告書』2006年度、2007年度、2008年度
7）東京都立城南養護学校『城南プラン(教育計画シラバス)』2007年度、2008年度
8）文部科学省『季刊　特別支援教育』第27号、2007年
9）石隈利紀、玉瀬耕治、緒方明子、永松裕希『学校心理士による心理教育的援助サービス』北大路書房、2004年４月

Ⅳ章 2 小・中学校への支援に必要な肢体不自由教育の専門性

松原　豊

1　小学校・中学校等への支援の現状と課題

⑴　横の連携と縦の連携に関すること

現在、特別支援学校（肢体不自由）は在籍児童生徒の重度・重複化の傾向が顕著であり、準ずる教育課程に在籍する児童生徒が減少しています。一方で地域の小学校、中学校に就学する肢体不自由のある児童生徒は増加しています。このような現状において平成19年４月１日に「学校教育法等の一部を改正する法律案」が施行され、特別支援学校（肢体不自由）においても、肢体不自由教育のセンターとして地域の小学校、中学校等への教育支援を一層充実させていくことが求められています。

特別支援学校（肢体不自由）の特別支援教育コーディネーターや就学・教育相談担当者に寄せられる相談・支援ケースの多くは就学前幼児から小学校児童です。浅沼らは「肢体不自由のある子どもの場合、多くの専門家や専門機関が乳幼児期よりその子の療育にかかわっており、それぞれの専門家は『豊かな情報』を持ち、その子どもに対してさまざまな『工夫配慮』を行っているが、この『豊かな情報』や『工夫配慮』が、子どもが生活する『学校の場』で生かされていないことが多い」と述べています。専門家の提供する情報は主に肢体不自由児の保護者、特に母親に集約され、保護者を通して他の専門家や専門機関に発信される形をとることが多いようです。肢体不自由のある幼児児童に関して、福祉、医療、教育など専門機関同士の横の連携、および幼稚園から小学校への移行に関わる縦の連携が十分ではないことが課題です。

⑵　見えやすい困難への対応

小学校・中学校等の通常学級における肢体不自由のある児童生徒への支援の課題と

して田丸らは、「多くのケースで、肢体不自由児の支援の課題は、①エレベーターや身障者トイレの設置などといった設備の問題、②介助員などの人手の問題、③肢体不自由の面をカバーする本人のガンバリの問題ととらえられることが多く、学年や学校全体で問題を共有するという意識になりにくいのではないか」ということを指摘しています。確かに、肢体不自由のある児童生徒を支援する場合、「見えやすい困難」である運動障害に注目してしまうことが多く、そのため本人の努力の問題ととらえるか、あるいは環境面、介助面の整備に終始することが多いようです。介助面に関しては人的サポートが不可欠になりますが、小学校・中学校などにおいては、保護者か介助員がマンツーマンでサポートしていることが多く、担任が子どもの実態を知る機会をなくしていることも少なくないと思われます。また、学級担任からは肢体不自由のある児童生徒の指導や支援について相談をしたいが、どこに相談すればよいか分からないとの声もよく聞かれます。そのため学校や担任は肢体不自由という障害に対する理解が不足しがちになり、子ども自身とその保護者は、困っている状況をうまく伝えられない、改善の具体的な提案を伝えにくいという状況の中で課題を抱えていることが少なからず見られます。

渡邉らは2006年に行った全国調査から「肢体不自由養護学校では86%において地域支援を行っているが、継続的に支援を行っている事例は少ない、支援の内容は身体面の配慮や補助具の紹介などほとんどが運動面である」ことを指摘しています。

⑶　見えにくい困難さへの対応

現在、肢体不自由のある児童生徒の多くは脳性まひなどの脳性障害であり、〈図１〉のように運動機能、身体形態、コミュニケーションのような外から「見えやすい困難さ」だけではなく感覚面、認知面、心理面、社会性等の外からは「見えにくい困難さ」を併せ有していることが少なからずあります。このような「見えにくい困難さ」は学習面や行動面など学校生活全般における困難さとして現れます。通常学級の教員の場合、「見えやすい困難さ」の陰に隠れた「見えにくい困難さ」に対する支援ニーズに気づきにくいようです。そこで、身体面への配慮や補助具の使用

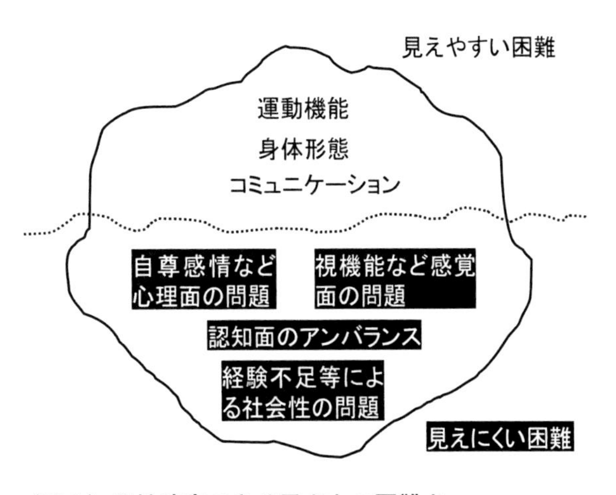

〈図１〉脳性障害のある子どもの困難さ

など「見えやすい困難さ」への支援だけではなく、「見えにくい困難さ」も含めた総合的なアセスメントを実施し、多面的な支援を提供できることが、肢体不自由教育の専門性として求められるのではないかと思われます。

2　支援の方法

小学校・中学校等の通常学級に在籍する肢体不自由のある児童生徒の支援を実施するための大まかな流れを〈図２〉に示しました。

⑴　情報の収集による実態把握

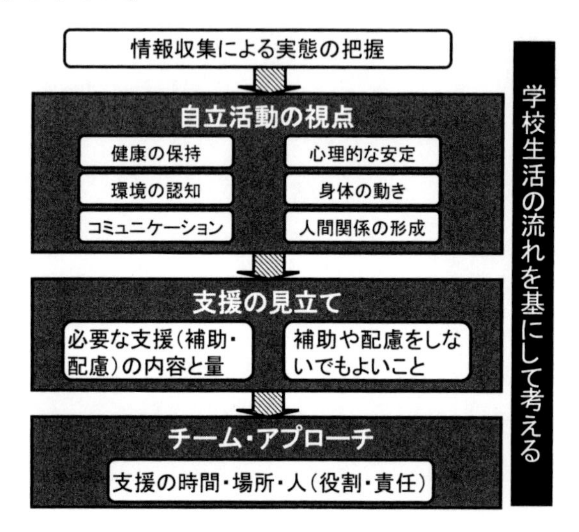

〈図２〉肢体不自由のある児童生徒に対する支援の流れ

肢体不自由児は個々に障害の内容や程度が異なり、多様性が大きいことから、必要とされる支援の内容や量を適切に判断する必要があります。そのために実態把握は重要です。実態把握は子どもの学校生活を整えるという視点に立って健康面、感覚面、運動面、心理面、認知・行動面などに関する情報を収集し整理することから始めます。

〈表１〉は筑波大学附属桐が丘養護学校支援部で使用している情報共有レポートの項目です。それぞれの項目について、特別支援学校の特別支援教育コーディネーターによる授業観察および、保護者、担任、養護教諭、介助員、医療・福祉の関係者（医師、理学療法士、作業療法士、言語聴覚士、臨床心理士等）などの専門家からの情報収集によって作成されます。この情報共有レポートは学校生活という具体的な場面を想定して、それぞれの専門家が情報を集約することができるため、子ども自身、保護者、学級担任等にとってイメージしやすく理解しやすいという利点があります。

また、各関係機関の専門家にとっては、学校生活を見通した上で、どのように支援の工夫や配慮をしていったらよいかを考えるツール（道具）となります。

学校生活上の情報、配慮点（活動・参加の困難さ、支援の内容と量）	
移動手段 通学、室内、階段、校庭、校外	体育活動への参加 体育、運動会、水泳等
着替え 靴の履き替え、体育時の着替え等	校外学習への参加 遠足、社会見学、宿泊行事等
トイレ	知覚・認知の特性、学習パターン等
学習用具（出し入れ、使用法）	興味・関心のあること
机、椅子	対人関係、社会性
給食（食事用具、配膳も含む）	コミュニケーション上の特徴
学習面の得意、不得意	健康・医療情報

〈表１〉筑波大学附属桐が丘養護学校支援部の情報共有レポートの項目

実態把握の方法として、情報を整理し全体像が見渡せるようにするためにＩＣＦ（国際機能分類）を活用した書式なども最近では使われています。〈図３〉は頸髄損傷の中学校生徒の実態を把握し、支援のニーズを整理するために作成した事例です。対象の児童生徒や在籍する学校の実態に応じて使いやすい方法を用いてください。

情報収集、整理のための使用したレポートなどの書式はあくまで個人情報であり、複数の関係者で共有されるので作成に当たっては、個別の教育支援計画同様に必ず保護者の同意と確認が必要です。作成後は情報の管理が必要となります。

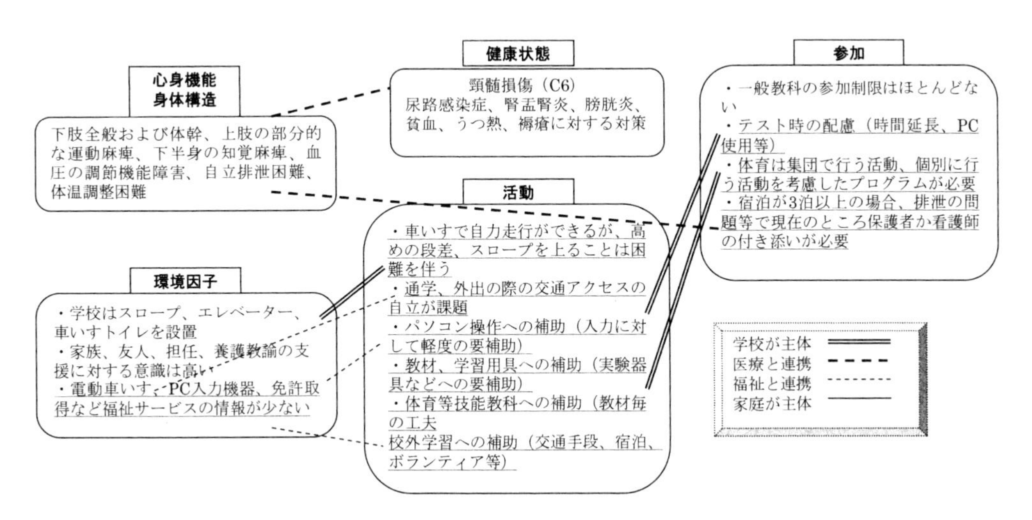

〈図３〉ＩＣＦを活用した実態把握の例（頸髄損傷のある中学生）

⑵　自立活動の視点によるニーズの判断および支援の見立て

収集した情報は、自立活動の視点から支援のニーズを判断し、学校生活の活動ごとに必要とされる支援の内容、方法を検討していきます。支援の工夫や配慮の方法は、できれば複数あげ、当事者本人や担任の先生に選択できるようにしておく方がよいと思われます。ただし、てんかんの発作、アレルギーなどの健康・医療情報に関しては、養護教諭が窓口になって情報収集と整理をすることが望まれます。

①健康の保持

肢体不自由児は、体温調節が難しい、てんかんの発作がある、内臓の障害がある、アレルギーがあるなど医療的な配慮が必要な随伴障害を有していることがあります。その場合は、養護教諭および学校医、主治医などと連携し、情報共有、健康チェックや対応方法の検討などが必要になります。

最近では、吸引や導尿などの医療的ケアの必要な児童生徒が小学校・中学校の通常学級に在籍するケースも見られるようになってきました。2004年10月に厚生労働省は、一定の条件を満たせば、特別支援学校において教員が痰の吸引、経管栄養、導尿の補助などを行うことを認めるようになりました。しかしながら、小学校、中学校に在籍する医療的ケアの必要な児童生徒の場合、保護者が毎日付き添うことができることが必要条件になっていることが多いようです。従って、保護者が付き添うことのできない日には、子どもも学校を休ませるしかないのが現状です。行政によっては、小学校、中学校に看護師が派遣され、必要な医療的ケアは看護師が行う例も見られます。

このような取り組みが行われていたとしても、特別支援学校のように医療的ケアに関する手続きやマニュアルがない、利用者が広がるに従って経費が増大する、遠足や宿泊を伴う行事では派遣が認められにくく保護者が付き添わざるを得ない、教員と看護師の打ち合わせ時間が持てずに、医療的ケアに関しては看護師任せになっている、学校と主治医の接点がないなど、多くの課題があるようです。

小学校・中学校等における医療的ケアに関しては、特別支援学校で培われてきた専門性を生かした支援が有効だと思われます。具体的な支援内容としては、学校における医療的ケアの意義や障害理解に関する校内研修の実施、保護者、看護師、教員の連携方法や個別の教育支援計画、医療的ケアの実施要領、健康チェック表などの作成に関する助言などが考えられます。

②心理的適応

米山（2004）は肢体不自由のある児童生徒の心理面に対する支援について、以下のように述べています。

「障害のある子どもでは、障害のない子どもが持つ悩みに加えて、障害の自覚とその受容、および障害特有の悩みを抱えることが多く、心や行動の問題を抱える頻度は健常児の2～3倍といわれている。脳性まひに代表される脳性障害による肢体不自由児においては、一次障害としての種々の認知や神経心理学的な課題をしばしば随伴し、それが二次的な精神疾患に影響する。水頭症を伴う二分脊椎症では、認知障害、知的障害、排泄の問題（例えば尿臭への意識)、性の問題等の課題を抱える事例がある。骨形成不全症では、低身長やスタイル（見映え)、運動への制限などに関する心の問題を抱えやすい。ドゥシャンヌ型筋ジストロフィーでは、疾患と予後（死）についての理解と受容に関する心理的なケアが必要である。頭部外傷後遺症、脳炎後遺症、脊髄損傷、切断などの中途障害者では、障害の受容、傷痕（見映え）に対する心理的ケアが必要になる。それらは個々によって異なるが、影響は成人におよぶことがあるので、ライフサイクルを見据えた、適切な心理的な支援が必要である。」

また、脳性まひや四肢欠損など先天性の障害では、対象喪失に気づきにくい傾向がありますが、思春期になり、周りの多くの人が持っている機能や能力を自分が持っていないことに気づくことで、対象喪失の体験をすることがあります。そして、彼らが再び自分の障害を受け入れるときは、中途障害の人と同様に障害受容の過程を踏むと考えられます。対象の喪失体験や学習面の困難さからくる自尊感情の低下は、小学校高学年から中学校において見られることもあります。

小学校低学年で明るく元気だった子どもが高学年や中学生になって、ふさぎ込むようになったり、やる気をなくしたり、周りに対して怒りをぶつけたりする様子が見られるときは、スクールカウンセラーや医師などと連携をとった心理的な支援が必要となります。このように、障害種ごとの心理的特性に加え、発達段階、性別、環境など個々のニーズに応じた心理的支援は小学校・中学校等に在籍する肢体不自由のある児童生徒にも必要だと思われます。

③環境の把握

認知面において、脳性まひの痙直型両麻痺者や二分脊椎症で水頭症を合併している子どもでは、「非言語性学習障害」「視知覚認知障害」がおこりやすく、認知面のアンバランスさと知的な発達レベルとが組み合わさって、算数・数学では文章題や図形、国語では読解や漢字の習得、板書などの課題遂行に困難さを生じることがあります。

安藤ら（2006）や林田（2005）は痙直型脳性まひ児の認知特性に関して、WISC-Ⅲの心理検査から検討すると、動作性IQが言語性IQに比べて有意に低く、群指数において知覚統合、処理速度が低いパターンが多いことから、視覚認知に起因する学習の困難さが予想されると論じています。またK-ABCの検査では、継次処理（情報を連続的・逐次的に処理していく認知様式）はよいが、同時処理（情報を全体として統合し関係を抽出する認知様式）が苦手であるという傾向が見られます。これは学習面において地図の中から地名を探せない、グラフを読み取れない、体育館で自分のポジションが分からなくなる、絵のバランスや構成がうまくいかないなど、空間把握を必要とする課題において困難さが見られます。

このような脳性まひ児の視覚認知の困難さには、視力、視野、斜視、眼振などの視機能の問題だけではなく、姿勢反応の未熟さによる頭部の不安定さ、認知面のアンバランスさなどがかかわっていることが考えられます。これらの点を考慮した「見えにくさ・とらえにくさ」に対する支援の手立てについて以下のようなものが考えられます〔城戸等（2008）、下山（2008）を改変〕

●最初に見る基点を明らかにする
●見る範囲を指定するなど、視線の移動を小さくする。
●追視しやすいように、基準やスケールを作る。
●視覚的な情報は目的を絞って、シンプルなものにする。
●注目する場所を明確にして、必要であれば目印をつける。
●見本をなるべく子どもの近いところに置く。
●位置や場所は、上下左右、順序、方向、目印などを具体的に言語化して確認する。
●黒板の字など、視写する量を減らす（印をつけた要点のみを記入するなど）。
●身体の正中線を意識する。

城戸らは支援の手立てとして、視覚障害教育の中で開発されてきた拡大教科書、書見台、分まわし（コンパス）、ロービジョン分度器、三角定規などの弱視者用の教材教具の使用が「見えにくさ・とらえにくさ」のある脳性まひ児の学習支援にとって有効であると述べています。

肢体不自由児の環境の把握に関しては、「見えにくさ」だけではなく、触覚に関すること、ボディイメージに関することなど課題が広がっていくことが予想されます。「見えにくさ」の問題に対して視覚障害教育のノウハウが参考にできたように、他の障害種別の教育と連携をすることで支援の幅が広がっていくことが期待されます。

※　視覚障害教育（弱視者用）教材教具の情報

●拡大教科書：LVCの部屋HP：http://www.lv-club.jp/
●分まわし：点字図書館HP：http://www.nittento.or.jp/index.htm
●書見台、ロービジョン分度器、三角定規：大活字HP：http://www.daikatsuji.co.jp/

④身体の動き

運動障害の内容や程度は子どもによってさまざまです。個別的な身体運動面の課題を明らかにし、適切な支援を行えることは、肢体不自由の専門性の一つであることは間違いありません。通常学級において実施可能な、身体の動きに対する支援によって、体への負担が軽減されたり、子ども自身が自分の体へ意識を向けたりすることができるようになります。すなわち身体の動きへの支援は、学習面や行動面、友達関係等、学校生活におけるさまざまな課題に影響を与えています。

身体の動きには姿勢保持に関すること、移動運動に関すること、上肢操作に関することなどが含まれますが、具体的な支援内容としては、ADLの指導方法、身体介助の方法、動きの特性および安全性、特別支援学校で用いている教材教具の情報提供、補装具、補助機器、自助具の適用に関することなどが多いようです。

ただし、提案した支援の内容や方法が、「同級生とは異なるから」という理由や「実施することの負担が大きすぎるから」などという理由で、子ども自身や担任が難色を示すことは少なくありません。例えばカットテーブルなどの特殊机を使用する、教科書や教材教具が異なっている、体育のルールが一人だけ違っていたりする等の支援は、同級生との差異が明らかになるため、子どもにとっては受け入れ難いと感じる場合もあります。

身体介助に関しては、時間をかけて頑張れば「できる」活動であっても、時間がかかりすぎる、あるいは非常な努力を要するなど学校生活の流れから外れてしまったり、一つの活動で疲れ切ってしまったりするようであれば、学校生活上は「できない」「難しい」と判断し、「介助して行う」「部分的に行う」「行わない」などの支援をする必要があります。たとえわずかな遅れであっても、それが一日の活動の中で蓄積し、常に時間に追われているような状況が作られ、その心理的な焦りが運動面に悪い影響を及ぼすという悪循環に陥ってしまうケースが見られることは、田丸らが報告しています。肢体不自由のある児童生徒の支援では、学習に対する意欲、自信、体力が保てるように身体的、心理的な余裕を持たせることが不可欠です。しかし、本人が学校生活の流れの中で「できる」活動にもかかわらず、介助を引き受けたり、介助者や周囲の友達が先回りしたりして手伝ってしまうようなことは避けなければなりません。そのような支援は自立を妨げるだけではなく、学習に対する意欲や自信を結果的に奪うことになってしまうからです。

また、特別支援学校とは人的、物的な環境の異なる通常学級においては、支援を行う担任、介助員などの負担が過大にならないように配慮することも大事です。

子ども自身と支援者にとって、バランスのとれた適切な内容と量の支援を見立てるためには、肢体不自由教育の中で培われてきた身体の動きに関する専門性が必要になると思われます。

⑤コミュニケーション

通常学級に在籍する肢体不自由のある児童生徒の場合、発音、発声、音読、発表など発語場面で困難が見られることがあります。聞き取りにくい発話に対して、何度も聞き返したり、言い直しをさせたりするような対応を重ねると、自信を無くし、発言や発表することを嫌がるようになってしまうこともあります。支援の手立てとしては、質問の仕方などを工夫して発話への心理的負担を減らすことや、場合によってはAAC（拡大代替コミュニケーション）の考え方を提案することが考えられます。また、発語だけではなく、語彙の不足、発言の内容整理の苦手さ、タイミングの悪さなどにより説明不足になることや本意が伝わらないことに対する支援が必要な例もあります。その場合は、表現方法や場面設定を工夫したり、発言に対する時間的ゆとりを確保するなどの支援が有効です。読解の苦手さに関しては、認知面のアンバランスさや視覚認知の問題などが背景にある場合もありますので、環境の把握の項と合わせた支援が必要になります。

⑥人間関係の形成（仮称）

新しい学習指導要領では、自立活動の内容として人間関係の形成（仮称）が盛り込まれる予定です。主に発達障害に対応した内容だと思われますが、脳性まひなど肢体不自由のある子どもにとっても大事な内容を含んでいるのではないかと思われます。

例えば、肢体不自由のある児童生徒は他からの働きかけを待っていることが多く、自分から他者に対して積極的にかかわろうとすることが少ないといった面があったり、自分ができることやできないことの理解が難しかったりすることがあります。これらの困難さは発達障害というよりは、遊びや生活の経験不足によることが多いと思われます。そのような課題に対しては、社会スキルや自己決定力を育てる支援が必要となります。

今後、この新しい内容を視点に加えた支援の専門性を蓄積していく必要があるのではないでしょうか。

⑶　チーム・アプローチによる支援の実践

肢体不自由のある児童生徒は支援の内容が多岐にわたることが多く、通常学級では全てを直ちに実施することが困難であることも少なくありません。そこで、保護者、学級担任、養護教諭、介助員、特別支援教育コーディネーター（小学校・中学校等、特別支援学校）などが支援チームを作り、必要に応じて子ども自身の意見も聞きながら支援の内容や方法を取捨選択し、実効性のある個別の教育支援計画や指導計画を作成し、実践していきます。取捨選択の基準は、緊急性のあるものや必要度の高いもの、例えば現状のままでは健康面に悪影響がある、心理的なケアがすぐに必要であるような場合は、当然優先度が高くなります。しかし、それだけではなく子ども自身の希望や担任や介助者の負担が過度にならないようにすることも、考慮しなければなりません。

支援計画・指導計画の作成に際して留意することは以下のような点です。

①通常学級の担任が無理なく作成できるような平易で簡便な内容・形式であること。

②長期計画（１年間)、短期計画（１学期）で行うことのできる生活面・学習面の具体的な支援の提案がなされていること。

③場面や活動に応じて、「いつ」「誰が」「どのように」指導あるいは支援するかを明らかにすること。

④単純に活動が「できる」「できない」で判断するのではなく、学校生活の流れの中で適切な支援の内容と量を判断し選択すること。

個別の教育支援計画・指導計画は子どもを取りまく複数の人がチームとして支援していくことを助けるツールとなります。必要とする支援の目標や具体的な内容が示され、情報をチームで共有でき、役割分担が明確になり、引き継ぎの資料となります。

チーム・アプローチは重度・重複化の進む特別支援学校においてチーム・ティーチングや福祉・医療との連携という形でノウハウを積み上げてきました。小学校・中学校等への支援においても、これまで培ってきたチーム・アプローチの成果を生かしていく必要があると考えます。ただし小学校・中学校等という場を考えて、臨機応変にアレンジしていくことは必要になります。

例えば、実態把握や支援の手立てをチームで話し合って整理していく方法（KJ法やICFの図など）や個別の教育支援計画、指導計画を養護学校で使用しているサポートブック形式の使用を提案することで、時間や労力を少なくできると考えます。

支援の評価は支援チームによる定期的な話し合いによって、子どもの変化を確認しながら修正したり改善したりすることが望ましいのですが、支援チームが定期的に集まることが難しい場合は、Ｅメールや立ち話などによって、お互いの情報を交換しながら支援を進めていくことも考えられます。

3　支援の事例

⑴　A君（小学校２年生）の生活および学習上の困難に対する支援

①対象児の実態（情報共有レポートから）

対象児童、保護者、担任、介助員、医師、理学療法士、作業療法士との面談、聞き取り調査、授業観察および心理検査などの結果から情報共有レポートを作成し、対象児の実態を整理しました。〈表２〉は共有レポートの要約です。

対象児童
痙直型脳性まひで四肢体幹機能障害がある小学校２年生の男子。
生育歴
通園施設、通常の幼稚園を経て、現在小学校通常学級に在籍している。
学校での様子など
介助員が配置され、学校内の介助を行っている。平面では車椅子を操作して移動することが可能であるが速度は遅い。机などにつかまり立ちをすれば、５分間程度立位を保つことができる。医師、理学療法士からは、立位姿勢をとることが大切であるので、歩行器や立位保持装置を学校でも使用して欲しいとの要望があった。食事はスプーンを使用している。書写はラバーグリップを装着した鉛筆を使用して書くことができるが時間がかかる。 生活面では、できるだけ自分でするように指導しているがどうしても遅れがちになる。特に朝と帰りの準備や板書されたお知らせを連絡帳に書き写すのに時間がかかる。一人ですること、介助して行うことの基準が明確ではない。また、手伝ってもらいたいときに介助員や友達に頼むのが苦手なようである。 学習面では、体育・運動会などの体育的活動は見学か介助員と一緒に別のプログラムで実施していることが多い。本人は、他の児童と一緒に参加したいという希望がある。音楽、図工などの技能教科も支援を工夫する必要があるが、担任、授業担当者としてはどのように支援すればよいか分からずに困ることが多い。国語では行の読み飛ばしがあり文意をとれないことがある。「話す・聞く」は得意である。算数では計算は得意であるが文章問題、図形問題は不得意である。 認知面の特性を知るためにＷＩＳＣ-Ⅲを実施した。結果は、〈図４〉に示したように、言語性＞動作性で、視覚認知の困難さが推察された。

〈表２〉共有レポートの要約

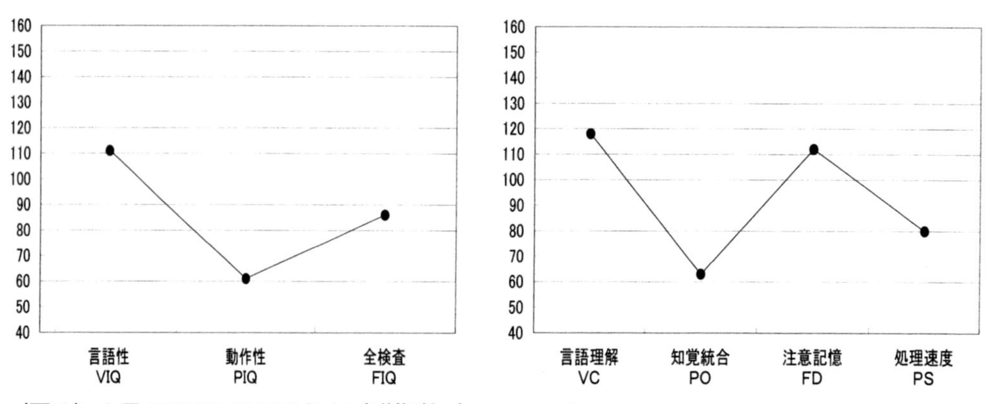

〈図４〉A君のWISC-ⅢのIQおよび群指数プロフィール

②個別の教育支援計画の作成

保護者、担任、介助員からの主訴は以下のようでした。

①どの場面でどのくらいの介助が適当か判断に困る。

②体育、音楽などの技能（実技）教科でどのような支援を工夫したらよいか教えて欲しい。

③国語、算数の苦手な単元の支援はどのようにすればよいか教えて欲しい。

情報共有レポートから得られた情報を整理し、対象児が主体となって学習していくためには、どのような指導や支援が必要であるのかを明らかにするために、担任、保護者、介助員、小学校の特別支援教育コーディネーター、特別支援学校（肢体不自由）の特別支援教育コーディネーターによって支援チームを作り、支援会議を開き、以下のような教育支援計画を提案しました。

ア　生活面の支援

学校生活の場面ごとに活動を①「時間内にできる」②「時間を延長すればできる」③「部分的に補助されればできる」④「ほとんどの部分に補助が必要」に分類し、必要な支援方法と介助の量を検討しました。例えば、特別教室への移動は時間をかければ可能ですが、授業の準備にも時間がかかるため、到着するころにはすでに授業が開始されていることが多くありました。この場面では、授業準備は一人で行い、授業に遅れないように特別教室までの移動は、介助してもらうようにしました。その他、体育のある日は朝から体操着を着て登校し、着替えの手間を少なくする、学習用具は机の横にかごを設置し、出し入れしやすくする、などの支援を提案し、対象児、保護者、担任の了承を得て実施することにしました。また対象児自身が自分にとって必要な介助を判断して、介助員や友達に伝えることも支援のねらいとしました。板書されたお知らせを連絡帳に書き写すのに時間がかかることに対しては、①お知らせの内容を言葉で説明する（聴覚情報で補う）、 ②全文を写すのではなくキーワードを赤い○で囲い、そこだけ写すようにする、 ③書き写すとき小さな声を出しながら書く、という支援を提案しました。医師、理学療法士からの要望である学校生活の中で立位姿勢をとることに関しては、朝の会、体育、音楽、特別活動などの活動内容に合わせて、歩行器、立位補助装置などを適宜使用していくように提案しました。

イ　学習面の支援

A. 体育：できるだけ他の児童と一緒に活動できるように、アダプテッド・フィジカル・アクティビティ（adapted physical activity）の考え方を説明しました。アダプテッド・フィジカル・アクティビティとは、対象児に合わせてルール変更や用具の工夫をすることによって、障害のある人が体育やスポーツをすることを可能にするという考え方です。例えばドッジボールに車椅子で参加する場合は**〈表３〉**のような支援によって、障害のない子どもと共にゲームが楽しめるようになります。

このような体育の支援方法に関しては、担任、介助員、保護者に対して文献や障害者スポーツの資料などの情報を提供しました。

また、対象児に応じた体力テストを工夫したいと希望があったので体力テスト特別支援教育版（**表４**）を提案しました。

【ルールの変更】 ・車椅子の前面と側面は当たってもアウトにならず、顔面以外の胴体と腕、車椅子背面のバックレストに当たったときにアウトにする。 ・フットレストに当たったときはキャッチとみなす。 ・車椅子の児童が投げたボールはツーバウンドまで当てられたことにする。
【用具の工夫】 ・ソフトバレーボールを使用して恐怖感や不安感を減らす。

〈表３〉車椅子の児童がドッジボールに参加する場合の支援方法

体力テスト項目	特別支援教育版
握力	水を入れたペットボトルを持ち上げる。
上体起こし	頭を上げていられる時間を測定する。
長座体前屈	姿勢を維持できるように後ろから腰を補助して実施する。
反復横とび	１分間に車椅子で２m離れた２本の線を何回超えるか測定する。
20mシャトルラン	車椅子で５分間走を行う。
50m走	歩行器を用いて５m走る時間を測定する。
立ち幅跳び	歩行器を用いて一歩だけ思い切り蹴って進んだ距離を測定する。
ソフトボール投げ	歩行器で立位をとってテニスボールを投げる。

〈表４〉体力テスト特別支援教育版

Ｂ．音楽：けん盤ハーモニカの演奏では、車椅子では姿勢が崩れてしまう、音符の読み取りが難しい、演奏スピードについていけないことへの支援が必要でしたが、音楽の担当者にも意見を聞き、以下のような支援案を提案しました。

①立位でけん盤ハーモニカを演奏する方がけん盤を操作しやすく、息も強く出せることから、立位保持装置にテーブルをつけて、立位で活動する。

②演奏する音符の数を減らし、指を置き換えるための休符も適宜入れる。

③音符を階名に直し、１フレーズずつ言葉で覚える。

C．国語：視覚認知の困難さがあり市販の教科書が読みにくいことから、拡大教科書の使用を提案しました。2004年４月から弱視児のための拡大教科書代が公費で負担されることになりましたが、この制度は脳性まひなどで視覚認知に問題がある場合も適応されます。

D．算数：図形の単元では、できるだけ具体物を触るようにすることや「角が３つ、辺が３本で三角形」というように、言語化した指導をすることを提案しました。文章問題では、問題文の中からキーワードとなる部分を○で囲むようにして、そのキーワードから式が導き出せるように指導していくことを提案しました。

以上の提案は、対象児、保護者、担任、専科教員、養護教諭、介助員、特別支援教育コーディネーターの話し合いによって共通理解し、各自が納得の上、具体的な手立てや担当者を決定しました。決まった支援の目標および内容、手立て、役割などは個別の教育支援計画として、サポートブック形式にしてまとめました。

③支援の経過

ア　生活面の支援の経過

個別の教育支援計画の作成以前は、対象児が補助を頼みたいことがあってもうまく頼むことができずに困ることや、逆に一人でやろうとしたときに、介助員や友達が先回りして手伝ってしまうことなどがあり、困惑する状況が見られました。個別の教育支援計画によって、対象児が学校生活のそれぞれの場面で必要とされる補助や介助の内容を決め、補助や介助を受けるときのルールを本人と関係者が共通理解することができました。その結果、対象児は自分ですること、手伝ってもらってすることの区別をつけることができるようになり、活動に間に合うようにしようという意識が少しずつ出てきました。担任からは「これまで対象児ができないことは、友達に頼めばよいと安易に考えていたが、身体介助は介助員が行い、教材の準備は友達に補助をお願いする、ただし先回りせず対象児からの依頼があった時に行うというルールを学級で確認することができてよかった」との感想が得られました。

机の横にかごをつけること、体操着の着替えの支援は対象児も納得し、生活のテンポが改善されました。次の活動に間に合わないときは、介助員に車椅子の介助をしてもらうという支援については、廊下で低学年から「いいな、楽して」の発言を聞いて以来、介助移動を拒否するようになりました。この点については、全校での障害理解の推進と、将来的に電動車椅子の使用を見据えた支援の修正・改善が必要であることを保護者、担任と確認しました。

板書されたお知らせを連絡帳に書き写す支援では、小さな声で文面を読むことで文字を書くスピードは向上しましたが、書く内容が増え、漢字も画数が多くなり、全文を書くことがかなり大変になってきました。また、対象児は全文を書き写すことにこだわっていたため、赤い○で囲われたキーワードだけを写す支援を中止し、お知らせの内容を簡潔にすること、介助員が小さなホワイトボードにお知らせを書き写し、それを見ながら書き写す方法に切り替えました。

イ　学習面の指導および支援の経過

A．体育：体育活動は見学するのではなく、参加することを支援方針としました。その結果、担任教師が参加方法を工夫したり、評価の基準を対象児自身の変容に向けることできるようになりました。例えば、キックベースボールでは立位保持装置で立位姿勢をとり、テニスラケットでボールを打つことで参加できました。同級生からは、対象児が打つときはもっと前方から打ちやすいボールを投げた方がよいなど、自然にルールを工夫しようという発言も見られるようになりました。体力テストの内容は個別のプログラムですが、他の生徒と同じ場で実施し、友達の声援を受けながら張り切って実施することができました。１年後の体力テストでは全ての項目で進歩が見られました。特に握力は通常の握力計で測定することが可能になりました。

B．音楽：テーブルをつけた立位保持装置に立って、けん盤ハーモニカを演奏する活動を、校内音楽会で披露することができました。対象児は自分で頑張って練習したこと、同級生と一緒に活動できたことがとてもうれしかったと感想を述べていました。

C．国語：拡大教科書の使用により、文章を読み取ることが楽になってきました。今後は国語だけでなく、他の教科も拡大教科書の使用を検討していくことを確認しました。

D．算数：図形問題では、言語化および具体物の教材を使用することで徐々に理解を促せましたが、問題が難しくなるにつれて混乱することもありました。同じように文章題でも、キーワードを○で囲む支援によって式を導き出す支援は、簡単な文章問題であれば可能でしたが、異なったパターンでの出題や内容が複雑になってくると、やはり混乱するようでした。算数の問題がより難しくなっていくことに対応する支援は、今後も継続して検討していく必要のあることが確認されました。

4　支援に必要な専門性とは

安藤は「特殊教育は、一人一人の教育的ニーズに応じた指導を希求し、これまで専門性を培ってきたことは間違いないことである。（中略）しかし、特殊教育が培ってきた専門性とは何かと自問すると、意外と明確でないことがわかる。（中略）そこで改めて特殊教育が培ってきた専門性について確かめ、さらに特別支援教育への転換に当たって、求められる専門性を問うていきたい」と述べています。

センター的機能を有する特別支援学校（肢体不自由）として地域の小学校・中学校等の支援をする場合においても、そこで求められる肢体不自由教育の専門性について明らかにする必要があると思います。そこでこれまでの支援の実践を踏まえて、小学校・中学校等への支援に必要な肢体不自由教育の専門性を、以下のように提案します。

①肢体不自由に関する専門的知識および教育技術

②介助・補助方法の知識および技術

③福祉機器、教材・教具に関する知識、使用のノウハウ

④医療・福祉等に関する情報、ネットワーク

⑤子どものニーズを自立活動の視点から総合的に見ることのできる力

⑥チーム・アプローチのノウハウ・調整力

①から④は主に肢体不自由教育の「知識、スキル、テクニック」に関することです。⑤および⑥は「知識、スキル、テクニック」を実践で生かすための基礎的な能力であり、支援の専門性としてより重要であると考えています。

例えば、通常学級に在籍している脳性まひのある児童生徒の基礎学力の向上を目標とした支援を行う場合、〈図５〉に示すように困難さの背景は、多様であり複合的です。困難さの背景を適切に判断し、支援の方法や手立てを提案するためには、自立活動の視点から対象児の個別的なニーズを適切に判断しなければなりません。さらに支援を展開するためには、担任だけではなく、保護者、介助員、養護教諭など子どもを取りまく複

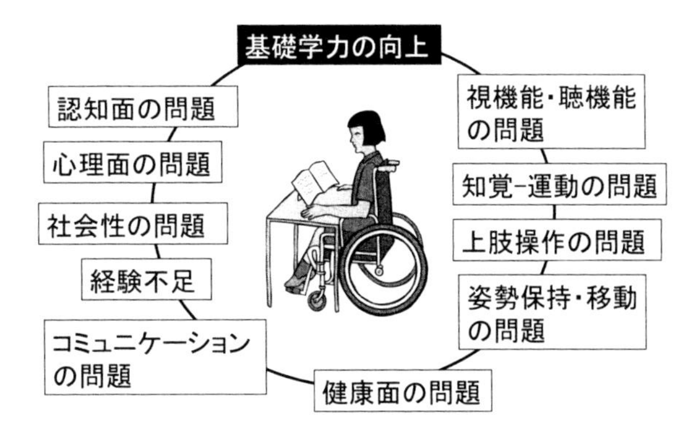

〈図５〉脳性まひ児の学習面の困難さの背景

数の人たちとのチーム・アプローチが必要になります。そのような教育的環境が整ってから専門的知識、指導技術、教材教具のノウハウが生かされることになると思います。さらに「知識、スキル、テクニック」には、多くの文献やネット情報、人的な資源などがあります。しかし、「子どもを自立活動の視点から見立てることのできる力」「チーム・アプローチの際に発揮されるコミュニケーション能力」は、マニュアル等によって習得できるものではないと思います。従って、肢体不自由教育の中で培われてきたこれらの専門性を再確認し、特別支援学校（肢体不自由）全体で共有、継承し、さらに小学校・中学校等の通常学級という場において検証し、発展させていくことによって、特別支援教育に求められる専門性として構築されていくのではないかと思います。

【参考文献】

1）安藤隆男「特別支援教育に期待する－確かな専門性に裏打ちされた指導をめざして－」特別支援教育NO.26、P.8-11、2007年
2）安藤隆男・野戸谷睦・任龍在他「通常学級における脳性まひ児の学習の特性に関する教師の理解」心身障害学研究第30巻、P.139-150、2006年
3）浅沼秋穂・大塚恵・加藤裕美子・城戸宏則他「桐が丘養護学校の教育相談・教育支援経過報告II」筑波大学附属桐が丘養護学校研究紀要第41巻、P.77-85、2005年
4）独立行政法人国立特殊教育総合研究所『ICF活用の試み』ジアース教育新社、2005年
5）後藤邦夫監修、筑波大学附属学校保健体育研究会編『バリアフリーをめざす体育授業』杏林書院、2001年
6）林田かおる「通常学級に在籍する脳性まひ児の生活および学習上の困難に対する支援」平成17年度筑波大学特別支援教育研究センター現職教員研修報告書、2005年
7）藤田和弘・上野一彦・前川久男他『ＷＩＳＣ－IIIアセスメント事例集－倫理と実際－』日本文化科学社、2005年
8）城戸宏則、田丸秋穂『「見えにくさ」のある肢体不自由児の指導に有効な教材教具の改善・開発－視覚障害教育のノウハウを適用して－』第8回特別支援教育研究センター主催セミナー資料、2008年
9）下山真弓「地域のセンター的機能を担う特別支援学校の役割と支援の在り方ー通常学級に通う肢体不自由児の理解と支援を通してー」平成19年度筑波大学特別支援教育研究センター現職教員研修報告書、2008年
10）日本肢体不自由児協会編『障害児の療育ハンドブック』日本肢体不自由児協会、2004年
11）田丸秋穂・清水聡・加藤裕美子・城戸宏則他「桐が丘養護学校の教育相談・教育支援経過報告III」筑波大学附属桐が丘養護学校研究紀要第42巻、P.39-49、2006年
12）筑波大学附属桐が丘特別支援学校編『肢体不自由のある子どもの教科指導Q&A　－「見えにくさ・とらえにくさ」をふまえた確かな実践－』ジアース教育新社、2008年
13）米山　明「障害のある子どもの心理特性に配慮し心のケアを意識した支援」筑波大学附属桐が丘養護学校校内研修会資料、2004年
14）渡邉憲幸・松本美穂子：調査報告「肢体不自由養護学校の地域支援に関する全校調査」筑波大学附属桐が丘養護学校第35回肢体不自由教育実践研究協議会資料、2007年

執筆者一覧

Ⅰ章

飯野順子	特定非営利活動法人地域ケアさぽーと研究所　代表
安部井聖子	練馬区重症心身障害児（者）を守る会　会長
佐々木清子	心身障害児総合医療療育センター リハビリテーション室ＯＴ科主任
當島茂登	鎌倉女子大学　教授
吉瀬正則	東京都立田無特別支援学校　校長
川眞田喜代子	淑徳大学　准教授

Ⅱ章

樋口和彦	横浜市立中村特別支援学校	教諭
竹脇真悟	埼玉県立越谷養護学校	教諭
宮尾尚樹	長崎県立諫早養護学校	教諭
田中美成	東京都立小平特別支援学校	教諭
古山勝	千葉県立銚子特別支援学校	教諭
小山美穂	東京都立江戸川特別支援学校	教諭
植竹安彦	東京都立城南特別支援学校	教諭
川上康則	東京都立港特別支援学校	教諭
橋本祐一	東京都立小平特別支援学校	教諭

Ⅲ章

斉藤秀子	東京都立村山特別支援学校　看護師
白鳥芳子	東京都立府中特別支援学校　教諭

Ⅳ章

杉野学	前東京都立城南特別支援学校　校長 東京都西部学校経営支援センター支所 学校経営支援担当副参事
松原豊	筑波大学特別支援教育研究センター　教諭

編著者紹介

飯野　順子（いいの　じゅんこ）

昭和41年３月、東京教育大学教育学部特殊教育学科卒業。肢体不自由教育を専攻。
昭和41年４月より、江戸川養護学校・11年（肢体不自由）、府中養護学校・７年（肢体不自由）を経て、昭和59年から10年間、東京都教育委員会にて、指導主事として就学相談を担当。その時、医療的ケアの課題に出会い、「救急体制整備事業」等の課題に行政と共に取り組む。
平成６年から、都立多摩養護学校（知・肢併置）、港養護学校（知的）、村山養護学校（肢体）の校長を８年間勤める。東京都を定年退職した後、筑波大学附属盲学校の校長として着任、３年間の任期を終了する。
現在は、東京学芸大学・東洋大学等の非常勤講師と併せ、特定非営利活動法人地域ケアサポート研究所を設立し、障害の重い人たちのＱＯＬの向上を図るための研修等を企画・運営している。

《主な著書》
『養護教諭のための特別支援ハンドブック』（分担執筆）　大修館書店　平成19年
『生命の輝く教育を目指して』ジアース教育新社　平成18年
『障害の重い子どもの授業づくり～開く・支える・つなぐをキーワードに』
　ジアース教育新社　平成17年
『新たな肢体不自由教育実践講座』（分担執筆）　ジアース教育新社　平成17年
『肢体不自由教育への希求』　ジアース教育新社　平成16年

障害の重い子どもの授業づくり Part 2
ボディイメージの形成から アイデンティティの確立へ

<オンデマンド版>

令和4年9月23日 初版発行

■編 著 飯野 順子 授業づくり研究会I&M
■発行者 加藤 勝博
■発行所 ジアース 教育新社
〒101-0054 東京都千代田区神田錦町1－23 宗保第2ビル
Tel. 03-5282-7183
Fax. 03-5282-7892
E-mail : info@kyoikushinsha.co.jp
URL : http://www.kyoikushinsha.co.jp/

本文イラスト：上原まり

ISBN978-4-86371-637-7

B5判128ページ
本体1,700円＋税
ISBN978-4-921124-85-4

特別支援教育における肢体不自由教育の創造と展開1

肢体不自由のある子どもの教科指導Q&A

～「見えにくさ・とらえにくさ」をふまえた確かな実践～

筑波大学附属桐が丘特別支援学校 著

筑波大学附属桐が丘特別支援学校が、国立大学附属唯一の肢体不自由教育校として、その研究成果を生かし、特別支援学校をはじめ、小・中学校、高校で肢体不自由のある子どもの教育を担う先生方のために「日々の実践の工夫に生かせるヒント集」をまとめた。観察や理解のポイントとしておさえることで、個々の子どものニーズにあった指導の工夫を図る際の参考になる。

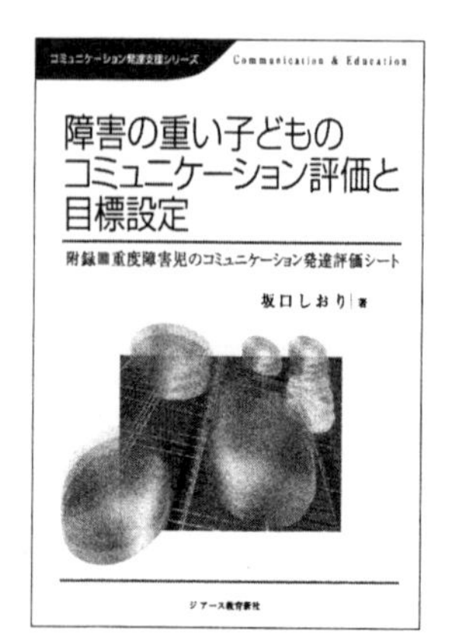

B5判 92ページ
本体1,238円＋税
ISBN978-4-921124-62-5

障害の重い子どものコミュニケーション評価と目標設定

附録■重度障害児のコミュニケーション発達評価シート

坂口しおり 著

障害の重い子どもへのコミュニケーション支援の手がかりとなる指標を提案し、その基本的な考え方や具体的な方法について解説した一冊。実際のコミュニケーション支援に活用できる「発達評価シート」付き。
巻末の「発達評価シート」は以下を意図して作成している。

- ◆支援の手がかりとなる指標の提案
- ◆発達課題や達成した内容、支援効果等の視点から子ども達を理解
- ◆実際の指導事例を紹介、活用方法をわかりやすく解説
- ◆成人の方、障害の軽い方にも広く利用できる内容

B5判156ページ
本体1,619円＋税
ISBN978-4-921124-50-2

コミュニケーション支援の世界 発達とインリアルの視点を取り入れて

坂口しおり 著

本書は、コミュニケーション支援という一貫したテーマを追究し、重たい障害のある子どもへの指導についての画期的な実践を紹介する。発達の視点とインリアル・アプローチの視点から、肢体不自由児のコミュニケーション指導に長年かかわった実践研究である。重たい障害の子どもとのコミュニケーション指導を日々考えている養護学校の教師のための必携書。

A４判184ページ
本体1,810円＋税
ISBN978-4-921124-37-3

ICF活用の試み
（国際生活機能分類）
障害のある子どもの支援を中心に

独立行政法人国立特別支援教育総合研究所
世界保健機構（WHO） 編著

ICFは、障害のある人たちの生活を支える、従来の障害名にとらわれない新しい考え方である。ICF活用に向けた基本的な情報、ICFを実際に活用した試み、ICF活用の可能性についてまとめた日本で初めてのICF活用の実践書。

B５判370ページ
本体2,381円＋税
ISBN978-4-921124-47-2

特別支援教育に向けた
新たな肢体不自由教育実践講座

全国肢体不自由養護学校長会 編著

全国の肢体不自由特別支援学校から寄せられた36の指導実践概要を指導上の課題ごとに編集し、基礎理論と実践を紹介。指導現場で今すぐ活用できる。資料として「今後の特別支援教育の在り方について（最終報告）」「特別支援教育を推進するための制度の在り方について（中間報告）」「障害者基本計画４．教育・育成」「重点施策５か年計画６．教育・育成」「盲・聾・養護学校におけるたんの吸引等の取り扱いについて（協力依頼）」を収録。

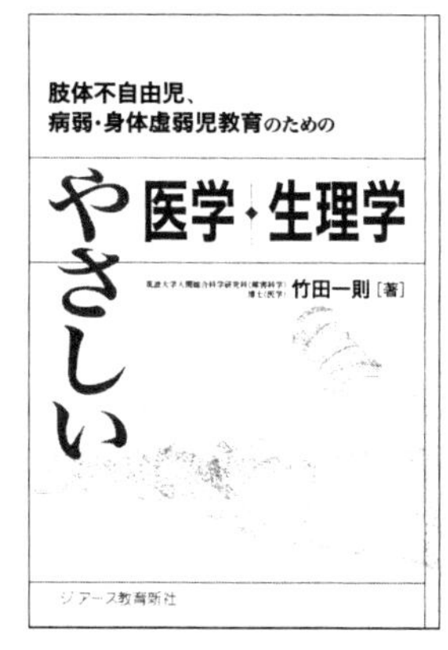

A５判112ページ
本体1,700円＋税
ISBN978-4-921124-91-5

肢体不自由児、
病弱・身体虚弱児教育のための
やさしい医学・生理学

竹田一則 著

特別支援教育の第一線に立つ教職員にとっての必須知識！
筑波大学における10年以上の教育や、筑波大学が委託を受けて毎年全国の現職教員を対象として行っている文部科学省の免許法認定講習などの経験をもとに、これまで難解なものになりがちであった病態生理や医学的知見をわかりやすく解説した入門書。図・写真も豊富に掲載。